建筑经济理论分析与工程项目管理研究

谢　晶　李佳颐　梁　剑　著

吉林科学技术出版社

图书在版编目(CIP)数据

建筑经济理论分析与工程项目管理研究 / 谢晶，李佳颐，梁剑著. —长春：吉林科学技术出版社，2021.6
　　ISBN 978-7-5578-8128-3

　　Ⅰ.①建…　Ⅱ.①谢…②李…③梁…　Ⅲ.①建筑经济－理论研究②建筑工程－工程项目管理－研究　Ⅳ.
①F407.9②TU712.1

中国版本图书馆 CIP 数据核字(2021)第 102848 号

建筑经济理论分析与工程项目管理研究

著	谢　晶　李佳颐　梁　剑	
出 版 人	宛　霞	
责任编辑	王　皓	
封面设计	董淑金	
制　　版	济南越凡印务有限公司	
幅面尺寸	170mm×240mm　1/16	
字　　数	350 千字	
印　　张	30.75	
版　　次	2021 年 6 月第 1 版	
印　　次	2022 年 1 月第 2 次印刷	
出　　版	吉林科学技术出版社	
发　　行	吉林科学技术出版社	
地　　址	长春市净月区福祉大路5788号	
邮　　编	130118	

发行部电话/传真　0431-81629529　81629530　81629531
　　　　　　　　　81629532　81629533　81629534

储运部电话　0431-86059116

编辑部电话　0431-81629518

印　　刷　　保定市铭泰达印刷有限公司

书　　号　　ISBN 978-7-5578-8128-3
定　　价　　125.00元

前　言

随着我国经济体制改革的不断推进,建筑业作为一个独立的产业已进入市场经济的运行轨道,并形成自身特有的运行规律,成为国民经济的支柱产业。为适应新的历史时期对建筑业发展的需要,我国很多高等院校在土建类专业的教学计划中开设了工程建设方面的经济类和管理类课程,而一些新增设的建筑经济、工程管理等专业,更是把建筑经济与管理方面的课程列为必修课。基于这一学科的发展和工作实践的需要,结合编者们多年工程管理实践方面的经验总结,逐步编写、修改和完善,最终形成本书稿。

本书由第一作者谢晶(青海省教育厅教育项目服务中心)编写了第一章至第四章,共计 10 万字符;第二作者李佳颐(山东种业集团有限公司)编写了第五章至第七章,共计 8 万字符;第三作者梁剑(广东省美术设计装修工程有限公司)编写了第八章至第十章,共计 8 万字符;副主编贾西宁(西安科技大学高新学院)编写了第十一章,共计 3 万字符。内容包括建筑工程经济概论、建筑工程经济效果评价的方法、建筑工程项目经济分析与评价、建筑工程造价管理、建筑工程合同与风险管理、建筑工程安全管理、建筑工程管理信息化、建筑工程设计管理、建筑工程进度管理、建筑工程施工项目管理、建筑工程质量管理、建筑工程招标投标管理、建筑工程施工现场管理、建筑工程成本控制、建筑工程项目组织管理。本书内容丰富,注重理论与实践相结合,可以作为建筑学、城市规划、城乡资源规划与环境等相关专业选修课程的参考书,同时也可以作为土木工程与管理类技术人员的继续教育与培训用书。

在编写过程中笔者参阅了大量的相关专著及论文,在此对相关文献的作者表示感谢。由于编写水平有限,书中难免存在不妥之处,敬请各位专家、读者批评指正。

目 录

第一章　建筑工程经济概论

第一节　工程经济学

一、工程经济学的概念

随着科学技术的飞速发展,为了用有限的资源来满足人们的需要,可能采用的工程技术方案越来越多。怎样以经济效果为标准对许多技术上可能的方案进行互相比较,做出评价,从中选择最优方案的问题,就越来越突出,越来越复杂。工程经济学(engineering economy)这门学科就是在这样的背景下产生的。工程经济学是一门为从经济角度在一组方案中选择最佳方案提供科学原理和技术方法的应用经济学科。

二、工程经济学的产生和发展

工程经济学源于 1887 年亚瑟·M.惠灵顿的著作《铁路布局的经济理论》。他首次将成本分析方法应用于铁路的最佳长度和曲率选择上,开创了工程领域经济评价工作的先河。他将工程经济学描述为"少花钱多办事的艺术"。

20 世纪 20 年代,戈尔德曼在他的《财务工程学》一书中,提出了决定相对价值的复利程序,并说:"有一种奇怪而遗憾的现象,就是许多作者在他们的工程学著作中,没有或很少考虑成本问题。实际上,工程师的最基本的责任是分析成本,以达到真正的经济性,即赢得最大可能数量的货币,获得最佳的财务效率。"

1930 年,格兰特在其《工程经济原理》一书中指出了古典工程经济的局限性。他以复利计算为基础,讨论了判别因子和短期投资评价的重要性,以及资本长期投资的一般比较。他的许多观点得到了业界的普遍认同,为工程经济学的发展做出了突出贡献。因此,他被西方尊称为"工程经济分析之父"。

1982 年工程经济学家里格斯教授出版了《工程经济学》一书,使工程经济学的学科体系更加完整与充实,从而成为国外许多高等学府的教材,使得工程经济学发展到一个新的高度。

我国是从 20 世纪 70 年代开始进行工程经济学研究的,所以,工程经济学在我国尚属于新兴学科。尽管时间较短,但工程经济学的理论研究和实际应用出现了两旺的局面。

工程经济学以"工程经济"系统为核心,站在关注工程活动的经济性,亦即"工程的有效性"的视角上开展相关项目的研究。目前有一批从事工程科学领域研究的学者投身到了工程经济的研究领域,并且全国绝大多数高校的工程类专业都开设了"工程经济学"课程,这些都是这门学科在不断丰富和发展的十分可喜的现象。

第二节 工程、技术与经济的关系

一、工程

工程是指土木建筑或其他生产、制造部门用比较大而复杂的设备来进行的工作,如土木工程、机械工程、交通工程、化学工程、采矿工程、水利工程等,它包括工程技术方案、技术措施和整个工程项目。其目的就是将自然资源转变为有益于人类的产品,它的任务是应用科学知识解决生产和生活中存在的问题,来满足人们的需要。

工程不同于科学,也不同于技术,它是指人们综合应用科学理论和技术手段去改造客观世界,从而取得实际成果的具体实践活动。一项工程能被人们所接受必须做到有效,即必须具备两个条件:一是技术上的可行性;二是经济上的合理性。

二、技术

技术是指把科学研究、生产实践、经验积累中得到的科学知识有选择、创造性地应用，从而进行各种生产和非生产活动的技能，以及根据科学原理改造自然的一切方法。

技术与科学常被视为一体的，但严格说来，科学和技术其实是有着根本区别的。科学是人类在探索自然和社会现象的过程中对客观规律的认识和总结；而技术是人类活动的技能和人类在改造自然的过程中采用的方法、手段。要实现资源向产品或服务的转变，必须依赖于一定的技术。所以，人们总在期盼着用先进的工程技术，达到投入少，产出多的目的。因而，人们不断地学习、不断地创新，以期实现人们日常生活中的理想和愿望。

从表现形态上看，技术可体现为机器、设备、基础设施等生产条件和工作条件的物质技术（硬技术），以及体现为工艺、方法、程序、信息、经验、技巧、技能和管理能力的非物质技术（软技术）。

三、经济

经济一词在我国古代有"经邦济世""经国济民"的含义，是治理国家、拯救庶民的意思，与现代的"经济"含义不同。现代汉语中使用的"经济"一词，是19世纪后半叶，由日本学者从英语"economy"翻译而来的。经济是一个多义词，通常包含下列几方面的含义。

（1）经济指生产关系。从政治经济学角度来看，"经济"指的是生产关系和生产力的相互作用，它研究的是生产关系运动的规律，如经济体制。

（2）经济是指一国国民经济的总称，或者指国民经济的各组成部分，如工业经济、农业经济、商业经济等。

（3）经济指社会生产和再生产，即物质资料的生产、交换、分配、消费的现象和过程。

（4）经济是指节约或节省。在经济学中，经济的含义是指从有限的资源中获得最大的利益。

工程经济学所研究的主要是人、财、物、时间等资源的节约和有效利用，以及技术经济决策所涉及的经济问题。任何工程项目的建设都伴随着资源的消耗,同时经历研究、开发、设计、建造、运行、维护、销售、管理等过程。在工程实践活动中必将产生经济效果、社会效果以及对生态、环境的影响。如何以最少的耗费达到最优的经济效果正是工程经济学研究的目的。

四、工程经济分析的基本原理

（一）工程经济分析的目的是提高工程经济活动的经济效果

工程经济活动,不论主体是个人还是机构,都具有明确的目标。工程经济活动的目标是通过活动产生的效果来实现的。由于各种工程经济活动的性质不同,因而会取得不同性质的效果,如环境效果、艺术效果、军事效果、政治效果、医疗效果等。但无论哪种技术实践效果,都要涉及资源的消耗,都有浪费或节约问题。由于在特定的时期和一定的地域范围内,人们能够支配的经济资源总是稀缺的,因此工程经济分析的目的是,在有限的资源约束条件下对所采用的技术进行选择,对活动本身进行有效的计划、组织、协调和控制,以最大限度地提高工程经济活动的效益,降低损失或消除负面影响,最终提高工程经济活动的经济效果。

（二）技术与经济之间是对立统一的辩证关系

经济是技术进步的目的,技术是达到经济目标的手段和方法,是推动经济发展的强大动力。技术的先进性与经济的合理性是社会发展中一对相互促进、相互制约的既统一又矛盾的统一体。

1.技术进步促进经济发展,而经济发展则是技术进步的归宿和基础

技术进步是经济发展的重要条件和物质基础。技术进步是提高劳动生产率、推动经济发展的最为重要的手段和物质基础。经济发展的需要是推动技术进步的动力,任何一项新技术的产生都是经济上的需要引起的;同时技术发展是要受经济条件制约的。一项新技术的发展、应用和完善主要取决于是否具备必要的经济条件,以及是否具备广泛使用的可能性,这种可能性包括与采用该项技术相适应的物质和经济条件。

2.在技术和经济的关系中,经济占据支配地位

技术进步是为经济发展服务的,技术是人类进行生产斗争和改善生活的手段,它的产生就具有明显的经济目的。因此,任何一种技术在推广应用时首先要考虑其经济效果。一般情况下,技术的发展会带来经济效果的提高,技术的不断发展过程也正是其经济效果不断提高的过程。随着技术的进步,人类能够

用越来越少的人力和物力消耗获得越来越多的产品和劳务。从这方面看,技术和经济是统一的,技术的先进性和它的经济合理性是相一致的。

(三)工程经济分析可以科学地预见活动的结果

工程经济分析的着眼点是"未来",也就是对技术政策、技术措施制定以后,或者技术方案被采纳后,将要带来的经济效果进行计算、分析与比较。工程经济学关心的不是某方案已经花费了多少代价,它不考虑"沉没成本"(指过去发生的,而在今后的决策过程中,我们已无法控制的、已经用去的那一部分费用)的多少,而只考虑从现在起为获得同样使用效果的各种机会(方案)的经济效果。

既然工程经济学讨论的是各方案"未来"的经济效果问题,那么就意味着它们含有"不确定性因素"与"随机因素"的预测与估计,这将关系到工程经济效果评价计算的结果。因此,工程经济学是建立在预测基础上的科学。人类对客观世界运动变化规律的认识使得人可以对自身活动的结果做出一定的科学预见,根据对活动结果的预见,人们可以判断一项活动目的的实现程度,并相应地选择、修正所采取的方法。如果人们缺乏这种预见性,就不可能了解一项活动能否实现既定的目标、是否值得去做,因而也就不可能做到有目的地从事各种工程经济活动。以长江三峡工程为例,如果我们不了解三峡工程建成后可以获得多少电力,能在多大程度上改进长江航运和提高防洪能力等结果的话,那么建设三峡工程就成为一种盲目的活动。因此,为了有目的地开展各种工程经济活动,就必须对活动的效果进行慎重的估计和评价。

(四)工程经济分析是对工程经济活动的系统评价

因为不同利益主体追求的目标存在差异,因此对同一工程经济活动进行工程经济评价的立场不同、出发点不同、评价指标不同,得到的评价的结论就有可能不同。例如,很多地区的小造纸厂或小化工厂从企业自身的利益出发似乎经济效果显著,但这类生产活动排出了大量废弃物,对有关河流、湖泊和附近的人或组织造成了直接或间接的损害,是国家相关法规所不容许的。因此,为了防止一项工程经济活动在对一个利益主体产生积极效果的同时损害到另一些利益主体,工程经济分析必须体现较强的系统性。其系统性主要体现在以下 3 个方面。

(1)评价指标的多样性和多层性,构成一个指标体系。

(2)评价角度或立场的多样性,根据评价时所站的立场或看问题的出发点的不同,分为企业财务评价、国民经济评价及社会评价等。

（3）评价方法的多样性，常用的评价方法有定量或定性评价、静态或动态评价、单指标或多指标综合评价等几类。

由于局部和整体、局部与局部之间在客观上存在着一定的矛盾和利益摩擦，系统评价的结论总是各利益主体目标相互协调的均衡结果。需要指出的是，对于特定的利益主体，由于多目标的存在，各方案对各分目标的贡献有可能不一致，从而使得各方案在各分项效果方面表现为不一致。因此，在一定的时空和资源约束条件下，工程经济分析寻求的只能是令人满意的方案，而非各分项效果都最佳的最优方案。

（五）满足可比条件是技术方案比较的前提

为了在对各项技术方案进行评价和选优时能全面、正确地反映实际情况，必须使各方案的条件等同化，这就是所谓的"可比性问题"。由于各个方案涉及的因素极其复杂，加上难以定量表达的不可转化因素，因此各方案的条件不可能做到绝对的等同化。在实际工作中一般只能做到使方案经济效果影响较大的主要方面达到可比性要求。其中，时间的可比性是经济效果计算中通常要考虑的一个重要因素。例如，有两个技术方案，产品种类、产量、投资、成本完全相同，但时间上有差别，其中一个投产早，另一个投产晚，这时很难直接对两个方案的经济效果大小下结论，必须将它们的效果和成本都换算到同一个时间点后，才能进行经济效果的评价和比较。

在实际工作中，工程经济活动很多是以工程项目的形式出现的。因此，本书对工程经济原理及方法的应用主要针对工程项目展开。

第三节　工程经济学研究的范围、对象和特点

一、工程经济学的研究范围

工程经济学的研究范围非常广泛，涉及工程技术和经济领域的各个方面和层次，贯穿于工程建设的全过程。

1.宏观工程经济问题

宏观工程经济问题包括人口增长、能源危机、资源消耗、生态恶化、环境污染等方面的技术政策，以及从国家角度来说，涉及国民经济全局的问题，如国民经济发展速度、国家投资规模、生产力合理布局、产业结构调整、科技发展规划、

资源的开发利用、引进技术确定、资金的引进与外资利用等。

2.中观工程经济问题

中观工程经济问题涉及地区和行业两个范畴。地区的经济问题与国家层次上的工程经济问题类似,包括地区的经济发展速度、生产力合理布局、产业结构调整、投资结构与方向、资金引进与利用、资源的开发利用、人才的开发引进、开发区建设规划、城镇化建设规划等;行业的工程经济问题包括产业的发展规模与速度、产业的技术发展规划、产业的技术创新、产业技术扩散与转移、产业的规模经济、产业的合理聚集、产业的市场机制等。

3.企业工程经济问题

企业的工程经济问题包括企业的发展战略、产品开发、技术策略、资本运营、组织创新、流程再造等。

4.项目工程经济问题

项目工程经济问题是指工程项目、科学研究项目、技术开发项目等方面的工程经济问题。对工程项目而言,其工程经济问题包括产品方案、合理规模、材料选择、能源选择、地址选择、技术选择、设备选择、协调匹配、资金筹措、环保措施等。

二、工程经济学的研究对象

工程经济学的研究对象是工程项目(或投资项目),以及解决各种工程项目问题的方案或途径,其核心是工程项目的经济性分析。进一步讲,是工程技术的经济问题,确切地说是工程技术的经济效果。具体而言,包括工程实践的经济效果;技术与经济的辩证关系;技术创新对技术进步与经济增长的影响等几个方面。

这里所说的项目是指投入一定资源的计划、规划和方案并可以进行分析和评价的独立单元。项目的经济效果是指人们在生产活动当中的劳动消耗与所得的效果的比较,或者是消耗的资源(人力、物力、财力)总量与所取得的成果的比较。它可用绝对量或相对量表示,即采用差值法或比率法表示。

工程经济中,经济效果与经济效益的含义是有所差别的。经济效果是经济活动中产生的效果,它可能是好的,也可能是不好的,而只有好的经济效果,才能称其为经济效益。

通常情况下,工程项目技术经济分析,是研究采用何种方法、建立何种方法体系,才能正确估价工程项目的有效性,才能寻求到技术与经济的最佳结合点。

工程经济学从技术的可行性和经济的合理性出发,运用经济理论和定量分析方法,研究工程技术投资和经济效益的关系。例如,各种技术在使用过程中,如何以最小的投入取得最大的产出;如何用最低的寿命周期成本实现产品、作业或服务的必要功能。工程经济学不研究工程技术原理与应用本身,也不研究影响经济效果的各种因素,而只研究这些因素对工程项目产生的影响。研究工程项目的经济效果,具体内容包括对工程项目的资金筹集、经济评价、优化决策,以及风险和不确定性分析等。

三、工程经济学研究的特点

工程经济学以自然规律为基础而不研究自然规律本身,以经济科学作为理论指导和方法论而不研究经济规律。它是在尊重客观规律的前提下,对工程方案的经济效果进行分析和评价,从经济的角度为工程技术的采用和工程建设提供决策依据。工程经济学具有如下特点:

(1)综合性。工程经济学横跨自然科学和社会科学两大类。工程技术的经济问题往往是多目标、多因素的,因此工程经济学研究的内容涉及技术、经济、社会与生态等因素。

(2)实用性。工程经济学的研究对象来源于生产建设实际,其分析和研究成果直接用于建设与生产,并通过实践来验证分析结果的正确性。

(3)定量性。工程经济学以定量分析为主,对难以定量的因素,也要予以量化估计。用定量分析结果为定性分析提供科学依据。

(4)比较性。工程经济分析通过经济效果的比较,从许多可行的技术方案中选择最优方案或满意的可行方案。

(5)预测性。工程经济分析是对将要实现的技术政策、技术措施、技术方案进行事先的分析评价。

综上所述,工程经济学具有很强的技术和经济的综合性、技术与环境的系统性、方案差异的对比性、对未来的预测性以及方案的择优性等特点。

第四节　工程经济分析的基本原则与基本要素

一、工程经济分析的基本原则

(一)技术可行基础上的选择替代方案的原则

工程经济学的研究内容是在技术上可行的条件已确定后,也就是在技术可行性研究的基础上进行经济合理性的研究与论证工作。工程经济学不包括应由工程技术学解决的技术可行性的分析论证内容,它为技术可行性提供经济依据,并为改进技术方案提供符合社会采纳条件的改进方案。

无论在什么情况下,为了解决技术经济问题,都必须进行方案比较,而方案比较必须要有能解决统一问题的"替代方案"。所谓替代方案就是方案选择时,用于比较或相互进行经济比较的一个或若干个方案。由于替代方案在方案比较中占有重要地位,因此,在选择和确定替代方案时应遵循"无疑、可行、准确、完整"的原则。无疑就是对实际上可能存在的替代方案都要加以考虑;可行就是只考虑技术上可行的替代方案;准确就是从实际情况出发选好选准替代方案;完整就是指方案之间的比较必须是完整的比较,不是只比较方案的某个部分。

(二)技术与经济相结合的原则

工程经济学是研究技术和经济相互关系的学科,其目的是根据社会生产的实际以及技术与经济的发展水平,研究、探求和寻找使技术与经济相互促进,协调发展的途径。所以,我们在讨论、评价工程项目或技术方案时,应当遵循技术与经济相结合的原则。

技术是经济发展的重要手段,技术进步是推动经济前进的强大动力,人类几千年的文明史证明了这一点。同时,技术也是在一定的经济条件下产生和发展的,技术的进步要受经济情况和条件的制约,经济上的需求是推动技术发展的动力。技术与经济这种相互依赖、相互促进、相辅相成的关系,构成了我们考虑与评价技术方案的原则之一,而经济效益评价又是我们决定方案取舍的重要依据,在评价方案的技术问题时,既要考虑方案技术的宏观影响,使技术对国民经济和社会经济发展起到促进作用,又应考虑到方案技术的微观影响,使得采用的技术能有效地结合本部门、本单位的具体实际,发挥出该项技术的最大潜能,创造出该技术的最大价值。同时,又要注意避免贪大求洋,盲目追求所谓的"最先进的技术"。

因此,在应用工程经济学的理论评价工程项目或技术方案时,既要评价其技术能力、技术意义,又要评价其经济特性、经济价值,将二者结合起来,寻找符合国家政策、符合产业发展方向且又能给企业带来发展的项目或方案,使之最大限度地创造效益,促进技术进步及资源开发、环境保护等工作的共同发展。

（三）可比性原则

工程经济学研究的核心内容就是寻求项目或技术方案的最佳经济效果。因此,在分析中,我们既要对某方案的各项指标进行研究,以确定其经济效益的大小,也要把该方案与其他方案进行比较评价,以便从所有的方案中找出具有最佳经济效果者,这便是方案比较。方案比较是工程经济学中十分重要的内容,可比性原则是进行工程经济分析时所应遵循的重要原则之一。方案比较可从以下几方面进行。

1.使用价值的可比（满足需要上的可比性）

任何一个项目或方案实施的主要目的都是满足一定的社会需求,不同项目或方案在满足相同的社会需求的前提下也能进行比较。

（1）产品品种可比。产品品种是指企业在计划期内应生产的产品品种的名称、规格和数目,反映企业在计划期内在品种方面满足社会需要的情况。

（2）产量可比。这里的产量是指项目或技术方案满足社会需要的产品的数量。

（3）质量可比。质量不同,满足程度也将不同,所以要求参加比较的方案必须在质量上可比。所谓质量可比是指不同项目或技术方案的产品质量相同时,直接比较各项相关指标;质量不同时,则需经过修正计算后才能比较。例如,日光灯和白炽灯两种灯具方案,不能用数量互相比较,而应在相同的照明度下进行比较。

2.相关费用的可比（消耗费用的可比性）

相关费用的可比是指在计算和比较费用指标时,不仅要计算和比较方案本身的各种费用,还应考虑相关费用,并且应采用统一的计算原则和方法来计算各种费用。

（1）方案的消耗费用必须从社会全部消耗的角度,运用综合的系统的观点和方法来计算。

根据这一要求,技术方案的消耗费用计算范围不仅包括实现技术方案本身直接消耗的费用,而且应包括与实现方案密切相关的纵向和横向的相关费用。例如,修建一座混凝土搅拌站的目的是向用户提供混凝土,其消耗费用不仅要计算搅拌站本身的建设和生产费用,还要计算与之纵向相关的原材料的采购运输费用和成品送至用户的运输等项的费用。再例如,居住小区建设,除主要工程(住宅)的消耗外,还要计算配套工程等的耗费,故在进行小区建设方案比较时,应将各方案在主要工程的耗费和配套工程的耗费合并计算。

(2)方案的劳动费用,必须包括整个寿命周期内的全部费用。也就是说,既要计算实现方案的一次性投资费用,又要计算方案实现后的经营或使用费用。

(3)计算方案的消耗费用时,还应统一规定费用结构和计算范围,如规定估算基本建设投资时包括对固定资产和流动资金的估算;采用统一的计算方法,即指各项费用的计算方法、口径应一致,如对投资和生产成本的估算方法应采用相同数学公式;费用的计算基础数据要一致,就是指各项费用所采用的费率和价格应一致。因此,要求方案在价格上有可比性。

3.时间的可比性

对于投资、成本、产品质量、产量相同条件下的两个项目或技术方案,其投入时间不同,经济效益明显也不同。

一是经济寿命不同的技术方案进行比较时,应采用相同的计算期作为基础;二是技术方案在不同时期内发生的效益与费用,不能直接相加,必须考虑时间因素。技术方案的经济效果除了数量概念外,还有时间概念。时间上的可比,就是要采用相同的计算期,考虑资金时间价值的影响等。

4.价格的可比性

每一个项目或技术方案都有产出,同时消耗物化劳动,既有产出也有收入。要描述项目或方案产出和投入的大小,以便与其他的项目或技术方案进行比较,就要考虑价格因素。价格的可比性是分析比较项目或技术方案经济效益的一个重要原则。

要使价格可比,项目或技术方案所采用的价格指标体系应该相同,这是价格可比的基础。对于每一个项目或技术方案,无论是消耗品还是产品,均应按其相应的品目价格计算投入或产出。

(四)定性分析与定量分析相结合的原则

定性分析与定量分析是对项目或方案进行经济效益分析评价的两种方法。所谓定性分析是指评价人员依据国家的法律法规、国家产业发展布局及发展方向,针对该项目对国家发展所起作用和该项目发展趋势等进行评价。

定性分析是一种在占有一定资料、掌握相应政策的基础上,根据决策人员的经验、直觉、学识、逻辑推理能力等以主观判断为基础进行评价的方法。评价尺度往往是给项目打分或确定指数。这是从总体上进行的一种笼统的评价方法,属于经验型决策。

定量分析则是以项目各方面的计算结果为依据进行评价的方法。它以对项目进行的客观、具体的分析而得出的各项经济效益指标为尺度,通过对"成果"与"消耗""产出"与"投入"等的分析,对项目进行评价。定量分析以科学为依据,不仅使各种评价更加精确,减少了分析中的直觉成分,使得分析评价更加科学化,还可以在定量分析中发现研究对象的实质和规律,尤其是对评价中不易掌握的一些不确定因素和风险因素,均用可以量化的指标对其作出判断,以利于决策。定量分析因其评价具体、客观、针对性强、可信程度高,在实际工作中被普遍应用,既可用于事前评价,也可用于事中评价和事后评价,是进行经济效益评价的重要方法。

因此,在实际分析评价中,应善于将定性与定量分析方法结合起来,发挥各自在分析上的优势,互相补充,使分析结果科学、准确,使决策人员对项目总体上有一个比较全面的了解。

(五)财务评价与国民经济评价相结合的原则

工程项目财务评价是根据国家现行财税制度和价格体系,从工程项目的角度出发,根据已知及预测的财务数据,分析计算工程项目的财务效益和费用,编制有关报表,计算评价指标,考察工程项目的盈利能力和清偿能力等财务状况,据以判别工程项目的财务可行性。国民经济评价就是从整个国家或社会利益的角度出发,运用影子价格、影子汇率、影子工资和社会折现率等经济参数,对项目的社会经济效果所进行的评价,从社会经济的角度来考察项目的可行性。

一般情况下,项目对整个国民经济的影响不仅仅表现在项目自身的财务效果上,还可能会对国民经济其他部门和单位或是对国家资源、环境等造成很大影响,必须通过项目的国民经济评价来具体考核项目的整体经济效果,特别是对涉及资源、环境保护、进出口等因素的投资项目进行工程经济分析时,必须将项目的财务评价与国民经济评价结合起来考虑。既要符合国家发展的需要,使资源合理配置并充分发挥效能;又要尽量使项目能够有较好的经济效益,具有相应的财务生存能力,为今后的进一步发展打下良好的基础。

(六)社会主义制度下经济效果的评价原则

所谓的经济效果就是技术方案实现后所取得的劳动成果(产出)与所消耗

的劳动(投入)之间的比较。这里的劳动成果,是指满足社会需要的劳务和产品。消耗的劳动包括劳动和其他有用物品的消耗。这里强调经济效益的含义。经济效益,可以理解为有益的经济效果,也就是在实际上取得属于经济方面的效益。在项目的经济评价中,所有的经济指标应以经济效益为重点,但项目方案往往是在项目未实现之前进行评价,即事前评价,此时,项目的经济效果一般可以与经济效益通用。社会主义制度下经济效果的评价原则,主要体现在以下几个方面。

(1)坚持社会主义生产的目的,以最小的劳动消耗满足社会需求。

(2)局部经济效果服从整体经济效果。

(3)当前经济效果与长远经济效果相协调。

(4)经济效果与其他社会效果相一致。

二、工程经济分析的基本要素

工程经济活动一般包括项目方案主体、项目方案目标、项目方案效果、项目方案环境等要素。

(一)项目方案主体

项目方案主体是指提供项目方案资本、承担项目方案风险、享受项目方案收益的个人或组织。现代社会经济活动的主体可大致分为以下三大类:企业、政府及包括文、教、卫、体、科研和宗教等组织在内的事业单位或社会团体。

(二)项目方案目标

人类一切工程经济活动都有明确的目标,都是为了直接或间接地满足人类自身的需要。不同项目方案主体目标的性质和数量等存在着明显的差异。例如,政府的目标一般是多目标系统,包括社会经济的可持续发展、就业水平的提高、法制的建立健全、社会安定、币值稳定、环境保护、经济结构的改善、收入分配公平等;企业的目标以利润为主,包括利润最大化、增加市场占有率、提高品牌效应等。

（三）项目方案效果

工程经济项目方案的效果是指项目实施后对项目方案主体目标产生的影响。由于目标的多样性,通常一项工程经济活动会同时表现出多方面的效果,甚至各种效果之间还是冲突和对立的。例如,对一个经济欠发达地区进行开发和建设,如果只进行低水平的资源消耗类生产,就有可能在提高当地人民收入水平的同时,造成严重的环境污染和生态平衡的破坏。

（四）项目方案环境

工程经济项目方案常常面临两个彼此相关又至关重要的环境,一个是自然环境,另一个是经济环境。自然环境提供工程经济活动的客观物质基础,经济环境显示工程经济活动成果的价值。工程经济活动要遵循自然环境中的各种规律,只有这样才能赋予物品或服务使用价值。但是,物品或服务的价值取决于它带给人们的效用,效用大小往往要用人们愿意为此付出的货币数量来衡量。技术系统的设计再精良,但如果生产出的物品或提供的服务不能使消费者满意,或者成本太高,这样的工程经济活动的价值就会很低。

人类社会的一个基本任务,就是根据对客观世界运动变化规律的认识,对自身的活动进行有效的规划、组织、协调和控制,最大限度地提高工程经济活动的价值,降低或消除负面影响,而这也正是工程经济学的主要任务。

第二章 建筑工程经济效果评价的方法

第一节 经济评价指标体系

一、经济效果评价的内容、方法和程序

工程经济分析的任务就是要根据所考察工程的预期目标和所拥有的资源条件,分析该工程的现金流量情况,选择合适的技术方案,以获得最佳的经济效果。这里所说的技术方案是广义的,既可以是工程建设中各种技术措施和方案(加工程设计、施工工艺、生产方案、设备更新、技术改造、新技术开发、工程材料利用、节能降耗、环境技术、工程安全和防护技术等措施和方案),也可以是建设相关企业的发展战略方案(如企业发展规划、生产经营、投资、技术发展等关乎企业生存发展的战略方案)。可以说技术方案是工程经济最直接的研究对象,而获得最佳的技术方案经济效果则是工程经济研究的目的。

(一)经济效果评价的内容

经济效果评价就是根据国民经济与社会发展以及行业、地区发展规划的要求,在拟定的技术方案、财务效益与费用估算的基础上,采用科学的分析方法,对技术方案的财务可行性和经济合理性进行分析论证,为选择技术方案提供科学的决策依据。

经济效果评价的内容应根据技术方案的性质、目标、投资者、财务主体以及方案对经济与社会的影响程度等具体情况确定,一般包括技术方案的盈利能力、偿债能力、财务生存能力等评价内容。

1.技术方案的盈利能力

技术方案的盈利能力是指分析和测算拟定技术方案计算期的盈利能力和盈利水平。其主要分析指标包括方案财务内部收益率和财务净现值、资本金财务内部收益率、静态投资回收期、总投资收益率和资本金净利润率等,可根据拟定技术方案的特点及经济效果分析的目的和要求等选用。

2.技术方案的偿债能力

技术方案的偿债能力是指财务主体的偿债能力,其主要指标包括利息备付率、偿债备付率和资产负债率等。

3.技术方案的财务生存能力

财务生存能力分析也称资金平衡分析,是根据拟定技术方案的财务计划现金流量表,通过考察拟定技术方案计算期内各年的投资、融资和经营活动所产生的各项现金流入和流出,计算净现金流量和累计盈余资金,分析技术方案是否有足够的净现金流量维持正常运营,以实现财务的可持续性。而财务的可持续性应首先体现为有足够的经营净现金流量,这是财务可持续的基本条件;其次在整个运营期间,允许个别年份的净现金流量出现负值,但各年累计盈余资金不应出现负值,这是财务生存的必要条件。若出现负值,应进行短期借款,同时分析该短期借款的时间长短和数额大小,进一步判断拟定技术方案的财务生存能力。短期借款应体现在财务计划现金流量表中,其利息应计入财务费用。为维持技术方案正常运营,还应分析短期借款的可靠性。

(二)经济效果评价的方法

由于经济效果评价的目的在于确保决策的正确性和科学性,避免或最大限度地减小技术方案的投资风险,明确技术方案投资的经济效果水平,最大限度地提高技术方案投资的综合经济效果,因此,正确选择经济效果评价的方法是十分重要的。

1.经济效果评价的基本方法

经济效果评价的基本方法包括确定性评价方法与不确定性评价方法两类。对同一个技术方案必须同时进行确定性评价和不确定性评价。

2.按评价方法的性质分类

按评价方法的性质不同,经济效果评价可分为定量分析和定性分析。

(1)定量分析:定量分析是指对可度量因素实行的分析方法。在技术方案经济效果评价中考虑的定量分析因素包括资产价值、资本成本、有关销售额、成本等一系列可以以货币表示的一切费用和收益。

(2)定性分析:定性分析是指对无法精确度量的重要因素实行的估量分析

方法。

在技术方案经济效果评价中,应坚持定量分析和定性分析相结合,以定量分析为主的原则。

3.按评价方法是否考虑时间因素分类

对定量分析,按其是否考虑时间因素又可分为静态分析和动态分析。

(1)静态分析:静态分析是不考虑资金的时间因素,即不考虑时间因素对资金价值的影响,而对现金流量分别进行直接汇总来计算分析指标的方法。

(2)动态分析:动态分析是在分析方案的经济效果时,对发生在不同时间的现金流量折现后来计算分析指标。在工程经济分析中,由于时间和利率的影响,对技术方案的每一笔现金流量都应该考虑它所发生的时间,以及时间因素对其价值的影响。动态分析能较全面地反映技术方案整个计算期的经济效果。

在技术方案经济效果评价中,应坚持动态分析与静态分析相结合,以动态分析为主的原则。

4.按评价是否考虑融资分析

经济效果分析可分为融资前分析和融资后分析。一般宜先进行融资前分析,在融资前分析结论满足要求的情况下,初步设定融资方案,再进行融资后分析。

(1)融资前分析:融资前分析应考察技术方案整个计算期内的现金流入和现金流出,编制技术方案投资现金流量表,计算技术方案投资内部收益率、净现值和静态投资回收期等指标。融资前分析排除了融资方案变化的影响,从技术方案投资总获利能力的角度,考察方案设计的合理性,应作为技术方案初步投资决策与融资方案研究的依据和基础。融资前分析应以动态分析为主,静态分析为辅。

(2)融资后分析:融资后分析应以融资前分析和初步的融资方案为基础,考察技术方案在拟定融资条件下的盈利能力、偿债能力和财务生存能力,判断技术方案在融资条件下的可行性。融资后分析用于比选融资方案,帮助投资者作出融资决策。

5.按技术方案评价的时间分类

按技术方案评价的时间可分为事前评价、事中评价和事后评价。

(1)事前评价:事前评价是指在技术方案实施前为决策所进行的评价。显然事前评价都有一定的预测性,因而也就有一定的不确定性和风险性。

(2)事中评价:事中评价,也称为跟踪评价,是指在技术方案实施过程中所进行的评价。这是由于在技术方案实施前所做的评价结论及评价所依据的外部条件(市场条件、投资环境等)发生变化而需要进行修改,或者因事前评价时考虑问题不周、失误,甚至根本未做事前评价,在建设中遇到困难,而不得不反过来重新进行评价,以决定原决策有无全部或局部修改的必要性时所进行的评价。

(3)事后评价:事后评价,也称为后评价,是在技术方案实施完成后,总结评价技术方案决策的正确性,以及技术方案实施过程中项目管理的有效性等时所进行的评价。

(三)经济效果评价的程序

经济效果评价的程序主要包含以下步骤。

(1)熟悉技术方案的基本情况。熟悉技术方案的基本情况,包括投资目的、意义、要求、建设条件和投资环境,做好市场调查研究和预测、技术水平研究和设计方案。

(2)收集、整理和计算有关技术经济基础数据资料与参数。技术经济基础数据资料与参数是进行技术方案经济效果评价的基本依据,所以在进行经济效果评价之前,必须先收集、估计、测算和选定一系列有关的技术经济数据与参数。主要包括以下几点。

①技术方案投入物和产出物的价格、费率、税率、汇率、计算期、生产负荷及基准收益率等。它们是重要的技术经济数据与参数,在对技术方案进行经济效果评价时,必须科学合理地选用。

②技术方案建设期间分年度投资支出额和技术方案投资总额。技术方案投资包括建设投资和流动资金需要量。

③技术方案来源方式、数额、利率、偿还时间,以及分年还本付息数额。

④技术方案生产期间的分年产品成本。分别计算出总成本、经营成本、单位产品成本、固定成本和变动成本。

⑤技术方案生产期间的分年产品销售数量、营业收入、营业税金及附加、营业利润及其分配数额。

根据以上技术经济数据与参数分别估测出技术方案整个计算期(包括建设期和生产期)的财务数据。

(3)根据基础财务数据资料编制各基本财务报表。

(4)经济效果评价。运用财务报表的数据与相关参数,计算技术方案的各经济效果分析指标值,并进行经济可行性分析,得出结论。具体步骤如下。

①首先进行融资前的盈利能力分析,其结果体现技术方案本身设计的合理性。也就是说用于考察技术方案是否可行,是否值得去融资。这对技术方案投资者、债权人和政府管理部门都是有用的。

②如果第一步分析的结论是"可行"的,那么进一步去寻求适宜的资金来源和融资方案,就需要借助于对技术方案的融资后分析,即资本金盈利能力分析和偿债能力分析,投资者和债权人可据此作出最终的投融资决策。

二、工程经济评价指标体系

技术方案的经济效果评价,一方面取决于基础数据的完整性和可靠性,另一方面取决于选取的评价指标体系的合理性,只有选取正确的评价指标体系,经济效果评价的结果才能与客观实际情况相吻合,才具有实际意义。

静态分析指标的最大特点是不考虑时间因素,计算简便。所以在对技术方案进行粗略评价,或对短期投资方案进行评价,或对逐年收益大致相等的技术方案进行评价时,静态分析指标还是可采用的。

动态分析指标强调利用复利方法计算资金时间价值,它将不同时间内资金的流入和流出换算成同一时点的价值,从而为不同技术方案的经济比较提供了可比基础,并能反映技术方案在未来时期的发展变化情况。

总之,在进行技术方案经济效果评价时,应根据评价深度要求、可获得资料的多少以及评价方案本身所处的条件,选用多个不同的评价指标,这些指标有主有次,从不同侧面反映出评价方案的经济效果。

(一)投资收益率分析

1.投资收益率的定义

投资收益率(R)是衡量技术方案获利水平的评价指标,它是技术方案建成投产达到设计生产能力后的一个正常生产年份的年净收益额与技术方案投资的比率。它表明技术方案在正常生产年份中,单位投资每年所创造的年净收益额。对生产期内各年的净收益额变化幅度较大的技术方案,可计算生产期年平均净收益额与技术方案投资的比率,其计算公式为:

$$R = \frac{A}{I} \times 100\% \qquad \text{式 2—1}$$

式中　　R——投资收益率;

　　　　A——技术方案年净收益额或年平均净收益额;

I——技术方案投资。

2.判别原则

将计算出的投资收益率(R)与所确定的基准投资收益率(R_c)进行比较。若 R≥R_c,则技术方案可以考虑接受;若 R<R_c,则技术方案是不可行的。

3.应用形式

根据分析目的的不同,投资收益率又具体分为:总投资收益率(ROI)、资本金净利润率(ROE)。

(1)总投资收益率(ROI)。

总投资收益率(ROI)表示总投资的盈利水平,按式(2—2)计算:

$$ROI = \frac{EBIT}{TI} \times 100\%$$ 式 2—2

式中 EBIT——技术方案正常年份的年息税前利润或运营期内年平均息税前利润;

TI——技术方案总投资(包括建设投资、建设期贷款利息和全部流动资金)。

式(2—2)中所需的财务数据,均可从相关的财务报表中获得。总投资收益率高于同行业的收益率参考值,表明用总投资收益率表示的技术方案盈利能力满足要求。

(2)资本金净利润率(ROE)。

技术方案资本金净利润率(ROE)表示技术方案资本金的盈利水平,按式(2—3)计算:

$$ROE = \frac{NP}{EC} \times 100\%$$ 式 2—3

式中 NP——技术方案正常年份的年净利润或运营期内年平均净利润,净利润=利润总额—所得税;

EC——技术方案资本金。

式(2—3)中所需的财务数据,均可从相关的财务报表中获得。技术方案资本金净利润率高于同行业的净利润率参考值,表明用资本金净利润率表示的技术方案盈利能力满足要求。

总投资收益率(ROI)用来衡量整个技术方案的获利能力,要求技术方案的总投资收益率(ROI)应大于行业的平均投资收益率。总投资收益率越高,从技术方案所获得的收益就越多。而资本金净利润率(ROE)则用来衡量技术方案资本金的获利能力,资本金净利润率(ROE)越高,资本金所取得的利润就越多,权益投资盈利水平也就越高;反之,则情况相反。对于技术方案而言,若总投资收益率或资本金净利润率高于同期银行利率,适度举债是有利的;反之,过高的负债比例将损害企业和投资者的利益。由此可以看出,总投资收益率或资本金净利润率指标不仅可以用来衡量技术方案的获利能力,还可以作为技术方案筹资决策参考的依据。

4.指标优缺点及适用条件

投资收益率(R)指标优点:经济意义明确、直观,计算简便,在一定程度上反映了投资效果的优劣,适用于各种投资规模。

投资收益率(R)指标缺点:没有考虑投资收益的时间因素,忽视了资金具有时间价值的重要性,指标的计算主观随意性太强,正常生产年份的选择比较困难,其确定带有一定的不确定性和人为因素。

投资收益率(R)指标的适用条件:投资收益率指标作为主要的决策依据不太可靠,主要用在技术方案制定的早期阶段或研究过程,以及计算期较短、不具备综合分析所需详细资料的技术方案,尤其适用于工艺简单而生产情况变化不大的技术方案的选择和投资经济效果的评价。

(二)静态投资回收期分析

1.静态投资回收期的定义

投资回收期也称返本期,是反映技术方案投资回收能力的重要指标。技术方案静态投资回收期是在不考虑资金时间价值的条件下,以技术方案的净收益回收其总投资(包括建设投资和流动资金)所需要的时间,一般以年为单位。静态投资回收期(P_t)宜从技术方案建设开始年算起,若从技术方案投产开始年算起,应予特别注明。从建设开始年算起,静态投资回收期(P_t)的计算公式如下。

$$\sum_{t=0}^{P_t}(CI-CO)t=0 \qquad\qquad 式2-4$$

式中 P_t——技术方案静态投资回收期;

$\quad\quad$ CI——技术方案现金流入量;

$\quad\quad$ CO——技术方案现金流出量;

$\quad\quad(CI-CO)_t$——技术方案第 t 年净现金流量。

2.判别原则

将计算出的静态投资回收期 P_t 与所确定的基准投资回收期 P_c 进行比较。若 $P_t \leqslant P_c$,表明技术方案投资能在规定的时间内收回,则技术方案可以考虑接受;若 $P_t > P_c$,则技术方案是可不行的。

3.应用形式

静态投资回收期可借助技术方案投资现金流量表,根据净现金流量计算,其具体计算又分为以下两种情况。

(1)当技术方案实施后各年的净收益(即净现金流量)均相同时,静态投资回收期的计算公式如下。

$$P_t = \frac{I}{A} \qquad \qquad 式2-5$$

式中　I——技术方案总投资;

　　　A——技术方案每年的净收益,即 $A=(CI-CO)_t$。

(2)当技术方案实施后各年的净收益不相同时,静态投资回收期可根据累计净现金流量求得,也就是在技术方案投资现金流量表中累计净现金流量由负值变为零的时点。

4.指标优缺点及适用条件

静态投资回收期(P_t)指标优点:指标容易理解,计算也比较简便,在一定程度上显示了资本的周转速度。显然,资本周转速度愈快,静态投资回收期越短,风险越小,技术方案抗风险能力强。因此在技术方案经济效果评价中一般都要求计算静态投资回收期,以反映技术方案原始投资的补偿速度和技术方案投资风险性。对于那些技术上更新迅速的技术方案,或者资金相当短缺的技术方案,或者未来的情况很难预测而投资者又特别关心资金补偿的技术方案,采用静态投资回收期评价特别有实用意义。

静态投资回收期(P_t)指标缺点如下。

(1)只考虑投资回收之前的效果,不能反映回收投资之后的效益大小。

(2)静态投资回收期由于没有考虑资金的时间价值,无法正确地判别项目的优劣,可能导致错误的选择。

(3)静态投资回收期指标没有考虑项目的寿命期及寿命期末残值的回收。

静态投资回收期指标适用条件:静态投资回收期作为技术方案选择的评价准则是不可靠的,它只能作为辅助评价指标,或者与其他评价指标相结合应用。

(三)财务净现值分析

1.财务净现值的定义

财务净现值(FNPV)是反映技术方案在计算期内盈利能力的动态评价指标。技术方案的财务净现值是指用一个预定的基准收益率(或设定的折现率),

分别把整个计算期间内各年所发生的净现金流量都折现为技术方案开始实施时的现值之和。

可根据需要选择计算所得税前财务净现值或所得税后财务净现值。

2.判别原则

财务净现值是评价技术方案盈利能力的绝对指标。当 FNPV＞0 时,说明该技术方案除了满足基准收益率要求的盈利之外,还能得到超额收益,也就是说,技术方案现金流入的现值和大于现金流出的现值和,该技术方案有收益,故该技术方案财务上可行;当 FNPV＝0 时,则该技术方案基本能满足基准收益率要求的盈利水平,即技术方案现金流入的现值正好抵偿技术方案现金流出的现值,该技术方案财务上还是可行的;当 FNPV＜0 时,该技术方案不能满足基准收益率要求的盈利水平,即技术方案收益的现值不能抵偿支出的现值,该技术方案财务上不可行。

3.指标优缺点及适用条件

财务净现值(FNPV)指标优点:考虑了资金的时间价值,并全面考虑了技术方案在整个计算期内现金流量的时间分布状况;经济意义明确直观,能够直接以货币额表示技术方案的盈利水平;判断直观。

财务净现值(FNPV)指标缺点:必须首先确定一个符合经济现实的基准收益率,而基准收益率的确定往往是比较困难的;在互斥方案评价时,财务净现值必须慎重考虑互斥方案的寿命,如果互斥方案寿命不等,必须构造一个相同的分析期限,才能进行各个方案之间的比选;财务净现值也不能真正反映技术方案投资中单位投资的使用效率;不能直接说明在技术方案运营期间各年的经营成果;没有给出该投资过程确切的收益大小,不能反映投资的回收速度。

(四)财务内部收益率分析

1.财务内部收益率的定义

能够使得投资项目的净现值等于零的折现率就是该项目的内部收益率(internal rate of return,记为 IRR 或 FIRR)。内部收益率法和净现值法一样,也是动态评价的一种重要的方法。

对具有常规现金流量(即在计算期内,开始时有支出而后才有收益,并且方案的净现金流量序号的符号只改变一次的现金流量)的技术方案,其财务净现值的大小与折现率的高低有直接的关系。若已知某技术方案各年的净现金流量,则该技术方案的财务净现值就完全取决于所选用的折现率,即财务净现值是折现率的函数。

财务内部收益率的经济含义是,它反映的是项目全部投资所能获得的实际最大收益率,是项目借入资金利率的临界值。假如一个项目的全部投资均来自借入资金,从理论上讲,若借入资金的利率 $i<$ FIRR,则该项目会有盈利;若 $i=$ FIRR,则该项目全部投资所得的净收益刚好用于偿还借入资金的本金和利息;若 $i>$ FIRR,则项目就无利可图,就是亏损。这样一个偿还的过程只与项目的某些内部因素(如借入资金额、各年的净收益以及由于存在资金的时间价值而产生的资金的增值率)有关,反映的是发生在项目内部的资金的盈利情况,而与项目之外的外界因素无关。

2.判别原则

财务内部收益率计算出来后,与基准收益率 i 进行比较。对单方案来说,内部收益率越高,经济效益越好,则有:

(1)若 FIRR$\geqslant i_c$,则技术方案在经济上可以接受;

(2)若 FIRR$<i_c$,则技术方案在经济上应予拒绝。

在多方案的必选中,若各方案的内部收益率 $FIRR_1$,$FIRR_2$,…,$FIRR_n$,均大于基准收益率 i_c,均可取,则此时应该与净现值指标结合起来考虑。一般是选择 FIRR 较大且 FNPV 最大的技术方案,而非 FIRR 越大的方案越好(此时也可采用差额内部收益率法,计算差额部分的内部收益率来进行判断)。

3.应用形式

财务内部收益率是一个未知的折现率,求方程式中的折现率需解高次方程,不易求解。在实际工作中,一般通过计算机直接计算,手算时可采用试算法确定财务内部收益率 FIRR。

4.指标优缺点

财务内部收益率(FIRR)指标优点:该指标考虑了资金的时间价值及方案在整个寿命期内的经营情况;不需要事先设定折现率而可以直接求出;该指标以百分数表示,与传统的利率形式一致,比净现值更能反映方案的相对经济效益,能够直接衡量项目的真正的投资收益率。

财务内部收益率(FIRR)指标缺点:对于非常规投资项目内部收益率可能多解或无解,在这种情况下内部收益率难以确定;需要大量的与投资项目有关的数据,计算比较麻烦。

5.财务内部收益率指标与财务净现值指标的区别

财务净现值与财务内部收益率这两个评价指标都考虑了资金的时间价值,克服了静态评价方案的缺点,二者的主要区别如下。

（1）财务净现值指标以绝对值表示，即直接以现金来表示工程项目在经济上的盈利能力；而内部收益率不直接用现金表示，而是以相对值来表示项目的盈利情况，更易被理解。

（2）各个工程项目在同一基准收益率下计算的净现值具有可加性，而各个工程项目的内部收益率不能相加。

（3）计算净现值必须已知基准收益率，而计算内部收益率不需要已知基准收益率，只要在求得内部收益率后与基准收益率进行比较。

（4）净现值指标可用于互斥方案进行比较选择最优方案，而内部收益率对互斥方案进行比较有时会与净现值指标发生矛盾，此时应以净现值指标为准。

（五）动态投资回收期（P_t'）分析

1.动态投资回收期的定义

投资回收期是分析工程项目投资回收快慢的一种重要方法。作为投资者，非常关心投资回收期，通常，投资回收期越短则投资风险就越小。投资回收快，收回投资后还可以进行新的投资，因此，投资回收期是投资决策的重要依据之一。

动态投资回收期就是在基准收益率或一定折现率下，投资项目用其投产后的净收益现值回收全部投资现值所需的时间，一般以"年"为单位计算。

2.判别原则

采用动态投资回收期法进行方案评价时，应将计算所得的动态投资回收期 P_t' 与国家有关部门规定的基准投资回收期 P_c 相比较，以确定方案的取舍。故其判别标准如下。

（1）若 $P_t' \leqslant P_c$，则项目可行。

（2）若 $P_t' > P_c$，则项目不可行。

3.指标优缺点及适用条件

动态投资回收期（P'_t）指标优点：动态投资回收期指标的概念明确，计算简单，突出了资金回收速度。

动态投资回收期（P'_t）指标缺点：虽然与静态投资回收期相比，动态投资回收期指标考虑了资金的时间价值，但仍未考虑投资回收以后的现金流量，没有考虑投资项目的使用年限及项目的期末残值。而且，人们对投资于净收益的理解不同往往会影响该指标的可比性。

动态投资回收期（P'_t）指标适用性：该指标常用作辅助指标，只有在资金特别紧张，投资风险很大的情况下，才把动态投资回收期作为评价技术方案最主要的依据之一。

（六）基准收益率的确定

1.基准收益率的定义

基准收益率也称基准折现率，是企业或行业投资者以动态的观点所确定的、可接受的技术方案最低标准的收益水平。其在本质上体现了投资决策者对技术方案资金时间价值的判断和对技术方案风险程度的估计，是投资资金应当获得的最低盈利率水平，它是评价和判断技术方案在财务上是否可行和技术方案比选的主要依据。因此基准收益率确定得合理与否，对技术方案经济效果的评价结论有直接的影响，定得过高或过低都会导致投资决策的失误。所以基准收益率是一个重要的经济参数，而且根据不同角度编制的现金流量表，计算所需的基准收益率应有所不同。

2.基准收益率的测定

（1）在政府投资项目以及按政府要求进行财务评价的建设项目中采用的行业财务基准收益率，应根据政府的政策导向进行确定。

（2）在企业各类技术方案的经济效果评价中参考选用的行业财务基准收益率，应在分析一定时期内国家和行业发展战略、发展规划、产业政策、资源供给、市场需求、资金时间价值、技术方案目标等情况的基础上，结合行业特点、行业资本构成情况等因素综合测定。

（3）在中国境外投资的技术方案财务基准收益率的测定，应首先考虑国家风险因素。

（4）投资者自行测定技术方案的最低可接受财务收益率，除了应考虑上述第（2）条中所涉及的因素外，还应根据自身的发展战略和经营策略、技术方案的特点与风险、资金成本、机会成本等因素综合测定。

①资金成本是为取得资金使用权所支付的费用,主要包括筹资费和资金的使用费。筹资费是指在筹集资金过程中发生的各种费用,如委托金融机构代理发行股票、债券而支付的注册费和代理费,向银行贷款而支付的手续费等。资金的使用费是指因使用资金而向资金提供者支付的报酬。技术方案实施后所获利润额必须能够补偿资金成本,然后才能有利可图,因此基准收益率最低限度不应小于资金成本。

②投资的机会成本是指投资者将有限的资金用于拟实施技术方案而放弃的其他投资机会所能获得的最大收益。换言之,由于资金有限,当把资金投入拟实施技术方案时,将失去从其他最大的投资机会中获得收益的机会。机会成本的表现形式也是多种多样的,货币形式表现的机会成本,如销售收入、利润等;由于利率大小决定货币的价格,采用不同的利率(贴现率)也表示货币的机会成本。应当注意机会成本是在技术方案外部形成的,它不可能反映在该技术方案的财务上,必须通过工程经济分析人员的分析比较,才能确定技术方案的机会成本。机会成本虽不是实际支出,但在工程经济分析时,应作为一个因素加以认真考虑,从而有助于选择最优方案。

显然,基准收益率应不低于单位资金成本和单位投资的机会成本,这样才能使资金得到最有效的利用。这一要求可用式(2-6)表达。

$$i_c \geqslant i_1 = \max\{单位资金成本,单位投资机会成本\} \qquad 式2-6$$

如果技术方案完全由企业自有资金投资,可参考的行业平均收益水平,可以理解为一种资金的机会成本。假如技术方案投资资金来源于自有资金和贷款时,最低收益率不应低于行业平均收益水平(或新筹集权益投资的资金成本)与贷款利率的加权平均值。如果有好几种贷款时,贷款利率应为加权平均贷款利率。

③投资风险。在整个技术方案计算期内,存在着发生不利于技术方案的环境变化的可能性,这种变化难以预料,即投资者要冒着一定的风险作决策。为此,投资者自然就要求获得较高的利润,否则他是不愿去冒风险的。所以在确定基准收益率时,仅考虑资金成本\机会成本因素是不够的,还应考虑风险因素,通常以一个适当的风险贴补率 i_2 来提高 i_c 值。就是说,以一个较高的收益水平补偿投资者所承担的风险,风险越大,贴补率越高。为了限制对风险大、盈利低的技术方案进行投资,可以采取提高基准收益率的办法来进行技术方案经济效果评价。

一般说来,从客观上看,资金密集型的技术方案,其风险高于劳动密集型的;资产专用性强的风险高于资产通用性强的;以降低生产成本为目的的风险低于以扩大产量、扩大市场份额为目的的。从主观上看,资金雄厚的投资主体的风险低于资金拮据者的风险。

④通货膨胀。所谓通货膨胀是指由于货币(这里指纸币)的发行量超过商品流通所需要的货币量而引起的货币贬值和物价上涨的现象。在通货膨胀影响下,各种材料、设备、房屋、土地的价格以及人工费都会上升。为反映和评价出拟实施技术方案在未来的真实经济效果,在确定基准收益率时,应考虑这种影响,结合投入产出价格的选用决定对通货膨胀因素的处理。

通货膨胀以通货膨胀率来表示,通货膨胀率主要表现为物价指数的变化,即通货膨胀率约等于物价指数变化率。由于通货膨胀年年存在,因此,通货膨胀的影响具有复利性质。一般每年的通货膨胀率是不同的,但为了便于研究,常取一段时间的平均通货膨胀率,即在所研究的时期内,通货膨胀率可以视为固定的。

总之,合理确定基准收益率,对于投资决策极为重要。确定基准收益率的基础是资金成本和机会成本,而投资风险和通货膨胀则是必须考虑的影响因素。

(七)偿债能力分析

举债经营已经成为现代企业经营的一个显著特点。企业偿债能力如何,已成为判断和评价企业经营活动能力的一个标准。举债是筹措资金的重要途径,不仅企业自身关心偿债能力的大小,债权人更为关心。

偿债能力分析,重点是分析判断财务主体——企业的偿债能力。由于金融机构贷款是贷给企业法人而不是贷给技术方案的,金融机构进行信贷决策时,一般应根据企业的整体资产负债结构和偿债能力决定信贷取舍。有时虽然技术方案自身无偿债能力,但是整个企业的偿债能力强,金融机构也可能给予贷款;有时虽然技术方案有偿债能力,但企业整体信誉差、负债高、偿债能力弱,金融机构也可能不予贷款。因此,偿债能力的评价,一定要分析债务资金的融资主体的清偿能力,而不是"技术方案"的清偿能力。对于企业融资方案,应以技术方案所依托的整个企业作为债务清偿能力的分析主体。为了考察企业的整体经济实力,分析融资主体的清偿能力,需要评价整个企业的财务状况和各种借款的综合偿债能力。为了满足债权人的要求,需要编制企业在拟实施技术方案建设期和投产后若干年的财务计划现金流量表、资产负债表、企业借款偿还计划表等报表,分析企业偿债能力。

1.偿债资金来源

根据国家现行财税制度的规定,偿还贷款的资金来源主要包括可用于归还借款的利润、固定资产折旧、资产摊销费和其他还款资金来源。

(1)利润。

用于归还贷款的利润,一般应是提取了盈余公积金、公益金后的未分配利润。如果是需要向股东支付股利的股份制企业,那么应从未分配利润中扣除分配给投资者的利润,然后用来归还贷款。技术方案投产初期,如果用规定的资金来源归还贷款的缺口较大,也可暂不提取盈余公积金、公益金,但这段时间不宜过长,否则将影响到企业的扩展能力。

(2)固定资产折旧。

鉴于技术方案投产初期尚未面临固定资产更新的问题,作为固定资产重置准备金性质的折旧基金,在被提取以后暂时处于闲置状态。因此,为了有效地利用一切可能的资金来源以缩短还贷期限,加强企业的偿债能力,可以使用部分新增折旧基金作为偿还贷款的来源之一。一般地,投产初期可以利用的折旧基金占全部折旧基金的比例较大,随着生产时期的延伸,可利用的折旧基金比例逐步减小,最终,所有被用于归还贷款的折旧基金,应由未分配利润归还贷款后的余额垫回,以保证折旧基金从总体上不被挪作他用,在还清贷款后恢复其原有的经济属性。

(3)资产摊销费。

资产摊销费是按银行的财务制度计入企业的总成本费用,但是企业在提取摊销费后,这笔资金没有具体的用途规定,具有"沉淀"性质,因此可以用来归还贷款。

(4)其他还款资金。

这里是指按有关规定可以用减免的营业税金来作为偿还贷款的资金来源。进行预测时,如果没有明确的依据,可以暂不考虑。

技术方案在建设期借入的全部建设投资贷款本金及其在建设期的借款利息(即资本化利息)构成建设投资贷款总额,在技术方案投产后可由上述资金来源偿还。

在生产期内,建设投资和流动资金的贷款利息,按现行的财务制度,均应计入技术方案总成本费用中的财务费用。

2.还款方式及还款顺序

技术方案贷款的还款方式应根据贷款资金的不同来源所要求的还款条件

来确定。

（1）国外（含境外）借款的还款方式。

按照国际惯例，债权人一般对贷款本息的偿还期限均有明确的规定，要求借款方在规定的期限内按规定的数量还清全部贷款的本金和利息。因此，需要按协议的要求计算出在规定的期限内每年需归还的本息总额。

（2）国内借款的还款方式。

目前虽然借贷双方在有关的借贷合同中规定了还款期限，但在实际操作过程中，主要还是根据技术方案的还款资金来源情况进行测算。一般情况下，按照先贷先还、后贷后还、利息高的先还、利息低的后还的顺序归还国内借款。

3.偿债能力分析

偿债能力指标包含：借款偿还期（P_d）、利息备付率（ICR）、偿债备付率（DSCR）、资产负债率、流动比率和速动比率等。

（1）借款偿还期（P_d）。

①借款偿还期的定义。

借款偿还期，是指根据国家财税规定及技术方案的具体财务条件，以可作为偿还贷款的收益（利润、折旧、摊销费及其他收益）来偿还技术方案投资借款本金和利息所需要的时间。它是反映技术方案借款偿债能力的重要指标。

②判别原则。

借款偿还期满足贷款机构的要求期限时，即认为技术方案是有借款偿债能力的。

借款偿还期指标适用于那些不预先给定借款偿还期限，并且按最大偿还能力计算还本付息的技术方案；它不适用于那些预先给定借款偿还期的技术方案。对于预先给定借款偿还期的技术方案，应采用利息备付率和偿债备付率指标分析企业的偿债能力。

在实际工作中，由于技术方案经济效果评价中的偿债能力分析注重的是法人的而不是技术方案的偿债能力，因此在《建设项目经济评价方法与参数（第三版）》中将借款偿还期指标取消，只计算利息备付率和偿债备付率。

③应用形式。

在实际工作中，借款偿还期可通过借款还本付息计算表推算，以"年"为单位计算。其具体推算公式如下。

$$P_d = (A - 1) + \frac{B}{C}$$

式2-7

式中A——借款偿还开始出现盈余年份；

B——盈余当年应偿还借款额；

C——盈余当年可用于还款的余额。

（2）利息备付率。

①利息备付率的定义。

利息备付率（ICR）也称已获利息倍数，指在技术方案借款偿还期内各年企业可用于支付利息的息税前利润（EBIT）与当期应付利息（PI）的比值。其表达式为

$$ICR = \frac{EBIT}{PI}\qquad 式2-8$$

式中　EBIT——息税前利润，即利润总额与计入总成本费用的利息费用之和；

PI——当期应付利息。

②判别原则。

利息备付率应分年计算，它从付息资金来源的充裕性角度反映企业偿付债务利息的能力，表示企业使用息税前利润偿付利息的保证倍率。正常情况下利息备付率应当大于1，并结合债权人的要求确定。否则，表示企业的付息能力保障程度不足。尤其是当利息备付率低于1时，表示企业没有足够资金支付利息，偿债风险很大。参考国际经验和国内行业的具体情况，根据我国企业历史数据统计分析，一般情况下，利息备付率不宜低于2，而且需要将该利息备付率指标与其他同类企业进行比较，来分析决定本企业的指标水平。

（3）偿债备付率。

①偿债备付率的定义。

偿债备付率（DSCR）是指在技术方案借款偿还期内，各年可用于还本付息的资金（EBITDA$-T_{AX}$）与当期应还本付息金额（PD）的比值。其表达式为

$$DSCR = \frac{EBITDA - T_{AX}}{PD}\qquad 式2-9$$

式中EBITDA——企业息税前利润加折旧和摊销；

T_{AX}——企业所得税；

PD——当期应还本付息的金额，包括当期应还贷款本金额及计入总成本费用的全部利息。融资租赁费用可视同借款偿还；运营期内的短期借款本息也应纳入计算。如果企业在运行期内有维持运营的投资，可用于还本付息的资金应

扣除维持运营的投资。

②判别原则。

偿债备付率应分年计算,它表示企业可用于还本付息的资金偿还借款本息的保证倍率。正常情况下,偿债备付率应当大于1,并结合债权人的要求确定。当指标小于1时,表示企业当年资金来源不足以偿付当期债务,需要通过短期借款偿付已到期债务。参考国际经验和国内行业的具体情况,根据我国企业历史数据统计分析,一般情况下,偿债备付率不宜低于1.3。

(4)资产负债率。

①资产负债率的定义。

资产负债率是企业总负债与总资产之比,它既能反映企业利用债权人提供资金进行经营活动的能力,也能反映企业经营风险的程度,是综合反映企业偿债能力的重要指标。其计算公式为

$$资产负债率 = \frac{总负债}{总资产} \times 100\% \qquad 式 2-10$$

②判别原则。

从企业债权人角度看,资产负债率越低,说明企业偿债能力越强,债权人的权益就越有保障。从企业所有者和经营者角度看,通常希望该指标高些,有利于利用财务杠杆增加所有者获利能力。但资产负债率过高,企业财务风险也增大。因此,一般地说,该指标为50%比较合适,有利于风险与收益的平衡。

(5)流动比率。

①流动比率的定义。

流动比率是企业流动资产与流动负债的比率,主要反映企业的偿债能力。其计算公式为

$$流动比率 = \frac{流动资产}{流动负债} \qquad 式 2-11$$

②判别原则。

生产性行业流动比率的平均值为2。行业平均值是一个参考值,并不是要求企业的财务指标必须维持在这个水平,但若数值偏离过大,则应注意分析企业的具体情况。如果流动比率过高,则要分析其原因,是否是因为资产结构不合理造成的,或者是募集的长期资金没有尽快投入使用,或者是其他原因。如果流动比率过低,企业近期可能会有财务方面的困难。偿债困难会使企业的风险加大,投资者和财务分析人员需引起注意。

(6)速动比率。

①速动比率的定义。

速动比率是指企业的速动资产与流动负债之间的比率关系,是反映企业短期债务偿付能力的指标。

其中,速动资产是指能够迅速变现为货币资金的各类流动资产,通常有两种计算方法。一种方法是将流动资产中扣除存货后的资产统称为速动资产,即速动资产=流动资产－存货;另一种方法是将变现能力较强的货币资金、交易性金融资产、应收票据、应收账款和其他应收款等加总作为速动资产,即速动资产=货币资金＋交易性金融资产＋应收票据＋应收账款＋其他应收款。在企业不存在其他流动资产项目时,这两种方法的计算结果应一致。否则,用第二种方法要比第一种方法准确,但也比第一种方法复杂。其计算公式为

$$速动比率 = \frac{速动资产}{流动负债} \qquad 式 2-12$$

②判别原则。

由于速动资产的变现能力较强,因此,经验认为,速动比率为 1 就说明企业有偿债能力,低于 1 则说明企业偿债能力不强,该指标越低,企业的偿债能力越差。在企业的流动资产中,存货的流动性最小。在发生清偿事件时,存货蒙受的损失将大于其他流动资产。因此一个企业不依靠出售库存资产来清偿债务的能力是非常重要的。

第二节 投资方案的分类及方案比选的意义

一、投资方案的分类

一般情况下,业主在确定项目的意向之后,在进行项目,特别是较大或重大项目的建设方案设计时,一般都需要先确定多个建设方案,然后再对这些方案进行比选,从中选择最经济、最合理的方案进行建设。因此,工程项目投资方案的比选在工程建设的初期就占有较重的地位,对整个项目的顺利进行以及工程项目后期的运营及盈利具有重大影响。

通常,投资方案有三种不同的类型。一是独立型投资方案,即在一组投资方案中采用其中某一方案,对于其他方案没有影响,只要条件允许,可以同时采

用这组方案中的其他方案,可以同时兴建几个项目,它们之间互不排斥。二是互斥型投资方案,即在一组投资方案中采用了某一方案之后,就不能再使用这组方案中的其他任何一个方案,如建设一条高速公路可能有多条线形可以选择,但是在建设过程中只能采用其中的一条线形,而不能同时选择几种方案。三是混合型投资方案,即在多个方案之间,如果接受或者拒绝某一方案,会比较明显的改变或者影响其他方案的现金流量。

（一）独立（互不影响）型投资方案

独立型投资方案是指方案之间互不干扰、在经济上互不相关的方案,即这些方案是彼此独立无关的。选择或放弃其中一个方案,并不影响其他方案的选择。

例如,某一国外房地产公司想与我国万达公司和万顺两家公司合作,其中方案 A 为与万达公司合作开发房地产项目,买地需要投资 10 亿元,预计收益 3 亿元;方案 B 为与万顺公司合作开发房地产项目,买地需要投资 20 亿元,预计收益 5 亿元;假设同时投资方案 A 与方案 B,投资 30 亿元：

若收益为 3+5＝8 亿元,则加法法则成立,即方案 A 和方案 B 为独立型方案（A 与 B 可能不在同一城市,对于房子价格没有相互竞争的影响）。

若收益不为 8 亿元,则方案 A 和方案 B 不是独立型方案（A 与 B 可能位于同一城市,甚至可能在同一片区,导致房子价格相互影响,从而影响收益）。

（二）互斥（不相容）型投资方案

互斥型投资方案是指互相关联、互相排斥的方案,即一组方案中的各个方案彼此可以相互代替,采纳方案组中的某一方案,就会自动排斥这组方案中的其他方案。

例如,某人参加了全日制研究生考试,被学校录取之后是选择继续工作,还是脱产进修学习;某人有 10 万元的存款,是放在银行赚取利息还是投资股票;某学生高考分数不太理想,填报志愿时是选择一个三流的本科学校还是选择一个较好的专科类学校等,都属于互斥型的方案,选择其中一个方案,另外的方案就要自动放弃。

（三）混合型投资方案

混合型投资方案是指兼有互斥型方案和独立型方案两种关系的混合情况,即互相之间既有互相独立关系又有互相排斥关系的一组方案,也称为层混方案,即方案之间的关系分为两个层次,高层是一组互相独立的项目,而低层则由构成每个独立项目的互斥方案组成。

例如,某集团公司有对下属的分公司所生产的互不影响(相互独立)产品的工厂分别进行新建、扩建和更新改造的 A、B、C 三个独立方案,而每个独立方案——新建、扩建、更新改造方案中又存在着若干个互斥方案,如新建方案有 A_1、A_2,扩建方案有 B_1、B_2,更新改造方案有 C_1、C_2、C_3,则该集团所面临的就是层混方案的问题。

混合型投资方案根据其中方案类型的不同,又可细分为以下几种。

1.先决方案

先决方案是指在一组方案中,接受某一方案的同时,就要接受另一方案。设有 A、B 两个方案,要接受方案 B 则首先要接受方案 A,而接受方案 A 则与方案 B 是否被接受无关,此时,方案 A 为方案 B 的先决方案。

例如,兴建一座水库(方案 B)的同时,必须修一条公路(方案 A),但修一条公路(方案 A)不一定完全是为了兴建水库(方案 B),此时,修这条公路的投资方案就是兴建这座水库投资方案的先决方案。

2.不完全互斥方案

不完全互斥方案是指在一组投资方案中,若接受了某一方案之后,其他方案就可以成为无足轻重、可有可无的方案。

例如,一条河中建立了一座公路桥之后,原有的简易人行桥就变得可有可无。

3.互补方案

互补方案是指在一组方案中,某一方案的接受有助于其他方案的接受,方案之间存在着相互依存的关系。

例如,建造一座建筑物(方案 A)和增加一座空调系统(方案 B),增加空调系统后,建筑物的功能更完善了,故方案 B 的接受,有助于方案 A 的接受。

在实际应用时,明确所面临的方案是互斥型方案、独立型方案还是混合型方案,是十分重要的。由于方案间的关系不同,方案选择的指标就不同,选择的结果也不同。因而,在进行投资方案选择前,首先必须弄清楚方案的类型。

二、投资方案比选的内容

投资方案比选可分为两个基本内容:单方案检验和多方案比选。

(一)单方案检验

单方案检验是指对某个初步选定的投资方案,根据项目收益与费用的情况,通过计算其经济评价指标,确定项目的可行性。单方案检验的方法比较简单,其主要步骤如下。

(1)确定项目的现金流量情况,编制项目现金流量表或绘制现金流量图。

(2)根据公式计算项目的经济评价指标。

(3)根据计算出的指标值及相对应的判别准则来确定项目的可行性。

(二)多方案比选

多方案比选是指对根据实际情况所提出的多个备选方案,通过选择适当的经济评价方法与指标,对各个方案的经济效益进行比较,最终选择出具有最佳投资效果的方案。与单方案检验相比,多方案的比选要复杂得多,所涉及的影响因素、评价方法以及要考虑的问题都要多得多。可以说多方案比选是一个复杂的系统工程,涉及因素不仅包括经济因素,而且还包括诸如项目本身以及项目内外部的其他相关因素。归纳起来主要有以下四个方面。

(1)备选方案的筛选。通过单方案检验剔除不可行的方案,因为不可行的方案是不能参加多方案比选的。

(2)进行方案比选时所考虑的因素。多方案比选可按方案的全部因素计算多个方案的全部经济效益与费用,进行全面的分析对比,也可仅就各个方案的不同因素计算其相对经济效益和费用,进行局部的分析对比。另外还要注意各个方案间的可比性,要遵循效益与费用计算口径相一致的原则。

(3)各个方案的结构类型。对于不同结构类型的方案比较方法和评价指标,考察结构类型所涉及的因素有:方案的计算期是否相同,方案所需的资金来源是否有限制,方案的投资额是否相差过大等。

(4)备选方案之间的关系。备选方案之间的关系不同,决定了所采用的评价方法也会有所不同。

三、投资项目方案比选的意义

项目方案比选,即项目方案比较与选择,是寻求合理的经济和技术决策的必要手段,也是投资项目评估工作的重要组成部分。一项投资决策大体要经历以下程序:确定拟建项目要达到的目标;根据确定的目标,提出若干个有价值的投资方案;通过方案比选,选出最佳投资方案;最后对最佳方案进行评价,以判断其可行程度。投资决策的实质,就在于选择最佳方案,使得投资资源得到最优配置,实现投资决策的科学化和民主化,从而取得更好的投资经济效益。

　　项目方案比选所包含的内容十分广泛,既包括技术水平、建设条件和生产规模等的比选,同时也包括经济效益和社会效益的比选,同时还包括环境效益的比选。因此,进行投资项目方案比选时,可以按各个投资项目方案的全部因素,进行全面的技术经济对比,也可仅就不同因素,计算比较经济效益,进行局部的对比。

　　投资项目方案的比选是寻求合理的经济和技术决策的必要手段,也是投资项目评估工作的重要组成部分,因此具有十分重要的意义。

　　(一)投资项目方案比选是实现资源合理配置的有效途径

　　资源短缺是人们在实现经济生活中面临的基本问题,也是经济学的永恒话题。世界各国的资源都是有限的。我国素有"地大物博、资源丰富"之美称。事实上,就人均占有量和品位而言,我国资源远未达到丰富的程度。我国主要自然资源的人均占有量大大低于世界平均水平。资源短缺是制约我国经济发展的重要因素,科学技术的进步和人工合成材料的出现可以改变这种制约的程度、范围和形式,但并不能从根本上消除这种制约。运用定量方法对拟建项目的各个方案进行筛选,就可以实现资源的最优配置,以最少的资源投入,获得最大的经济效益。

　　(二)投资项目方案比选是实现投资决策科学化和民主化的重要手段

　　发挥人的主观能动性,以主观意愿代替客观规律,将造成社会财富的巨大浪费。这一点在固定资产投资领域表现得尤为突出。投资决策缺乏科学方法和民主程序,仅凭借某些人的主观意志,随意拍板定案,会给国民经济带来极大的损失。投资项目方案比选是一种科学的定量分析方法,通过对拟建项目各个方案的分析、比较和排队,选出最优方案,就可以为投资决策提供可靠的依据,实现投资决策科学化和民主化。

　　(三)投资项目方案比选是寻求合理的经济和技术决策的必然选择

　　在固定资产投资过程中,影响投资决策的因素是多方面的,经过多方案的比选,才能得出正确的结论。就某一拟建项目而言,不同的投资方案采用的技术经济措施不同,其成本和效益会有较大差异,因此拟建项目的生产规模、产品方案、工艺流程、主要设备选型等,均应根据实际情况提出各种可能的方案进行筛选,对筛选出的方案进行比选,得出最佳方案。

　　投资项目方案比选,应遵循一定的原则进行。方案比选原则上应通过国民经济评价来进行,亦即以国民经济评价资料和社会折现率为基础进行比选。对产出物相同或基本相同、投入物构成基本一致的方案进行比选时,为了简化计算,在不与国民经济评价结论发生矛盾的前提下,也可通过财务评价加以确定,亦即以财务评价资料和基准折现率为基础进行方案的比选。这是方案比选应遵循的一条基本原则。投资项目方案比选还应遵循效益与费用计算口径对应一致的原则,同时应注意项目方案间的可比性,以及在某些情况下,使用不同评价指标导致相反结论的可能性。

第三节　互斥型投资方案的比较选择

互斥型投资方案的比选是通过计算项目相关的一些经济效果评价指标来进行的。在方案互斥的条件下,经济效果评价包含两部分内容:一是考察各个方案自身的经济效果,即进行绝对效果检验;二是考察哪个方案较优,即相对效果检验。两种检验缺一不可。互斥型投资方案的经济效果评价使用的评价指标可以是价值性指标(如净现值、净年值、费用现值、费用年值),也可以是比率性指标(如内部收益率)。但应注意,采用比率性指标时必须分析不同方案之间的差额(追加)现金流量,否则会导致错误判断。

互斥型投资方案经济效果评价的特点是要进行方案比较。不论计算期相等与否,不论使用何种评价指标,都必须满足方案间具有可比性的要求。一般情况下,互斥型投资方案的比选主要有以下三种情况。

一、项目寿命期相同的互斥型投资方案的比选

对于寿命期相同的互斥型投资方案,计算期通常设定为其寿命周期,这样能满足在时间上可比的要求。寿命期相同的互斥型投资方案的比选方案一般有净现值法、净现值率法、差额内部收益率法、最小费用法等。

（一）净现值法

净现值法就是通过计算各个备选方案的净现值并比较其大小而判断方案的优劣,是多方案比选中最常用的一种方法。其基本步骤如下。

（1）分别计算各个方案的净现值,并用判别准则加以检验,剔除 FNPV<0 的方案。

（2）对所有 FNPV≥0 的方案比较其净现值。

（3）根据净现值最大准则,选择净现值最大的方案为最佳方案。

（二）差额分析法

1.差额净现值(△FNPV)法

差额净现值法是将一个投资规模大的方案 A 分解成两个投资规模较小的方案 B 和方案 C,或者可以看成方案 A 是由方案 B 追加投资方案 C 形成的。若方案 B 可行,只要追加投资方案 C 可行,则方案 A 一定可行,并且优于方案 B。因此,差额净现值法就是分析追加投资方案 C 是否可行的方法。

2.差额内部收益率(△FIRR)法

内部收益率是衡量项目综合能力的重要指标,也是在项目经济评价中经常用到的指标之一,但是在进行互斥型投资方案的比选时,如果直接用各个方案内部收益率的高低来衡量方案的优劣,往往会导致错误的结论。互斥型投资方案的比选,实质上是分析投资大的方案所增加的投资能否用其增量收益来补偿,即对增量的现金流量的经济合理性作出判断,因此可以通过计算增量净现金流量的内部收益率来比选方案,这样就能够保证方案比选结论的正确性。

采用差额内部收益率指标对互斥方案进行比选的基本步骤如下。

(1)计算各备选方案的 FIRR。

(2)将 FIRR$\geqslant i_c$的方案按投资额由小到大依次排列。

(3)计算排在最前面的两个方案的差额内部收益率△FIRR,若△FIRR$\geqslant$$i_c$,则说明投资大的方案优于投资小的方案,保留投资大的方案;反之,若△FIRR$<$$i_c$则保留投资小的方案。

(4)将保留的较优方案依次与相邻方案两两逐对比较,直至全部方案比较完毕,则最后保留的方案就是最优方案。

采用差额内部收益率法进行方案比选时一定要注意,差额内部收益率只能说明增加投资部分的经济合理性,亦即△FIRR$\geqslant i_c$只能说明增量投资部分是有效的,并不能说明全部投资的效果,因此采用此方法前,应该先对备选方案进行单方案检验,只有可行的方案才能作为比较的对象。

(三)最小费用法

在工程经济中经常遇到这样一类问题,两个或多个方案的产出的效果相同或基本相同,但却难以进行具体估算,比如一些环保、国防、教育等项目,其所产生的效益无法或者说很难用货币计量。这样由于得不到其现金流量的情况,也就无法采用诸如净现值法、差额内部收益率法等方法来对此类项目进行经济评价。在这种情况下,我们只能通过假定各方案的收益是相等的,对各方案的费用进行比较,根据效益极大化目标的要求及费用较小的项目比之费用较大的项目更为可取的原则来选择最佳方案,这种方法称为最小费用法。最小费用法包括费用现值比较法和年费用比较法。

1.费用现值(PC)比较法

费用现值比较法实际上是净现值法的一个特例,费用现值的含义是指利用此方法所计算出的净现值只包括费用部分。由于无法估算各个方案的收益情况,只计算备选方案的费用现值(PC)并进行对比,以费用现值较低的方案为最佳。

2.年费用(AC)比较法

年费用比较法是通过计算各备选方案的等额年费用(AC)并进行比较,以年费用较低的方案为最佳方案的一种方法。

采用年费用比较法与费用现值比较法对方案进行比较的结论是完全一致的。因为实际上费用现值(PC)和等额年费用(AC)之间可以很容易进行转换。

所以根据费用最小的选择原则,两种方法的计算结果是一致的。因此在实际应用中对于效益相同或基本相同但又难以具体估算的互斥型投资方案进行比选时,若方案的寿命期相同,则任意选择其中的一种方法即可;若方案的寿命期不同,则一般适用年费用比较法。

二、项目寿命期不同的互斥型投资方案的比选

寿命期不同的互斥型投资方案,为了满足时间可比的要求,就需要对各备选方案的计算期和计算公式进行适当的处理,使各个方案在相同的条件下进行比较,才能得出合理的结论。为满足时间可比条件而进行处理的方法很多,常用的方法有计算期统一法和净年值法。

(一)计算期统一法(净现值法)

计算期统一法就是对计算期不等的比选方案选定一个共同的计算分析期,在此基础上,再用前述指标对方案进行比选,计算期统一法具体的评价指标也是净现值(FNPV),其常用的处理方法有以下两种。

1.最小公倍数法

最小公倍数法又称方案重复法,以各备选方案寿命期的最小公倍数作为进行方案比选的共同的计算期,并假设各个方案均在这样一个共同的计算期相等。

例如,有 A、B 两个互斥型投资方案,方案 A 的计算期为 5 年,方案 B 的计算期为 6 年,则其共同的计算期即为 30 年(5 和 6 的最小公倍数),然后假设方

案 A 将重复实施 6 次,方案 B 将重复实施 5 次,分别对其净现金流量进行重复计算,计算出在共同的计算期内各个方案的净现值,以净现值较大的方案为最佳方案。

2.最短计算期法(研究期法)

在用最小公倍数法对互斥型投资方案进行比选时,如果诸方案的最小公倍数比较大,则就需要对计算期较短的方案进行多次的重复计算,而这与实际情况显然不相符合,因为技术是在不断地进步的,一个完全相同的方案在一个较长的时期内反复实施的可能性不大,因此用最小公倍数法得出的方案评价结论就不太令人信服。这时可以采用一种被称为研究期的评价方法。

最短计算期法(研究期法)就是针对寿命期不相等的互斥型投资方案,直接选取一个适当的分析期作为各个方案共同的计算期,通过比较各个方案在该计算期内的净现值来对方案进行比选。以净现值最大的方案为最佳方案。其中,计算期的确定要综合考虑各种因素,在实际应用中,为简便起见,往往直接选取诸方案中最短的计算期为各个方案的共同的计算期,所以最短计算期法和研究期法是同一个意思。采用最短计算期法进行方案进行比选时,其计算步骤、判别准则均与净现值法完全一致,唯一需要注意的是对于寿命期比共同计算期长的方案,要对其在计算期以后的现金流量情况进行合理的估算,以免影响结论的合理性。

(二)净年值法

对寿命期不等的互斥型投资方案进行比选时,净年值法是最为简便的方法。净年值法以"年"为时间单位比较各方案的经济效果,从而使寿命不等的互斥型投资方案具有可比性。净年值法的判别准则为:净年值(FNAV)$\geqslant 0$,并且该值最大的方案是最优可行方案。

三、项目无限寿命的互斥型投资方案的比选

有些项目(如铁路、公路、桥梁、涵洞、水库、机场等)的服务年限可视为无限大。即使项目的服务年限不是非常长(例如 80 年以上),但服务年限比较长(例如超过 40 年),动态分析对遥远的未来已经不敏感。例如,当 $i=4\%$,45 年后的 1 元的现值约为 0.171 元,50 年后的 1 元现值约为 0.141 元;当 $i=6\%$ 时,30 年后的 1 元的现值仅为 0.174 元,50 年后的 1 元的现值约为 0.0543 元。在这种情况下,项目寿命可视为无限长。

项目无限寿命的互斥方案的比选方法主要有：现值法、净年值法。

第四节　独立方案和混合方案的比较选择

独立方案比选即单方案比选，指的是在资金约束条件下，如何选择一组项目组合，以便获得最大的总体效益，即使 $\sum FNPV(i_c)$ 最大。常用的评价指标主要有：财务净现值、内部收益率等。

当各投资项目相互独立时，若资金对所有项目不构成约束，则只要分别计算各项目的 FNPV 或 FIRR，选择所有 $FNPV(i_c) \geqslant 0$ 或 FIRR $\geqslant i_c$ 的项目即可；若资金不足以分配到全部 $FNPV(i_c) \geqslant 0$ 的项目时，即形成所谓的资金约束条件下的优化组合问题。约束条件下的优化组合问题常见的基本解法是互斥组合法。

混合型投资方案是指兼有互斥方案和独立方案两种关系的混合情况，即相互之间既有互相独立关系又有互相排斥关系的一组方案，也称为层混方案，即方案之间的关系分为两个层次，高层是一组互相独立的项目组成，而低层则由构成每个独立项目的互斥方案组成。因此混合型投资方案的比选就是兼用独立型方案和混合型方案的评价方法。

第三章 建筑工程项目经济分析与评价

第一节 建筑工程项目可行性研究

一、可行性研究概述

(一)工程项目可行性研究的概念与作用

项目可行性研究是指对工程项目建设投资决策前进行技术经济分析、论证的科学方法和合理的手段。它保证项目建设以最小的投资耗费取得最佳的经济效果,是实现项目技术在技术上先进、经济上合理和建设上可行的科学方法。

可行性研究的主要作用有以下几点。

(1)可行性研究是建设项目投资决策和编制设计任务书的依据,决定一个项目是否应该投资,主要依据项目可行性研究所用的定性和定量的技术经济分析。因此,可行性研究是投资决策的主要依据,只有在决策后,才能编制设计任务书,才能产生项目决策性的法人文件。

(2)可行性研究是筹集资金的依据。特别是须要申请银行贷款的项目,可行性研究报告是银行在接受贷款项目前进行全面分析、评估、确认能否贷款的依据。

(3)可行性研究报告是工程项目建设前期准备的依据。包括进行设计,设备订货及合同的洽谈,环保及规划部门的确认等,都依据可行性研究的结果。

（二）可行性研究阶段的划分

国际上通常将可行性研究分为机会研究、初步可行性研究和最终可行性研究 3 个阶段。其中,最终可行性研究通常也简称为可行性研究,其工作深度已大体做到了相当于我国的设计任务书及项目初步设计的程度。

国外的初步可行性研究是在机会研究的基础上,对拟建项目的进一步论证分析。其任务是确定项目是否真的有投资价值,是否应对该项目展开全面的、详尽的(最终)可行性研究。对于大型复杂项目,以及需要进行辅助性专题研究的课题,应提前进行论证分析并得出明确的结论,其初步可行性研究的工作精度一般介于机会研究与(最终)可行性研究之间。

我国的基本建设程序中,将机会研究的全部工作内容及部分初步可行性研究的工作内容纳入项目建议书阶段。在调研基础上初步确定应上什么项目,宏观上阐明项目建设的必要性、可行性,然后向决策部门提供建议,推荐项目。

二、可行性研究的方法

在项目建设书被有关部门批准以后,建设单位即可着手组织对建设项目进行可行性研究,主要环节如下。

（一）选定项目研究委托单位

1.委托专业设计单位承担

专业技术性较强的建设项目,一般可委托国家批准的具有相应研究资格的大、中型设计单位来承担。

2.委托工程咨询公司承担

工程咨询公司是近年来随着我国经济技术改革的不断深化,为适应基本建设形势和投资环境要求而建立起来的专门从事工程项目建设过程中专业技术咨询、管理和服务的机构,以承担民用建筑和一般性工业建设项目的技术咨询为主。在委托工程咨询公司承担可行性研究时,建设单位必须对其能力、包括专业技术人员的构成、承担研究项目的能力、主要承担完成的研究项目及准确性等进行充分的调查。

3.委托专业银行承担

各种专业银行在基本建设和技术改造贷款项目的管理中,积累了一定的项目可行性研究经验,也是承担项目可行性研究可供选择的单位。

（二）确定研究内容

在选定了承担项目研究单位之后,要将项目可行性研究的内容按有关要求确定下来,作为项目研究委托协议的主要内容。可行性研究的基本内容一般包括如下方面。

(1)根据经济预测,以及市场预测确定的建设规模和生产方案。

(2)资源、原材料、燃料、动力、供水、运输条件。

(3)建厂条件和厂址方案。

(4)技术工艺主要设备选型和相应的技术经济指标。

(5)主要单项工程、公用辅助设施、配套工程。

(6)环境保护、城市规划、防震、防洪等要求和相应的措施方案。

(7)企业组织、劳动定员和管理制度。

(8)建设进度和工期。

(9)投资估算和资金筹措。

(10)经济效益和社会效益。

(三)签订委托可行性研究协议

建设单位在选择委托研究单位并确定委托研究的内容以后,应当与承担可行性研究的单位签订委托协议。

三、市场分析与市场调查

(一)市场分析的概念与作用

市场分析是指通过必要的市场调查和市场预测,对项目产品(或服务)的市场环境、竞争能力和对手进行分析和判断,进而分析和判断项目(或服务)在可预见时间内是否有市场,以及采取怎样的策略实现项目目标。

由于在不同的可行性研究阶段的研究深度不同,同时不同性质的项目有不同的市场,所以不同条件下的市场分析的程度或深度也是不一样的。

市场调查之所以重要,是因为它具有以下几个方面的作用(或功能)。

(1)有助于寻求和发现市场需要的新产品。

(2)可以发掘新产品和现有产品的新用途。

(3)可以发现新的需求市场和需求量。

(4)可以发现用户和竞争者的新动向。

(5)可以预测市场的增减量。

(6)是确定销售策略的依据。

（二）市场调查的基本内容

由于出发点和目的不同,市场调查的内容、范围也有所差别。从市场需求预测的要求来看,主要有产品需求调查、销售调查和竞争调查3大方面。

产品需求调查,主要是了解市场上需要什么产品,需求量有多大,对产品有什么新的要求或需求。销售调查就是通过对销路、购买行为和购买力的了解,达到了解谁需要,以及为什么需要的目的。销售调查主要包括产品销路调查、购买行为调查和购买力调查等。竞争调查是指对企业产品综合竞争能力的调查,其内容涉及生产、质量、价格、功能、经营、销售、服务等多方面。

以上所给出的三大方面的调查,其内容是相互联系和相互交叉的。事实上,生产资料市场和消费资料市场是很难完全分开的,因此,往往需要同时进行,并加以对比分析和研究。

（三）市场调查的程序

1.制订调查计划

市场调查是一项费时费力的工作。因此,必须有针对性地进行特定问题的调查,并根据所要调查的问题,明确调查目的、对象、范围、方法、进度和分工等,这是市场调查的第一步。其基本要点包括以下几点。

（1）明确调查目的和目标。

一般来讲,市场调查的起因都源于一些不明确或把握不准的问题。当已经掌握了一些基本情况,但这些情况只能提供方向性的启示,还不足以说明问题时,就须进行市场调查。例如,某产品的销售额或销售量下降,但尚难明确是产品质量的原因,还是产品价格的原因,或者是出了新的替代品等原因造成的。这时,就应该通过初步的调查分析,明确产品销售量下降的具体原因。然后据以制订调查的详细计划,明确调查的目的、主题和目标。一般情况下,调查的问题不能过多,最好确定一两个主要问题进行重点调查,否则,调查的效果就会受到影响。

（2）确定调查的对象和范围。

在明确了调查的方向、目的和目标后,就要根据所需调查的主要问题,确定和选择具体的范围和对象。所谓明确调查范围,就是根据调查对象的分布特点,确定是全面调查还是抽样调查,如果采用抽样调查,应如何抽样等。

(3)选择调查方法。

市场调查的方法很多,每种方法都有其各自的优缺点。因此,必须根据调查的内容和要求来选择合适的调查方法。

(4)设计调查数据表。

市场调查的内容和要求决定了市场调查的各类问题。对各类问题的调查结果,都要设计出数据表格,需要进行汇总的,还要设计出汇总表格。对于一些原始答案或数据,不应在加以分类和统计后就弃之不用。这些第一手资料数据往往是十分重要的,从不同的角度去观察它,可能会得出不同的结论。因此,这些资料数据应出现在分类统计表中。同样,分类统计表中的资料数据也应出现在汇总表中。

(5)明确调查进度和分工。

一般的市场调查,都应在允许的时间范围内完成。因此,根据调查目的、对象、范围和要求,确定调查的时间安排和人员分工,是一项十分重要的工作。市场调查不可能由一个人全部承担,一般是由多人分工协作进行。这样有利于节约时间,或者说,有利于缩短市场调查的总体时间。

2.收集情报资料

一般而言,情报的来源有两种,一种是已有的各种统计资料出版物,另一种是现时发生的情况。

(1)已有情报资料的收集。

利用已有的各种情报资料,是市场调查工作中节约时间和费用的一步,也是极为重要的一步。一般有以下几种可以利用的情报源:一是政府统计部门公布的各种统计资料,包括宏观的、中观的和微观的 3 种;二是行业和行业学会出版的资料汇编和调研报告等;三是一些大型的工具类图书,如年鉴、手册、百科全书等;四是杂志、报纸、广告和产品目录等出版物。

(2)实际情况的收集。

对于一些市场变化迅速的行业和企业,将历史统计资料作为市场调查的依据往往是不准确的。有些历史资料是不充分的,有的甚至是残缺不全的,而实际发生的情况通常正是我们需要的更现实、更可取和更有说服力的依据。此外,一些保密性极强的资料和数据是不可能在出版物中找到的,所以对实际情况的搜集必不可少。

(3)分析处理情报资料。

由于统计口径、目的和方法的不同,收集到的情报资料有时可能出现较大误差,甚至互相矛盾的现象。造成这一现象的原因是多方面的,一种情况是调查问题含糊不清造成回答者的理解错误,从而出现答案的错误;另一种情况是问题比较清楚而回答者理解有误,从而出现错误的答案。还有可能是回答者有意作出的歪曲回答,或是不正确和不确切的解释和联想,造成了答案的偏差。因此,市场调查所得的资料数据必须经过分析和处理,并正确地作出解释。其主要过程如下。

①比较、鉴别资料数据。比较和鉴别资料数据的可靠性和真实性,无论对历史统计资料,还是对实际调查资料,都是必须进行的工作。这是因为调查资料的真实性和可靠性,将直接导致市场调查结论的准确性和可取性,进而影响到决策的成败。

②归纳处理资料数据。在进行了资料数据可取性和准确性的鉴别,并剔除了不真实和矛盾的资料数据之后,就要利用适宜的方法进行数据分类处理,制作统计分析图表。需要由计算机进行处理的还应进行分类编号,以便于计算和处理。

③分析、解释调查结论。在资料数据整理成表后,还要进行分析和研究,写出有依据、有分析、有结论的调查报告。

④编写调查报告。这是市场调查的最后一步,编写调查报告应简明扼要、重点突出、内容充实、分析客观、结论明确,其内容包括下述三个方面。

＊总论。总论中应详细而准确地说明市场调查的目的、对象、范围和方法。

＊结论。结论部分是调查报告的重点内容,应描述市场调查的结论,并对其进行论据充足、观点明确而客观的说明和解释以及建议。

＊附件。附件部分包括市场调查所得到的图、表及参考文献。至此,一个完整的市场调查便宣告结束。

(四)市场调查的方法

市场调查的方法较多,从可行性研究的需求预测的角度来看有资料分析法、直接调查法和抽样分析法三大类。

1.资料分析法

资料分析法是对已有的情报资料和数据进行归纳、整理和分析,来确定市场动态和发展趋向的方法。市场调查人员平时应注意对与自己工作关系密切的各种情报资料进行日积月累的收集。在市场调查的目的和主题确定后,就可以对现有资料进行分类、归类和挑选,针对市场调查的目标和要求,给出分析和研究的结论。

如果平时没有积累有关资料,在明确市场调查主题后,可以通过情报资料的检索来查找所需的各种情报资料,包括政府部门的统计资料、年鉴、数据手册、期刊、产品资料、报纸、广告和新闻稿等。

资料分析法的优点是省时、省力。缺点是多数资料都是第二手或第三手的,其准确性也不好判断。如果可供分析用的资料数据缺乏完整性和齐全性,则分标结论的准确性和可靠性将会降低。

2.直接调查法

直接调查法是调查者通过一定的形式向被调查者提问,来获取第一手资料的方法。常用的方法有电话查询、实地访谈和邮件调查三种方法。

(1)电话查询。

电话查询是指借助电话直接向使用者或有关单位和个人进行调查的方法。这种方法的优点首先是迅速,节省时间,对于急需得到的资料或信息来讲,这种方法最简单易行;其次,这种方法在经济上较合算,电话费较之其他调查所需费用是便宜的。此外,这种方法易于为被调查者接受,避免调查者与被调查者直面相对。但是,这种方法的缺点也是比较明显的,主要有以下几点。

①被调查者必须是有电话的人。

②跨越省区较多时,长途传呼容易出现找人不在或交谈困难(如电话杂音过大)的现象。

③直接提问直接回答,容易使被调查者在考虑时间有限的情况下,对问题作出不太确切或模棱两可的回答。

所以,使用这种方法应注意以下几个原则。

①所提的问题应明确清楚。

②对于较为复杂的问题,应预先告之谈话内容,约好谈话时间。

③要对被调查者有深入的了解,根据其个性等特征确定适宜的谈话技巧。

(2)实地访谈。

实地访谈就是通过采访、讨论、咨询和参加专题会议等形式进行调查的方法。

这种方法的最大优点是灵活性和适应性较强。由于调查者和被调查者直接见面,在谈话时可以观察和了解被调查者的心理活动和状态,确定适宜的谈话角度和提问方式。同时,还可以对被调查者的回答进行归纳整理,明确其答案的要点,或者从中获取到其他信息。这种方法的另一个优点是可以一次或多次反复地进行探讨,直至问题清晰明了为止。这就为调查者把握调查的方向和主题创造了良好条件。一般来讲,这种方法适用于市场调查的所有内容,但是,如果调查对象较多、范围较大,其费用和时间支出也较大,而且这种调查的效果直接取决于市场调查人员的能力、经验和素质。

在使用这种方法进行市场调查时,应注意以下几点。

①明确市场调查的时间要求。

②根据市场调查费用选定调查对象和范围。

③选择好能够胜任该项工作的市场调查人员。

(3)邮件调查。

邮件调查包括邮寄信函或以电子邮件的方式发出调查表进行调查的方法。调查表的设计和提问可根据调查目的和主题确定。调查所提问题的内容应明确具体,并力求简短。提问的次序应遵循先易后难、先浅后深和先宽后窄的原则。

邮件调查的最大缺点是回收率低,而且调查项问题回答可能不全。此外,对于一些较复杂的问题,无法断定回答者是否真正理解,以及回答这一问题时的动机和态度。但是,由于邮件调查费用较低、调查范围广且调查范围可大可小,尤其是能给被调查者充分的思考时间,所以,这种方法也是市场调查中常用的方法之一。

3.抽样分析法

抽样分析法是根据数理统计原理和概率分析进行抽样分析的方法,包括随机抽样分析法、标准抽样分析法和分项抽样分析法三种。

(1)随机抽样分析法。

这种方法就是对全部调查对象的任意部分进行抽取,然后根据抽取部分的结果去推断整体比例。

(2)标准抽样分析法。

随机抽样分析法的缺点在于没有考虑到所抽样本的代表性。对于样本个体差别较大的调查来讲,其结果可能出现较大的偏差,为弥补随机抽样分析法的这一缺点,可以采用标准抽样分析法,即在全体调查对象中,选取若干个具有代表性的个体进行调查分析。其分析计算过程和方法与随机抽样分析法相同,不同之处是这种方法首先设立了样本标准,不像随机抽样那样任意选取样本,其结果较随机抽样更具代表性和普遍性。其难点在于选取标准样本。

(3)分项抽样分析法。

分项抽样分析法是把全体调查对象按划定的项目分成若干组,通过对各组进行抽样分析后,再综合起来反映整体情况。分组时可按地区、职业、收入水平等各种标准进行,具体的划分标准应根据实际调查的要求和需要来确定。这种抽样分析方法同时具有随机抽样和标准抽样分析法的优点,是一种比较普通和常用的分析方法。

资料分析法、直接调查法和抽样分析法各有其优缺点,一般来讲,如果有条件的话,这些方法应结合使用,这样才有利于达到市场调查的准确性和实用性。

四、市场预测方法

(一)市场预测的程序与分类

市场预测的方法种类很多,各有其优缺点。从总体上说,有定性预测和定量预测两大类。可行性研究中主要是预测需求,说明拟建项目的必要性,并为确定拟建规模和服务周期等提供依据。

按照预测的长短,可以将其分为短期预测(一年内)、中期预测(2～5 年)和长期预测(5 年以上)三类。

无论是定性预测还是定量预测,都可能存在难以预计因素影响预测工作的准确性。所以预测工作应当遵守一定的科学预测程序,具体如下。

(1)确定预测目标,如市场需求量等。

(2)调查研究,收集资料与数据。

(3)选择预测方法。

(4)计算预测结果。

(5)分析预测误差,改进预测模型。

(二)市场预测的常用方法

现将几种市场预测的常用方法介绍如下。

1.德尔菲法(Delphi)

(1)德尔菲法的由来与发展。

德尔菲是 Delphi 的译称。德尔菲是古希腊的都城,即阿波罗神庙的所在地。美国兰德公司在 20 世纪 50 年代初研究如何使专家预测更为准确和可靠时,是以德尔菲为代号的,德尔菲法由此得名。

一般来讲,预测是以客观历史和现实数据为依据的,但是,在缺少历史数据的情况下,唯一可供选择的预测方法就是征询专家的意见,尤其是预测一些崭新的科学技术,是很难根据资料数据来进行的。征询专家意见,客观上存在一个如何征询的问题。首先是专家的数量问题。是征询几个专家的意见还是征询几十个专家的意见,是征询近百个专家的意见还是征询几百个专家的意见。从德尔菲法预测的实际经验看,一般是数 10 人至 100 人左右较佳,有时可达到 200 人左右。实际数量的选择,应根据具体预测的问题,选定对此问题具有专长的专家。其次,是对专家进行征询的方式的问题。最初的专家征询通常采用召开专家会议的方式来进行。这种方法存在明显的缺点,主要表现在以下 4 个方面。

①能够及时参加专家会议的人数毕竟是有限的,因此,专家意见的代表性不充分。

②集体意见往往会对个人观点形成压力,其结果是,一方面,即使多数意见是错误的,也迫使少数人屈从于压力而放弃自己的观点;另一方面,常常使持少数意见的专家因各种因素自动放弃陈述其意见的权利。

③权威性人物的影响过大。权威性人物一发表意见和看法,容易使其他人随波逐流,或者使其他人因其他因素放弃发表不同看法和意见。

④由于自尊心等因素的作用,容易促使一些专家在公开发表意见后,明知自己的观点有误而不愿公开承认和作出修改。

德尔菲方法就是针对专家会议这些主要缺点而采用的一种专家预测方法,其特点如下。

①以不具名的调查表形式向专家征询意见,避免了专家与专家之间的面对面接触和观点的撞击,消除了专家之间的各种不良影响。

②不断进行有控制的反馈。预测组织者通过对专家答复的统计,使集体意见的赞成观点相反的意见变成对预测问题进行说明的信息,并将其返回到每个专家的手中,然后对群体意见进行评述,这就使专家意见征询工作始终按照组织者的预定目标进行。

③进行统计处理。德尔菲法对专家意见进行统计回归处理,并用大多数专家的意见反映预测的结果。

(2)德尔菲法的预测程序和步骤。

德尔菲法的预测程序一般包括确定征询课题、选定专家、实际征询和征询结果的处理。

①确定征询课题。征询课题调查表的提问要准确明晰,所问问题的解答只能有一种含义,否则,会造成专家的理解不一而形成答非所问的现象。当然这种要求并不排除让专家自由发表意见和提出建议的提问方式。

②选定专家。一般来讲,德尔菲法的征询对象的选择,应以对征询课题熟悉程度为原则。所征询专家应对该征询课题最了解,知道得最多。

③实际征询。德尔菲法的征询一般分为四轮。第一轮的征询表问题设计可以适当放宽,给专家们留出一定的自由度,以便让他们尽其所能地发表对征询课题的意见和建议,从而使征询组织者从中得到意外的收获。第二轮,将第一轮的结果进行归纳分类,删去次要问题,明确主要问题,并判定相应的问题征询表,要求专家围绕既定的主题发表意见和看法。第三轮,进行回答结果的统计,给出大多数专家的意见统计值,并连同相应的资料和说明材料一起返回给各个专家,允许其提出对多数意见的反对理由,或者进行新的预测。第四轮,根据专家预测结果的实际情况,或者要求专家回答修正原预测的理由,或者要求专家回答其少数者意见的依据,或者要求专家对第三轮的论点加以评价。

当然,以上轮次是就一般情况而言的,如果在任何一个轮次中得到了相当一致的征询结论,那么,就可以停止下一轮次的征询。

④对征询结果进行统计处理。专家征询的结果,一般采用上下四分位数的统计评估,以中位数为预测结论。如对其产品增长量预测,有 25% 的专家认为只能增长 10% 以下,有 25% 的专家认为可能增长 60% 以上,而 50% 的专家认为将增至 30%～40%。这样,增长 30%～40% 就是中位数,而 10% 以下和 60% 以上则为上、下四分位数。预测结果即为中位数的预测增长量。

2.年平均增长率法

年平均增长率法是一种极为简单而常用的需求预测方法,适用于历史资料数据较全,并且变化比较稳定的需求量预测。其优点是方便且迅速,缺点是比较笼统和粗略。

3.回归预测法

回归预测法是根据历史资料和调查数据,通过确定自变量与因变量之间的函数关系,以历史和现状去推测未来变化趋势的数学方法。

4.平滑预测法

平滑预测法是适用于短期和中期预测的一种时间序列分析方法。平滑预测方法并不像回归预测方法那样,采用简单的平均数进行数据处理。它是在假定过去和现在的变化特征可以代表未来,并在排除外界随机因素干扰的前提下,通过移动平均的方法来推断未来的发展趋势。对于增长率变化趋势很大的产品,不能用这种方法进行需求预测。

平滑预测法分为移动平均法和指数平滑法两种。

五、一般工业项目可行性研究报告编制大纲

(一)总论

1.项目背景

(1)项目名称。

(2)承办单位概括(新建项目指筹建单位情况,技术改造项目指原企业情况,合资项目指合资各方情况)。

(3)可行性研究报告编制依据。

(4)项目提出的理由与过程。

2.项目概况

(1)拟建地点。

(2)建设规模与目标。

(3)主要建设条件。

(4)项目投入总资金及效益情况。

(5)主要技术经济指标。

3.问题与建议

(二)市场预测

1.产品市场供应预测

(1)国内外市场供应现状。

(2)国内外市场供应预测。

2.产品市场需求预测

(1)国内外市场需求现状。

(2)国内外市场需求预测。

3.产品目标市场分析

(1)产品国内市场销售价格。

(2)产品国际市场销售价格。

4.市场竞争力分析

(1)主要竞争对手情况。

(2)产品市场竞争力优势、劣势。

(3)营销策略。

5.市场风险

（三）资源条件评价（指资源开发项目）

（1）资源可利用量：包括矿产地质储量、可采储量、水利水能资源蕴藏量、森林蓄积量等。

（2）资源品质情况：包括矿产品味、物理性能、化学组分、煤炭热值、灰分、硫分等。

（3）资源赋存条件：包括矿体结构、埋藏深度、岩体性质、含油气地质构造等。

（4）资源开发价值。

（四）资源开发利用的技术经济指标

1.建设规模

（1）建设规模方案比较。

（2）推荐方案及其理由。

2.产品方案

（1）产品方案构成。

（2）产品方案比较。

3.推荐方案及其理由

（五）场址选择

1.场址所在位置现状

（1）地点与地理位置。

（2）场址土地权属类别及土地面积。

（3）土地利用现状。

（4）技术改造项目现有场地利用情况。

2.场址建设条件

（1）地形、地貌、地震情况。

（2）工程地质与水文地质。

（3）气象条件。

（4）城镇规划及社会环境条件。

（5）交通运输条件。

（6）公用实施社会依托条件（水、电、汽、生活福利）。

（7）防洪、防潮、排涝实施条件。

（8）环境保护条件。

（9）法律支持条件。

(10)征地、拆迁、移民安置条件。

(11)施工条件。

3.场址条件比较

(1)建设条件比较。

(2)建设投资比较。

(3)运营费用比较。

(4)推荐场址方案。

(5)场址地理位置图。

(六)技术方案、设备方案比较

1.技术方案

(1)生产方法(包括原料路线)。

(2)工艺流程。

(3)工艺技术来源(须引进国外技术的,应说明理由)。

(4)推荐方案的主要工艺(生产装置)流程图、物料平衡图、物料消耗定额表。

2.主要设备方案

(1)主要设备选型。

(2)主要设备来源(进口设备应提出供应方式)。

(3)推荐方案的主要设备清单。

3.工程方案

(1)主要建、构筑物的建筑特征、结构及面积方案。

(2)矿建工程方案。

(3)特殊基础工程方案。

(4)建筑安装工程量及"三材"用量估算。

(5)技术改造项目原有建、构筑物利用情况。

(6)主要建、构筑物工程一览表。

（七）主要原材料、燃料供应

1.主要原材料供应

（1）主要原材料品种、质量与年需要量。

（2）主要辅助材料品种、质量与年需要量。

（3）原材料、辅助材料的来源与运输方式。

2.燃料供应

（1）燃料品种、质量与年需要量。

（2）燃料供应的来源与运输方式。

3.主要原材料、燃料价格

（1）价格现状。

（2）主要原材料、燃料价格预测。

4.编制主要原材料、燃料年需要量表

（八）总图运输与公用辅助工程

1.总图布置

（1）平面布置。列出项目主要单项工程名称、生产能力、占地面积、外形尺寸、流程顺序和布置方案。

（2）竖向布置。

①场区地形条件。

②竖向布置方案。

③场地标高及土石方工程量。

（3）技术改造项目原有建、构筑物利用情况。

（4）总平面布置图（技术改造项目应标明新建和原有以及拆除的建、构筑物的位置）。

（5）总平面布置主要指标表。

2.公用辅助工程

（1）给排水工程。

①给水工程。用水负荷、水质要求、给水方案。

②排水工程。排水总量、排水水质、排放方式和泵站管网实施。

（2）供电工程。

①供电负荷（年用电量、最大用电负荷）。

②供电回路及电压等级的确定。

③电源选择。

④场内供电输变电方式及设备设施。

（3）通信设施。

①通信方式。

②通信线路及设施。

（4）供热设施。

（5）空分、空压及制冷设施。

（6）维修设施。

（7）仓储设施。

（九）环境影响评价

1.场址环境条件

2.项目建设和生产对环境的影响

（1）项目建设对环境的影响。

（2）项目生产过程产生的污染物对环境的影响。

3.环境保护措施方案

4.环境保护投资

5.环境影响评价

（十）项目实施进度

1.建设工期

2.项目实施进度安排

3.项目实施进度表（横线图）

（十一）投资估算

1.投资估算依据

2.建设投资估算

（1）建筑工程费。

（2）设备及工器具购置费。

（3）安装工程费。

（4）工程建设其他费用。

（5）基本预备费。

（6）涨价预备费。

（7）建设期利息。

3.流动资金估算

4.投资估算表

(1)项目投入总资金估算汇总表。

(2)单项工程投资估算表。

(3)分年投资计划表。

(4)流动资金估算表。

(十二)融资方案

1.资本金筹措

(1)新设项目法人项目资本金筹措。

(2)既有项目法人项目资本金筹措。

2.债务资金筹措

3.融资方案分析

(十三)财务评价

1.新设项目法人项目财务评价

(1)财务评价基础数据与参数选取。

①财务价格。

②计算期与生产负荷。

③财务基准收益率设定。

④其他计算参数。

(2)销售收入估算(编制销售收入估算表)。

(3)成本费用估算(编制总成本费用估算表和分项成本估算表)。

(4)财务评价报表。

①财务现金流量表。

②损益和利润分配表。

③资金来源与运用表。

④借款偿还计划表。

(5)财务评价指标。

①盈利能力分析。

＊项目财务内部收益率。

＊资本金收益率。

＊投资各方收益率。

＊财务净现值。

＊投资回收期。

＊投资利润率。

②偿还能力分析(借款偿还期或利息备付率和偿还备付率)。

2.既有项目法人项目财务条件

(1)财务评价范围确定。

(2)财务评价基础数据与参数选取。

①"有项目"数据。

②"无项目"数据。

③增量数据。

④其他计算参数。

(3)销售收入估算(编制销售收入估算表)。

(4)成本费用估算(编制总成本费用估算表)。

(5)财务评价报表。

①增量财务现金流量表。

②"有项目"损益和利润分配表。

③"有项目"资金来源与运用表。

④借款偿还计划表。

(6)财务评价指标。

①项目财务内部收益率。

②资本金收益率。

③投资各方收益率。

④财务净现值。

⑤投资回收期。

⑥投资利润率。

3.偿还能力分析(借款偿还期或利息备付率和偿还备付率)

4.不确定分析

(1)敏感性分析(编制敏感性分析表,绘制敏感性分析图)。

(2)盈亏平衡分析(绘制盈亏平衡分析图)。

5.财务评价结论

(十四)国民经济评价

1.影子价格及通用参数选取

2.效益费用范围调整

(1)转移支付处理。

(2)间接效益和间接费用计算。

3.效益费用数值调整

(1)投资调整。

(2)流动资金调整。

(3)销售收入调整。

(4)经营费用调整。

4.国民经济效益费用流量表

(1)项目国民经济效益费用流量表。

(2)国内投资国民经济效益费用流量表。

5.国民经济评价指标

(1)经济内部收益率。

(2)经济净现值。

6.国民经济评价结论

(十五)社会评价

1.项目对社会的影响分析

2.项目与所在地互适性分析

(1)利益群体对项目的态度及参与程度。

(2)各级组织对项目的态度及支持程度。

(3)地区文化状况对项目的适应程度。

3.社会风险分析

4.社会评价结论

(十六)研究结论与建议

1.推荐方案的总体描述

2.推荐方案的优缺点描述

(1)优点。

(2)存在问题。

(3)主要争论与分歧意见。

3.主要对比方案

(1)方案描述。

(2)未被采纳的理由。

4.结论与建议

（十七）附图、附表及附件

1.附图

（1）场地位置图。

（2）工艺流程图。

（3）总平面布置图。

2.附表

（1）投资估算表。

①项目投资总资金估算汇总表。

②主要单项工程投资估算表。

③流动资金估算表。

（2）财务评价报表。

①销售收入、销售税金及附加估算表。

②总成本费用估算表。

③财务现金流量表。

④损益和利润分配表。

⑤资金来源与运用表。

⑥借款偿还计划表。

（3）国民经济评价报表。

①国民经济效益费用流量表。

②国内投资国民经济效益费用流量表。

3.附件

（1）建议书（初步可行性研究报告）的批复文件。

（2）环保部门对项目环境影响的批复文件。

（3）资源开发项目有关资源及开发的审批文件。

（4）主要原材料、燃料及水、电、气供应的意向性协议。

（5）项目资本金的承诺证明及银行等金融机构对项目贷款的承诺函。

（6）中外合资、合作项目各方草签的协议。

（7）引进技术考察报告。

（8）土地管理部门对场址批复文件。

（9）新技术开发的技术鉴定报告。

（10）组织股份公司草签的协议。

第二节　建筑工程项目财务评价

一、工程项目的投资估算

按照我国现行的项目投资管理规定,工程建设项目投资的估算包括固定资产投资估算和流动资金的估算。

（一）固定资产投资的构成及估算方法

固定资产投资估算包括固定资产投资、固定资产投资方向调节税和建设期利息3项内容,分别对上述3项内容估算或计算后即可以编制固定资产投资估算表。而工程项目固定资产投资按照占用性质划分,可分为建筑安装工程费、设备及工器具购置费、工程建设其他费用、基本预备费、涨价预备费、固定资产投资方向调节税和建设期利息等内容。根据国家发改委对固定资产投资实行静态控制、动态管理的要求,又将固定资产投资分为静态投资和动态投资两部分。其中固定资产投资静态部分包括建筑安装工程费、设备及工器具购置费、工程建设其他费用及基本预备费等内容;固定资产投资动态部分包括涨价预备费、固定资产投资方向调节税、建设期借款利息,在概算审查和工程竣工决算中还应考虑国家批准新开征的税费和建设期汇率变动等内容。

1.固定资产投资估算的构成

（1）固定资产投资。

固定资产投资是指为建设或购置固定资产所支付的资金。一般建设项目固定资产投资包括三个部分,即工程费用、工程建设其他费用和预备费用。

①工程费用。

工程费用是指直接构成固定资产的费用,包括主要生产工程项目、辅助生产工程项目、公共工程项目、服务性工程项目、生活福利设施及厂外工程等项目的费用。工程费用又可分为建筑安装工程费用、设备购置费用(由设备购置费和工器具、生产家具购置费组成)、安装工程费用等。

②工程建设其他费用。

工程建设其他费用是指根据有关规定应列入固定资产投资的除建筑工程费用和设备、工器具购置费以外的一些费用,并列入工程项目总造价或单项工程造价的费用。

工程建设其他费用包括土地征用费、居民迁移费、旧有工程拆除和补偿费、生产职工培训费、办公和生活家具购置费、生产工器具及生产家具购置费、建设单位临时设施费、工程监理费、工程保险费、工程承包费、引进技术和进口设备其他费用、联合试运转费、研究试验费、勘察设计费、施工安全技术措施费等。

③预备费用。

预备费用是指在项目可行性研究中难以预料的工程费用,包括基本预备费和涨价预备费。基本预备费是指在初步设计和概算中难以预料的费用,涨价预备费是指从估算年到项目建成期间内预留的因物价上涨而引起的投资费增加数额。

(2)固定资产投资方向调节税。

建设项目固定资产投资方向调节税,是根据《中华人民共和国固定资产投资方向调节税暂行条例》和《中华人民共和国固定资产投资方向调节税暂行条例实施细则》的规定计算的固定资产投资方向调节税。固定资产投资方向调节税的重点是计税基数和税率的取值是否正确。

投资方向调节税依据下面的公式计算:

$$投资方向调节税税额＝计税依据×税率 \qquad 式3-1$$

式中的计税依据以固定资产投资项目实际完成投资额为计税基数。

投资项目实际完成投资额包括建筑工程费、设备及工器具购置费、安装工程费、其他费用及预备费等,但更新改造项目是以建筑工程实际完成的投资额为计税依据的。固定资产投资方向调节税根据国家产业政策确定的产业发展序列和经济规模的要求,实行差别税率,对基本建设项目投资适应税率的具体规定如下。

①国家急需发展的项目投资,如农业、林业、水利、能源、交通、通信、原材料、科教、地质、勘探、矿山开采等基础产业和薄弱环节的部门项目投资,适用零税率。

②对国家鼓励发展但受能源、交通等制约的项目投资,如钢铁、化工、石油、水泥等部分重要原材料项目,以及一些重要机械、电子、轻工工业和新型建材的项目,实行5%的税率。

③为配合住房制度改革,对城乡个人修建、购买住宅的投资实行零税率;单位修建、购买一般性住宅投资,实行5%的低税率;对单位用公款修建、购买高标准独门独院、别墅式住宅投资,实行30%的高税率。

④对楼堂管所以及国家严格限制发展的项目投资,课以重税,税率为30%。

⑤对不属于上述四类的其他项目投资,实行中等税负政策,税率15％。

根据工程投资分年用款计划,分年计算投资方向调节税,列入固定资产投资总额,建设项目竣工后,应计入固定资产原值,但不作为设计、施工和其他取费的基数。目前固定资产投资方向调节税暂不征收。

固定资产投资估算的主要依据有:项目建议书,项目建设规模、产品方案;设计方案、图样及设备明细表;设备价格、运杂费用率及当地材料预算价格;同类型建设项目的投资资料及有关标准、定额等。

(3)建设期利息。

建设期利息是指建设项目建设中有偿使用的投资部分,在建设期内应偿还的借款利息及承诺费。除自有资金、国家财政拨款和发行股票外,凡属有偿使用性质的资金,包括国内银行和其他非银行金融机构贷款、出口信贷、外国政府贷款、国际商业贷款、在境内外发行的债券等,均应计算建设期利息。

建设期利息应考虑的重点是借款分年用款额是否符合项目建设的实际情况,利率的计算是否符合贷款条件,利息额的计算是否有低估的现象等。

项目建设期利息,按照项目可行性研究报告中的项目建设资金筹措方案确定的初步贷款意向规定的利率、偿还方式和偿还期限计算。对于没有明确意向的贷款,按项目适用的现行一般(非优惠)贷款利率、期限、偿还方式计算。

借款利息计算中采用的利率,应为有效利率。有效利率与名义利率的换算公式如下。

$$有效年利率＝(1＋r/w)^m－1 \qquad 式3－2$$

式中 r——名义年利率;

M——每年计息次数。

建设期利息按复利计息,当年借款按半年计息,上年借款按全年计息,其计算公式如下。

本年应计利息＝(年初借款累计金额＋当年借款额/2)×年利率   式3－3

国外借款利息的计算中,还应包括国外贷款银行根据贷款协议向借款方以年利率的方式收取的手续费、管理费、承诺费,以及国内代理机构经国家主管部门批准的以年利率的方式向贷款单位收取的转贷费、担保费、管理费等资金成本费用。

2.固定资产投资估算的方法

对于项目建议书阶段固定资产投资,可采用一些简便方法估算,主要有如下几种方法。

(1)百分比估算法。百分比估算法又分为设备系数法和主体专业系数法两种。

①设备系数法。设备系数法以拟建项目的设备费为基数,根据已建成的同类项目或装置的建筑安装费和其他工程费用等占设备价值的百分比,求出相应的建筑安装及其他有关费用,其总和即为项目或装置的投资。其计算公式如下。

$$C = E(1 + f_1 p_1 + f_2 p_2 + f_3 p_3 + \cdots) + I \qquad \text{式 } 3-4$$

式中　C——拟建项目或装置的投资额;

　　　E——根据拟建项目或装置的设备清单按当时当地价格计算的设备费(包括运杂费)的总和;

　　　P_1、P_2、P_3——已建项目中建筑安装及其他工程费用占设备费百分比;

　　　f_1、f_2、f_3——由于时间因素引起的定额、价格、费用标准等变化的综合调整系数;

　　　I——拟建项目的其他费用。

②主体专业系数法。主体专业系数法以拟建项目中的最主要、投资比重较大并与生产能力直接相关的工艺设备的投资(包括运杂费及安装费)为基数,根据同类型的已建项目的有关统计资料,计算出拟建项目的各专业工程(总图、土建、暖通、给排水、管道、电气及电信、自控及其他工程费用等)占工艺设备投资的百分比,求出各专业的投资,然后把各部分投资费用(包括工艺设备费)相加求和,即为项目的总费用。其计算公式如下。

$$C = E(1 + f_1 p'_1 + f_2 p'_2 + f_3 p'_3 + \cdots) + I \qquad \text{式 } 3-5$$

式中,p'_1、p'_2、p'_3为已建项目中各专业工程费用占工艺设备费用的百分比,其余符号含义同上式。

(2)朗格系数法。

朗格系数法以设备费为基础,乘以适当系数来推算项目的建设费用。其计算公式如下。

$$D = CK_L \qquad \text{式 } 3-6$$

式中　D——总建设费用;

　　　C——主要设备费用;

　　　K_L——朗格系数,$K_L = (1 + \sum K_i)K_c$;

K_i——管线、仪表、建筑物等项费用的估算系数；

K_c——管理费、合同费、应急费等项费用的总估算系数。

朗格系数法比较简单，但没有考虑设备规格、材质的差异，所以精确度不高。

（3）生产能力指数法。

生产能力指数法根据已建成的、性质类似的建设项目或生产装置的投资额和生产能力及拟建项目或生产装置的生产能力估算项目的投资额。其计算公式如下。

$$C_2 = C_1 (\frac{A_2}{A_1})^n f \qquad 式3-7$$

式中C_2、C_1——拟建项目或装置和已建项目的投资额；

A_1、A_2——已建类似项目或装置和拟建项目的生产能力；

f——不同时期、不同地点的定额、单价、费用变更等的综合调整系数；

n——生产能力指数，$0 \leq n \leq 1$。

若已建类似项目或装置的规模和拟建项目或装置的规模相差不大，生产规模比值在 0.5～2 之间，则指数 n 的取值近似为 1。

若已建类似项目或装置与拟建项目或装置的规模相差不大于 50 倍，并且拟建项目的扩大仅靠增大设备规模来达到时，则 n 取值在 0.6～0.7 之间；若是靠增加相同规格设备的数量达到时，n 的取值在 0.8～0.9 之间。

采用这种方法，计算简单、速度快；但要求类似工程的资料完整可靠，条件基本相同，否则误差就会增大。

（4）指标估算法。

对于房屋、建筑物等投资的估算，经常采用指标估算法。指标估算法是根据各种具体的投资估算指标，进行单位工程投资的估算。投资估算指标的形式较多，用这些投资估算指标乘以所需的面积、体积、容量等，就可以求出相应的土建工程、给排水工程、照明工程、采暖工程、变配电工程等各单位工程的投资。在此基础上，可汇总成每一单项工程的投资。另外再估算出工程建设其他费用及预备费，即可求得建设项目总投资。

采用这种方法时要注意两点：①若套用的指标与具体工程之间的标准或条件有差异时，应加以必要的局部换算或调整；②使用的指标单位应紧密结合每个单位工程的特点，能正确反映其设计参数，切勿盲目地单纯套用一种单位指标。

3.固定资产投资额的归集

根据资本保全的原则和企业资产划分的有关规定,投资项目在建成交付使用时,项目投入的全部资金分别形成固定资产、无形资产、递延资产和流动资产,为了保证项目财务评价中的折旧、摊销、税金等项目计算的准确性,必须对固定资产投资形成的三类资产进行合理的归集和分类。根据国家的有关规定,各类资产的划分标准及其价值构成如下。

(1)固定资产。固定资产指使用期限超过一年,单位价值在规定标准以上(或单位价值虽然低于规定标准,但属于企业的主要设备等),在使用过程中保持原有实物形态的资产,包括房屋及建筑物、机器设备、运输设备、工器具等。经济评估中可将建筑工程费、设备及工器具购置费、安装工程费及应分摊的待摊投资计入固定资产原值,并将建设期借款利息和固定资产投资方向调节税全部计入固定资产原值。待摊投资是指工程建设其他费用中除应计入无形资产和递延资产以外的全部费用,包括土地征用及迁移补偿费、建设单位管理费、勘察设计费、研究试验费、建设单位临时设施费、工程监理费、工程保险费、工程承包费、供电贴费、施工迁移费、引进技术和进口设备其他费用、联合试运转费、办公及生活家具购置费、预备费、建设期利息、投资方向调节税等。

(2)无形资产。无形资产指企业长期使用但没有实物形态的资产,包括专利权、商标权、土地使用权、非专利技术、商誉等。项目经济评估中可将工程建设其他费用中的土地使用权技术转让费等计入无形资产。

(3)递延资产。递延资产指不能计入工程成本,应当在生产经营期内分期摊销的各项递延费用。项目经济评估中可将工程建设其他费用中的生产职工培训费、样品样机购置费及农业项目中的农业开荒费等计入递延资产价值。

4.固定资产投资估算表及其他相关财务报表的编制

(1)固定资产投资估算表的编制。该表包括固定资产投资、固定资产投资方向调节税和建设期利息三项内容,分别对上述三项内容估算或计算后即可编制此表。

(2)固定资产折旧费估算表的编制。该表包括各项固定资产的原值、分年度折旧额与净值以及期末余值等内容。编制该表首先要依据固定资产投资估算表确定各项固定资产原值,再依据项目的生产期和有关规定确定折旧方法、折旧年限与折旧率,进而计算各年的折旧费和净值,最后汇总得到项目总固定资产的年折旧费和净值。

(3)无形资产及递延资产摊销费估算表的编制。该表的内容和编制与固定资产折旧费估算表类似。编制时,首先确定无形资产及递延资产的原值,再按摊销年限等额摊销。无形资产的摊销年限不少于 10 年,递延资产的摊销年限不少于 5 年。

(二)建设项目流动资金的构成及估算方法

1.流动资金的估算方法

流动资金的估算方法包括扩大指标估算法和分项详细估算法。

(1)扩大指标估算法。

扩大指标估算法是按照流动资金占某种费用基数的比率来估算流动资金。一般常用的费用基数有销售收入、经营成本、总成本费用和固定资产投资等,究竟采用何种基数依行业习惯而定。所采用的比率根据经验确定,可按照行业或部门给定的参考值确定。也有的行业习惯按单位产量占用流动资金额估算流动资金。扩大指标估算法简便易行,适用于项目的初选阶段。

(2)分项详细估算法。

分项详细估算法是通常采用的流动资金估算方法。采用分项详细估算法时,流动资金的估算可以使用下列公式。

$$流动资金＝流动资产－流动负债 \qquad 式 3－8$$

$$流动资产＝现金＋应收和预付账款＋存货 \qquad 式 3－9$$

$$流动负债＝应付账款＋预付账款 \qquad 式 3－10$$

$$流动资金本年增加额＝本年流动资金－上年流动资金 \qquad 式 3－11$$

流动资产和流动负债各项构成估算公式如下。

①现金的估算。

$$现金＝(年工资及福利费＋年其他费用)/现金周转次数 \qquad 式 3－12$$

$$年其他费用＝制造费用＋管理费用＋销售费用 \qquad 式 3－13$$

式 3－13 中的三项费用中包含工资及福利费、折旧费、维简费、摊销费、修理费等。

$$周转次数＝360 天/最低需要周转天数 \qquad 式 3－14$$

②应收(预付)账款的估算。

$$应收账款＝年经营成本/应收账款周转次数 \qquad 式 3－15$$

③存货的估算。

存货包括各种外购原材料、燃料、包装物、低值易耗品、在产品、外购商品、协作件、自制半成品和产成品等。项目中的存货一般仅考虑外购原材料、燃料,在产品、产成品,也可考虑备品备件。

存货＝外购原材料＋外购燃料＋在产品＋产成品　　　式 3—16

外购原材料、燃料是指为保证正常生产需要的原材料、燃料、包装物、备品备件等占用资金较多的投入物，需按品种类别逐项分别估算。其计算公式如下。

外购原材料、燃料＝全年外购原材料、燃料/原材料、燃料周转次数

式 3—17

在产品＝(年外购原材料、燃料和动力费用＋年工资及福利费＋年修理费＋年其他制造费用)/在产品周转次数式　　　式 3—18

产成品＝年经营成本/周转次数　　　式 3—19

④流动负债应付(预收)账款的估算。

应付账款＝(年外购原材料、燃料动力和商品备件费用)/应付账款周转次数

式 3—20

⑤铺底流动资金的估算。

流动资金一般应在项目投产前开始筹措。根据国家现行规定的要求，新建、扩建和技术改造项目，必须将项目建成投产后所需的 30％铺底流动资金列入投资计划，铺底流动资金不落实的，国家不予批准立项，银行不予贷款。铺底流动资金的计算公式为

铺底流动资金＝流动资金×30％　　　式 3—21

铺底流动资金是计算项目资本金的重要依据，也是国家控制项目投资规模的重要指标。根据国家现行规定，国家控制投资规模的项目总投资包括固定资产投资和铺底流动资金，并以此为基数计算项目资本金比例。其计算公式如下。

项目总投资＝固定资产投资＋铺底流动资金　　　式 3—22

固定资产投资＝固定资产投资静态部分＋固定资产投资动态部分

式 3—23

对于概算调整和后评价项目，固定资产投资动态部分还应包括建设期因汇率变动而产生的汇兑损益以及国家批准新开征的其他税费。

项目资本金最低需要量＝项目总投资×国家规定的最低资本金比例

式 3—24

2.流动资金估算表及其他相关财务报表的编制

(1)流动资金估算表的编制。流动资金估算表包括流动资产、流动负债、流动资金及流动资金本年增加额四项内容。该表是在对生产期内各年流动资金

估算的基础上编制的。

(2)投资计划与资金筹措表的编制。投资计划与资金筹措表包括总投资的构成、资金筹措及各年度的资金使用安排,该表可依据固定资产投资估算表和流动资金估算表编制。

二、工程项目的收益估算

(一)工程项目成本费用的构成

成本费用是反映产品生产中资源消耗的一个主要基础数据,是形成产品价格的重要组成部分,是影响项目经济效益的重要因素。建设项目产出品成本费用的构成与计算,既要符合现行财务制度的有关规定又要满足经济评价的要求。

按照财政部新颁布的财务制度,参照国际惯例,将成本核算办法由原来的完全成本法改为制造成本法。所谓制造成本法是在核算产品成本时,只分配与生产经营最直接和关系密切的费用,而将与生产经营没有直接关系和关系不密切的费用计入当期损益。即直接材料、直接工资、其他直接支出和制造费用计入产品制造成本,管理费用、财务费用和销售费用直接计入当期损益,不要求计算产品的总成本费用。

制造成本＝直接材料＋直接燃料和动力＋直接工资＋其他直接支出＋制造费用

式 3－25

期间费用＝管理费用＋财务费用＋销售费用　　　　式 3－26

1.制造成本

制造成本是指为生产商品和提供劳务等发生的各项费用,包括直接材料、直接耗费的燃料、动力和直接人工等其他直接费用(支出)。

(1)直接材料费包括企业生产经营过程中实际消耗的原材料、辅助材料、备品配件、外购半成品、包装物以及其他直接材料费等。

(2)直接燃料、动力费包括企业生产经营过程中实际消耗的燃料、动力费。

(3)直接工资包括企业直接从事产品生产人员的工资、奖金、津贴和补贴。

(4)直接支出包括企业直接从事产品生产人员的职工福利费等。

(5)制造费用是指企业各生产单位为组织和管理生产活动而发生的生产单位管理人员工资、职工福利费、生产单位房屋建筑物、机械设备等的折旧费、矿山维简费、租赁费、修理费、机物料消耗、低值易耗品、水电费、办公费、差旅费、运输费、保险费、劳动保护费等。

2.期间费用

期间费用包括管理费用、财务费用和销售费用等。

(1)管理费用。

管理费用是指企业行政管理部门为管理和组织生产经营活动而发生的各项费用,包括公司经费、工会经费、职工教育经费、劳动保险费、待业保险费、董事会费、咨询费、审计费、评估费、诉讼费、排污费、绿化费、税金、土地使用费、土地损失补偿费、技术转让费、技术开发费、无形资产摊销、递延资产摊销、业务招待费、坏账损失、存货盘亏、毁损和报废(减盘盈)以及其他管理费用。

公司经费包括总部管理人员工资、职工福利费、差旅费、办公费、折旧费、修理费、物料消耗、低值易耗品摊销以及其他公司费用。

工会经费是指按照职工工资总额2%计提交给工会的经费。

职工教育经费是指企业为职工学习先进技术和提高文化水平支付的费用,按照职工工资总额的1.5%计提。

劳动保险费是指企业支付离退休职工的退休金(包括按照规定交纳的离退休统筹金)、价格补贴、医药费(包括企业支付离退休人员参加医疗保险的费用)、职工退职金、6个月以上病假人员工资、职工死亡丧葬补助费、抚恤费,按照规定支付给离退休人员的各项经费。

待业保险费是指企业按照国家规定交纳的待业保险基金。

董事会费是指企业最高权力机构(如董事会)及其成员为执行职能而发生的各项费用,包括差旅费、会议费等。

咨询费是指企业向有关咨询机构进行科学技术、经营管理咨询所支付的费用,包括聘请经济技术顾问、法律顾问等支付的费用。

审计费是指企业聘请中国注册会计师进行查账验资等发生的各项费用。

评估费是指企业聘请资产评估机构进行资产评估等发生的各项费用。

诉讼费是指企业起诉或者应诉而发生的各项费用。

排污费是指企业按照规定交纳的排污费用。

绿化费是指企业对厂区、矿区进行绿化而发生的零星绿化费用。

税金是指企业按照规定支付的房产税、车船使用税、土地使用税、印花税等。

土地使用费(海域使用费)是指企业因使用土地(海域)而支付的费用。

技术转让费是指企业使用非专利技术而支付的费用。

技术开发费是指企业研究开发新产品、新技术、新工艺所发生的新产品设计费、工艺规程制定费、设备调试费、原材料和半成品的试验费、未纳入国家计划的中间试验费、研究人员的工资、研究设备的折旧、与新产品试制技术研究有关的其他经费、委托其他单位进行的科研试制的费用以及试制失败损失等。

无形资产摊销是指专利权、商标权、著作权、土地使用权、非专利技术等无形资产的摊销。

递延资产摊销是指开办费和以经营租赁方式租入的固定资产改良支出等。以经营租赁方式租入的固定资产改良支出,是指能增加以经营租赁方式租入固定资产的效能或延长使用寿命的改装、翻修、改建等支出。

开办费是指项目在筹建期间发生的费用,包括筹建期间的人员工资、办公费、培训费、差旅费、印刷费、注册登记费以及不计入固定资产和无形资产购置成本的汇兑损益、利息等支出。

业务招待费是指企业为业务经营的合理需要而支付的费用,按有关规定列入管理费用。

(2)财务费用。

财务费用是指企业为筹集和使用资金而发生的各项费用,包括企业生产经营期间发生的利息支出(减利息收入)、汇兑净损失、调剂外汇手续费、金融机构手续费以及筹资发生的其他财务费用等。

(3)销售费用。

销售费用是指企业在销售产品、自制半成品和提供劳务等过程中发生的各项费用以及专设销售机构的各项经费,包括应由企业负担的运输费、装卸费、包装费、保险费、委托代销手续费、广告费、展览费、租赁费(不含融资租赁费)、销售服务费用和销售部门人员工资、职工福利费、差旅费、办公费、折旧费、修理费、物料消耗、低值易耗品摊销等。

(二)项目评价中的产出品成本费用的构成与计算

项目评价中的产出品成本费用在构成原则上应符合现行财务制度的有关规定,但其具体预测方法和一些费用的处理与企业会计实际成本核算是不同的。根据项目经济评价的特点,《建设项目经济评价方法与参数》要求计算项目的总成本费用,为了满足现金流量分析的要求,还应计算经营成本费用。

1.总成本费用的构成与计算

总成本费用可按以下两种方法计算其构成。

总成本费用＝直接材料＋直接燃料和动力＋直接工资＋其他直接支出＋

制造费用＋管理费用＋财务费用＋销售费用　　　　　　　　　　式 3－27

总成本费用＝外购材料费＋外购燃料及动力费＋工资及福利费＋折旧费＋摊销费＋修理费＋矿山维简费＋其他费用＋利息支出　　　　　式 3－28

式 3－28 中,折旧费包括制造费用、管理费用和销售费用的折旧费;摊销费包括制造费用、管理费用和销售费用的摊销费。

式 3－27 是在制造成本的基础上计算总成本费用,式 3－28 是按生产费用的各要素计算总成本费用。使用时可根据行业、项目产品生产的特点选择其中一种进行计算。第二种方法对于多产品项目的成本估算可以起到明显简化作用,其不足之处是不能直接核算每种产品的制造成本。对于一般项目财务效益的评估,如果不要求分别计算每种产品的盈利能力,可采用第二种方法。

(1)以制造成本为基础计算总成本费用。

以产品制造(生产)成本为基础进行估算,首先要计算各产品的直接成本,包括直接材料费、直接燃料和动力费、直接工资和其他直接支出;然后计算间接成本,主要指制造费用;再计算管理费用、销售费用和财务费用,其中折旧费和摊销费可以单独列项。具体公式如下。

直接材料费＝直接材料消耗量×单价　　　　　　　式 3－29

直接燃料和动力费＝直接燃料和动力消耗量×单价　　　式 3－30

直接工资及其他直接支出＝直接从事产品生产人员数量×人均年工资及福利费　　　　　　　　　　　　　　　　　　　　　　　式 3－31

制造费用除折旧费外可按照一定的标准估算,也可按制造费用中各项费用内容详细计算。

管理费用除折旧费、摊销费外可按照一定的标准估算,也可按照管理费用中各项费用的内容详细计算。

销售费用除折旧费外可按照一定的标准估算,也可按销售费用中各项费用内容详细计算。

财务费用应分别计算长期借款和短期借款利息。

(2)以生产费用为基础计算总成本费用。

这种方法是按成本费用中各项费反性质进行归类后,再计算总成本费用。

①外购材料费。外购材料费包括直接材料费中预计消耗的原材料、辅助材料、备品配件、外购半成品、包装物以及其他直接材料费;制造费用、管理费用以及销售费用中机物料消耗、低值易耗品费用及其运输费用等归并在本科目内,可统称为其他材料费。其计算公式如下。

外购材料费＝主要外购材料消耗定额×单价＋辅料及其他材料费

式 3－32

②外购燃料及动力费。外购燃料及动力费包括直接材料费中预计消耗的外购燃料及动力,销售费用中的外购水电费等。

外购燃料及动力费＝主要外购燃料及动力消耗量×单价＋其他外购燃料及动力费

式 3－33

式中,主要外购燃料及动力消耗量,是指按拟订方案提出的消耗量占总消耗量比例较大的外购燃料及动力;其他外购燃料及动力费是指消耗量占总消耗量比例较小的外购燃料及动力,其计算方法可根据项目的实际情况,采用占主要外购燃料及动力费的百分比进行估算;单价中包括外购燃料动力的售价、运费及其他费用,还应注明是否含增值税的进项税。

③工资及福利费。工资及福利费包括直接工资及其他直接支出(指福利费),制造费用、管理费用以及销售费用中管理人员和销售人员的工资及福利费。

直接工资包括企业以各种形式支付给职工的基本工资、浮动工资、各类补贴、津贴、奖金等。

工资及福利费＝职工总人数×人均年工资指标(含福利费)　式 3－34

式中,职工总人数是指按拟订方案提出的生产人员、生产管理人员、工厂总部管理人员及销售人员总人数;人均年工资指标(含福利费)有时也可考虑一定比例的年增长率。

职工福利费主要用于职工的医药费(包括企业参加职工医疗保险交纳的医疗保险费)、医护人员的工资、医务经费、职工因公伤赴外地就医路费、职工生活困难补助,职工浴室、理发室、幼儿园、托儿所人员的工资,以及按照国家规定开支的其他职工福利支出。现行规定一般为工资总额的 14%。

④折旧费指全部固定资产的折旧费。

⑤摊销费指无形资产和递延资产摊销。

⑥修理费。修理费是为恢复固定资产原有生产能力、保持原有使用效能,对固定资产进行修理或更换零部件而发生的费用,它包括制造费用、管理费用和销售费用中的修理费。固定资产修理费一般按固定资产原值的一定百分比计提,计提比例可根据经验数据、行业规定或参考各类企业的实际数据加以确定。其具体计算公式如下。

修理费＝固定资产原值×计提比例　　　式 3－35

⑦其他费用。其他费用是制造费用、管理费用和销售费用之和,扣除上述

计入各科目的机物料消耗、低值易耗品费用及其运输费用、水电费、工资及福利费、折旧费、摊销费及修理费等费用后其他所有费用的统称。其计算方法一般采用工时费用指标、工资费用指标或以上述成本费用①至⑦之和为基数按照一定的比例计算。其计算公式分别如下。

$$其他费用 = 总工时(或设计总工时) \times 工时费用指标(元/工时)$$

式 3—36

式中,工时费用指标(元/工时)根据行业特点或规定计算。

$$其他费用 = 生产单位职工总数 \times 生产单位一线基本职工比重系数 \times 工资费用指标(元/人)$$

式 3—37

式中,工资费用指标(元/人)根据行业特点或规定来计算。

$$其他费用 = 总成本费用(①至⑦之和) \times 百分比率 \quad 式 3—38$$

式中,百分比率根据行业特点或规定来确定。

⑧财务费用指生产经营期间发生的利息支出、汇兑损失以及相关的金融机构手续费,包括长期借款和短期借款利息。

2.进口材料或进口零部件费用计算

当项目采用进口材料或进口零部件时,用外币支付的费用有进口材料或进口零部件货价、国外运输费、国外运输保险费,用人民币支付的费用有进口关税、消费税、增值税、银行财务费、外贸公司手续费、海关监管手续费及国内运杂费等。计算过程如下。

(1)进口材料或进口零部件货价。

＊原币货价:一般按离岸价(即 FOB 价)计算,各币种一律折算为美元表示。

＊人民币货价:按原币货价乘以外汇市场美元兑换人民币中间价(或卖出价)计算。

进口材料、零部件货价按有关生产厂商询价、报价或订货合同价计算。

(2)国外运输费。

$$国外运输费(海、陆、空) = 原币货价 \times 运费率(或重量 \times 单位重量运价)$$

式 3—39

国外运费率参照中国技术进出口总公司、中国机械进出口公司的规定执行。

(3)国外运输保险费。

$$国外运输保险费 = \frac{原币货价 + 国外运输费}{1 - 保险费率} \times 保险费率 \qquad 式3-40$$

保险费率可按保险公司规定的进口货物保险费率计算。

（4）进口关税。

$$进口关税 = 关税完税价格 \times 进口关税税率 \qquad 式3-41$$

关税完税价格等于到岸价格（CIF 价），它包括货价加上货物运抵中华人民共和国关境内运入地点起卸前的包装费、运费、保险费和其他劳务费等费用。进口货物以海关审定的成交价格为基础的到岸价格作为完税价格。

进口关税税率按中华人民共和国海关总署发布的进门关税税率计算。进口关税税率分为优惠和普通两种，当进口货物来自于与我国签订关税互惠条款贸易条约或协定的国家时，按优惠税率征税。

（5）消费税。仅在进口应缴纳消费税货物时计算本项费用。

$$从价消费税税额 = \frac{关税完税税额 + 关税}{1 - 消费税税率} \times 消费税税率 \qquad 式3-42$$

$$从量消费税税额 = 应税消费品的数量 \times 消费税单位税额 \qquad 式3-43$$

消费税税率依据《中华人民共和国消费税暂行条例》规定的税率执行。

（6）增值税。

$$增值税 = (关税完税价格 + 关税 + 消费税) \times 增值税税率 \qquad 式3-44$$

增值税税率按照《中华人民共和国增值税暂行条例》规定的税率执行。减、免进口关税的货物，一般同时减、免进口环节增值税。

（7）银行财务费。

$$银行财务费 = 人民币货价（FOB 价） \times 银行财务费率 \qquad 式3-45$$

（8）外贸公司手续费。

$$外贸公司手续费 = 到岸价人民币数 \times 外贸手续费率 \qquad 式3-46$$

（9）海关监管手续费。

海关监管手续费是指海关对进口减税、免税、保税货物实施监督、管理提供服务的手续费，对于全额征收进口关税的货物不计算本项费用。

$$海关监管手续费 = 到岸价人民币数 \times 海关监管手续费率 \qquad 式3-47$$

（10）国内运杂费。

$$国内运杂费 = 到岸价人民币数 \times 国内运杂费率 \qquad 式3-48$$

3.折旧费的计算

固定资产在使用过程中要经受两种磨损，即有形磨损和无形磨损。有形磨损是由于生产因素或自然因素(外界因素和意外灾害等)引起的。无形磨损亦称经济磨损,是非使用和非自然因素引起的固定资产价值的损失,比如技术进步会使生产同种设备的成本降低从而使原设备价值降低,或者由于科学技术进步出现新技术、新设备从而引起原来低效率的、技术落后的旧设备贬值或报废等。

固定资产的价值损失,通常是通过提取折旧的方法来补偿的,即在项目使用寿命期内,将固定资产价值以折旧的形式列入产品成本中,逐年摊还。

固定资产的经济寿命与折旧寿命,都要考虑上述两种磨损,但其含义并不完全相同。

经济寿命是指资产(或设备)在经济上最合理的使用年限,也就是资产的总年成本最小或总年净收益最大时的使用年限。一般设备使用达到经济寿命或虽未用到经济寿命,但已出现新型设备,使得继续使用该设备已不经济时,即应更新。

折旧寿命亦称"会计寿命",是指按照国家财政部门规定的资产使用年限逐年进行折旧,一直到账面价值(固定资产净值)减至固定资产残值时所经历的全部时间。从理论上讲,折旧寿命应以等于或接近经济寿命为宜。

下列固定资产应当提取折旧。

(1)房屋、建筑物。

(2)在用的机器设备、运输车辆、器具、工具。

(3)季节性停用和大修理停用的机器设备。

(4)以经营租赁方式租出的固定资产。

(5)以融资租赁方式租入的固定资产。

(6)财政部规定的其他应计提折旧的固定资产。

下列固定资产,不得提取折旧。

(1)土地。

(2)房屋、建筑物以外的未使用、不需用以及封存的固定资产。

(3)以经营租赁方式租入的固定资产。

(4)已提足折旧还继续使用的固定资产。

(5)按照规定提取维简费的固定资产。

(6)已在成本中一次性列支而形成的固定资产。

(7)破产、关停企业的固定资产。

(8)财政部规定的其他不得提取折旧的固定资产。

计算折旧的要素是固定资产原值、使用期限（或预计产量）和固定资产净残值。

按折旧对象的不同来划分，折旧方法可分为个别折旧法、分类折旧法和综合折旧法。个别折旧法是以每一项固定资产为对象来计算折旧；分类折旧法以每一类固定资产为对象来计算折旧；综合折旧法则以全部固定资产为对象计算折旧。

在项目评价中，固定资产折旧可用分类折旧法计算，也可用综合折旧法计算，关于固定资产分类，新工业企业财务制度将原来的 29 类 433 项简化为三大部分（通用设备部分、专用设备部分、建筑物部分）22 类。

另外，按固定资产在项目生产经营期内前后期折旧费用的变化性质来划分，折旧方法又可划分为年限平均法、工作量法和加速折旧法。

折旧费包括制造费中生产单位房屋建筑物、机械设备等折旧费，管理费用和销售费用中房屋建筑物、设备等折旧费。固定资产折旧原则上采用分类法计算折旧，固定资产分类及折旧年限参照财政部颁发的有关财务制度确定。项目投资额较小或设备种类较多，并且设备投资占固定资产投资比重不大的项目也可采用综合折旧法，折旧费计算方法与年限平均法相同，折旧年限可与项目经营期一致。

固定资产的净残值等于残值减去清理费用后的余额，净残值按照固定资产原值的 3%～5% 确定。中外合资项目规定净残值率为 10%。

融资性租赁的固定资产也应按以上的方法计提折旧额。

固定资产折旧应当根据固定资产原值、预计净残值、预计使用年限或预计工作量，采用年限平均法或者工作量（或产量）法计算，也可采用加速折旧法。

（1）年限平均法。

固定资产折旧方法一般采用年限平均法（也称直线折旧法）。年限平均法的固定资产折旧率和年折旧额计算公式如下。

$$年折旧率＝[(1－预计净残值率)/折旧年限]×100\% \qquad 式 3-49$$

$$年折旧额＝固定资产原值×年折旧率 \qquad 式 3-50$$

（2）工作量法。

工作量法又称作业量法，是以固定资产的使用状况为依据计算折旧的方法。企业专业车队的客货运汽车，某些大型设备可采用工作量法。工作量法的固定资产折旧额的基本计算公式如下。

工作量折旧额＝［固定资产－原值×（1－预计净残值率）］/规定的总工作量

式 3－51

①按照行驶里程计算折旧的公式。

单位里程折旧额＝原值×（1－预计净残值率）　　式 3－52

年折旧额＝单位里程折旧额×年行驶里程　　式 3－53

②按照工作小时计算折旧的公式。

每工作小时折旧额＝原值×（1－预计净残值率）　　式 3－54

年折旧额＝每工作小时折旧额×年工作小时　　式 3－55

以上各式中的净残值均按照固定资产原值的 3%～5% 确定的，由企业自主确定，并报主管财政部门备案。

（3）加速折旧法。

加速折旧法又称递减费用法，即固定资产每期计提的折旧数额不同，在使用初期计提得多，而在后期计提得少，是一种相对加快折旧速度的方法。加速折旧方法很多，新财务制度规定，在国民经济中具有重要地位、技术进步快的电子生产企业、船舶工业企业、生产"母机"的机械企业、飞机制造企业、汽车制造企业、化工生产企业和医药生产企业以及财政部批准的特殊行业的企业，其机器设备可以采用双倍余额递减法或者年数总和法计算折旧额。

①双倍余额递减法。

该方法是以年限平均法折旧率两倍的折旧率计算每年折旧额的方法，其计算公式如下。

年折旧率＝（2/折旧年限）×100%　　式 3－56

年折旧额＝固定资产净值×年折旧率　　式 3－57

在采用该方法时，应注意以下两点：①计提折旧固定资产价值包含残值，亦即每年计提的折旧额是用年限平均法两倍的折旧率去乘该资产的年初账面净值；②采用该法时，只要仍使用该资产，则其账面净值就不可能完全冲销。因此，在资产使用的后期，如果发现某一年用该法计算的折旧额少于年限平均法计算的折旧额时，就可以改用平均年限法计提折旧。为了操作简便起见，新财务制度规定实行双倍余额递减法的固定资产，应在固定资产折旧到期前两年内，将固定资产账面净值扣除预计净残值后的净额平均摊销。

②年数总和法。

年数总和法是根据固定资产原值减去净残值后的余额，按照逐年递减的分数（即年折旧率，亦称折旧递减系数）计算折旧的方法。每年的折旧率为一变化的分数,分子为每年尚可使用的年限,分母为固定资产折旧年限逐年相加的总和,其计算公式如下。

$$年折旧额＝(固定资产原值－预计净残值)×年折旧率　　式3－58$$

4.摊销费的计算

无形资产与递延资产的摊销是将这些资产在使用中损耗的价值转入至成本费用中去。一般不计残值,从受益之日起,在一定期间内分期平均摊销。

无形资产的摊销期限,凡法律和合同或企业申请书分别规定有效期限和受益年限的,按照法定有效期限与合同或企业申请书规定的受益年限孰短的原则确定。无法确定有效期限,但企业合同或申请书中规定有受益年限的,按企业合同或申请书中规定的受益年限确定。无法确定有效期限和受益年限的,按照不少于10年的期限确定。

递延资产,一般按照不少于5年的期限平均摊销。其中,以经营租赁方式租入的固定资产改良工程支出,在租赁有效期限内分期摊销。

无形资产、递延资产的摊销价值通过销售收入得到补偿,将增加企业盈余资金,可用作周转资金或其他用途。

5.维简费的计算

与一般固定资产(如设备、厂房等)不同,矿山、油井、天然气井和森林等自然资源是一种特殊资产,其价值将随着已完成的采掘与采伐量而减少。我国自20世纪60年代以来,对于这类资产不提折旧,而是按照生产产品数量(采矿按每吨原矿产量,林区按每立方米原木产量)计提维持简单再生产费,简称"维简费"。实际上这也是一种产量法,即按每年预计完成总产量的比例分配到产品成本费用中去。

上述特殊资产在西方国家称为递耗资产。它将随着资源的采掘与采伐,转为可供销售的存货成本,这种成本的转移称为"折耗"。折耗与折旧的区别主要如下。

(1)折旧是指固定资产价值的减少,其实物数量不变;而折耗是指递耗资产实体的减少,而且是数量和价值同时减少,

(2)递耗资产的折耗发生于采掘、采伐过程之中,而固定资产折旧则不限于使用过程。

矿山维简费(或油田维护费)一般按出矿量和国家或行业规定的标准提取,但选矿厂、尾矿以及独立的机、汽修和大型供水、供汽、运输车间除外。其计算公式如下。

矿山维简费(或油田维护费)＝出矿量×计提指标(元/吨)　　　式3－59

6.财务费用的计算

财务费用是指在生产经营期间发生的利息支出、汇兑损失以及相关的金融机构手续费。在项目评估时,生产经营期的财务费用需计算长期负债利息净支出和短期负债利息。在未取得可靠计算依据的情况下,可不考虑汇兑损失及相关的金融机构手续费。

财务评价中,对国内外借款,无论实际按年、季、月计息,均可简化为按年计息,即将名义年利率按计息时间折算成有效年利率。其计算公式如下。

$$有效年利率＝(1＋r/w)^m－1 \qquad 式3－60$$

式中r——名义年利率;

　　m——每年计息次数。

(1)长期负债利息的计算。由于借款方式不同,其利息计算方法也不同,有几种计息方式,在此不一一介绍。

(2)短期贷款是指贷款期限在一年以内的借款。在项目评价中如果发生短期贷款时,可假设当年末借款,第二年年末偿还,按全年计算利息,并计入第二年财务费用中。其计算公式如下。

$$短期贷款利息＝短期贷款额×年利率 \qquad 式3－61$$

(三)经营成本费用

经营成本费用是项目经济评价中的一个专门术语,是为项目评价的实际需要专门设置的。经营成本的计算公式如下。

$$经营成本费用＝总成本费用－折旧费－维简费－摊销费－利息支出$$
$$式3－62$$

项目评价采用"经营成本费用"概念的原因如下。

(1)项目评价动态分析的基本报表是现金流量表,它根据项目在计算期内各年发生的现金流入和流出,进行现金流量分析。各项现金收支在何时发生,就在何时计入。由于投资已在其发生的时间作为一次性支出被计为现金流出,所以不能将折旧费和摊销费在生产经营期再作为现金流出,否则会发生重复计算。因此,在现金流量表中不能将含有折旧费和摊销费的总成本费用作为生产经营期经常性支出,而规定以不包括折旧费和摊销费的经营成本作为生产经营期的经常性支出。对于矿山项目,将维简费视同折旧费处理,因此,经营成本中不包括维简费。

(2)《建设项目经济评价方法与参数》规定,财务评价要编制的现金流量表有全部投资现金流量表和自有资金现金流量表。全部投资现金流量表是在不考虑资金来源的前提下,以全部投资(固定资产投资和流动资金,不含建设期利息)作为计算基础,因此生产经营期的利息支出不应包括在现金流出中。

(四)可变成本与固定成本

为了进行项目的成本结构分析和不确定性分析,在项目经济评估中应将总成本费用按照费用的性质划分为可变成本和固定成本。

产品成本费用按其与产量变化的关系分为可变成本、固定成本和半可变(或半固定)成本。在产品总成本费用中,有一部分费用随产量的增减而成比例地增减,称为可变成本,如原材料费用一般属于可变成本;另一部分费用与产量的多少无关,称为固定成本,如固定资产折旧费、管理费用;还有一些费用,虽然也随着产量增减而变化,但非成比例地变化,称为半可变(半固定)成本,如修理费用。通常将半可变成本进一步分解为可变成本与固定成本。因此,产品总成本费用最终可划分为可变成本和固定成本。

在项目财务分析中,可变成本和固定成本通常是参照类似生产企业两种成本占总成本费用的比例来确定。

(五)销售收入估算

销售(营业)收入是指项目投产后在一定时期内销售产品(营业或提供劳务)而取得的收入。销售(营业)收入估算的主要内容包括如下几项。

1.生产经营期各年生产负荷的估算

项目生产经营期各年生产负荷是计算销售收入的基础。经济评估人员应配合技术评估人员鉴定各年生产负荷的确定是否有充分依据,是否与产品市场需求量预测相符合,是否考虑了项目的建设进度,以及原材料、燃料、动力供应和工艺技术等因素对生产负荷的制约和影响作用。

2.产品销售价格的估算

销售(营业)收入的重点是对产品价格进行估算。要鉴定选用的产品销售(服务)价格是否合理,价格水平是否反映市场供求状况,判别项目是否高估或低估了产出物价格。

为防止人为夸大或缩小项目的效益,属于国家控制价格的物资,要按国家规定的价格政策执行;价格已经放开的产品,应根据市场情况合理选用价格,一般不宜超过同类产品的进口价格(含各种税费)。产品销售价格一般采用出厂价格,参考当前国内市场价格和国际市场价格,通过预测分析而合理选定。出口产品应根据离岸价格扣除国内各种税费计算出厂价格,同时还应考虑与投入物价格选用的同期性，并注意价格中不应含有增值税。

3.销售（营业）收入的计算

在项目评估中，产品销售（营业）收入的计算，一般假设当年生产产品当年全部销售。其计算公式如下。

$$销售（营业）收入 = \sum_{i=1}^{n} Q_i \times P_i \qquad 式3-63$$

式中　　Q_i——第 i 种产品年产量；

　　　　P_i——第 i 种产品销售单价。

当项目产品外销时，还应计算外汇销售收入，并按评估时现行汇率折算成人民币，再计入销售收入总额。

（六）销售税金及附加的估算

销售税金及附加是指新建项目生产经营期（包括建设与生产同步进行情况下的生产经营期）内因销售产品（营业或提供劳务）而发生的消费税、营业税、资源税、城市维护建设税及教育费附加，是损益表和财务现金流量表中的一个独立项目。销售税金及附加的计征依据是项目的销售（营业）收入，不包括营业外收入和对外投资收益。

销售税金及附加，应随项目具体情况而定，分别按生产经营期各年不同生产负荷进行计算。各种税金及附加的计算应符合国家规定。应按项目适用的税种、税目、规定的税率和计征办法计算有关税费。

在计算过程中，如果发现所适用的税种、税目和税率不易确定，可征询税务主管部门的意见确定，或者按照就高不就低的原则计算。除销售出口产品的项目外，项目的销售税金及附加一般不得减免，如国家有特殊规定的，按国家主管部门的有关规定执行。

（七）增值税的估算

按照现行税法规定，增值税作为价外税不包括在销售税金及附加中。在经济项目评价中应遵循价外税的计税原则，在项目损益分析及财务现金流量分析的计算中均不应包含增值税的内容。因此，在评价中应注意如下问题。

（1）在项目财务效益分析中，产品销售税金及附加不包括增值税，产出物的价格不含有增值税中的销项税，投入物的价格中也不含有增值税中的进项税。

（2）城市维护建设税和教育费附加都是以增值税为计算基数的。因此，在财务效益分析中，还应单独计算项目的增值税额（销项税额减进项税额），以便计算销售税金及附加。

（3）增值税的税率、计征依据、计算方法和减免办法，均应按国家有关规定执行。产品出口退税比例，按照现行有关规定计算。

（八）财务报表的编制

1.主要产出物和投入物价格依据表的编制

财务评价用的价格是以现行价格体系为基础，根据有关规定、物价变化趋势及项目实际情况而确定的预测价格。

2.单位产品生产成本估算表的编制

估算单位产品生产成本，首先要列出单位产品生产的构成项目（如原材料、燃料和动力、工资与福利费、制造费用及副产品回收等），根据单位产品的消耗定额和单价估算单位产品生产成本。

3.总成本费用估算表的编制

编制该表，按总成本费用的构成项目的各年预测值和各年的生产负荷，计算年总成本费用和经营成本。为了便于计算，在该表中将工资及福利费、修理费、折旧费、维简费、摊销费、利息支出进行归并后填列。表中"其他费用"是指在制造费用、管理费用、财务费用和销售费用中扣除了工资及福利费、修理费、折旧费、维简费、摊销费和利息支出后的费用。

4.借款还本付息计算表的编制

编制该表，首先要依据投资计划与资金筹措表填列固定资产投资借款（包括外汇借款）的各具体项目，然后根据固定资产折旧费估算表、无形及递延资产摊销费估算表和损益表填列偿还借款本金的资金来源项目。

5.产品销售收入和销售税金及附加估算表的编制

表中产品销售收入以估计产销量与预测销售单价的乘积填列；年销售税金及附加按国家规定的税种和税率计取。

第三节　建筑工程项目国民经济评价

一、国民经济评价的范围和内容

（一）国民经济评价的概念与作用

所谓国民经济评价，是从国民经济的整体利益出发，遵循费用与效益统一划分的原则，用影子价格、影子工资、影子汇率和社会折现率，计算分析项目给国民经济带来的净增量效益,以此来评价项目的经济合理性和宏观可行性,实现资源的最优利用和合理配置。国民经济评价和财务评价共同构成了完整的工程项目的经济评价体系。

工程项目的经济评价最早可以追溯到资本主义社会初期.其产生的主要动力来自对最大利润的追求。但在 20 世纪 30 年代经济大萧条之前.资本主义国家政府奉行自由放任的经济学说,对工程项目的经济评价主要是财务评价。为了摆脱经济危机,美国政府采取了"罗斯福新政",开始干预调控国家经济事务,比如大量增加公共开支,上马众多的公共工程项目等。由于这些项目是以宏观经济效益和社会效益为主,单纯采用财务评价无法反映项目的实际效益,故此国民经济评价开始得以运用,并取得了较好的效果。随着二战后各国政府管理公共事务经验的积累,国民经济评价得到了进一步的推广和应用。当前我国所采用的国民经济评价方法,是在参考联合国工业发展组织(UNIDO)所提出《项目评价手册》的基础上,结合我国的实际情况,综合考虑了必要性和可行性,在具体手段上进行了简化处理的评价方法。

工程项目的国民经济评价,是把工程项目放到整个国民经济体系中来研究考察,从国民经济的角度来分析、计算和比较国民经济为项目所要付出的全部成本和国民经济从项目中可能获得的全部效益,并据此评价项目的经济合理性,从而选择对国民经济最有利的方案。国民经济评价是针对工程项目所进行的宏观效益分析,其主要目的是实现国家资源的优化配置和有效利用,以保证国民经济能够可持续地稳定发展。

工程项目的经济评价由传统的财务评价发展到国民经济评价,是一大飞跃,其重要作用主要体现在以下三个方面。

(1)可以从宏观上优化配置国家的有限资源。对于一个国家来说,其用于发展的资源(如人才、资金、土地、自然资源等)总是有限的,资源的稀缺与社会需求的增长之间存在着较大的矛盾,只有通过优化资源配置,使资源得到最佳利用,才能有效地促进国民经济的发展。而仅仅通过财务评价,是无法正确反映资源是否得到了有效利用的,只有通过国民经济评价,才能从宏观上引导国家有限的资源进行合理配置,鼓励和促进那些对国民经济有正面影响的项目的发展,而相应抑制和淘汰那些对国民经济有负面影响的项目。

(2)可以真实反映工程项目对国民经济的净贡献。在很多国家,主要是发展中国家,由于产业结构不合理、市场体系不健全以及过度保护民族工业等原因,导致国内的价格体系产生较严重的扭曲和失真,不少商品的价格既不能反映价值,也不能反映供求关系。在此情形下,按现行价格计算工程项目的投入与产出,是无法正确反映出项目对国民经济的影响的。只有通过国民经济评价,运用能反映商品真实价值的影子价格来计算项目的费用与效益,才能真实反映工程项目对国民经济的净贡献,从而判断项目的建设对国民经济总目标的实现是否有利。

(3)可以使投资决策科学化。通过国民经济评价,合理运用经济净现值、经济内部收益率等指标以及影子汇率、影子价格、社会折现率等参数,可以有效地引导投资方向,控制投资规模,提高计划质量。对于国家决策部门和经济计划部门来说,必须高度重视国民经济评价的结论,把工程项目的国民经济评价作为主要的决策手段,使投资决策科学化。

(二)国民经济评价与财务评价的关系

对工程项目进行财务评价和国民经济评价所得到的结论,是项目决策的主要依据。企业的财务评价注重的是项目的盈利能力和财务生存能力,而国民经济评价注重的则是国家经济资源的合理配置以及项目对整个国民经济的影响。财务评价是国民经济评价的基础,国民经济评价则是财务评价的深化。二者相辅相成,互为参考和补充,既有联系,又有区别。

1.财务评价和国民经济评价的共同点

(1)评价目的相同。二者都以寻求经济效益最好的项目为目的,都追求以最小的投入获得最大的产出。

(2)评价基础相同。二者都是项目可行性研究的组成部分,都要在完成项目的市场预测、方案构思、投资金额估算和资金筹措的基础上进行,评价的结论也都取决于项目本身的客观条件。

(3)基本分析方法以及评价指标相类似。二者都采用现金流量法通过基本报表来计算净现值、内部收益率等经济指标,经济指标的含义也基本相同。二者也都是从项目的成本与收益着手来评价项目的经济合理性以及项目建设的可行性。

2.财务评价与国民经济评价的区别

(1)评价的角度和立场不同。财务评价是站在企业的立场,从项目的微观角度按照现行的财税制度去分析项目的盈利能力和贷款偿还能力,以判断项目是否具有财务上的生存能力;而国民经济评价则是站在国家整体的立场上,从国民经济综合平衡的宏观角度去分析项目对国民经济发展、国家资源配置等方面的影响,以考察投资行为的经济合理性。

（2）跟踪的对象不同。财务评价跟踪的是与项目直接相关的货币流动，由项目之外流入项目之内的货币为财务收益，而由项目之内流出项目之外的则为财务费用；国民经济评价跟踪的则是围绕项目发生的资源流动，减少社会资源的项目投入为国民经济费用，而增加社会资源的项目产出则为国民经济收益。

（3）费用和效益的划分范围不同。财务评价根据项目的实际收支来计算项目的效益与费用，凡是项目的收入均计为效益，凡是项目的支出均计为费用，如工资、税金、利息都作为项目的费用，财政补贴则作为项目的效益；而国民经济评价则根据项目实际耗费的有用资源以及项目向社会贡献的有用产品或服务来计算项目的效益与费用。在财务评价中作为费用或效益的税金、国内借款利息、财政补贴等，在国民经济评价中被视为国民经济内部转移支付，不作为项目的费用或效益。而在财务评价中不计为费用或效益的环境污染、降低劳动强度等，在国民经济评价中则需计为费用或效益。

（4）使用的价格体系不同。在分析项目的费用与效益时，财务评价使用的是以现行市场价格体系为基础的预测价格；而考虑到国内市场价格体系的失真，国民经济评价使用的是对现行市场价格进行调整所得到的影子价格体系，影子价格能够更确切地反映资源的真实经济价值。

（5）采用的主要参数不同。财务评价采用的汇率是官方汇率，折现率是因行业而各异的行业基准收益率；而国民经济评价采用的汇率是影子汇率，折现率是国家统一测定的社会折现率。

（6）评价的组成内容不同。财务评价包括盈利能力分析、清偿能力分析和外汇平衡分析三个方面的内容，而国民经济评价只包括盈利能力分析和外汇效果分析两方面的内容。任何一项重大工程项目的建设，都要进行财务评价和国民经济评价。由于投资主体的立场和利益不完全一致，故决策必须同时考虑项目财务上的盈利能力以及项目对国民经济的影响。当财务评价与国民经济评价的结论不一致时，我国一般以国民经济评价的结论为主来进行投资决策，国民经济评价起着主导和决定性的作用。具体而言，对一个工程项目，其取舍标准如下。

①财务评价和国民经济评价的结论均认为可行，应予通过。

②财务评价和国民经济评价的结论均认为不可行，应予否定。

③财务评价的结论认为可行，而国民经济评价的结论认为不可行，一般应予否定。

④对某些国计民生急需的项目，若财务评价的结论认为不可行，而国民经

济评价的结论认为可行,应重新考虑方案,必要时可向国家提出采取经济优惠措施(如财政补贴、减免税等)的建议,使项目具有财务上的生存能力。

(三)国民经济评价的内容与步骤

国民经济评价包括国民经济盈利能力分析以及对难以量化的外部效果和无形效果的定性分析,对于外资项目还要求进行外汇效果分析。国民经济评价既可以在财务评价的基础上进行,也可以直接进行。

1.国民经济评价的内容

具体而言,国民经济评价的内容主要包括以下三个方面。

(1)国民经济费用与效益的识别与处理。如前所述,国民经济评价中的费用与效益和财务评价中的相比,其划分范围是不同的。国民经济评价以工程项目耗费国家资源的多少和项目给国民经济带来的收益来界定项目的费用与效益,只要是项目在客观上引起的费用与效益,包括间接产生的费用与效益,无论最终是由谁来支付和获取的,都要视为该项目的费用与效益,而不仅仅是考察项目账面上直接显现的收支。因此,在国民经济评价中,需要对这些直接或间接的费用与效益一一加以识别、归类和定量处理(或定性处理)。

(2)影子价格的确定和基础数据的调整。在绝大多数发展中国家,现行价格体系一般都存在着较严重的扭曲和失真现象,使用现行市场价格是无法进行国民经济评价的。只有采用通过对现行市场价格进行调整计算而获得的,能够反映资源真实经济价值和市场供求关系的影子价格,才能保证国民经济评价的科学性,这是因为与项目有关的各项基础数据都必须以影子价格为基础进行调整,才能正确地计算出项目的各项国民经济费用与效益。

(3)国民经济效果分析。根据所确定的各项国民经济费用与效益,结合社会折现率等相关经济参数,计算工程项目的国民经济评价指标,编制国民经济评价报表,最终对工程项目是否具有经济合理性得出结论。

2.国民经济评价的步骤

对于一般工程项目,国民经济评价是在财务评价的基础上进行的,其主要步骤如下。

(1)效益和费用范围的调整。该步骤主要是剔除已计入财务效益和财务费用中的国民经济内部转移支付,并识别项目的间接效益和间接费用,尽量对其进行定量计算,不能定量计算的,则应作定性说明。

(2)效益和费用数值的调整。该步骤主要是对固定资产投资、流动资金、经营费用、销售收入和外汇借款等各项数据进行调整。

（3）分析项目的国民经济盈利能力。该步骤主要是编制国民经济效益和费用流量表（全部投资），并据此计算全部投资的经济内部收益率和经济净现值等指标；对于使用国外贷款的项目，还应编制国民经济收益费用表（国内投资），并据此计算国内投资的经济内部收益率和经济净现值等指标。

（4）分析项目的外汇效果。对于产出物出口或替代进口的工程项目，应编制经济外汇流量表和国内资源流量表，并据此计算经济外汇净现值、经济换汇成本或经济节汇成本等指标。

某些工程项目，例如社会公益项目，也可以直接进行国民经济评价。其主要步骤如下。

（1）识别和估算项目的直接效益。对于为国民经济提供产出物的项目，应先根据产出物的性质确定是否为外贸货物，再确定产出物的影子价格，最后按产出物的种类、数量及其逐年增减情况和产出物的影子价格估算项目的直接效益。对于为国民经济提供服务的项目，则应按提供服务的数量和用户的受益程度来估算项目的直接效益。

（2）用货物的影子价格、土地的影子费用、影子工资、影子汇率和社会折现率等参数直接估算项目的投资。

（3）估算流动资金。

（4）依据生产经营的实际耗费，采用货物的影子价格以及影子工资、影子汇率等参数来估算经营费用。

（5）识别项目的间接效益和间接费用，尽量对其进行定量计算，不能定量计算的，则应作定性说明。

（6）编制有关报表，计算相应的评价指标。

二、国民经济评价中费用与效益的分析

（一）费用和效益的概念和识别原则

费用效益法是发达国家广泛采用的用于对工程项目进行国民经济评价的方法，也是联合国向发展中国家推荐的评价方法。所谓费用效益分析是指从国家和社会的宏观利益出发，通过对工程项目的经济费用和经济效益进行系统、全面地识别和分析，求得项目的经济净收益，并以此来评价工程项目可行性的一种方法。

费用效益分析最初是作为评价公共事业部门投资的一种方法而发展起来

的,其起源于法国人杜波伊特(Jules Dupuit)1844 年撰写的一篇论文《论公共工程效益的衡量》。后来这种方法被广泛应用于评价各种工程项目方案,并扩展到对发展计划和重大政策的评价。

费用效益分析的核心是通过比较各种备选方案的全部预期效益和全部预计费用的现值来评价这些备选方案,并以此作为决策的参考依据。项目的效益是对项目的正贡献,而费用则是对项目的反贡献,或者说是对项目的损失。但必须指出的是,工程项目的效益和费用是两个相对的概念,都是针对特定的目标而言的。例如,由于某生产化纤原料的大型工程项目投产,使得该化纤原料的价格下降,从而导致同行业利润的下降,对于该行业来说,这是费用;但这也会使得服装生产商的成本下降,对于服装生产行业来说则是效益。因此,无论是什么样的项目,在分析、评价的过程中,都有一个费用效益识别的问题。

在项目的财务评价中,由于项目可视为一个相对独立的封闭系统,货币在这一系统的流入和流出容易识别,并且大都可以从相应的会计核算科目中找到答案。因此在财务评价中,费用和效益识别的重要性未能充分表现出来。在项目的国民经济评价中,费用和效益的划分与财务评价相比已有了质的变化,通常识别起来是比较困难的。比如烟草工业,一方面给政府提供了巨额税收,增加了大量的就业岗位,有时甚至成为一个地区的支柱产业;另一方面,烟草对消费者的健康构成了很大的损害,极大地增加了国家和消费者个人的医疗负担。显然对国民经济整体而言,烟草工业究竟是费用还是效益仅仅从项目的财务收支上进行判别是无法找到答案的。

正确地识别费用与效益,是保证国民经济评价正确的前提。费用与效益的识别原则为:凡是工程项目使国民经济发生的实际资源消耗,或者国民经济为工程项目付出的代价,即为费用;凡是工程项目对国民经济发生的实际资源产出与节约,或者对国民经济作出的贡献即为效益。举例来说,某大型水利工程项目导致的航运减少,航运、航道工人失业,直接的基建开支、移民开支、电费降价引起的国家收入减少等,这些都是费用;而由该工程所导致的水力发电净收益增加,洪水灾害的减轻,农业增产,国家灌溉费的增加,电力用户支出的减少,国家救济费用的节省等,则都是效益。在考察工程项目的费用与效益时,必须遵循费用与效益的识别原则。

效益与费用是指工程项目对国民经济所做的贡献与反贡献。我们往往将项目对国民经济产生的影响称为效果。这种效果又可以分为直接效果和外部效果。

（二）直接效果

直接效果是工程项目直接效益和直接费用的统称。

1.直接效益

工程项目的直接效益是由项目自身产出，由其产出物提供，并应用影子价格计算出来的产出物的经济价值，是项目自身直接增加销售量和劳动量所获得的效益。

工程项目直接效益的确定可分为以下两种情况。

（1）在项目的产出物用于增加国内市场供应量的情况下，项目的效益即为其所满足的国内需求，可由消费者的支付意愿来确定。

（2）在国内市场总供应量不变的情况下，当项目产出物增加了出口量时，项目的效益即为其出口所获得的外汇；当项目产出物可替代进口时，为国家减少了总进口量，项目的效益即为其替代进口所节约的外汇；当项目产出物顶替了原有项目的生产，致使原有项目减停产时，项目的效益即为由原有项目减停产而向社会释放出来的资源，其价值也就等于这些资源的支付意愿。

2.直接费用

工程项目的直接费用是国家为项目的建设和生产经营而投入的各种资源（固定资产投资、流动资金以及经常性投入等）用影子价格计算出来的经济价值。

工程项目直接费用的确定也可分为两种情况。

（1）在项目所需投入物来自国内供应总量增加（即依靠增加国内生产来满足该项目的需求）的情况下，项目的费用即为增加国内生产所耗用的资源价值。

（2）在国内市场总供应量不变的情况下，当项目的投入物依靠从国际市场进口来满足需求时，项目的费用即为进口投入物所花费的外汇；当项目的投入物为本可出口的资源（即依靠减少出口来满足该项目的需求）时，项目的费用即为因减少出口量而减少的外汇收入；当项目的投入物为本应用于其他项目的资源（即依靠减少对其他项目的投入来满足该项目的需求）时，项目的费用即为其他项目因减少投入量而减少的效益，也就是其他项目对该投入物的支付意愿。

（三）外部效果

外部效果是工程项目间接效益和间接费用的统称，是由于项目实施所导致的在项目之外未计入项目效益与费用的效果。

（1）间接效益，又称外部效益，是指项目对国民经济作出了贡献，而项目自身并未得益的那部分效益。比如果农栽种果树，客观上使养蜂者得益，这部分效益即为果农生产的间接效益。

（2）间接费用，又称外部费用，是指国民经济为项目付出了代价，而项目自身却不必实际支付的那部分费用。比如一个耗能巨大的工业项目投产，有可能导致当地其他项目的用电紧张，其他项目因此而减少的效益即为该项目的间接费用。

显然，在对工程项目进行国民经济评价时，必须计算外部效果。计算外部效果时，必须同时满足两个条件：相关性条件和不计价条件。所谓相关性条件，是指工程项目的经济活动会影响到与本项目没有直接关系的其他生产者和消费者的生产水平或消费质量。所谓不计价条件，是指这种效果不计价或无须补偿。比如烟草公司生产的香烟，使得烟民的健康受到损害，这是一种间接费用；如果烟草公司给烟民以相应的赔偿，那就不再是间接费用了。

外部效果的计算，通常是比较困难的。为了减少计算上的困难，可以适当地扩大计算范围和调整价格，使许多外部效果内部化，扩大项目的范围，将一些相互关联的项目合并在一起作为一个联合体进行评价，从而使一些间接费用和间接效益转化为直接费用和直接效益。在用影子价格计算项目的效益和费用时，已在一定程度上使项目的外部效果在项目内部得到了体现。必须注意的是，在国民经济评价中，既要充分考虑项目的外部效果，也要防止外部效果扩大化。

经过上述处理后，可能还有一些外部效果须要单独考虑和计算。这些外部效果主要包括以下几个方面。

1.环境影响

工程项目对自然环境和生态环境造成的污染和破坏，比如工业企业排放的"三废"对环境产生的污染，是项目的间接费用。这种间接费用要定量计算比较困难，一般可按同类企业所造成的损失或者按恢复环境质量所需的费用来近似估算，若难以定量计算则应作定性说明。此外，某些工程项目，比如环境治理项目，对环境产生的影响是正面的，在国民经济评价中也应估算其相应的间接效益。

2.价格影响

若项目的产出物大量出口，导致国内同类产品的出口价格下跌，则由此造成的外汇收益的减少，应计为该项目的间接费用。若项目的产出物只是增加了国内市场的供应量，导致产品的市场价格下跌，可使产品的消费者获得降价的好处，但这种好处只是将原生产商减少的收益转移给了产品的消费者而已，对于整个国民经济而言,效益并未改变,因此消费者得到的收益并不能计为该项目的间接收益。

3.相邻效果

相邻效果是指由于项目的实施而给上游企业(为该项目提供原材料和半成品的企业)和下游企业(使用该项目的产出物作为原材料和半成品的企业)带来的辐射效果。项目的实施会使上游企业得到发展,增加新的生产能力或使其原有生产能力得到更充分的利用,也会使下游企业的生产成本下降或使其闲置的生产能力得到充分的利用。实践经验证明,对相邻效果不应估计过大,因为大多数情况下,项目对上、下游企业的相邻效果可以在项目投入物和产出物的影子价格中得到体现。只有在某些特殊情况下,间接影响难于在影子价格中反映时,才需要作为项目的外部效果计算。

4.技术扩散效果

建设一个具有先进技术的项目,由于人才流动、技术推广和扩散等原因,使得整个社会都将受益。但这类间接效益通常难以识别和定量计算,因此在国民经济评价中一般只作定性说明。

5.乘数效果

乘数效果是指由于项目的实施而使与该项目相关的产业部门的闲置资源得到有效利用,进而产生一系列的连锁反应,带动某一行业、地区或全国的经济发展所带来的外部净效益。例如,当国内钢材生产能力过剩时,国家投资修建铁路干线,需要大量钢材,就会使原来闲置的生产能力得到启用,使钢铁厂的成本下降,效益提高。同时由于钢铁厂的生产扩大,连带使得炼铁、炼焦以及采矿等部门原来剩余的生产能力得以利用,效益增加,由此产生一系列的连锁反应。在进行扶贫工作时,就可以优先选择乘数效果大的项目。一般情况下,乘数效果不能连续扩展计算,只需计算一次相关效果即可。

(四)转移支付

在工程项目费用与效益的识别过程中,经常会遇到国内借款利息、税金、折旧以及财政补贴等问题的处理。这些都是财务评价中的实际收支,但从国民经济整体的角度来看,这些收支并不影响社会最终产品的增减,都未造成资源的实际耗用和增加,而仅仅是资源的使用权在不同的社会实体之间的一种转移。这种并不伴随着资源增减的纯粹货币性质的转移,即为转移支付。因此,在国民经济评价中,转移支付不能计为项目的费用或效益。

在工程项目的国民经济评价中,对转移支付的识别和处理是关键内容之一。常见的转移支付有税金、利息、补贴和折旧等。

1.税金

在财务评价中,税金显然是工程项目的一种费用。但从国民经济整体来看,税金作为国家财政收入的主要来源,是国家进行国民收入二次分配的重要手段,交税只不过表明税金代表的那部分资源的使用权从纳税人那里转移到了国家手里。也就是说,税金只是一种转移支付,不能计为国民经济评价中的费用或效益。

2.利息

利息是利润的一种转化形式,是客户与银行之间的一种资金转移,从国民经济的整体来看,并不会导致资源的增减,因此也不能计为国民经济评价中的费用或效益。

3.补贴

补贴是一种货币流动方向与税收相反的转移支付,包括价格补贴、出口补贴等。补贴虽然使工程项目的财务收益增加,但同时也使国家财政收入减少,实质上仍然是国民经济中不同实体之间的货币转移,整个国民经济并没有因此发生变化。因此,国家给予的各种形式的补贴,都不能计为国民经济评价中的费用或效益。

4.折旧

折旧是会计意义上的生产费用要素,是从收益中提取的部分资金,与实际资源的耗用无关。因为在经济分析时已将固定资产投资所耗用的资源视为项目的投资费用,而折旧无非是投资形成的固定资产在再生产过程中价值转移的一种方式而已。故此不能将折旧计为国民经济评价中的费用或效益,否则就是重复计算。

三、国民经济评价参数

国民经济评价参数是指在工程项目经济评价中为计算费用和效益,衡量技术经济指标而使用的一些参数,主要包括影子价格、影子汇率、影子工资和社会折现率等。

国民经济评价参数是由国家有关部门统一组织测算的,并实行阶段性的调整。

(一)影子价格

如前所述,在大多数发展中国家,包括我国在内,都或多或少地存在着产品市场价格的扭曲或失真现象。而在计算工程项目的费用和效益时,都需要使用各类产品的价格,若价格失真,则必将影响到项目经济评价的可靠性和科学性,导致决策失误。因此,为了真实反应项目的费用和效益,有必要在项目经济评价中对某些投入物和产出物的市场价格进行调整,采用一种更为合理的计算价格,即影子价格。

影子价格这个术语是 20 世纪 30 年代末 40 年代初由荷兰数理经济学家、计量经济学创始人之一詹恩·丁伯根和前苏联数学家、经济学家、诺贝尔经济学奖获得者列·维·康托罗维奇分别提出来的,在西方最初称为预测价格或计算价格,在前苏联则称为最优计划价格。后来,美籍荷兰经济学家库普曼主张将二者统一称为影子价格,这一提法为理论界所普遍接受。

所谓影子价格,是指当社会经济处于某种最优状态时,能够反映社会劳动的消耗、资源稀缺程度和最终产品需求状况的价格。可见,影子价格是一种理论上的虚拟价格,是为了实现一定的社会经济发展目标而人为确定的、更为合理(相对于实际交换价格)的价格。此处所说的"合理",从定价原则来看,应该能更好地反映产品的价值,反映市场供求状况,反映资源的稀缺程度;从价格产出的效果来看,应该能够使资源配置向优化的方向发展。

一般而言,项目投入物的影子价格即为其机会成本,所谓机会成本,是指当一种资源用在某个特定领域,从而失去的在其他领域可以获得的最大收益。而项目产出物的影子价格则为其支付意愿,所谓支付意愿,是指消费者对购买某一产品所愿意支付的最高价格。影子价格不是产品的实际交换价格,而是作为优化配置社会资源,衡量产品社会价值的价格尺度,它在工程项目的国民经济评价中用来代替市场价格进行费用与效益的计算,从而消除在市场不完善的条件下由于市场价格失真可能导致的评价结论失实。

(二)影子汇率

一般发展中国家都存在着外汇短缺的问题,政府在不同程度上实行外汇管制和外贸管制,外汇不允许自由兑换,在此情形下,官方汇率往往不能真实地反映外汇的价值。因此,在工程项目的国民经济评价中,为了消除用官方汇率度量外汇价值所导致的误差,有必要采用一种更合理的汇率,也就是影子汇率,来使外贸品和非外贸品之间建立一种合理的价格转换关系,使二者具有统一的度量标准。

影子汇率,即外汇的影子价格,是指项目在国民经济评价中,将外汇换算为本国货币的系数。它不同于官方汇率或国家外汇牌价,能够正确反映外汇对于国家的真实价值。影子汇率实际上也就是外汇的机会成本,即项目投入或产出所导致的外汇减少或增加给国民经济带来的损失或收益。

影子汇率是一个重要的国家经济参数,它体现了从国民经济角度对外汇价值的估量,在工程项目的国民经济评价中除了用于外汇与本国货币之间的换算外,还是经济换汇和经济节汇成本的判据。国家可以利用影子汇率作为经济杠杆来影响项目方案的选择和项目的取舍。比如某项目的投入物可以使用进口设备,也可以使用国产设备,当影子汇率较高时,就有利于后一种方案;再比如对于主要产出物为外贸货物的工程项目,当影子汇率较高时,将有利于项目获得批准实施。

影子汇率的发布形式有两种,一种是直接发布,比如我国在 1987 年、1990 年两次发布参数时都采取了直接发布影子汇率的做法,分别为 1 美元等于 4.70 元人民币和 5.80 元人民币;另一种是间接给出,如我国在 1993 年发布《建设项目经济评价方法与参数》(第二版)时开始采用转换系数法计算影子汇率,其计算公式为

影子汇率＝外汇牌价（官方汇率）×影子汇率换算系数　　式 3－64

影子汇率换算系数是国家相关部门根据国家现阶段的外汇供求情况、进出口结构、换汇成本等综合因素统一测算和发布的,目前影子汇率换算系数取值为 1.08。

（三）影子工资

在大多数国家中,由于社会的、经济的或传统的原因,劳动者的货币工资常常偏离竞争性劳动市场所决定的工资水平,因此不能真实地反映单位劳动的边际产品价值,因而产生了劳动市场供求失衡问题。在此情形下,对工程项目进行国民经济评价,就不能简单地把项目中的货币工资支付直接视为该项目的劳动成本,而要通过"影子工资"对此劳动成本进行必要的调整。

影子工资,即劳动力的影子价格,是指由于工程项目使用劳动力而使国民经济所付出的真实代价,由劳动力的机会成本和劳动力转移而引起的新增资源耗费两部分组成。劳动力机会成本是指劳动力如果不就业于该项目而从事于其他生产经营活动所创造的最大效益,也就是因劳动力为该项目工作而使别处被迫放弃的原有净收益。它与劳动力的技术熟练程度和供求状况有关,技术越熟练,社会需求程度越高,其机会成本越高,反之越低。劳动力的机会成本是影子工资的主要组成部分。新增资源耗费是指项目使用劳动力后,

由于劳动者就业或迁移而增加的交通运输费用、城市管理费用、培训费用等，这些资源的耗用并未提高劳动者的收入水平。

在国民经济评价中，影子工资作为费用计入经营成本。影子工资的计算可采用转换系数法，即将财务评价时所用的工资与福利费之和（合称名义工资）乘以影子工资换算系数求得，其计算公式为

$$影子工资＝（财务工资＋福利费）×影子工资转换系数 \quad 式3-65$$

影子工资转换系数作为国民经济评价参数，是由国家相关部门根据国家劳动力的状况、结构以及就业水平等综合因素统一测定和发布的。在《建设项目经济评价方法与参数》（第二版）中规定，一般工程项目的影子工资换算系数为1，即影子工资的数值等于财务评价中的名义工资，在建设期内使用大量民工的项目，如水利、公路项目，其民工的影子工资换算系数为0.5。在项目评价中，评价人员可根据项目所在地区劳动力的充裕程度以及所用劳动力的技术熟练程度，适当提高或降低影子工资转换系数。比如，对于在就业压力很大的地区、占用大量非熟练劳动力的工程项目，影子工资转换系数可小于1；对于占用大量短缺的专业技术人员的工程项目，影子工资转换系数可大于1；对于中外合资合营的工程项目，由于其中方工作人员的技术熟练程度一般较高，国家和社会为此付出的代价较大，因此中方工作人员的影子工资转换系数通常都大于1。

例如，一中外合资企业的某中方部门经理，其财务工资为5 000元，福利费为2 000元，在国民经济评价中，评价人员根据各方面情况综合分析，确定其影子工资转换系数为1.5，则其影子工资计算如下：

$$（5\ 000＋2\ 000）×1.5 元＝10\ 500 元$$

即该经理的影子工资为10 500元。

（四）社会折现率

在国民经济评价中所追求的目标是国民经济收益的最大化，而所有的工程项目都将是这一目标的承担者。在采用了影子价格、影子汇率、影子工资等合理参数后，国民经济中所有的工程项目均将在同等的经济条件下使用各种社会资源为社会创造效益，这就需要规定适用于各行业所有工程项目都应达到的最低收益水平，也就是社会折现率。

社会折现率，也称影子利率，是从国民经济角度考察工程项目投资所应达到的最低收益水平，实际上也是资金的机会成本和影子价格。社会折现率是项目经济可行性研究和方案比较的主要判据，在项目经济评价中，主要作

为计算经济净现值的折现率，同时也是用来衡量经济内部收益率的基准值。社会折现率作为资金的影子价格，代表着资金占用在一定时间内应达到的最低增值率，体现了社会对资金时间价值的期望和对资金盈利能力的估算。

社会折现率作为国民经济评价中的一项重要参数，是国家评价和调控投资活动的重要经济杠杆之一。国家可以选用适当的社会折现率来进行项目的国民经济评价，从而促进资源的优化配置，引导投资方向，调控投资规模。比如，国家在需要经济软着陆时，可以适当调高社会折现率，使得本来可获得通过的某些投资项目难以达到这一折现率标准，从而达到间接调控投资规模的目的。

社会折现率需要根据国家社会经济发展目标、发展战略、发展优先顺序、发展水平、宏观调控意图、社会成员的费用效益时间偏好、社会投资收益水平、资金供应状况、资金机会成本等因素进行综合分析，由国家相关部门统一测定和发布。

（五）贸易费用率

在工程项目的国民经济评价中，贸易费用是指花费在货物流通过程各环节中以影子价格计算的综合费用（长途运输费用除外），也就是项目投入物或产出物在流通过程中所支付的除长途运输费用以外的短途运输费、装卸费、检验费、保险费等费用。贸易费用率则是反映这部分费用相对于货物影子价格的一个综合比率，是国民经济评价中的一个经济参数，是由国家相关部门根据物资流通效率、生产资料价格总水平以及汇率等综合因素统一测定和发布的。

目前，贸易费用率取值一般为 6%，对于少数价格高、体积与重量较小的货物，可适当降低贸易费用率。

在工程项目的国民经济评价中，可使用下列公式来计算货物的贸易费用。

进口货物的贸易费用＝到岸价×影子汇率×贸易费用率　　式 3—66

出口货物的贸易费用＝（离岸价×影子汇率－国内长途运费）×贸易费用率/（1＋贸易费用率）　　　　　　　　　　　　　　　　　　式 3—67

非外贸货物的贸易费用＝出厂影子价格×贸易费用率　　式 3—68

对于不经过流通部门而由生产厂家直供的货物，则不计算贸易费用。

四、影子价格的确定

如前所述，在工程项目的国民经济评价中，必须确定出项目投入物和产出物的影子价格，并以之代替市场价格来计算项目的真实费用与效益。

影子价格的计算在理论上是以线性规划法为基础的，或者说影子价格是一种用数学方法计算出来的最优价格。但在实际工作中，由于各种条件的限制，一般不可能及时准确地获得建立数学模型所需的各类数据，因此需要采取某些实用方法来确定。当前国际上通常采用的方法主要有联合国工业发展组织推荐的 UNIDO 法以及经济合作与发展组织和世界银行采用的利特尔—米尔里斯法（L—M 法）。

在确定影子价格时，以上两种方法首先都要把货物区分为贸易货物和非贸易货物两大类，然后根据项目的各种投入物和产出物对国民经济的影响分别进行处理。而在我国，根据《建设项目经济评价方法与参数》（第三版）的规定，通常将项目的投入物和产出物划分为外贸货物、非外贸货物和特殊投入物等三种类型分别进行处理。

外贸货物和非外贸货物的划分原则是看工程项目的投入或产出主要是影响对外贸易还是影响国内消费。只有在明确了货物的类型之后，才能有针对性地采取不同方法确定货物的影子价格。

（一）外贸货物的影子价格

所谓外贸货物，是指其生产和使用将对国家进出口产生直接或间接影响的货物。项目产出物外贸货物，包括直接出口（增加出口）、间接出口（替代其他企业产品使其增加出口）和替代进口（以产顶进减少进口）的货物；项目投入物中的外贸货物，包括直接进口（增加进口）、间接进口（占用其他企业的投入物使其增加进口）和减少进口（占用原本可以出口的国内产品）的货物。

外贸货物的影子价格的确定，是以实际将要发生的口岸价格为基础，按照项目各项产出和投入对国民经济的影响，根据口岸、项目所在地、投入物的国内产地、项目产出物的主要市场所在地以及交通运输条件的差异，对流通领域的费用支出进行调整而分别制定的。其具体的定价方法可分为以下几种情况（对于项目产出物，确定的是出厂影子价格；而对于项目投入物，确定的是到厂影子价格）。

1. 产出物

（1）直接出口的产出物。如图 3-1 所示，其影子价格等于离岸价格减去国内运输费用和贸易费用，用计算公式表示为：

$$SP = FOB \times SER - (T_1 + T_{R1}) \qquad 式3-69$$

式中，SP 为影子价格；FOB 为以外汇计价的离岸价格（离岸价格是指出口货物的离境交货价格）；T_1、T_{R1} 分别为拟建项目所在地到口岸的运输费用和贸易费用。

图 3-1　直接出口产品的影子价格

（2）间接出口的产出物。如图 3-2 所示，其影子价格等于离岸价格减去原供应厂到口岸的运输费用和贸易费用，加上原供应厂到用户的运输费用和贸易费用，再减去拟建项目到用户的运输费用和贸易费用，用计算公式表示为

$$SP = FOB \times SER - (T_2 + T_{R2}) + (T_3 + T_{R3}) - (T_4 + T_{R4})$$

式3-70

式中，T_2、T_{R2}分别为原供应厂到口岸的运输费用和贸易费用；T_3、T_{R3}分别为原供应厂到用户的运输费用和贸易费用；T_4、T_{R4}分别为拟建项目到用户的运输费用和贸易费用，其他符号的意义同前式。

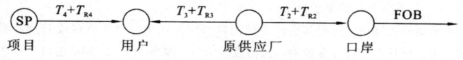

图 3-2　间接出口产品的影子价格

当原供应厂和用户难以确定时，可按直接出口计算。

（3）替代进口的产出物。如图 3-3 所示，其影子价格等于到岸价格减去拟建项目到用户的运输费用及贸易费用，再加上口岸到原用户的运输费用和贸易费用，用计算公式表示为

$$SP = CIF \times SER - (T_4 + T_{R4}) + (T_5 + T_{R5}) \qquad 式 3-71$$

式中，CIF 为以外汇计价的原进口货物的到岸价格（到岸价格是指进口货物到达本国口岸的价格，包括货物的国外购买费用、运输到本国口岸的费用和保险费用）；T_5、T_{R5}分别为口岸到原用户的运输费用和贸易费用，其他符号的意义同前式。

当具体用户难以确定时，可只按到岸价格计算。

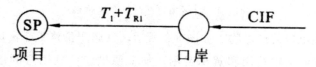

图 3-3　替代进口产品的影子价格

2. 投入物

（1）直接进口的投入物。如图 3-4 所示，其影子价格等于到岸价格加国内运输费用和贸易费用，用计算公式表示为

$$SP = CIF \times SER + (T_1 + T_{R1}) \qquad 式 3-72$$

式中符号的意义同前面公式。

图 3-4　直接进口产品的影子价格

（2）间接进口的投入物。如图 3-5 所示，其影子价格等于到岸价格加上口岸到原用户的运输费用和贸易费用，减去供应厂到原用户的运输费用和贸易

费用，加上供应厂到拟建项目的运输费用和贸易费用，用计算公式表示为：

$$SP = CIF \times SER + (T_5 + T_{R5}) - (T_3 + T_{R3}) + (T_6 + T_{R6})$$

式 3－73

式中，T_6、T_{R6} 分别为供应厂到拟建项目的运输费用和贸易费用，其他符号的意义同前式。

当原供应厂和用户难以确定时，可按直接进口计算。

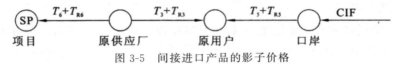

图 3-5　间接进口产品的影子价格

（3）减少出口的投入物。如图 3-6 所示，其影子价格等于离岸价格减去原供应厂到口岸的运输费用和贸易费用，再加上供应厂到拟建项目的运输费用和贸易费用，用计算公式表示为

$$SP = FOB \times SER - (T_2 + T_{R2}) + (T_6 + T_{R6})$$ 式 3－74

式中符号的意义同前式。

当原供应厂难以确定时，可只按离岸价格计算。

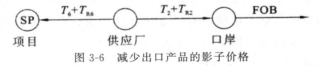

图 3-6　减少出口产品的影子价格

（二）非外贸货物的影子价格

所谓非外贸货物，是指生产和使用对国家进出口不产生影响的货物，除了包括所谓的天然非外贸货物，如国内建筑、国内运输、商业及其他基础设施的产品和服务以外，还包括由于地理位置所限而使国内运费过高不能进行外贸的货物以及受国内外贸易政策和其他条件限制而不能进行外贸的货物等所谓的非天然非外贸货物。

非外贸货物影子价格的确定原则和方法如下。

1. 产出物

（1）增加供应数量，满足国内消费的项目产出物。若国内市场供求均衡，应采用市场价格定价；若国内市场供不应求，应参照国内市场价格并考虑价格变化的趋势定价，但不应高于质量相同的同类产品的进口价格；对于无法判断供求情况的，则取以上价格中较低者。

（2）不增加国内市场供应数量，只是替代其他生产企业的产出物，使其减产或停产的项目产出物。若质量与被替代产品相同，应按被替代产品的可变成本分解定价；若产品质量有所提高的，应按被替代产品的可变成本加上因产品质量提高而带来的国民经济效益（可近似地按国际市场价格与被替代产品价格之差来确定）定价，也可按国内市场价格定价。

（3）占国内市场份额较大，项目建成后会导致市场价格下跌的项目产出物。可按照项目建成前的市场价格和建成后的市场价格的平均值对其定价。

2．投入物

（1）能通过原有企业挖潜（无须增加投资）而增加供应的，按分解成本（通常仅分解可变成本）定价。

（2）需要通过增加投资扩大生产规模以满足拟建项目需求的，按分解成本（包括固定成本分解和可变成本分解）定价。当难以获得分解成本所需资料时，可参照国内市场价格定价。

（3）项目计算期内无法通过扩大生产规模来增加供应量的（减少原用户供应量），取国内市场价格、国家统一价格加补贴、协议价格中较高者定价。

前面所说的成本分解法，是确定主要非外贸货物影子价格的常用方法，其具体步骤简述如下：首先将货物的成本逐一分解，并按成本构成性质进行分类；再分别按照其影子价格的确定方法定价；最后将分解后经重新调整所得的成本汇总，即得该货物的影子价格。

（三）特殊投入物的影子价格

所谓特殊投入物，一般是指项目在建设和生产经营中使用的土地和劳动力。劳动力的影子价格，也就是影子工资，其确定方法在前面已经论述过，主要采用转换系数法。下面主要介绍土地影子价格的确定方法。

土地作为可提供多种可能用途的稀缺资源，一旦被某个工程项目占用，就意味着其对国民经济的其他潜在贡献不能实现。因此，在项目的国民经济评价中必须给土地一个合适的影子价格。目前在我国取得土地使用权的方式主要有行政划拨、招投标和拍卖，工程项目获得土地的财务费用因土地获得方式的不同而不同，但对于同一块土地，其在国民经济评价中的影子价格却是唯一的。

土地的影子价格，是指因工程项目占用土地而使国民经济付出的代价。一般而言，土地的影子价格包括两个部分，即因土地用于拟建项目而使其不能用于其他目的所放弃的国民经济效益（即土地的机会成本），以及因土地占用而新增的社会资源消耗（如拆迁费、劳动力安置、养老保险费等）。

根据效益和费用划分的原则，工程项目实际征地费用可分为以下三个部分：①属于机会成本性质的费用，如土地补偿费、青苗补偿费等，应按机会成本计算方法调整后计入土地的影子价格；②属于新增资源消耗性质的费用，如拆迁安置补偿费、养老保险费等，应按其相应的影子价格计算方法调整后计入土地的影子价格；③属于转移支付性质的费用，如粮食开发基金、耕地占用税等，不计入土地的影子价格。

在土地市场机制比较健全的国家或地区，土地使用权可以自由地在土地批租市场流动，那么土地的影子价格可以近似地根据市场价格来定价，只是在确定土地影子价格时，需要从土地市场价格中剔除政府对土地使用权买卖征收的税款部分，因为这部分费用属于转移支付性质。

在土地市场机制不健全的国家或地区，土地的使用价格因政府的干预存在扭曲，则需要按土地影子价格的两个组成部分分别进行计算后汇总，最终得到土地的影子价格。

1. 对土地机会成本的计算

由于可利用的土地越来越少，其稀缺性日趋严重，土地的机会成本会越来越高。计算土地机会成本时，应根据拟建项目占用土地的种类，分析项目计算期内技术、环境、政策、适宜性等多方面的约束条件，选择该土地最可行的 2～3 种替代用途（包括现行用途）进行比较，以其中净效益最大者为计算基础。

若项目占用的土地为未开发利用的荒山野岭，其机会成本可视为零；若项目占用的土地为农业用地，其机会成本为原来的农业净收益，并应适当考虑农产品年平均净效益的增长率；若项目占用的土地为城市建设用地，其机会成本为项目外其他单位愿意为获得该土地而支付的最高财务价格。

在机会成本难于计算的情况下，可以参考《建设项目经济评价方法与参数》中给出的各种不同类型土地的机会成本数据。在选用时，应注意项目所在经济区域、占用的土地类型及最可能的用途等情况。

2. 对新增社会资源消耗的计算

在这部分内容的计算中，主要是对其中的拆迁费进行调整。而拆迁工作主要是建筑施工性质，其影子价格可利用建筑工程的影子价格换算系数换算拆迁费而得到；至于其他费用，一般不作调整。

（四）影子价格换算系数

由于影子价格的确定比较复杂，测算工作量很大，在工程项目的可行性研究阶段要逐一完成如此庞大复杂的工作是很困难的，也是不必要的。

对于一些常见的重要货物（服务）的影子价格，国家相关部门通过分析研究，会发布和定期修正相应的影子价格换算系数，作为国民经济评价的经济参数，供投资决策者和可行性研究人员结合工程项目的实际情况选用。换算系数是经过调整后所得到的经济价格与国内市场价格的比值。当前现行的影子价格换算系数主要有：建筑工程的换算系数取值为 1.1，铁路货运的换算系数取值为 1.84，公路货运的换算系数取值为 1.26，沿海货运的换算系数取值为 1.73，内河货运的换算系数取值为 2.0。

已知货物的影子价格换算系数，再将其乘以货物的财务价格，就可以得到货物的影子价格，即

$$影子价格＝财务价格×换算系数 \qquad 式3-75$$

影子价格换算系数使用时的范围为：项目建议书阶段项目的投入物和主要产出物，项目可行性研究及评估阶段项目的非主要投入物和非主要产出物。至于项目的主要投入物和产出物影子价格的具体确定，应由项目评价人员按照前述方法提出的基本原则，参照国家颁布的参数，结合项目的实际情况来完成。

五、国民经济评价指标

国民经济评价和财务评价相似，也是通过评价指标的计算，编制相关报表来反映项目的国民经济效果。国民经济指标包括两方面的内容，即国民经济盈利能力分析和外汇效果分析。

（一）国民经济盈利能力分析指标

工程项目在国民经济评价中的经济效果，主要反映在国民经济盈利能力上，其基本评价指标为经济内部收益率和经济净现值。

1. 经济内部收益率

经济内部收益率（EIRR）是反映工程项目对国民经济净贡献的相对指标，是项目在计算期内各年经济效益流量的现值累计等于零时的折现率。其表达式如下。

$$\sum_{i=1}^{n}(B-C)_i(1+EIRR)^{-i}=0 \qquad 式3-76$$

式中　B——项目的效益流入量；

C——项目的费用流出量；

$(B-C)_i$——第 i 年的净现金流量；

n——项目的计算期（年）；

EIRR——经济内部收益率。

在评价工程项目的国民经济贡献能力时，若经济内部收益率等于或大于社会折现率，表明项目对国民经济的净贡献达到或超过了要求的水平，此时项目是可以接受的；反之，则应拒绝。

2. 经济净现值

经济净现值（ENPV）是反映工程项目对国民经济净贡献的绝对指标，是用社会折现率将项目计算期内各年的净效益流量折算到建设期初的现值之和。其表达式如下。

$$\text{ENPV} = \sum_{t=1}^{n} (B-C)_t (1+i_s)^{-t} \qquad \text{式 } 3-77$$

式中 ENPV——经济净现值；

i_s——社会折现率；

其他符号的意义同前式。

在评价工程项目的国民经济贡献能力时，若经济净现值等于零，表示国家为拟建项目付出代价后，可以得到符合社会折现率的社会盈余；若经济净现值大于零，表示国家除得到符合社会折现率的社会盈余外，还可以得到以现值计算的超额社会盈余。在以上两种情况下，项目是可以接受的；反之，则应拒绝。

3. 经济净现值率

经济净现值率（ENPVR）是经济净现值的一个辅助指标，是反映工程项目占用的单位投资对国民经济净贡献的相对指标。其表达式如下。

$$ENPVR = \frac{ENPV}{I_P} \qquad \text{式 } 3-78$$

式中 ENPVR——经济净现值率；

I_p——项目总投资的现值；

其他符号的意义同前式。

经济净现值率的最大化有利于资金的最优利用。在评价工程项目的国民经济贡献能力时，若经济净现值率等于或大于零，项目是可以接受的；反之，则应拒绝。

（二）工程项目外汇效果分析指标

外汇作为一种重要的经济资源，对国民经济的发展具有特殊的价值，外汇平衡对一个国家的经济形势有着特殊的影响。因此，对产品出口创汇及替代进口节汇的项目，应进行外汇效果分析。工程项目的外汇效果指标主要有经济外汇净现值、经济换汇成本和经济节约成本。

1. 经济外汇净现值

经济外汇净现值（$ENPV_F$）是指将工程项目计算期内各年的净外汇流量按照社会折现率折算到建设期初的现值之和，是反映项目实施后对国家外汇收支直接或间接影响的重要指标，用于衡量项目对国家外汇真正的净贡献（创汇）或净消耗（用汇）。经济外汇净现值可通过经济外汇流量表计算求得。其表达式如下。

$$ENPV_F = \sum_{t=1}^{n} (FI - FO)_t (1 + i_s)^{-t} \qquad 式 3-79$$

式中　$ENPV_F$——经济外汇净现值；

　　　FI——外汇流入量；

　　　FO——外汇流出量；

　　　$(FI-FO)_t$为第 t 年的净外汇流量；

　　　n——项目的计算期（年）；

　　　i_s——社会折现率。

经济外汇净现值一般可按照工程项目的实际外汇净收支来计算。当项目有较大的产品替代进口时，也可按净外汇效果计算经济外汇净现值。所谓外汇净效果，是指净外汇流量再加上产品替代进口所得到的节汇额。

若工程项目的经济外汇净现值等于零，表明项目对国家的外汇收支没有损耗；若工程项目的经济外汇净现值大于零，则表明项目对国家的外汇收支有净贡献。在以上两种情况下，项目是可以接受的；反之，则应拒绝。

2. 经济换汇成本和经济节汇成本

当工程项目有产品直接出口时，无论是全部还是部分，都应计算经济换汇成本。它是用货物影子价格、影子工资和社会折现率计算的为生产出口产品投入的国内资源现值（以人民币表示）与生产出口产品的经济外汇净现值（通常以美元表示）之比，亦即换取 1 美元外汇所需要的人民币金额，是分析评价项目实施后在国际上的竞争力，进而判断其产品出口对于国民经济是否真正有利可图、是否应该出口的指标。其表达式如下。

$$成本 = \frac{\sum_{t=1}^{n} DR_t (1+i_s)^{-t}}{\sum_{t=1}^{n} (FI' - FO')_t (1+i_s)^{-t}} \qquad 式 3-80$$

式中 DR_t——项目在第 t 年为出口产品投入的国内资源（包括投资、原材料、工资、其他投入和贸易费用）（以人民币计）；

FI'——生产出口产品的外汇流入（以美元计）；

FO'——生产出口产品的外汇流出（包括应由出口产品分摊的固定资产投资及经营费用中的外汇流出，以美元计）；

n——项目的计算期；

其他符号的意义同前式。

当工程项目有产品替代进口时，无论是全部还是部分，都应计算经济节汇成本。经济节汇成本与经济换汇成本相似，所不同的是它的外汇收入不是来源于产品的直接出口，而是来自产品以产顶进替代进口而为国家节省的外汇支出，它可以用来判断项目产品以产顶进节汇在经济上是否合理。经济节汇成本等于项目计算期内生产替代进口产品所投入的国内资源的现值与生产替代进口产品的经济外汇净值现值之比，即节约 1 美元外汇所需的人民币金额。其表达式如下。

$$成本 = \frac{\sum_{i=0}^{n} DR''_t (1+i_s)^{-t}}{\sum_{t=1}^{n} (FI'' - FO'')_t (1+i_s)^{-t}} \qquad 式 3-81$$

式中 DR_t''——项目在第 t 年为替代进口产品投入的国内资源（包括投资、原材料、工资、其他投入和贸易费用，以人民币计）；

FI''——生产替代进口产品所节约的外汇（以美元计）；

FO''——生产替代进口产品的外汇流出（包括应由替代进口产品分摊的固定资产及经营费用中的外汇流出，以美元计）；其他符号的意义同前式。

经济换汇成本或经济节汇成本（元/美元）小于或等于影子汇率，表明该项目产品出口或替代进口是有利的，项目是可以接受的。

第四章　建筑工程造价管理

第一节　建筑工程项目造价概述

一、建筑工程项目造价的基本概念

（一）我国现行投资构成和工程造价的构成

建设项目总投资包括固定资产投资和流动资产投资两部分，工程造价由设备及工器具购置费用、建筑安装工程费用、工程建设其他费用、预备费、建设期贷款利息、固定资产投资方向调节税构成。

（二）建筑工程项目造价的含义

工程造价的全称就是工程的建造价格。工程泛指一切建设工程，包括施工工程项目。

工程造价有两种含义，但都离不开市场经济的大前提。

第一种含义：工程造价是指建设一项工程预期开支或实际开支的全部固定资产投资费用。显然，这一含义是从投资者——业主的角度来定义的。投资者在投资活动中所支付的全部费用形成了固定资产和无形资产，所有这些开支就构成了工程造价。从这个意义上说，工程造价就是工程投资费用，建设项目工程造价就是建设项目固定资产投资。

第二种含义：工程造价是指工程价格，即为建成一项工程，预计或实际在土地市场、设备市场、技术劳务市场及承包市场等交易活动中所形成的建筑安装工程的价格和建设工程总造价。显然，工程造价的第二种含义是以社会主义商品经济和市场经济为前提的。它是以工程这种特定的商品形式作为交易对象，通过招投标、承发包或其他交易方式，在进行多次性预估的基础上，最终由市场形成的价格。

通常把工程造价的第二种含义只认定为工程承发包价格。应该肯定，承发包价格是工程造价中一种重要的，也是最典型的价格形式。它是在建筑市场通过招投标，由需求主体投资者和供给主体建筑商共同认可的价格。鉴于建筑安装工程价格在项目固定资产中占有 50%～60% 的份额，又是工程建设中最活跃的部分；鉴于建筑企业是建设工程的实施者及其重要的市场主体地位，工程承发包价格被界定为工程价格的第二种含义，很有现实意义。但是，如上所述，这样界定对工程造价的含义理解较狭窄。

所谓工程造价的两种含义是以不同角度把握同一事物的本质。从建设工程的投资者来说，面对市场经济条件下的工程造价就是项目投资，是"购买"项目要付出的价格；同时也是投资者在作为市场供给主体时"出售"项目时定价的基础。对于承包商、供应商和规划、设计等机构来说，工程造价是其作为市场供给主体出售商品和劳务的价格的总和，或是特指范围的工程造价，如建筑工程项目造价。

建筑工程项目造价，即建筑施工产品价格，是建筑施工产品价值的货币表现。在建筑市场，建筑施工企业所生产的产品作为商品既有使用价值又有价值，和一般商品一样，其价值由 C＋V＋m 构成。所不同的只是由于这种商品所具有的技术经济特点，使它的交易方式、计价方式、价格的构成因素，以至付款方式都存在许多特点。

二、建筑工程项目造价的特点

由于建筑工程项目建设的特点，建筑工程项目造价有以下特点。

1. 建筑工程项目造价的大额性

能够发挥投资效用的任一项建筑工程项目，不仅实物形体庞大，而且造价高昂。动辄数百万、数千万、数亿、数十亿，特大的建筑工程项目造价可达百亿、千亿元人民币。建筑工程项目造价的大额性使它关系到有关各方面的重大经济利益，同时也会对宏观经济产生重大影响。这就决定了建筑工程项目造价的特殊地位，也说明了造价管理的重要意义。

2. 建筑工程项目造价的个别性、差异性

任一建筑工程项目都有特定的用途、功能、规模。因此，对每一个建筑工程项目结构、造型、空间分割、设备配置和内外装饰都有具体的要求。所以工程内容和实物形态都具有个别性、差异性。建筑工程项目的个别性、差异性决定了建筑工程项目造价的个别性差异。同时，每一个建筑工程项目所处时期、地区、地段都不相同，使得这一特点得到强化。

3. 建筑工程项目造价的动态性

任一建筑工程项目从决策到竣工交付使用，都有一个较长的建设期间，而且由于不可控因素的影响，在预计工期内，许多影响建筑工程项目造价的动态因素会发生变化，如设计变更、建材涨价、工资提高等，这些变化必然会影响到造价的变动。所以，建筑工程项目造价在整个建设期中处于不确定状态，直至竣工决算后才能最终确定建筑工程项目的实际造价。

4. 建筑工程项目造价的层次性

造价的层次性取决于建筑工程项目的层次性。一个建筑工程项目往往含有多个能够独立发挥设计效果的单项工程（车间、写字楼、住宅楼等），一个单项工程又是由能够各自发挥专业效能的多个单位工程（土建工程、电气安装工程等）组成。与此相适应，建筑工程项目造价有 3 个层次：建筑工程项目总造价、单项工程造价和单位工程造价。如果专业分工更细，单位工程（如土建工程）的组成部分——分部分项工程也可以成为交易对象，如大型土石方工程、基础工程、装饰工程等，这样，建筑工程项目造价的层次就增加为分部工程和分项工程而成为 5 个层次。即使从建筑工程项目造价的计算和建筑工程项目管理的角度看，建筑工程项目造价的层次性也是非常突出的。

5. 建筑工程项目造价的兼容性

造价的兼容性首先表现在它具有两种含义，其次表现在造价构成因素的广泛性和复杂性。在建筑工程项目造价中，首先是成本因素非常复杂，其中为获得建设工程用地支出的费用、项目可行性研究和规划设计费用、与政府一定时期政策（特别是产业政策和税收政策）相关的费用占有相当的份额。其次，盈利的构成也较为复杂，资金成本较大。

三、建筑工程项目造价的职能

建筑工程项目造价既是价格职能的反映，又是价格职能在建筑工程项目这一领域的特殊表现。建筑工程项目造价的职能除一般商品价格职能之外，还有自己特殊的职能。

1. 预测职能

建筑工程项目造价的大额性和多变性，无论是投资者还是建筑承包商都要对拟建项目进行预先测算。投资者预先测算建筑工程项目造价不仅作为项目决策依据，同时也是筹集资金、控制造价的依据。承包商对建筑工程项目造价的预先测算，既为投标决策提供依据，也为投标报价和成本管理提供依据。

2. 控制职能

建筑工程项目造价的控制职能表现在两方面，一方面是它对投资的控制，即在投资的各个阶段，根据对造价的多次性预估，对造价进行全过程、多层次的控制；另一方面，是对以承包商为代表的商品和劳务供应企业的成本控制。在价格一定的情况下，企业实际成本开支决定着企业的盈利水平。成本越高，盈利越低，成本高于价格就危及企业的生存。所以，企业要以建筑工程项目造价来控制成本，利用建筑工程项目造价提供的信息资料作为控制成本的依据。

3. 评价职能

建筑工程项目造价是评价总投资和分项投资合理性和投资效益的主要依据之一。为评价项目的还贷能力、获利能力和宏观经济效益等，都离不开建筑工程项目造价资料。建筑工程项目造价也是评价施工企业管理水平和经营成果的重要依据。在前面的章节中，我们已经知道施工企业是利润中心，考核指标就是一定时期内创造的利润，而利润则是企业获得的实际造价抵减实际支付的成本费用后的余额。

4. 调控职能

项目建设直接关系到经济增长，也直接关系到国家重要资源分配和资金流向，尤其是大型建筑工程项目对国计民生都产生重大影响。所以，国家对建设规模、结构进行宏观调控是在任何条件下都不可缺少的，对政府投资项目进行直接调控和管理也是非常必要的。这些都要用建筑工程项目造价作为经济杠杆，对项目建设中的物质消耗水平、建设规模、投资方向等进行调控和管理。

建筑工程项目造价所有上述特殊功能，是由建筑工程项目自身特点决定的，但在不同的经济体制下这些职能的实现情况很不相同。在单一计划经济的体制下，建筑工程项目造价的表价职能受到削弱，表现为价格大大低于价值，价值在交换中得不到完全实现，造价的其他职能也得不到正常发挥。只有在社会主义市场经济体制下，才为建筑工程项目造价职能的充分发挥提供了极大的可能。这是因为无论是购买者还是出售者，在市场上都处于平等竞争的地位，他们都不可能单独地影响市场价格，更没有能力单方面决定价格。价格是按市场供需变化和价值规律运动的，需求大于供给，价格上扬；供给大于需求，价格下跌。作为买方的投资者和作为卖方的施工企业，是在市场竞争中根据价格变动，根据自己对市场走向的判断来调节自己的经济活动。这种不断调节使价格总是趋向价值基础，形成价格围绕价值上下波动的基本运动形态。

建筑工程项目价格职能的充分实现，在国民经济的发展中会起到多方面的良好作用。

四、建筑工程项目造价的计价特征

建筑工程项目造价的特点，决定了建筑工程项目造价的计价特征。了解这些特征，对建筑工程项目造价的确定与控制是非常必要的。

（一）单件性计价特征

产品的个体差别决定每项工程都必须单独计算造价。

（二）多次性计价特征

建筑工程项目建设周期长、规模大、造价高，因此按建设程序要分阶段进行，相应地也要在不同阶段多次性计价，以保证建筑工程项目造价确定与控制的科学性。多次性计价是个逐步深化、逐步接近实际造价的过程。

1. 投资估算

在编制项目建议书和可行性研究阶段，对投资需要量进行估算是一项不可缺少的组成内容。投资估算是指在项目建议书和可行性研究阶段对拟建项目所需投资，通过编制估算文件预先测算和确定的过程。也可表示估算出的建设项目的投资额，或称估算造价。就一个建筑工程项目来说，如果项目建议书和可行性研究分不同阶段，例如，分规划阶段、项目建议书阶段、可行性研究阶段、评审阶段，相应的投资估算也分为 4 个阶段。投资估算是决策、筹资和控制造价的主要依据。

2. 概算造价

概算造价是指在初步设计阶段，根据设计意图，通过编制建筑工程项目概算文件预先测算和确定的建筑工程项目造价。概算造价较投资估算准确性有所提高，但它受估算造价的控制。概算造价的层次性十分明显，分建筑工程项目概算总造价、各个单项工程概算综合造价、各单位工程概算造价。

3. 修正概算造价

修正概算造价是指在采用三阶段设计的技术设计阶段，根据技术设计的要求，通过编制修正概算文件预先测算和确定的建筑工程项目造价。它对初步设计概算进行修正调整，比概算造价准确，但受概算造价控制。

4. 预算造价

预算造价是指在施工图设计阶段，根据施工图样编制预算文件，预先测算和确定的建筑工程项目造价。它比概算造价或修正概算造价更为详尽和准确，但同样要受前一阶段所确定的建筑工程项目造价的控制。

5. 合同价

合同价是指在工程招投标阶段通过签订建筑安装工程承包合同确定的价格。合同价属于市场价格的性质，它是由承发包双方，即商品和劳务买卖双方根据市场行情共同议定和认可的成交价格，但它并不等同于实际建筑工程项目造价。按计价方法不同，建筑工程项目承包合同有许多类型，不同类型合同的合同价内涵也有所不同。按现行有关规定的 3 种合同价形式是：固定合同价、可调合同价和工程成本加酬金确定合同价。

6. 结算价

结算价是指在合同实施阶段，在建筑工程项目结算时按合同调价范围和调价方法，对实际发生的工程量增减、设备和材料价差等进行调整后计算和确定的价格。结算价是该结算建筑工程项目的实际价格。

7. 实际造价

实际造价是指竣工决算阶段，通过为建设项目编制竣工决算，最终确定的实际建筑工程项目造价。

以上说明，多次性计价是一个由粗到细、由浅入深、由概略到精确的计价过程，也是一个复杂而重要的管理系统。

（三）组合性特征

建筑工程项目造价的计算是分部组合而成的。这一特征和建筑工程项目的组合性有关。一个建筑工程项目是一个工程综合体，这个综合体可以分解为许多有内在联系的独立和不能独立的工程。从计价和建筑工程项目管理的角度，分部分项工程还可以分解。可以看出，建筑工程项目的这种组合性决定了计价的过程是一个逐步形成的过程。这一特征在计算概算造价和预算造价时尤为明显，所以也反映到合同价和结算价。其计算过程和计算顺序是：分部分项工程造价—单位工程造价—单项工程造价—建筑工程项目总造价。

（四）计价方法的多样性特征

适应多次性计价有各不相同的计价依据，以及对造价的不同精确度要求，计价方法有多样性特征。计算和确定概、预算造价有两种基本方法，即单价法和实物法。计算和确定投资估算的方法有设备系数法、生产能力指数估算法等。不同的方法利弊不同，适用条件也不同，所以计价时要加以选择。

（五）依据的复杂性特征

由于影响造价的因素多、计价依据复杂、种类繁多，主要可分为 7 类。

（1）计算设备和工程量依据。包括项目建议书、可行性研究报告、设计文件等。

（2）计算人工、材料、机械等实物消耗量依据。包括投资估算指标、概算定额、预算定额等。

（3）计算工程单价的价格依据。包括人工单价、材料单价、材料运杂费、机械台班费等。

（4）计算设备单价依据。包括设备原价、设备运杂费、进口设备关税等。

（5）计算其他直接费、现场经费、间接费和建筑工程项目建设其他费用依据。主要是相关的费用定额和指标。

（6）政府规定的税、费。

（7）物价指数和工程造价指数。

依据的复杂性不仅使计算过程复杂，而且要求计价人员熟悉各类依据，并加以正确利用。

第二节　建筑工程项目造价的组成及计价程序

一、建筑工程项目造价的内容

建筑工程项目造价的内容包括以下几项。

（1）各类房屋建筑建筑工程项目和列入房屋建筑建筑工程项目预算的供水、供暖、卫生、通风、煤气等设备费用及其装饰、油饰工程的费用，列入建筑工程项目预算的各种管道、电力、电信和电缆导线敷设工程的费用。

（2）设备基础、支柱、工作台、烟囱、水塔、水池、灰塔等建筑工程项目及各种炉窑的砌筑工程和金属结构工程的费用。

（3）为施工而进行的场地平整，工程和水文地质勘察，原有建筑物和障碍物的拆除以及施工临时用水、电、气、路和完工后的场地清理、环境绿化、美化等工作的费用。

（4）矿井开凿，井巷延伸，露天矿剥离，石油、天然气钻井，修建铁路、公路、桥梁、水库、堤坝、灌渠及防洪等工程的费用。

二、建筑工程项目造价的组成与计算

（一）直接费

直接费由直接工程费和措施费组成。

1. 直接工程费

直接工程费是指施工过程中耗费的构成工程实体的各项费用，包括人工费、材料费、施工机械使用费。

（1）人工费是指直接从事建筑安装工程施工的生产工人开支的各项费用。内容包括以下几项。

1）基本工资：是指发放给生产工人的基本工资。

2）工资性补贴：是指按规定标准发放的物价补贴，煤、燃气补贴，交通补贴，住房补贴，流动施工津贴等。

3）生产工人辅助工资：是指生产工人年有效施工天数以外非作业天数的工资，包括职工学习、培训期间的工资，调动工作、探亲、休假期间的工资，因气候影响的停工工资，女工哺乳时间的工资，病假在 6 个月以内的工资及产、婚、丧假期的工资。

4）职工福利费：是指按规定标准计提的职工福利费。

5）生产工人劳动保护费：是指按规定标准发放的劳动保护用品的购置费及修理费，徒工服装补贴，防暑降温费，在有碍身体健康环境中施工的保健费用等。

人工费的计算公式为

$$人工费 = \Sigma（人工消耗量 \times 日工资单价 G）\qquad 式 4-1$$

在上式中，日工资单价 G 的计算公式为

$$G = \sum_{i=1}^{s} G_i \qquad \text{式 4—2}$$

在上式中：

$$G_1（日基本工资）= \frac{生产工人平均月工资}{年平均每月法定工作日} \qquad \text{式 4—3}$$

$$G_2（日工资性补贴）= \frac{\sum 年发放标准}{全年日历日 - 法定工作日} + \frac{\sum 月发放标准}{年平均每月法定工作日}$$

$$+ 每工作日发放标准 \qquad \text{式 4—4}$$

$$G_3（日生产工人辅助工资）= \frac{全年无效工作日 \times (G_1 + G_2)}{全年日历日 - 法定假日} \qquad \text{式 4—5}$$

$$G_4（日职工福利费）= (G_1 + G_2 + G_3) \times 福利费计提比例（\%） \qquad \text{式 4—6}$$

$$G_5（日生产工人劳动保护费）= \frac{生产工人年平均支出劳动保护费}{全年日历日 - 法定假日}$$

$$\text{式 4—7}$$

（2）材料费是指施工过程中耗费的构成工程实体的原材料、辅助材料、构配件、零件、半成品的费用。内容包括以下几项。

1）材料原价（或供应价格）。

2）材料运杂费：是指材料自来源地运至工地仓库或指定堆放地点所发生的全部费用。

3）运输损耗费：是指材料在运输装卸过程中不可避免的损耗。

4）采购及保管费：是指为组织采购、供应和保管材料过程中所需要的各项费用，包括采购费、仓储费、工地保管费、仓储损耗。

5）检验试验费：是指对建筑材料、构件和建筑安装物进行一般鉴定、检查所发生的费用，包括自设试验室进行试验所耗用的材料和化学药品等费用。不包括新结构、新材料的试验费和建设单位对具有出厂合格证明的材料进行检验，对构件做破坏性试验及其他特殊要求检验试验的费用。

材料费的计算公式为

$$材料费 = \Sigma（材料消耗量 \times 材料基价）+ 检验试验费 \qquad \text{式 4—8}$$

在上式中：

$$材料基价 = [（供应价格 + 运杂费）\times （1 + 运输损耗率）] \times （1 + 采购$$

保管费率） $\qquad \text{式 4—9}$

$$检验试验费 = \Sigma（单位材料量检验试验费 \times 材料消耗量） \qquad \text{式 4—10}$$

（3）施工机械使用费是指施工机械作业所发生的机械使用费以及机械安

拆费和场外运费。施工机械使用费的计算公式为

施工机械使用费＝Σ（施工机械台班消耗量×机械台班单价）　　式 4—11

在上式中：

机械台班单价＝台班折旧费＋台班大修理费＋台班经常修理费＋台班安拆费及场外运费＋台班人工费＋台班燃料动力费＋台班养路费及车船使用税

式 4—12

在上式中的机械台班单价应由下列 7 项费用组成。

1）折旧费：是指施工机械在规定的使用年限内，陆续收回其原值及购置资金的时间价值。其计算公式为

$$台班折旧费 = \frac{机械预算价格 \times (1 - 残值率)}{耐用总台班数}　　式 4—13$$

在上式中：

耐用总台班数＝折旧年限×年工作台班　　　　　　　　　　　式 4—14

2）大修理费：指施工机械按规定的大修理间隔台班进行必要的大修理，以恢复其正常功能所需的费用。其计算公式为

$$台办大修理费 = \frac{一次大修理费 \times 大修次数}{耐用总台班数}　　式 4—15$$

3）经常修理费：指施工机械除大修理以外的各级保养和临时故障排除所需的费用。包括为保障机械正常运转所需替换设备与随机配备工具附具的摊销和维护费用，机械运转中日常保养所需润滑与擦拭的材料费用及机械停滞期间的维护和保养费用等。

4）安拆费及场外运费：安拆费指施工机械在现场进行安装与拆卸所需的人工、材料、机械和试运转费用及机械辅助设施的折旧、搭设、拆除等费用；场外运费指施工机械整体或分体自停放地点运至施工现场或由一施工地点运至另一施工地点的运输、装卸、辅助材料及架线等费用。

5）人工费：指机上司机（司炉）和其他操作人员的工作日人工费及上述人员在施工机械规定的年工作台班以外的人工费。

6）燃料动力费：指施工机械在运转作业中所消耗的固体燃料（煤、木柴）、液体燃料（汽油、柴油）及水、电等。

7）养路费及车船使用税：指施工机械按照国家规定和有关部门规定应缴纳的养路费、车船使用税、保险费及年检费等。

2. 措施费是指为完成工程项目施工，发生于该工程施工前和施工过程中

非工程实体项目的费用。内容包括以下几项。

（1）环境保护费是指施工现场为达到环保部门要求所需要的各项费用。其计算公式为

$$环境保护费＝直接工程费×环境保护费费率 \qquad 式4-16$$

在上式中：

$$环境保护费费率＝\frac{本项费用年度平均支出}{建安产值×直接工程费占总造价比例} \qquad 式4-17$$

（2）文明施工费是指施工现场文明施工所需要的各项费用。其计算公式为

$$文明施工费＝直接工程费×文明施工费费率 \qquad 式4-18$$

在上式中：

$$文明施工费费率＝\frac{本项费用年度平均支出}{全年建安产值×直接工程费占总造价比例}$$

$$式4-19$$

（3）安全施工费是指施工现场安全施工所需要的各项费用。

其计算公式为

$$安全施工费＝直接工程费×安全施工费费率 \qquad 式4-20$$

在上式中：

$$安全施工费费率＝\frac{本项费用年度平均支出}{全年建安产值×直接工程费占总造价比例} \qquad 式4-21$$

（4）临时设施费是指施工企业为进行建筑工程施工所必须搭设的生活和生产用的临时建筑物、构筑物和其他临时设施费用等。

临时设施包括：临时宿舍、文化福利及公用事业房屋与构筑物，仓库、办公室、加工厂及规定范围内道路、水、电、管线等临时设施和小型临时设施。

临时设施费用包括：临时设施的搭设、维修、拆除费或摊销费。

临时设施费的计算公式为

临时设施费＝（周转使用临建费＋一次性使用临建费）×（1＋其他临时设施所占比例） 式4-22

在上式中：

$$周转使用临建费＝\sum\left[\frac{临时面积×每平方米造价}{使用年限×365×利用率}×工期（天）\right]＋一次性$$

拆除费 \qquad 式4-23

一次性使用临建费 $=\sum$ 临建面积×每平方米造价×(1−残值率)＋一次性拆除费　　　　式4−24

其他临时设施在临时设施费中所占比例，可由各地区造价管理部门依据典型施工企业的成本资料经分析后综合测定。

(5) 夜间施工费是指因夜间施工所发生的夜班补助费、夜间施工降效、夜间施工照明设备摊销及照明用电等费用。其计算公式为

$$夜间施工费=(1-\frac{合同工期}{定额工期})×\frac{直接工程费中的人工费合计}{平均日工资单价}×每工日夜间$$

施工费开支　　　　式4−25

(6) 二次搬运费是指因施工场地狭小等特殊情况而发生的二次搬运费用。其计算公式为

$$二次搬运费=直接工程费×二次搬运费费率　　　　式4−26$$

在上式中：

$$二次搬运费费率费=\frac{年平均二次搬运费开支额}{全年建安产值×直接工程费占总造价的比例}$$

式4−27

(7) 大型机械设备进出场及安拆费是指机械整体或分体自停放场地运至施工现场或由一个施工地点运至另一个施工地点，所发生的机械进出场运输及转移费用、机械在施工现场进行安装、拆卸所需的人工费、材料费、机械费、试运转费和安装所需的辅助设施的费用。

(8) 混凝土、钢筋混凝土模板及支架费是指混凝土施工过程中需要的各种钢模板、木模板、支架等的支、拆、运输费用及模板、支架的摊销（或租赁）费用。其计算公式为

$$模板及支架费=模板摊销量×模板价格＋支、拆、运输费　式4−28$$

在上式中：

模板摊销量 = 一次使用量×(1＋施工损耗)×

$$\left[\frac{(周转次数-1)×补损率}{周转次数}-\frac{(1-补损率)×50\%}{周转次数}\right]　　式4−29$$

$$租赁费=模板使用量×使用日期×租赁价格＋支、拆、运输费$$

式4−30

(9) 脚手架费是指施工需要的各种脚手架搭、拆、运输费用及脚手架的摊销（或租赁）费用。其计算公式为

$$脚手架费=脚手架摊销量×脚手架价格+搭、拆、运输费 \quad 式4-31$$

在上式中：

$$脚手架摊销量=\frac{单位一次使用量×（1-残值率）}{耐用期}×一次使用期$$

$$式4-32$$

$$租赁费=脚手架每日租金×搭设周期+搭、拆、运输费 \quad 式4-33$$

（10）已完工程及设备保护费是指竣工验收前，对已完工程及设备进行保护所需费用。其计算公式为：

$$已完工程及设备保护费=成品保护所需机械费+材料费+人工费$$

$$式4-34$$

（11）施工排水、降水费是指为确保工程在正常条件下施工，采取各种排水、降水措施所发生的各种费用。其计算公式为

施工排水、降水费＝Σ排水、降水机械台班费×排水、降水周期+排水、降水使用材料费、人工费 式4-35

（二）间接费

间接费由规费、企业管理费组成。

1．规费

规费是指政府和有关权力部门规定必须缴纳的费用（简称规费）。包括以下内容。

（1）工程排污费是指施工现场按规定缴纳的工程排污费。

（2）工程定额测定费是指按规定支付工程造价（定额）管理部门的定额测定费。

（3）社会保障费社会保障费包括养老保险费、失业保险费、医疗保险费。

其中：养老保险费是指企业按规定标准为职工缴纳的基本养老保险费；失业保险费是指企业按照国家规定标准为职工缴纳的失业保险费；医疗保险费是指企业按照国家规定标准为职工缴纳的基本医疗保险费。

（4）住房公积金是指企业按规定标准为职工缴纳的住房公积金。

（5）危险作业意外伤害保险是指按照建筑相关法规规定，企业为从事危险作业的建筑安装施工人员支付的意外伤害保险费。

规费的计算公式为

$$规费=计算基数×规费费率 \quad 式4-36$$

规费的计算可采用以"直接费""人工费和机械费合计"或"人工费"为

计算基数，投标人在投标报价时，规费一般按国家及有关部门规定的计算公式及费率标准执行。

2. 企业管理费

企业管理费是指建筑安装企业组织施工生产和经营管理所需费用。内容包括以下几项。

（1）管理人员工资是指管理人员的基本工资、工资性补贴、职工福利费、劳动保护费等。

（2）办公费是指企业管理办公用的文具、纸张、账表、印刷品、邮电、书报、会议、水电、烧水和集体取暖（包括现场临时宿舍取暖）用煤等费用。

（3）差旅交通费是指职工因公出差、调动工作的差旅费、住勤补助费，市内交通费和误餐补助费，职工探亲路费，劳动力招募费，职工离退休、退职一次性路费，工伤人员就医路费，工地转移费以及管理部门使用的交通工具的油料、燃料、养路费及牌照费。

（4）固定资产使用费是指管理和试验部门及附属生产单位使用的属于固定资产的房屋、设备仪器等的折旧、大修、维修或租赁费。

（5）工具用具使用费是指管理使用的不属于固定资产的生产工具、器具、家具、交通工具和检验、试验、测绘、消防用具等的购置、维修和摊销费。

（6）劳动保险费是指由企业支付离退休职工的易地安家补助费、职工退职金、6个月以上的病假人员工资、职工死亡丧葬补助费、抚恤费、按规定支付给离休干部的各项经费。

（7）工会经费是指企业按职工工资总额计提的工会经费。

（8）职工教育经费是指企业为职工学习先进技术和提高文化水平，按职工工资总额计提的费用。

（9）财产保险费是指施工管理用财产、车辆保险。

（10）财务费是指企业为筹集资金而发生的各种费用。

（11）税金是指企业按规定缴纳的房产税、车船使用税、土地使用税、印花税等。

（12）其他包括技术转让费、技术开发费、业务招待费、绿化费、广告费、公证费、法律顾问费、审计费、咨询费等。

企业管理费的计算主要有两种方法：公式计算法和费用分析法。

（1）公式计算法。利用公式计算企业管理费的方法比较简单，也是投标人经常采用的一种计算方法，其计算公式为

$$企业管理费 = 计算基数 \times 企业管理费费率 \qquad 式 4-37$$

在上式中，企业管理费费率的计算因计算基数不同，分为以下三种。

1）以直接费为计算基数，其计算公式为

$$企业管理费费率 = \frac{生产工人年平均管理费}{年有效施工天数 \times 人工单价} \times 人工费占直接费比率$$

$$式 4-38$$

2）以人工费和机械费合计为计算基数，其计算公式为

$$企业管理费费率 = \frac{生产工人年平均管理费}{年有效施工天数 \times (人工单价 + 每一工日机械使用费)}$$
$$\times 100\% \qquad 式 4-39$$

3）以人工费为计算基数，其计算公式为

$$企业管理费费率 = \frac{生产工人年平均管理费}{年有效施工天数 \times 人工单价} \times 100\% \quad 式 4-40$$

（2）费用分析法。用费用分析法计算企业管理费就是根据企业管理费的构成，结合具体的工程项目确定各项费用的发生额，其计算公式为

企业管理费 = 管理人员工资 + 办公费 + 差旅交通费 + 固定资产使用费 + 工具用具使用费 + 劳动保险费 + 工会经费 + 职工教育经费 + 财产保险费 + 财务费 + 税金 + 其他 式 4-41

（三）利润

利润是指施工企业完成所承包工程获得的盈利。按照不同的计价程序，利润的形成也有所不同。在编制概算和预算时，依据不同投资来源、工程类别实行差别利润率。随着市场经济的进一步发展，企业决定利润率水平的自主权将会更大。在投标报价时，企业可以根据工程的难易程度、市场竞争情况和自身的经营管理水平自行确定合理的利润率。

（四）税金

税金是指国家税法规定的应计入建筑安装工程造价内的营业税、城市维护建设税及教育费附加等。

营业税的税额为营业额的 3%。其中，营业额是指从事建筑、安装、修缮、装饰及其他工程作业收取的全部收入，还包括建筑、修缮、装饰工程所用原材料及其他物资和动力的价款，当安装设备的价值作为安装工程产值时，亦包括所安装设备的价款。但建筑业的总承包人将工程分包或转包给他人的，其营业额中不包括付给分包人或转包人的价款。

城市维护建设税的纳税人所在地为市区的，按营业税的 7% 征收；所在地为县镇的，按营业税的 5% 征收；所在地为农村的，按营业税的 1% 征收。

教育费附加为营业税的 3%。

三、建筑工程项目造价与建筑工程项目成本

（一）造价与成本的区别

1. 概念性质的不同

这是造价与成本的根本区别。造价是建筑产品的价格，是价值的货币表现，其构成是 C＋V＋m；成本是建筑产品施工生产过程中的物质资料耗费和劳动报酬耗费的货币支出，其构成是 C＋K。

2. 概念定义的角度不同

成本概念是从施工企业或项目经理部来定义的，主要为施工企业所关心，在市场决定产品价格的前提下，施工企业更关心的是如何降低成本，以争取尽可能大的利润空间；造价却具有双重含义，除了在施工企业眼中是建筑产品的价格之外，同时也是投资人的投入资金，是业主为获得建筑产品而支付的代价，故而投资人或业主甚至比施工企业更关心造价。

（二）造价与成本的联系

1. 两者均是决定建筑工程项目利润的要素

简单看来，造价与成本的差额就是利润。作为施工企业来说，当然想在降低成本的同时，尽量提高承包合同价。企业只有同时搞好造价管理和成本管理工作，才有可能盈利。片面地强调其中之一而忽视另一个，企业都不可能实现预期的利润。

2. 两者的构成上有相同之处

通过上面的学习，我们已经看出，造价和成本构成中均有 C＋F。可以认为，造价的构成项目涵盖了成本的构成项目。这就决定了对于施工企业来说，造价的确定、计量、控制与成本的预测、核算、控制是密不可分的。

第三节　建筑工程项目工程量清单计价

一、工程量清单计价的特点

工程量清单计价方法是一种区别于定额计价方法的新型计价模式，以招标人提供的工程量清单为平台，投标人根据自身的技术、财务、管理、设备等能力进行投标报价，招标人根据具体的评标细则进行优选。工程量清单计价方法是在建设市场建立、发展和完善过程中的必然产物，是市场定价体系的具体表现形式。

于 2008 年 12 月 1 日施行的《建设工程工程量清单计价规范》（GB50500—2008）适用于建设工程工程量清单计价，并规定：全部使用国有资金投资或国有资金投资为主的工程建设项目，必须采用工程量清单计价；非国有资金投资的工程建设项目，可采用工程量清单计价。

在工程量清单计价方法的招标方式下，由招标人根据统一的工程量清单项目设置规则和工程量清单计量规则编制工程量清单，鼓励投标人自主报价，招标人根据其报价，结合质量、工期等因素综合评定，选择最佳的投标企业中标。在这种模式下，标底不再成为评标的主要依据，甚至可以不编标底，从而在工程价格的形成过程中摆脱了长期以来的计划管理色彩，而由市场参与双方主体自主定价，符合价格形成的基本原理。

工程量清单计价真实反映工程实际，为把定价自主权交给市场参与方提供了可能。在工程招标投标过程中，投标人在投标报价时必须考虑工程本身的内容、范围、技术特点要求以及招标文件的有关规定、工程现场情况等因素，同时还必须充分考虑到许多其他方面的因素，如投标人自己制定的工程总进度计划、施工方案、分包计划、资源安排计划等。这些因素对投标报价有着直接而重大的影响，而且对每一项招标工程来讲都具有其特殊性的一面，所以应该允许投标人针对这些方面灵活机动地调整报价，以使报价能够比较准确地与工程实际相吻合。采用工程量清单计价能把投标定价自主权真正交给招标人和投标人，投标人才会对自己的报价承担相应的风险与责任，从而建立起真正的风险制约和竞争机制，避免合同实施过程中推诿和扯皮现象的发生，为工程管理提供方便。

二、工程量清单的组成

工程量清单是一套注有拟建工程各实物工程名称、性质、特征、单位、数量及措施项目、税费等相关表格组成的文件。工程量清单是招标文件的组成部分，是施工招标、投标的重要依据，一经中标且签订施工合同，工程量清单即成为施工合同的组成部分。工程量清单是工程量清单计价的基础，除了在施工招标、投标阶段作为编制招标控制价、投标报价的依据，还是施工阶段计算工程量、支付工程款、调整合同价款、办理竣工结算以及工程索赔等的依据。

根据《建设工程工程量清单计价规范》的规定（GB50500—2008），工程量清单应由分部分项工程量清单、措施项目清单、其他项目清单、规费项目清单、税金项目清单组成。

1. 分部分项工程量清单

分部分项工程量清单的内容包括项目编码、项目名称、项目特征、计量单位和工程量。

分部分项工程量清单为不可调整的闭口清单。投标人对招标文件提供的分部分项工程量清单必须逐一计价，对清单所列内容不允许作任何更改变动。投标人如果认为清单内容有不妥或遗漏，只能通过质疑的方式由招标人作统一的修改更正，并将修正后的工程量清单发往所有投标人。

投标报价时，分部分项工程量清单采用综合单价计价。

2. 措施项目清单

措施项目清单为可调整清单，即投标人根据拟建工程的实际情况并结合施工组织设计，对招标文件中所列措施项目可作适当的变更和增减，该清单一经报出，即被认为是包括了所有应该发生的措施项目的全部费用。如果报出的清单中没有列项，而施工中又必须发生的项目，招标人有权认为其已经综合在分部分项工程量清单的综合单价中，投标人不得以任何借口提出索赔与调整。

投标报价时，措施项目清单中的安全文明施工费应按照国家或省级、行业建设主管部门的规定计价，不得作为竞争性费用。措施项目清单中的其他项目由投标人自主报价。可以计算工程量的措施项目，应按分部分项工程量清单的方式采用综合单价计价；其余的措施项目可以以"项"为单位的方式计价，应包括除规费、税金外的全部费用。

3. 其他项目清单

其他项目清单按暂列金额、暂估价（包括材料暂估价、专业工程暂估价）、计日工、总承包服务费等内容列项，还可根据工程实际情况补充项目。

投标人报价时，暂列金额、专业工程暂估价均应按招标人列出的金额填写；材料暂估价应按招标人列出的单价计入综合单价；计日工按招标人列出的项目和数量，投标人自主确定综合单价并计算计日工费用；总承包服务费根据招标文件中列出的内容和提出的要求由投标人自主报价。

4. 规费项目清单

规费项目清单按工程排污费、工程定额测定费、社会保障费（包括养老保险费、失业保险费、医疗保险费）、住房公积金、危险作业意外伤害保险等内容列项。投标报价时，规费应按国家或省级、行业建设主管部门的规定计算，不得作为竞争性费用。

5. 税金项目清单

税金项目清单按营业税、城市维护建设税、教育费附加等内容列项。投标报价时，税金应按国家或省级、行业建设主管部门的规定计算，不得作为竞争性费用。

三、工程量清单计价的程序

工程量清单计价的基本过程可以描述为：在统一的工程量清单项目设置的基础上，制定工程量清单计量规则，根据具体工程的施工图样计算出各个清单项目的工程量，再根据各种渠道所获得的工程造价信息和经验数据计算得到工程造价。

工程量清单计价的过程可以分为两个阶段：首先是招标人编制工程量清单，之后是投标人利用工程量清单来编制投标报价。投标人应按招标人提供的工程量清单填报价格，填写的项目编码、项目名称、项目特征、计量单位、工程量必须与招标人提供的一致。

投标报价的依据主要有：《建设工程工程量清单计价规范》（GB50500—2008）；国家或省级、行业建设主管部门颁发的计价办法；企业定额、国家或省级、行业建设主管部门颁发的计价定额；招标文件、工程量清单及其补充通知、答疑纪要；建设工程设计文件及相关资料；施工现场情况、工程特点及拟定的投标施工组织设计或施工方案；与建设项目相关的标准、规范等技术资料；市场价格信息或工程造价管理机构发布的工程造价信息等。

产生投标报价的程序如下所述。

1. 分部分项工程费

分部分项工程费＝Σ分部分项工程量×相应分部分项工程单价

式4－42

在式中，分部分项工程单价由人工费、材料费、机械费、管理费、利润等组成，并考虑风险费用。

2. 措施项目费

$$措施项目费＝Σ各措施项目费 \qquad 式4－43$$

3. 其他项目费

$$其他项目费＝招标人部分金额＋投标人部分金额 \qquad 式4－44$$

4. 单位工程报价

单位工程报价＝分部分项工程费＋措施项目费＋其他项目费＋规费＋税金

式4－45

5. 单项工程报价

$$单项工程报价＝Σ单位工程报价 \qquad 式4－46$$

6. 建设项目总报价

$$建设项目总报价＝Σ单项工程报价 \qquad 式4－47$$

第四节　建筑工程项目造价管理

一、建筑工程项目造价管理的含义

建筑工程项目造价有两种含义，建筑工程项目造价管理也有两种管理。一是建筑工程项目投资管理，二是建筑工程项目价格管理。建筑工程项目造价计价依据的管理和建筑工程项目造价专业队伍建设的管理是为这两种管理服务的。

作为建筑工程项目的投资费用管理，它属于投资管理范畴。更明确地说，它属于工程建设投资管理范畴。这种管理侧重于投资费用的管理，而不是侧重工程建设的技术方面。建筑工程项目投资费用管理的含义是，为了实现投资的预期目标，在拟定的规划、设计方案的条件下，预测、计算、确定和监控建筑工程项目造价及其变动的系统活动。这一含义既涵盖了微观项目投资费用的管理，也涵盖了宏观层次投资费用的管理。

作为建筑工程项目造价第二种含义的管理，即建筑工程项目价格管理，属于价格管理范畴。在社会主义市场经济条件下，价格管理分两个层次。在微观层次上，是生产企业在掌握市场价格信息的基础上，为实现管理目标而进行的成本控制、计价、订价和竞价的系统活动。它反映了微观主体按支配价格运动的经济规律，对商品价格进行能动的计划、预测、监控和调整，并接受价格对生产的调节。在宏观层次上，是政府根据社会经济发展的要求，利用法律手段、经济手段和行政手段对价格进行管理和调控，以及通过市场管理规范市场主体价格行为的系统活动。这种双重角色的双重管理职能，是建筑工程项目造价管理的一大特色。区分两种管理职能，进而制定不同的管理目标，采用不同的管理方法是必然的发展趋势。

二、建筑工程项目造价管理的目标和任务

1. 建筑工程项目造价管理的目标

建筑工程项目造价管理的目标是：按照经济规律的要求，根据社会主义市场经济的发展形势，利用科学管理方法和先进管理手段，合理地确定造价和有效地控制造价，以提高投资效益和建筑安装企业经营效果。

2. 建筑工程项目造价管理的任务

建筑工程项目造价管理的任务是：加强建筑工程项目造价的全过程动态管理，强化建筑工程项目造价的约束机制，维护有关各方面的经济效益，规范价格行为，促进微观效益和宏观效益。

三、建筑工程项目造价管理的基本内容

建筑工程项目造价管理的基本内容就是合理确定和有效地控制建筑工程项目造价。

（一）建筑工程项目造价的合理确定

所谓建筑工程项目造价的合理确定，就是在建设各个程序的各个阶段，合理确定投资估算、概算造价、预算造价、承包合同价、结算价、竣工决

算价。

（1）在项目建议书阶段，按照有关规定编制的初步投资估算，经有关部门批准，作为拟建项目列入国家中长期计划和开展前期工作的控制造价。

（2）在可行性研究阶段，按照有关规定编制的投资估算，经有关部门批准，即为该项目的控制造价。

（3）在初步设计阶段，按照有关规定编制的初步设计总概算，经有关部门批准，即作为拟建项目工程造价的最高限额。

（4）在施工图设计阶段，按规定编制施工图预算，用以核实施工图阶段预算造价是否超过批准的初步设计概算。

（5）对以施工图预算为基础实施招标的工程，承包合同价也是以经济合同形式确定的建筑工程项目造价。

（6）在工程实施阶段要按照承包方实际完成的工程量，以合同价为基础，同时考虑因物价变动所引起的造价变更以及设计中难以预计的而在施工阶段实际发生的工程和费用，合理确定结算价。

（7）在竣工验收阶段，全面汇集在工程建设过程中实际花费的全部费用，编制竣工决算，如实体现该建筑工程项目的实际造价。

（二）建筑工程项目造价的有效控制

所谓建筑工程项目造价的有效控制，就是在优化建设方案、设计方案的基础上，在建设程序的各个阶段，采用一定的方法和措施把建筑工程项目造价的发生控制在合理的范围和核定的造价限额以内。具体说，要采用投资估算价控制设计方案的选择和初步设计概预算造价；用概预算造价控制技术设计和修正概算造价；用概算造价或修正概算造价控制施工图设计和预算造价。以求合理使用人力、物力和财力，取得较好的投资效益。控制造价在这里强调的是控制项目投资。

有效控制建筑工程项目造价应体现以下三个原则。

1. 以设计阶段为重点的建设全过程造价控制

建筑工程项目造价控制贯穿于项目建设全过程，但是必须重点突出。很显然，建筑工程项目造价控制的关键在于施工前的投资决策和设计阶段，而在项目作出投资决策后，控制建筑工程项目造价的关键在于设计。据西方一些国家分析，设计费一般只相当于建设工程全部寿命费用的1％以下，但正是这少于1％的费用对建筑工程项目造价的影响度占75％以上。由此可见，设计质量对整个项目建设的效益是至关重要的。

长期以来，我国普遍忽视建筑工程项目前期工作阶段的造价控制，而往往把控制建筑工程项目造价的主要精力放在施工阶段——审核施工图预算、结算建设工程价款，算细账。这样做尽管也有效果，但毕竟是"亡羊补牢"，事倍功半。要有效地控制建设工程造价，就要坚决地把控制重点转到建设前期阶段上来，当前尤其应抓住设计这个关键阶段，以取得事半功倍的效果。

2. 主动控制，以取得令人满意的结果

一般说来，造价工程师的基本任务是对建设项目的建设工期、建筑工程项目造价和工程质量进行有效的控制，为此，应根据业主的要求及建设的客观条件进行综合研究，实事求是地确定一套切合实际的衡量准则。只要造价控制的方案符合这套衡量准则，取得令人满意的结果，则应该说造价控制达到了预期的目标。

自 20 世纪 70 年代初开始，人们将系统论和控制论研究成果用于项目管理后，将"控制"立足于事先主动地采取决策措施，以尽可能地减少以至避免目标值与实际值的偏离，这是主动的、积极的控制方法，因此被称为主动控制。也就是说，我们的建筑工程项目造价控制，不仅要反映投资决策，反映设计、发包和施工，被动地控制建筑工程项目造价，更要能动地影响投资决策，影响设计、发包和施工，主动地控制建筑工程项目造价。

建筑工程项目造价的确定和控制之间，存在相互依存、相互制约的辩证关系。首先，建筑工程项目造价的确定是建筑工程项目造价控制的基础和载体。没有造价的确定，就没有造价的控制；没有造价的合理确定，也就没有造价的有效控制。其次，造价的控制寓于建筑工程项目造价确定的全过程，造价的确定过程也就是造价的控制过程，只有通过逐项控制、层层控制才能最终合理确定造价。最后，确定造价和控制造价的最终目的是统一的。即合理使用建设资金，提高投资效益，遵守价格运动规律和市场运行机制，维护有关各方合理的经济利益。可见两者是相辅相成的。

3. 技术与经济相结合是控制建筑工程项目造价最有效的手段

要有效地控制建筑工程项目造价，应从组织、技术、经济等多方面采取措施。从组织上采取的措施，包括明确项目组织结构，明确造价控制者及其任务，明确管理职能分工；从技术上采取措施，包括重视设计多方案选择，严格审查监督初步设计、技术设计、施工图设计、施工组织设计，深入技术领域研究节约投资的可能；从经济上采取措施，包括动态地比较造价的计划值和实际值，严格审核各项费用支出，采取对节约投资的有力奖励措施等。

应该看到，技术与经济相结合是控制建筑工程项目造价最有效的手段。在项目建设过程中，把技术与经济有机结合，通过技术比较、经济分析和效果评价，正确处理技术先进与经济合理两者之间的对立统一关系，力求在技术先进条件下的经济合理，在经济合理基础上的技术先进，把控制建筑工程项目造价观念渗透到各项设计和施工技术措施之中。

（三）建筑工程项目造价管理的工作要素

建筑工程项目造价管理围绕合理确定和有效控制建筑工程项目造价这个基本内容，采取全过程全方位管理，其具体的工作要素大致归纳为以下各点。

（1）可行性研究阶段对建设方案认真优选，编好、定好投资估算，考虑风险，充分估计投资。

（2）择优选定工程承建单位、咨询（监理）单位、设计单位，做好相应的招标工作。

（3）合理选定工程的建设标准、设计标准，贯彻国家的建设方针。

（4）积极、合理地采用新技术、新工艺、新材料，优化设计方案，编好、定好概算，充分估计投资。

（5）择优采购设备、建筑材料，抓好相应的招标工作。

（6）择优选定建筑安装施工单位、调试单位，做好相应的招标工作。

（7）认真控制施工图设计，推行"限额设计"。

（8）协调好与各有关方面的关系，合理处理配套工作（包括征地、拆迁、城建等）中的经济关系。

（9）严格按概算对造价实行控制。

（10）用好、管好建设资金，保证资金合理、有效地使用，减少资金利息支出和损失。

（11）严格合同管理，作好工程索赔价款结算工作。

（12）强化项目法人责任制，落实项目法人对建筑工程项目造价管理的主体地位，在项目法人组织内建立与造价紧密结合的经济责任制。

（13）专业化、社会化咨询（监理）机构要为项目法人积极做好建筑工程项目造价提供全过程、全方位的咨询服务，遵守职业道德，确保服务质量。

（14）各造价管理部门要强化服务意识，强化基础工作（定额、指标、价格、工程量、造价等信息资料）的建设，为建设建筑工程项目造价的合理确定提供动态的可靠依据。

（15）完善造价工程师执业资格考试、注册及继续教育制度，促进工程造价管理人员素质和工作水平的提高。

四、造价工程师执业资格制度

造价工程师执业资格制度是工程造价管理的一项基本制度。1996 年 8 月，国家人事部、建设部联合发布了《造价工程师执业资格制度暂行规定》，明确国家在工程造价领域实施造价工程师执业资格制度。凡从事工程建设活动的建设、设计、施工、工程造价咨询、工程造价管理等单位和部门，必须在计价、评估、审查（核）、控制及管理等岗位配备有造价工程师执业资格的专业技术人员。

注册造价工程师，是指通过全国造价工程师执业资格统一考试或者资格认定、资格互认，取得中华人民共和国造价工程师执业资格，并经注册取得中华人民共和国造价工程师注册证书和执业印章，成为从事工程造价活动的专业人员。未取得注册证书和执业印章的人员，不得以注册造价工程师的名义从事工程造价活动。

（一）注册造价工程师的执业范围

2008 年 3 月 1 日起施行的《注册造价工程师管理办法》规定，注册造价工程师的执业范围如下。

（1）建设项目建议书、可行性研究投资估算的编制和审核，项目经济评价，工程概、预、结算及竣工结（决）算的编制和审核。

（2）工程量清单、标底（或者控制价）、投标报价的编制和审核，工程合同价款的签订及变更、调整，工程款支付与工程索赔费用的计算。

（3）建设项目管理过程中设计方案的优化、限额设计等工程造价分析与控制，工程保险理赔的核查。

（4）工程经济纠纷的鉴定。

（二）注册造价工程师的权利

注册造价工程师享有下列权利。

（1）使用注册造价工程师名称。

（2）依法独立执行工程造价业务。

（3）在本人执业活动中形成的工程造价成果文件上签字并加盖执业印章。

（4）发起设立工程造价咨询企业。

（5）保管和使用本人的注册证书和执业印章。

（6）参加继续教育。

（三）注册造价工程师的义务

注册造价工程师应当履行下列义务。

（1）遵守法律、法规、有关管理规定，恪守职业道德。

（2）保证执业活动成果的质量。

（3）接受继续教育，提高执业水平。

（4）执行工程造价计价标准和计价方法。

（5）与当事人有利害关系的，应当主动回避。

（6）保守在执业中知悉的国家秘密和他人的商业、技术秘密。

（四）注册造价工程师的技能结构

注册造价工程师是建设领域工程造价的管理者，它的执业范围和担负的重要任务，要求它必须具有现代管理人员的技能结构，即技术技能、人际技能和概念技能。技术技能是指能使用由经验、教育及训练上获得的知识、方法、技能及设备来完成特定任务的能力；人际技能是指与人共事的能力和判断力；概念技能是指了解整个组织及自己在组织中的地位的能力，使自己不仅能按本身所属的群体目标行事，而且能按整个组织的目标行事。

第五章　建筑工程合同与风险管理

第一节　建设工程合同

一、建设工程合同的概念

建设工程合同是承包人进行工程建设，发包人支付价款的合同，具体包括勘察、设计和施工合同。建设工程合同是一种诺成合同，合同订立生效后双方应当严格履行。建设工程合同也是一种双务、有偿合同，当事人双方在合同中都有各自的权利和义务，在享有权利的同时必须履行义务。

二、建设工程合同的特征

（一）合同主体的严格性

建设工程合同主体一般只能是法人。发包人一般是经过批准进行工程项目建设的法人，具有国家批准的建设项目，投资计划已经落实，并且具备相应的协调能力；承包人则必须具备法人资格，而且应当具备相应的从事勘察、设计、施工等资质。无营业执照或无承包资质的单位不能作为建设工程合同的主体，资质等级低的单位不能越级承包建设工程。

（二）合同标的的特殊性

建设工程合同的标的是各类建筑产品，建筑产品是不动产，其基础部分与大地相连，不能移动。这就决定了每个建设工程合同的标的都是特殊的，相互间具有不可替代性。

（三）合同履行期限的长期性

建设工程由于结构复杂、体积大、建筑材料类型多、工作量大，使得合同履行期限都较长。而且，建设工程合同的订立和履行一般都需要较长的准备期，在合同的履行过程中，还可能因为不可抗力、工程变更、材料供应不及时等原因而导致合同期限顺延。所有这些情况，决定了建设工程合同的履行期限具有长期性。

（四）计划和程序的严格性

由于工程建设对国家的经济发展、公民的工作和生活都有重大的影响。因此，国家对建设工程的计划和程序都有严格的管理制度。订立建设工程合同必须以国家批准的投资计划为前提，即便是国家投资以外的、以其他方式筹集的投资也要受到当年的贷款规模和批准限额的限制，纳入当年投资规模，并经过严格的审批程序。建设工程合同的订立和履行还必须符合国家关于建设程序的规定。

（五）合同形式的特殊要求

考虑到建设工程的重要性、复杂性和合同履行的长期性，同时在履行过程中经常会发生影响合同履行的纠纷，因此，《合同法》要求建设工程合同应当采用书面形式。

三、建设工程施工合同

（一）建设工程施工合同的概念和意义

施工合同即建筑安装工程承包合同，是发包人和承包人为完成商定的建筑安装工程，明确相互权利、义务关系的合同，是建设工程合同的一种。施工合同是施工单位进行工程建设质量控制、进度控制、费用控制的主要依据之一。

建设工程施工合同的当事人是发包人和承包人，双方是平等的民事主体。承发包双方签订施工合同，必须具备相应资质条件和履行施工合同的能力。对合同范围内的工程实施建设时，发包人必须具备组织协调能力；承包人必须具备有关部门核定的资质等级并持有营业执照等证明文件。

（二）建设工程施工合同的种类

建设工程施工合同分为总价合同、单价合同和成本加酬合同。

1. 总价合同

总价合同是指在合同中确定一个完成建设工程的总价，承包单位据此完成项目全部内容的合同。这种合同类型能够使建设单位在评标时易于确定报价最低的承包商、易于进行支付计算。但这类合同仅适用于工程量不太大且能精确计算、工期较短、技术不太复杂、风险不大的项目。因而采用这种合同类型要求建设单位必须准备详细而全面的设计图纸（一般要求施工详图）和各项说明，使承包单位能准确计算工程量。实行总价合同的项目，风险基本上由施工单位承担。

2. 单价合同

单价合同是承包单位在投标时，按招标文件就分部分项工程所列出的工程量表确定各分部分项工程费用的合同类型。

这类合同的适用范围比较宽，其风险可以得到合理的分摊（由业主承担工程数量风险，承包人承担工程单价风险），并且能鼓励承包单位通过提高工效等手段从成本节约中提高利润。这类合同能够成立的关键在于双方对单价和工程量计算方法的确认。在合同履行中需要注意的问题则是双方对实际工程量计量的确认。

3. 成本加酬金合同

成本加酬金合同，是由业主向承包单位支付建设工程的实际成本，并按事先约定的某一种方式支付酬金的合同类型。在这类合同中，业主需承担项目实际发生的一切费用，因此也就承担了项目的全部风险。而承包单位由于无风险，其报酬往往也较低。

这类合同的缺点是业主对工程总造价不易控制，承包商也往往不注意降低项目成本。这类合同主要适用于以下项目：（1）需要立即开展工作的项目，如震后的救灾工作；（2）新型的工程项目，或对项目工程内容及技术经济指标未确定；（3）项目风险很大。

（三）施工合同的订立

1. 订立施工合同应具备的条件

（1）初步设计已经批准。

（2）工程项目已经列入年度建设计划。

（3）有能够满足施工需要的设计文件和有关技术资料。

（4）建设资金和主要建筑材料设备来源已经落实。

（5）招投标工程，中标通知书已经下达。

2. 施工合同订立的程序

施工合同作为合同的一种，其订立也应经过要约和承诺两个阶段。其订立方式有两种：直接发包和招标发包。如果没有特殊情况，工程建设的施工都应通过招标投标确定施工企业。

中标通知书发出后，中标的施工企业应当与建设单位及时签订合同。依据《招标投标法》和《工程建设施工招标投标管理办法》的规定；中标通知书发出 30 天内，中标单位应与建设单位依据招标文件、投标书等签订工程承发包合同（施工合同）。

签订合同的必须是中标的施工企业，投标书中已确定的合同条款在签订时不得更改，合同价应与中标价相一致。如果中标施工企业拒绝与建设单位签订合同，则建设单位将不再返还其投标保证金（如果是由银行等金融机构出具投标保函的，则投标保函出具者应当承担相应的保证责任），建设行政主管部门或其授权机构还可给予一定的行政处罚。

3. 施工合同的主要内容

按《合同法》规定，建设工程施工合同的内容主要如下。

（1）工程的名称和地点。工程名称应当以批准的设计文件所称的名称为准，不得擅自更改。工程地点是指工程的建设地点。对于扩建或者改建的工程项目，因主体结构已存在，所以施工地点只写主体结构地即可。但对于新建项目或者外地工程，必须详细地将建设项目所在地的省、市、县的具体地点标清楚，因为它涉及施工条件、取费标准等一系列问题。

（2）工程范围和内容。工程范围和内容包括主要工程和附属工程的建设内容。

（3）开工、竣工日期及中间交工工程开工、竣工日期。时间在合同中是一项比较重要的内容，建设工程施工合同更是如此。开工、竣工日期是合同的必备条款。有时由于工期的要求，有些分部工程是在其他分部工程中插入的，如安装工程、装饰工程、地面与楼面工程、门窗工程，都是在主体工程基础上施工的，有一定的依附性，因此，也必须规定这些工程的开工、竣工日期。

（4）工程质量保修及保修条件。工程质量是基本建设的一个重大问题，双方当事人会因质量问题发生争议。一般情况下工程质量应达到国家验收标准及合同规定。保修期应在满足国家规定的最低保修期的基础上满足合同条款规定；保修内容亦按合同及有关法规规定执行。

（5）工程造价。工程造价是指双方达成协议的工程内容和承包范围的工程价款。如工程项目为招标工程，应以中标时的中标价为准；如按初步设计总概算投资包干时，应以经审批的概算投资与承包内容相应部分的投资（包括相应的不可预见费）为工程价款；如按施工图预算包干，则应以经审查的施工图总概算或综合预算为准。合同条款中，应明确规定承包工程价款。如果一时不能计算出工程价款，尤其是按照施工图预算加现场签证和按实际结算的工程，不能事先确定工程价款，合同中也应当明确规定工程价款计算原则，如执行定额和计算标准，以及如何签证和审定工程价款等。

（6）工程价款的支付、结算及交工验收办法。工程价款的支付一般分预付款、中间结算和竣工结算三部分。

①工程开始后，施工企业按规定向建设单位收取工程备料款和进度款。备料款是以形成工程实体需要材料多少、储备时间长短计算所需要占用的资金；进度款是根据施工企业逐日完成建设安装工程量的多少来确定。

②建设工程价款的拨付方式是由施工单位每月提出已完工程月报表和工程款结算账单，报监理工程师审核、签认后，由监理工程师报送业主审批，审批后业主在月终支付。

③工程竣工后，承包、发包双方应办理交工验收手续。工程验收应以施工图及设计文件、施工验收标准及合同协议为依据进行。

（7）设计文件及技术资料提供日期。设计文件及技术资料的提供是履行合同的基础，一般应在施工准备阶段完成。在合同中应对所提供的文件及提供日期加以明确规定。设计文件及技术资料由建设单位提供。根据规定提供的施工图及设计说明应由建设单位组织有关人员进行图纸交底和会审。凡未经会审的图纸一律不得施工。施工过程中，施工单位发现施工图与说明书不符、设备有缺陷、材料代用等，应书面通知建设单位。建设单位应在约定期限内办理技术鉴定。在工程开工前，建设单位还应提供建筑物或构筑物的轴线、标高和坐标控制点，才能开工。

（8）材料及设备的供应和进场。在建设工程施工合同中，材料、设备的供应应有严格详细的责任划分。

①甲方（建设单位）供应材料、设备的责任：甲方按照合同规定的材料与设备种类、规格、数量、质量等级和提供时间、地点向乙方提供材料与设备以及产品合格证明。甲方代表在所供材料、设备验收前 24 小时通知乙方，乙方派人与甲方一起验收。无论乙方是否派人参加验收，验收后由乙方妥善

保管，如发生损坏或丢失，由乙方负责赔偿，甲方支付相应的保管费。甲方不按规定通知乙方验收，乙方不负责材料、设备的保管，发生损坏丢失由甲方负责。

②乙方（承包单位）采购材料、设备的责任：乙方根据合同约定，按照设计和规范的要求采购工程需要的材料、设备，并提供产品合格证明。材料、设备到货后，在约定的时间内通知甲方代表验收。对与设计要求不符的产品，甲方代表可拒绝验收，由乙方按甲方代表要求的时间运出施工现场，重新采购符合要求的产品，承担由此发生的费用，工期不予顺延。甲方不能到场验收，验收后发现材料、设备不符合规范和设计要求，仍由乙方修复或拆除以及重新采购，并承担发生的费用，赔偿甲方的损失，由此延误的工期相应顺延。根据工程需要，经甲方代表批准，乙方可使用代用材料。因甲方原因使用时，由甲方承担发生的经济支出；因乙方原因使用时，由乙方承担发生的费用。

（9）双方相互协作事项。建设工程施工合同是需要双方当事人通力协作才能将合同顺利完成，因此需要双方当事人协作的事宜要在合同中明确规定，以确保按时、保质地完成。

（10）违约责任。

1）承包方的违约责任。

①工程质量不符合合同规定的，应负责无偿修理或返工。

②由于修理、返工造成逾期交付或工程交付时间不符合规定时，偿付逾期违约金。

③在工程保修期内负责对工程保修，不能负责保修的要承担违约责任。

2）发包方的违约责任。

①未能按照承包合同的规定履行自己应负的责任，除竣工日期得以顺延外，还应赔偿承包方因此发生的实际损失。

②工程中途停建、缓建或由于设计变更以及设计错误造成的返工，应采取措施弥补或减少损失，同时，赔偿承包方由此造成的停工、窝工、返工、倒运、人员和机械设备调迁、材料和构件积压的实际损失。

③工程未经验收，发包方提前使用或擅自动用，由此而发生的质量或其他问题，由发包方承担责任。

④超过合同规定日期验收，按合同的违约责任条款的规定偿付逾期违约金。

⑤不按照合同规定拨付工程款，按银行有关逾期付款办法或"工程价款结算办法"的有关规定处理。

（11）争议解决方式。解决合同争议的方式按我国法律规定有和解、调解、仲裁和诉讼。其中仲裁和诉讼具有排他性，因此，在合同中必须写明选择的解决方式。

（四）施工合同的管理

施工合同的管理，可分为签订过程中的管理和履行过程中的管理。

1. 签订过程中的合同管理工作

（1）建设单位在合同签订过程中的管理程序包括：组织招标机构，确定评标小组成员；代表业主向招标管理机构报送招标申请书；编制项目招标文件和标底，送招标管理机构审定；发布项目招标公告或招标邀请书；审查参与投标单位的资格，并将审查结果通知投标单位；向投标合格单位发售招标文件；组织投标单位勘察工程现场，并召开解答会；接受经审查合格投标单位投递的投标文件；组织、召开项目的开标会议；组织项目评标工作；慎重做出决标，并发出中标通知书；做好与中标单位的合同谈判工作，在协商一致的条件下，签订工程施工合同。

（2）承建单位在合同签订过程中的管理，必须认真做好以下几项主要的管理工作：认真研究招标项目的可行性、可能性和可靠性；全面分析招标项目的承包条件和施工难度，结合本施工企业的实际，慎重做出是否报名投标的决策；如实填报项目资格预审书，以便接受建设单位的考查；及时购买项目招标文件，并交付规定的招标保证金；认真研究项目的招标文件，发现并记录其存在的问题，以便及时求得解答；全面调查项目的招标环境，分析其利弊，制定出科学的投标策略；制定符合实际、科学合理的施工方案，编制先进实用的项目施工规划；组织有关技术人员编制项目投标文件，按时报送招标单位；积极参加勘察工程现场和解答会，将记录的有关问题询问清楚，及时参加项目开标会议；做好中标后的谈判准备工作，参加项目施工合同的中标谈判，通过协商签订工程施工合同。

2. 施工合同履行过程中的管理

（1）建设单位在合同履行过程中的管理。在工程施工合同履行过程中，作为业主的代表——监理工程师，必须根据项目监理委托合同的规定，做好以下合同管理工作。

①加强项目进度监理。项目进度监理的主要内容包括：审批和批准项目

施工进度规划和月（旬）作业计划；分析研究影响施工进度的因素；提出解决影响因素的具体措施；对工程施工进度加强监督。

②加强项目质量监理。项目质量监理的主要内容包括：材料、构件和设备质量检查；施工质量检查；隐蔽工程验收和竣工验收。

③加强项目投资监理。项目投资监理的主要内容包括：组织工程的阶段验收，签署工程付款凭证；审查工程价款和工程竣工结算；认真处理工程索赔，加强反索赔处理工作。

（2）承建单位在合同履行过程中的管理。

在工程施工合同履行过程中，承建单位的合同管理部门，必须做好以下管理工作。

①认真确定该工程项目合同管理负责人和组成成员，建立合同管理机构。

②建立项目合同管理档案，做好合同文件、签证和单据的保管工作。

③建立项目合同管理的信息系统，并纳入该工程项目信息管理系统。

④实行项目跟踪合同管理，不断积累合同索赔基础数据。

⑤认真研究项目施工索赔策略，按照施工索赔的程序，做好相应的管理工作。

四、项目管理合同

当建筑施工企业经过投标竞争获得工程项目施工承包资格后，建筑施工企业内部可以通过内部招标或委托方式，选聘项目经理，组建项目经理部。为实施建筑工程项目管理，形成以项目经理部为中心的辐射管理体制。项目经理部将以内部的项目管理合同的方式明确其与相关部门的责任、权利和义务。

项目管理合同是企业内部进行经营管理的合同，是法人与自然人之间或自然人之间订立的合同。它明确了企业和项目经理或项目经理与其他当事人之间的权利和义务，是企业内部工程项目承包的法律依据。

项目管理合同的种类通常有以下几种。

工程项目总承包合同。它是企业法人代表（公司经理）与项目经理之间签订的合同。

单位工程承包合同。是以施工队为承包单位与建筑工程项目经理部之间签订的承包合同。

劳务合同。是建筑工程项目经理部与企业内部劳务公司签订的提供劳务服务的合同。

建筑安装工程内部分包合同，是建筑工程项目经理部与企业内部的水电、机械、运输、装饰分公司之间，为完成相应任务而签订的承包合同。

其他合同。指建筑工程项目经理部为完成建筑工程项目所需的机械租赁、周转料的租赁、内部银行资金的使用所签订的合同。这类合同不同于施工企业与外部生产要素市场各主体签订的合同，它是企业内部生产要素的供求关系而形成的合同，因此目前无固定要求和标准合同格式。

第二节　合同条件

鉴于施工合同的内容复杂、涉及面宽，为避免施工合同的编制者遗漏某些方面的重要条款，或条款约定责任不够公平、合理，建设部、铁道部、交通部、水利电力部等部门都印发了《工程施工合同（示范文本）》；而对于国际工程使用的施工合同条件主要是《FIDIC 土木工程施工合同条件》。

一、建设工程施工合同示范文本

《建设工程施工合同（示范文本）》（简称《示范文本》）是国家建设部、国家工商行政管理局于 1999 年 12 月 24 日发布的，各类公用建筑、民用住宅、工业厂房、交通设施及线路管道的施工和设备安装的样本。

（一）示范文本的组成

施工合同文本由协议书、通用条款、专用条款三部分组成，并附有三个附件。

1. 协议书

协议书是示范文本的总纲性文件，规定了合同当事人双方最主要的权利义务，组成合同的文件及合同当事人对履行合同义务的承诺，并且合同当事人在这份文件上签字盖章，因此具有很高的法律效力。协议书的内容包括工程概况、工程承包范围、合同工期、质量标准、合同价款、组成合同的文件等。

2. 通用条款

对承发包双方的权利义务做出了规定，除双方协商一致对其中的某些条款作了修改、补充或取消，双方都必须履行。它是将建设工程施工合同中共性的一些内容抽象出来编写的一份完整的合同文件。通用条款具有很强的通用性，基本适用于各类建设工程。通用条款的内容包括：词语定义及合同文件；双方一般权利和义务；施工组织设计和工期；质量与检验；安全施工；合同价款与支付；材料设备供应；工程变更；竣工验收与结算；违约、索赔和争议；其他。

3. 专用条款

考虑到建设工程的内容各不相同，工期、造价也随之变动，承包、发包人各自的能力、施工现场的环境和条件也各不相同，通用条款不能完全适用于各个具体工程，因此配之以专用条款对其作必要的修改和补充，使通用条款和专用条款成为双方统一意愿的体现。专用条款的条款号与通用条款相一致，但主要是空格，由当事人根据工程的具体情况予以明确或者对通用条款进行修改。

4. 附件

附件是对施工合同当事人的权利义务的进一步明确，并且使得施工合同当事人的有关工作一目了然，便于执行和管理。示范文本的附件包括：承包人承揽工程项目一览表、发包人供应材料设备一览表、工程质量保修书。

（二）示范文本的文件组成及解释顺序

组成建设工程施工合同的文件包括：

（1）施工合同协议书；

（2）中标通知书；

（3）投标书及其附件；

（4）施工合同专用条款；

（5）施工合同通用条款；

（6）标准、规范及有关技术文件；

（7）图纸；

（8）工程量清单；

（9）工程报价单或预算书。

双方有关工程的洽商、变更等书面协议或文件视为施工合同的组成部分。

上述合同文件应能够互相解释、互相说明。当合同文件中出现不一致时，上面的顺序就是合同的优先解释顺序。当合同文件出现含糊不清或者当事人有不同理解时，按照合同争议的解决方式处理。

（三）施工合同双方的一般权利和义务

在合同中，双方的权利义务关系是相互的，一方当事人的权利应该依靠另一方当事人的义务来实现。因而在施工合同中，发包方的权利即为承包方的义务；同样，承包方的权利即为发包方的义务。

1. 发包方的义务（即为发包方应做的工作）

根据专用条款约定的内容和时间，发包人应分阶段或一次完成以下的工作。

（1）办理土地征用、拆迁补偿、平整施工场地等工作，使施工场地具备施工条件，并在开工后继续负责解决以上事项的遗留问题。

（2）将施工所需水、电、电讯线路从施工场地外部接至专用条款约定地点，并保证施工期间需要。

（3）开通施工场地与城乡公共道路的通道，以及专用条款约定的施工场地内的主要交通干道，满足施工运输的需要，保证施工期间的畅通。

（4）向承包人提供施工场地的工程地质和地下管网线路资料，对资料的真实准确性负责。

（5）办理施工许可证及其他施工所需证件、批件和临时用地、停水、停电、中断道路交通、爆破作业等的申请批准手续（证明承包人自身资质的证件除外）。

（6）确定水准点与坐标控制点，以书面形式交给承包人，并进行现场交验。

（7）组织承包人和设计单位进行图纸会审和设计交底。

（8）协调处理施工现场周围地下管线和邻近建筑物、构筑物（包括文物保护）、古树名木的保护工作，并承担有关费用。

（9）发包人应做的其他工作，双方在专用条款内约定。

发包人可以将上述部分工作委托承包人办理，具体内容由双方在专用条款内约定，其费用由发包人承担。

发包人不按合同约定完成以上义务，应赔偿承包人的有关损失，延误的工期相应顺延。

2. 承包人的义务（承包人应做的工作）

承包人按专用条款约定的内容和时间完成以下工作。

（1）根据发包人的委托，在其设计资质允许的范围内，完成施工图设计或与工程配套的设计，经工程师确认后使用，发生的费用由发包人承担。

（2）向工程师提供年、季、月工程进度计划及相应进度统计报表。

（3）根据工程需要提供和维修非夜间施工使用的照明、围栏设施，并负责安全保卫。

（4）按专用条款约定的数量和要求，向发包人提供在施工现场办公和生活的房屋及设施，发生费用由发包人承担。

（5）遵守有关部门对施工场地交通、施工噪声以及环境保护和安全生产等的管理规定，按规定办理有关手续，并以书面形式通知发包人。发包人承担由此发生的费用，因承包人责任造成的罚款除外。

（6）已竣工工程未交付发包人之前，承包人按专用条款约定负责已完工程的成品保护工作，保护期间发生损坏，承包人自费予以修复。要求承包人采取特殊措施保护的工程部位和相应的追加合同价款，在专用条款内约定。

（7）按专用条款的约定做好施工现场地下管线和邻近建筑物、构筑物（包括文物保护建筑）、古树名木的保护工作。

（8）保证施工场地清洁符合环境卫生管理的有关规定，交工前清理现场达到专用条件约定的要求，承担因自身原因违反有关规定造成的损失和罚款。

（9）承包人应做的其他工作，双方在专用条款内约定。

承包人不履行上述各项义务，应对发包人的损失给予赔偿。

二、FIDIC《土木工程施工合同条件》

（一）FIDIC 简介

FIDIC 是国际咨询工程师联合会法语名称的字头缩写，是国际上最权威的咨询工程师组织。FIDIC 成员来自全球 60 多个国家和地区，中国于 1996 年正式加入。

FIDIC 下属有两个地区成员协会：FIDIC 亚洲及太平洋地区成员协会（ASPAC）和 FIDIC 非洲成员协会集团（CAMA），下设五个长期性的专业委员会：业主咨询工程师关系委员会（CCRC）、合同委员会（CC）、风险管理委员会（RMC）、质量管理委员会（QMC）和环境委员会（ENVC）。FIDIC 的各专业委员会编制了多种规范性的文件，应用较广的如下。

（1）《土木工程施工合同条件》，又称红皮书。

（2）《电气与机械工程合同条件》，又称黄皮书。

（3）《业主/咨询工程师标准服务协议书》，又称银皮书。

（4）《设计—建造与交钥匙合同条件》，又称橙皮书。

（5）《土木工程施工分包合同条件》。

1999 年 9 月，FIDIC 又出版了新的《施工合同条件》《工程设备与设计—建造合同条件》《EPC 交钥匙工程合同条件》及《合同简短格式》。

（二）FIDIC 土木工程施工合同条件

1. FIDIC 合同条件的构成

FIDIC 合同条件由通用合同条件和专用合同条件两部分构成。

（1）FIDIC 通用合同条件。FIDIC 通用条件是固定不变的，工程建设项目只要是属于土木工程施工，如：工民建工程、水电工程、路桥工程、港口工程等建设项目，都可适用。通用条件共分 25 大项，内含 72 条，72 条又可细分为 194 款。25 大项分别是：定义与解释；工程师及工程师代表；转让与分包；合同文件；一般义务；劳务；材料、工程设备和工艺；暂时停工；开工和误期；缺陷责任；变更、增添和省略；索赔程序；承包商的设备、临时工程和材料；计量；暂定金额；指定的分包商；证书与支付；补救措施；特殊风险；解除履约合同；争端的解决；通知；业主的违约；费用和法规的变更；货币与汇率。在通用条件中还有一些可以考虑补充的条款，如贿赂、保密、关税是税收的特别规定等。

（2）FIDIC 专用合同条件。专用条件中的条款出现可起因于以下原因。

①在通用条件的措辞中专门要求在专用条件中包含进一步信息，如果没有这些信息，合同条件则不完整。

②在通用条件中说到在专用条件中可能包含有补充材料的地方。

③工程类型、环境或所在地区要求必须增加的条款。

④工程所在国法律或特殊环境要求通用条件所含条款有所变更。

2. FIDIC 合同条件的具体应用

（1）FIDIC 合同条件适用的工程类别。FIDIC 合同条件适用于一般的土木工程，其中包括工业与民用建筑工程、疏浚工程、土壤改善工程、道桥工程、水利工程、港口工程等。

（2）FIDIC 合同条件适用的合同性质。FIDIC 合同条件在传统上主要适用于国际工程施工。但 FIDIC 合同条件第四版删去了文件标题中的"国际"一词，使 FIDIC 合同条件不但适用于国际性招标的工程施工，而且同样适用于国内合同（只要把专用条件稍加修改即可）。

（3）应用 FIDIC 合同条件的前提。FIDIC 合同条件注重业主、承包商、监理工程师三方的关系协调，强调监理工程师在项目管理中的作用。在土木工程施工中应用 FIDIC 合同条件应具备以下前提：①通过竞争性招标确定承包商；②委托监理工程师对工程施工进行监理；③按照固定单价方式编制招标文件。

（4）应用 FIDIC 合同条件的程序。应用 FIDIC 合同条件，大致需经过以下主要程序。

①确定工程项目，设法筹措到足够的资金。

②选择监理工程师，签订监理委托合同。

③委托勘察设计单位对工程项目进行勘察设计，也可委托监理工程师对此进行监理。

④通过竞争性招标，确定承包商。

⑤业主与承包商签订施工承包合同，作为 FIDIC 合同文件的组成部分。

⑥承包商办理合同要求的履约担保、动员预付款担保、保险等事项，并取得业主的批准。

⑦业主支付动员预付款。这是在开始施工前由业主在其满意的条件下支付给承包商一定数额的资金，以供承包商进行施工人员的组织、材料设备的购置及进入现场、完成临时工程等准备工作。动员预付款的有关事项，如数量、支付时间和方式、支付条件、偿还方式等，在专用合同条件或投标书附件中规定。

⑧承包商提交监理工程师所需的施工组织设计、施工技术方案、施工进度计划和现金流量估算。

⑨准备工作就绪后，由监理工程师下达开工令，业主同时移交工地占有权。

⑩承包商根据合同的要求进行施工，而监理工程师则进行日常的监理工作。这一阶段是承包商与监理工程师的主要工作阶段，也是 FIDIC 合同条件要规范的主要内容。

根据承包商的申请，监理工程师进行竣工检验。若工程合格，则由监理工程师签发移交证书，业主归还部分保留金。

承包商提交竣工报表，监理工程师签发支付证书。

在缺陷责任期，承包商应完成剩余工作并修补缺陷。

缺陷责任满后，经监理工程师检验，证明承包商已根据合同履行了施工、竣工以及修补所有工程缺陷的义务，工程质量达到了监理工程师满意的程度，则由监理工程师签发解除缺陷责任证书，业主应归还履约保证金及剩余保留金。

承包商提出最终报表，监理工程师签发最终支付证书，业主与承包商结清余款。随后，业主与承包商的权利义务关系即告终结。

3. FIDIC 合同条件下合同文件的组成及优先次序

在 FIDIC 合同条件下，合同文件除合同条件外，还包括其他对业主、承包方都有约束力的文件。构成合同的这些文件应该是互相说明、互相补充的，但是这些文件有时会产生冲突或含义不清。此时，应由监理工程师进行解释，其解释应按构成合同文件的如下先后次序进行：合同协议书、中标函、投标书、专用条件、通用条件、规范、图纸、标价的工程量表。

（1）合同协议书。合同协议书有业主和承包商的签字，有对合同文件组成的约定，是使合同文件对业主和承包商产生约束力的法律形式和手续。

（2）中标函。中标函是由招标人向中标的承包商发出的中标通知。它的内容很简单，除明确中标的承包商外，还明确项目名称、中标标价、工期、质量等事项。

（3）投标书。这是由承包商提交的具有法律约束力的文件。其主要内容是投标报价；保证按合同条件、规范、图纸、工程量表及附件要求，实施并完成招标工程并修补其任何缺陷；保证中标后，在接到监理工程师开工令后尽可能快地开工，并在招标附件中规定的时间内完成合同中规定的全部工程。

（4）专用条件。即合同条件中的专用条款，其效力高于通用条款；有可能对通用条款进行修改。

（5）通用条件。即合同条件中的通用条款，其内容若与专用条款冲突，应以专用条款为准。

（6）规范。是指对工程范围、特征、功能和质量的要求和施工方法、技术要求的说明书，对承包商提供的材料的质量和工艺标准，样品和试验，施工顺序和时间安排等都要作出明确规定。一般技术规范还包括计量支付方法的规定。

规范是招标文件中的重要组成部分。编写规范时可引用某一通用的外国规范，但一定要结合本工程的具体环境和要求来选用，同时往往还需要由咨询工程师再编制一部分具体适用于本工程的技术要求和规定列入规范。

（7）图纸。图纸也是招标文件的重要组成部分，是投标者在拟定施工方案、确定施工方法以至提出替代方案、计算投标报价等必不可少的资料。这对合同当事人双方都有约束力，因而也是合同的重要组成部分。

图纸的种类是比较多的，既有设计图，也有施工图。虽然设计图在招标时完成，在实践中，常常在工程实施过程中对图纸进行修改和补充。这些修改、补充的图纸均须经监理工程师签字后正式下达，才能作为施工及结算的依据。另外，招标时提供的地质钻孔柱状图、探坑展示图等地质、水文图纸也是投标者的参考资料。

（8）标价的工程量表。工程量表就是对合同规定要实施的工程的全部项目和内容按工程部位、性质等列在一个表内。标价的工程量表是由招标者和投标者共同完成的。作为招标文件的工程量表标有工程的每一类目或分项工程的名称、估计数量以及单位，但留出单价和合价的空格，这些空格由投标者填写。投标者填入单价和合价后的工程量表称为"标价的工程量表"，是投标文件的重要组成部分。

工程量表一般包括前言、工作项目、计日工表和总计表。

工程量表的项目划分和章节序号应与技术规范的章节相对应。在工程量表中划分项目应做到简单明了，具有高度的概括性，同时又不漏掉项目和应该计价的内容。

计日工也称散工或按日计工，是指在工程实施过程中，业主有一些临时性的或新增加的项目需按计日（或计时）使用人工、材料或施工机械时，按承包商投标时在劳务、材料、施工机械等计日工表中填写的费率计价。

4. FIDIC 合同条件的权利义务条款

FIDIC 合同条件中涉及权利义务的条款主要包括业主的权利与义务、监理工程师的权力与职责、承包商的权利与义务等内容。

（1）业主的权利与义务。业主是指在合同专用条件中指定的当事人以及取得此当事人资格的合法继承人，但除非承包商同意，不指此当事人的任何受让人。业主是建设工程项目的所有人，也是合同的当事人，在合同的履行过程中享有大量的权利并承担相应的义务。

1）业主的权利。

①业主有权批准或否决承包商将合同转让给他人。施工合同的签订意味着业主对承包商的信任，承包商无权擅自将合同转让给他人。即使承包商转让的是合同中的一部分好处或利益，如选择分包商，也必须经业主同意。因为这种转让行为可能损害业主的权益。

②业主有权将工程的部分项目或工作内容的实施发包给指定的分包商。

指定分包商是指业主或监理工程师指定、选定或批准完成某一项工作内容的施工或材料设备的供应工作的承包商。指定分包商一般拥有某项专业技术和设备，有其独特的施工方法，善于完成某项专业工程项目。指定分包商虽由业主或监理工程师指定，但他仍是分包商，他不与业主签订合同，而是与承包商签订分包合同。这样做是为了便于施工中的管理与协调。

③承包商违约时业主有权采取补救措施。

a. 施工期间出现的质量事故，如果承包商无力修复，或者监理工程师考虑工程安全，要求承包商紧急修复，而承包商不愿或不能立即进行修复时，业主有权雇用其他人完成修复工作，所支付的费用从承包商处扣回。

b. 承包商未按合同要求进行投保并保持其有效，或者承包商在开工前未向业主提供说明已按合同要求投保并生效的证明。则业主有权办理合同中规定的承包商应当办理而未办理的投保。业主代替承包商办理投保的一切费用均由承包商承担。

c. 承包商未能在指定的时间将有缺陷的材料、工程设备及拆除的工程运出现场。此时业主有权雇用他人执行监理工程师的指令承担此类工作，由此产生的一切费用均由承包商承担。

④承包商构成合同规定的违约事件时，业主有权终止合同。

在发生下述事件后，业主有权向承包商发出终止合同的书面通知，终止对承包商的雇用：a. 承包商宣告破产、停业清理或解体，或由于其他情况失去偿付能力；b. 承包商未经业主同意转让合同；c. 承包商已经否认合同有效；d. 承包商未按合同规定开工；e. 承包商拖延工期，而又无视监理工程师的指示，拒不采取加快施工的措施；f. 承包商无视监理工程师事先的书面警告，反而固执地或公然地忽视履行合同所规定的义务。

在发出终止合同的书面通知 14 天后，在不解除承包商履行合同的义务与责任的条件下，业主可以进驻施工现场。业主可以自己完成该工程，或雇用其他承包商完成该工程。业主或其他承包商为了完成该工程，有权使用他们认为合适的承包商的设备、临时工程和材料。

2）业主的义务。

①业主应在合理的时间内向承包商提供施工场地。业主应随时给予承包商占有现场各部分的范围及占用各部分的顺序。业主提供的施工场地应能够使承包商根据工程进度计划开始并进行施工。因此，在监理工程师发出开工通知书的同时，业主应使承包商根据合同中对于工程施工顺序的要求占有所

需部分现场（包括应由业主提供的通道）。

②业主应在合理的时间内向承包商提供图纸和有关辅助资料。在承包商提交投标书之前，业主应向承包商提供根据有关该项工程的勘察所取得的水文及地表以下的资料。开工后，随着工程进度的进展，业主应随时提供施工图纸。特别是工程变更时，更应避免因图纸提供不及时而影响施工进度。

③业主应按合同规定的时间向承包商付款。FIDIC合同条件对业主向承包商付款有很多具体的规定。在监理工程师签发任何临时支付证书、最终支付证书后，业主应按合同规定的期限，向承包商付款。如果业主没有在规定的时间内付款，则业主应按照标书附件规定的利率，从应付日期起计算利息付给承包商。

④业主应在缺陷责任期内负责照管工程现场。颁发移交证书后，在缺陷责任期内的现场照管由业主负责。如果监理工程师为永久工程的某一部分工程颁发了移交证书，则这一部分的照管责任随之转移给业主。

⑤业主应协助承包商做好有关工作。业主这方面的协助义务是多方面的。如协助承包商办理设备海关手续、协助承包商获得政府对设备再出门许可。

3）业主应承担的风险。在工程实施工程中，由业主承担以下风险：a. 战争、敌对行动（不论宣战与否）、入侵、外敌行动；b. 叛乱、革命、暴动，或军事政变、篡夺政权、内战等；c. 由于任何有危险性物质所引起的离子辐射或放射性污染；d. 以音速或超音速飞行的飞机或其他飞行装置产生的压力波；e. 暴乱、骚乱或混乱，但对于完全局限在承包商或其分包商雇用人员中间且是由于从事本工程而引起的此类事件除外；f. 由于业主提前使用或占用任何永久工程的区段或部分而造成的损失或损害；g. 因工程设计不当而造成的损失或损害，而这类设计又不是由承包商提供或由承包商负责的；h. 一个有经验的承包商通常无法预测和防范的任何自然力的作用。

发生上述事件，业主应承担风险，如这已包括在合同规定的有关保险条款中，凡投保的风险，业主将不再承担任何费用方面的责任和义务。如果在风险事件发生之前就已被监理工程师认定是不合格的工程，对该部分损失业主也不承担责任。

（2）监理工程师的权力与职责。监理工程师是指业主为合同规定目的而指定的工程师。他与业主签订委托协议书，根据施工合同的规定，对工程的质量、进度和费用进行控制和监督，以保证工程项目的建设能满足合同的要求。

1）监理工程师的权力。

①监理工程师在质量管理方面的权力。

a. 对现场材料及设备有检查和控制的权力。对工程所需要的材料和设备，监理工程师随时有权检查。对不合格的材料、设备、监理工程师有权拒收。承包商的所有设备、临时工程和材料，一经运至现场，未经监理工程师同意，不得再运出现场。

b. 有权监督承包商的施工。监督承包商的施工，是监理工程师最主要的工作。一旦发现施工质量不合格，监理工程师有权指令承包商进行改正或停工。

c. 对已完工程有确认或拒收的权力。任何已完工程，由监理工程师进行验收并确认。对不合格的工程，监理工程师有权拒收。

d. 有权对工程采取紧急补救措施。一旦发生事故、故障或其他事件，如果监理工程师认为进行任何补救或其他工作是工程安全的紧急需要，则监理工程师有权采取紧急补救措施。

e. 有权要求解雇承包商的雇员。对于承包商的任何人员，如果监理工程师认为在履行职责中不能胜任或出现玩忽职守的行为，则有权要求承包商予以解雇。

f. 有权批准分包商。如果承包商准备将工程的一部分分包出去，他必须向监理工程师提出申请报告。未经监理工程师批准的分包商不能进入工地进行施工。

②监理工程师在进度管理方面的权力。

a. 有权批准承包商的进度计划。承包商的施工进度计划必须满足合同规定工期（包括监理工程师批准的延期）的要求，同时必须经过监理工程师的批准。

b. 有权发出开工令、停工令和复工令。承包商应当在接到监理工程师发出的开工通知后开工。如果由于种种原因需要停工，监理工程师有权发布停工令。当监理工程师认为施工条件已达到合同要求时，可以发出复工令。

c. 有权控制施工进度。如果监理工程师认为工程或其他任何区段在任何时候的施工进度太慢，不符合竣工期限的要求，则监理工程师有权要求承包商采取必要的步骤，加快工程进度，使其符合竣工期限的要求。

③监理工程师在费用管理方面的权力。

a. 有权确定变更价格。任何因为工作性质、工程数量、施工时间的变更而发出的变更指令，其变更的价格由监理工程师确定。监理工程师确定变更价格时应与承包商进行充分协商，尽量取得一致性意见。

b. 有权批准使用暂定金额。暂定金额的使用必须按监理工程师的指示进行。

c. 有权批准使用计日工。如果监理工程师认为必要，可以发出指示，规定在计日工的基础上实施任何变更工作。对这类变更工作应按合同中包括的计日工作表中所定项目和承包商在其投标书中所确定的费率和价格向承包商付款。

d. 有权批准向承包商付款。所有按照合同规定应由业主向承包商支付的款项，均需由监理工程师签发支付证书，业主再据此向承包商付款。监理工程师还可以通过任何临时支付证书对他所签发的任何原有支付证书进行修正或更改。如果监理工程师认为有必要，他有权停止对承包商付款。

④监理工程师在合同管理方面的权力。

a. 有权批准工程延期。如果由于承包商自身以外的原因，导致工期的延长，则监理工程师应批准工程延期。经监理工程师批准的延期时间，应视为合同规定竣工时间的一部分。

b. 有权发布工程变更令。合同中工程的任何部分的变更，包括性质、数量、时间的变更，必须经监理工程师的批准，由监理工程师发出变更指令。

c. 颁发移交证书和缺陷责任证书。经监理工程师检查验收后，工程符合合同的标准，即颁发移交证书和缺陷责任证书。

d. 有权解释合同中有关文件。当合同文件的内容、字义出现歧义或含糊时，则应由监理工程师对此做出解释或校正，并向承包商发布有关解释或校正的指示。

e. 有权对争端作出决定。在合同的实施过程中，如果业主与承包商之间产生了争端，监理工程师应按合同的规定对争端做出决定。

2）监理工程师的职责。

①认真执行合同。这是监理工程师的基本职责。根据 FIDIC 合同条件的规定，监理工程师的职责有：合同实施过程中向承包商发布信息和指标；评价承包商的工作建议；保证材料和工艺符合规定；保证已完成工作的测量值以及校核，并向业主送交支付证书等工作。这些工作既是监理工程师的权力，也是监理工程师的义务。在合同的管理中，尽管业主、承包商和监理工程师之间定期召开会议，但和承包商的全部联系还应该通过监理工程师进行。

②协调施工有关事宜。监理工程师对工程项目的施工进展负有重要责任，应当与业主、承包商保持良好的工作关系，协调有关施工事宜，及时处理施工中出现的问题，确保施工的顺利进行。

（3）承包商的权利和义务。承包商是指其标书已被业主接受的当事人以及取得该当事人资格的合法继承人，但不指该当事人的任何受让人（除非业主同意）。承包商是合同当事人，负责工程的施工。

1）承包商的权利。

①有权得到工程付款。这是承包商最主要的权利。在合同履行过程中，承包商完成了他的义务后，他有权得到业主支付的各类款项。

②有权提出索赔。由于不是承包商自身的原因，造成工程费用的增加或工期的延误，承包商有权提出费用索赔和工期索赔。承包商提出索赔，是行使自己的正当权利。

③有权拒绝接受指定的分包商。为了保证承包商施工的顺利进行，如果承包商认为指定的分包商不能与他很好合作，承包商有权拒绝接受这个分包商。

④如果业主违约，承包商有权终止受雇和暂停工作。如果业主发生如下违约事件，承包商有权提出终止受雇：a. 业主在合同规定的应付款期满 28 天内，未按监理工程师颁发的支付证书向承包商付款；b. 业主干涉、阻挠或拒绝监理工程师颁发支付证书；c. 业主宣布破产或由于经济混乱而导致业主不具有继续履行其合同义务的能力。

当业主未在合同规定的应付款期满 28 天内付款，承包商也可以采取暂停工作的措施。由此造成的损失由业主承担。

2）承包商的义务。

①按合同规定的完工期限、质量要求完成合同范围内的各项工程。合同范围内的工程包括合同的工程量清单以内及清单以外的全部工程和监理工程师要求完成的与其有关的任何工程。合同规定的完工期限则是指合同工期加上由监理工程师批准的延期时间。承包商应按期、按质、按量完成合同范围内的各项工程，这是承包商的主要义务。

②对现场的安全和照管负责。承包商在施工现场，有义务保护有权进入现场人员的安全及工程的安全，有义务提供对现场照管的各种条件，包括一切照明、防护、围栏及看守。并应避免由其施工方法引起的污染，直到颁发移交证书为止。

③遵照执行监理工程师发布的指令。对监理工程师发布的指令，不论是口头的还是书面的，承包商都必须遵照执行。但对于口头指令，承包商应在7天内以书面形式要求监理工程师确认。承包商对有关工程施工的进度、质量、安全、工程变量等内容方面的指示，应当只从监理工程师及其授予相应权限监理工程师代表处获得。

④对现场负责清理。在施工现场，承包商随时应进行清理，保证施工井然有序。在颁发移交证书时，承包商应对移交证书所涉及的工程现场进行清理，并使原施工用地恢复原貌，达到监理工程师满意的状态。

⑤提供履约担保。如果合同要求承包商为其正确履行合同提供担保，则承包商应在收到中标函后28天内，按投标书附件中注明的金额取得担保，并将此保函提交给业主。履约保证金一般为合同价的10％。

⑥应提交进度计划和现金流通量的估算。这样有利于监理工程师对工程施工进度的监督，有利于业主能够保证在承包商需要时提供资金。

第三节　施工索赔管理

一、施工索赔的含义与重要性

施工索赔指承包商因非自身原因发生合同规定之外的额外工作或损失所要求进行的费用和时间的补偿。

由于建筑安装工程项目内容复杂，某些局部的设计变更是难以避免的，再加上施工现场条件和气候等因素的变化以及招标文件和设计文件可能有说明不确切、遗漏、甚至错误，所以在施工过程中，常有索赔事件发生。索赔能力的大小，往往影响到施工企业的盈利，甚至生存与发展。所以说施工索赔是工程建设管理的一项重要内容，必须给予足够的重视。

二、施工索赔的起因

在施工过程中，引起索赔的原因很多，主要有以下几种。

1. 风险分担不均

在目前的建筑市场中，受"买方市场"规律制约，风险主要集中在承包商一方，故发生索赔的机会远远大于反索赔。

2. 施工条件变化

建筑产品的特点决定了建筑施工的单件性、复杂性、多变化的特点，施工条件变化是经常的，而不变却是暂时的，故为此发生索赔事件也是经常的。

3. 工程变更

土建工程施工中，工程量变化是不可避免的。当施工时实际完成的工程量超过或少于工程量表中所列工程量的15％～20％时，会引起很多问题必然发生索赔。

在施工过程中，业主或监理指令增加新的工作，改换建筑材料，暂停施工或加速施工等，均引起新的施工费用，延长工期，这些都将迫使承包商提出索赔以弥补自己不应承担的经济损失。

4. 工期拖延

大型土建工程的施工过程中，由于受天气、地质、水文等因素的影响，经常出现工期拖延。在分析拖期原因、明确拖期责任时，合同双方往往发生分歧，使承包商实际支出的计划外施工费用得不到补偿，势必引起索赔要求。

5. 业主违约

一般系指未按合同规定为承包商施工提供条件；未按规定支付工程款；未按规定提供施工图纸、指令或批复等。

6. 合同缺陷

在施工过程中，往往因合同文件中的错误、矛盾或遗漏，引发支付工程款纠纷。这时按惯例应由监理工程师作出解释。但如果承包商按此解释施工引起成本增加或工期拖延，属于业主方面责任，承包商有权提出索赔。

7. 国家法令变更

工程所在国的法律、法令或法规发生变更，如提出进口限制、外汇管制、税率提高等。如我国的每周48小时工作制相继改为44小时、40小时工作制，造成承包商费用支出增加或工期的变更，也应属此范围内的索赔要求。

三、承包商常见的索赔问题

承包商最常见的施工索赔主要有施工现场条件变化索赔、工程范围变更索赔、工期拖延索赔、加速施工索赔和综合索赔几种。

（一）施工现场条件变化索赔

施工现场条件变化是指在施工过程中，承包商"遇到了一个有经验的承包商不可预见到的不利自然条件或人为障碍"，因而导致承包商为完成合同要花费计划外的额外开支。

这里施工现场条件变化主要指地下条件（地质、水文、土质）变化给项目施工带来的困难，这些条件同招标文件中所描述的差别很大或在招标文件中根本未提到；至于一般水文气象方面变化属承包商风险；特殊反常的水文气象应属业主风险。

1．不利现场条件的类型

（1）招标文件中描述失误，使承包商误入歧途。

①某种土质的位置标高与招标文件中描述的差别甚大。

②某种不易开挖的土质或地下障碍物的实际数量大大超过招标文件中提供的数量。

③指定的取土场或采石场不能满足各项指标要求，需更换供料场。

④实际水文状况与招标文件中的各参数相距悬殊。

⑤地面标高与设计图纸不符，增大挖填方数量。

⑥土的含水量与资料中数值相差较大，增大碾压难度或工作量。

（2）招标文件中根本未提到，而施工中却出乎意料地出现，同时也是有经验的承包商难以预见的不利现场条件。如下。

①发现古迹、古物或化石。

②遇到高腐蚀性地下水或有毒气体，给施工人员和设备造成意外的损失。

③特殊的地质条件。

2．处理原则

从合同责任上讲，由于不是承包商责任，因而应给予相应的经济补偿和延长工期。

（二）工程范围变更索赔

此项索赔是指业主和监理指令承包商完成某项工作，而承包商认为该项工作已超出原合同的工作范围，或超出投标时估计的施工条件范围，因而要求补偿其附加开支。

超出原合同中规定范围的工程称之为新增工程。

1．新增工程的类型

新增工程又可分为附加工程和额外工程两种。

（1）附加工程。是指那些该合同项目所必不可少的工程。如果缺少了这些工程，该合同项目便不能发挥合同预期的作用。也可以说，附加工程就是合同工程项目所必需的工程。包括在招标文件中的工程范围所列的工作内容，并在工程数量表、技术规程及图纸中标明的工程，均属附加工程。

（2）额外工程。是指工程项目合同文件中工作范围中未包括的工作。缺少这些工作，原订合同工程项目仍然可以运行，发挥效益。监理工程师指示进行的工程变更，如属根本性的变更（例如水泥地面改为木地板，外墙涂料改为面砖等），则属于额外工程；发生的工程变更的工程量或款额超过一定界限，应属于额外工程。

2. 处理原则

在工程项目的合同管理和索赔工作中，应严格区分附加工程和额外工程这两种范围不同的工作。如果属于附加工程，则计算工程款时，应按招标文件中工程量表所列单价进行计算；如确定为额外工程，则应重议单价。

（三）加速施工索赔

当工程项目的施工遇到可原谅的拖期时，业主有两种选择：一是工期延长，给予承包商工期和费用赔付；二是要求承包商采取加速施工措施，按期完成任务。采取加速措施，经批准后可提出加快施工进度的费用索赔。

（四）综合索赔

在索赔分类中，按索赔的处理方式不同可分为单项索赔和综合索赔（即一揽子索赔、总索赔）。

对承包商来讲采用单项索赔比较有利，因为索赔事件刚发生不久，资料和证据齐全，索赔金额不大，容易取得索赔成功。但在一定条件下，承包商还是经常遇到综合索赔。

综合索赔是将整个工程（或某项工程）中发生的数起索赔事项，综合在一起进行索赔。

1. 综合索赔的适用情况

（1）综合索赔报告中包括的数个单项索赔互相联系、互为影响，不易单项编报。

（2）索赔事项接连发生，承包商来不及逐个及时编报。

（3）承包商在工程施工高峰时未申报索赔，当发现严重亏损时，才着手索赔。

（4）承包商同业主之间存在着比较融洽的信任关系。

（5）业主方不同意单项索赔，要求承包商采用综合方式索赔。

2. 处理原则

（1）综合索赔系由数个单项索赔组成，但监理工程师要逐个地审查核算每一个单项索赔，提出评审意见，再对综合索赔提出总的处理建议，报业主审定并同承包商协商。

（2）当几个单项索赔交织在一起时不能逐个审核，可采用一揽子解决办法，双方协商一个总的额度作为综合索赔的费用及工期。

四、索赔的依据

施工索赔的依据：一是合同，二是资料，三是法规。每一项施工索赔事项的提出，都必须做到有理、有据、合法。也就是说，索赔事项是工程承包合同中规定的，提出来是有理的；提出的施工索赔事项，必须有完备的资料作为凭据；如果施工索赔发生争议，依据法律、条例、规程规范、标准等进行论证。

上述依据，合同是双方事先签订的，法规是国家主管部门统一制定的，只有资料是动态的。资料随着施工的进展不断积累和发生变化，因此，施工单位与建设单位签订施工合同时，要注意为索赔创造条件，把有利于解决施工索赔的内容写进合同条款，并注意建立科学的管理体系，随时搜集、整理工程有关资料，确保资料的准确性和完备性，满足工程施工索赔管理的需要，为施工索赔提供详实、正确的凭据，这是工程承包单位不可忽视的重要日常工作。这方面的资料主要如下。

（1）招标文件、工程施工合同签字文本及其附件。

（2）经签证认可的工程图纸、技术规范和实施性计划。

（3）合同双方的会议纪要和来往信件。

（4）与建设单位代表的定期谈话资料。

（5）施工备忘录。凡施工中发生的影响工期或工程资金的所有重大事项，按年、月、日顺序编号，汇入施工备忘录存档，以便查找。如工程施工送停电和送停水记录，施工道路开通或封闭的记录，因自然气候影响施工正常进行的记录，以及其他重大事项等。

（6）工程照片或录像。

（7）检查和验收报告。

（8）工资单据和付款单据。工资单据是工程项目管理中一项非常重要的财务开支凭证，工资单上数据的增减，能反映工程内容的增减和起止时间；各种付款单据中购买材料设备的发票和其他数据证明，能提供工程进度和工程成本资料，成为索赔的重要依据。

（9）其他有关资料，如财务成本表、各种原始凭据、施工人员计划表等。

五、索赔工作程序

索赔工作程序是指从索赔事件产生到最终处理全过程所包括的工作内容和工作步骤。由于索赔工作实质上是承包商和业主在分担工程风险方面的重新分配过程，涉及到双方的众多经济利益，因而是一项繁琐、细致、耗费精力和时间的过程，因此合同双方必须严格按照合同规定办事，按合同规定的索赔程序工作，才能获得成功的索赔。

具体工程的索赔工作程序，应根据双方签订的施工合同产生。在工程实践中，比较详细的索赔工作程序一般可分为如下主要步骤。

1. 索赔意向的提出

在工程实施过程中，一旦出现索赔事件，承包商应在合同规定的时间内及时向业主或监理工程师书面提出索赔意向通知，亦即向业主或监理工程师就某一个或若干个索赔事件表示索赔愿望、要求或声明保留索赔的权利；索赔意向的提出是索赔工作程序中的第一步，其关键是抓住索赔机会，及时提出索赔意向。

FIDIC 合同条件规定：承包商应在索赔事件发生后的 28 天内，将其书面索赔意向通知送交工程师，并将副本报送业主。我国建设工程施工合同条件示范文本也规定了乙方应在索赔事件发生后 20 天内，向甲方发出要求索赔的通知，甲方在接到索赔通知后 10 天内给予批准，或要求乙方进一步补充索赔理由和证据，甲方在 10 天内未予答复，应视为该项索赔已经批准。反之如果承包商没有在合同规定的期限内提出索赔意向或通知；业主和监理工程师就有权拒绝承包商的索赔要求，这是索赔成立的有效和必备条件之一。因此在实际工作中，承包商应避免合理的索赔要求由于未能遵守索赔时限的规定而导致无效。

在实际的工程承包合同中，对索赔意向提出的时间限制不尽相同，只要双方经过协商达成一致并写入合同条款即可。

2. 索赔资料的准备

从提出索赔意向到提交索赔文件，是属于承包商索赔的内部处理阶段和索赔资料准备阶段。此阶段的主要工作如下。

（1）跟踪和调查干扰事件，掌握事件产生的详细经过和前因后果。

（2）分析干扰事件产生原因，划清各方责任，确定由谁承担，并分析这些干扰事件是否违反了合同规定，是否在合同规定的赔偿或补偿范围内。

（3）损失或损害调查或计算，通过对比实际和计划的施工进度和工程成本，分析经济损失或权利损害的范围和大小，并由此计算出工期索赔值和费用索赔值。

（4）收集证据，从干扰事件产生、持续直至结束的全过程，都必须保留完整的当时记录，这是索赔能否成功的重要条件。在实际工作中，许多承包商的索赔要求都因没有或缺少书面证据而得不到合理解决，这个问题应引起承包商的高度重视。

从我国建设工程施工合同示范文本来看，合同双方应注意以下资料的积累和准备。

①甲方指令书、确认书。

②乙方要求、请求、通知书。

③甲方提供的水文地质、地下管网资料，施工所需的证件、批件、临时用地占地证明手续、坐标控制点资料、图纸等。

④乙方的年、季、月施工进度计划，施工方案，施工组织设计及甲方批准书。

⑤施工规范、质量验收单、隐蔽工程验收单、验收记录。

⑥乙方要求预付通知，工程量核实确认单。

⑦甲、乙方材料供应清单、合格证书。

⑧竣工验收资料、竣工图。

⑨工程结算书、保修单等。

（5）起草索赔文件。按照索赔文件的格式和要求，将上述各项内容系统反映在索赔文件中。

3. 索赔文件的提交

承包商必须在合同规定的索赔时限内向业主或监理工程师提交正式的书面索赔文件。FIDIC 合同条件规定，承包商必须在发出索赔意向通知后的 28 天内或经工程师同意的其他合理时间内，提交两份详细的索赔文件，如果干扰事件对工程的影响持续时间长，承包商则应按工程师要求的合理间隔，提交中间索赔报告，并在干扰事件影响结束后的 28 天内提交一份最终索赔报告。

在我国目前的建设工程施工合同条件示范文本中，还没有关于提交索赔文件的专门时间规定，只要求乙方在索赔事件发生后 20 天内，向甲方发出要求索赔的通知。因此承包商有两种选择：一是在索赔事件发生后 20 天内，向甲方发出要求索赔的通知，同时提交一份详细的索赔报告；二是双方在协议条款中重新约定提交索赔报告的具体时间限定。

4. 监理工程师（业主）对索赔文件的审核

监理工程师是受业主的委托和聘请，对工程项目的实施进行组织、协调、监督和控制工作。监理工程师根据业主的委托或授权，对承包商索赔的审核工作主要分为判定索赔事件是否成立和核查承包商的索赔计算是否正确、合理两个方面，并可在业主授权的范围内做出自己独立的判断。

承包商索赔要求的成立必须同时具备如下四个条件。

（1）与合同相比较已经造成了实际的额外费用增加或工期损失。

（2）造成费用增加或工期损失的原因不是由于承包商自身的过失所造成。

（3）这种经济损失或权利损害也不是应由承包商应承担的风险所造成。

（4）承包商在合同规定的期限内提交了书面的索赔意向通知和索赔文件。

上述四个条件没有先后主次之分，并且必须同时具备，承包商的索赔才能成立。其后监理工程师对索赔文件的审查重点主要有两步。

第一步重点审查承包商的申请是否有理有据，即承包商的索赔要求是否有合同依据，所受损失确实不应由承包商负责的原因造成，提供的证据是否足以证明索赔要求成立，是否需要提交其他补充材料等。

第二步监理工程师以公正的立场、科学的态度，审查并核算承包商的索赔值计算，分清责任，剔除承包商索赔值计算中的不合理部分，确定索赔金额和工期延长天数。

5. 索赔的处理与解决

从递交索赔文件到索赔结束是索赔的处理与解决过程。经过监理工程师对索赔文件的评审，与承包商进行了较充分的讨论后，工程师应提出对索赔处理决定的初步意见，并参加业主和承包商之间的索赔谈判，通过谈判达成索赔最后处理的一致意见。如果业主和承包商通过谈判达不成一致，则可根据合同规定，将索赔争议提交仲裁或诉讼，使索赔问题得到最终解决。

　　工程项目实施中会发生各种各样、大大小小的索赔、争议等问题，应该强调，合同各方应该争取尽量在最早的时间、最低的层次，尽最大可能以友好协商的方式解决索赔问题，不要轻易提交仲裁或诉讼。因为对工程争议的仲裁和诉讼程序比较复杂的，要花费大量的人力、物力、财力和精力，同时会容易伤害双方的感情。

六、索赔文件（报告）

（一）索赔文件的一般内容

　　索赔文件也称索赔报告，是合同一方向对方提出索赔的书面文件，它全面反映了一方当事人对一个或若干个索赔事件的所有要求和主张。对方当事人也是通过对索赔文件的审核、分析和评价来做出认可、要求修改、反驳甚至拒绝的回答，索赔文件是双方进行索赔谈判或调解、仲裁、诉讼的基础。因此索赔文件的表达与内容对索赔的解决有重大影响，索赔方必须认真编写好索赔文件。

　　对于单项索赔，索赔文件最好能设计成统一的格式，以便于索赔事件的提出和处理。在合同履行过程中，一旦出现索赔事件，承包商应该按照索赔文件的构成内容，及时地向业主提交索赔文件。

　　对于一揽子索赔，其格式比较灵活，它实质上是将许多未解决的单项索赔加以分类和综合整理，一揽子索赔文件往往需要很大的篇幅甚至几百页材料来描述其细节。一揽子索赔文件的主要组成部分如下。

　　（1）索赔致函和要点。

　　（2）总情况介绍。

　　（3）索赔总表（将索赔总数细分、编号，每一条目写明索赔内容的名称和索赔额）。

　　（4）上述事件详述。

　　（5）上述事件结论。

　　（6）合同细节和事实情况。

　　（7）分包商索赔。

　　（8）工期延长的计算和损失费用的估算。

　　（9）各种证据材料等。

（二）索赔文件编写要求

编写索赔文件需要实际工作经验，索赔文件如果起草不当，会失去索赔方的有利地位和条件，使正当的索赔要求得不到合理解决。对于重大索赔或一揽子索赔，最好能在律师或索赔专家的指导下进行。编写索赔文件的一般要求如下。

1. 符合实际

索赔事件是真实的，索赔的根据和款额应符合实际情况，不能虚构和扩大，更不能无中生有，这是索赔的基本要求。一个符合实际的索赔文件，可使审阅者看后的第一印象是合情合理，不会立即予以拒绝。相反如果索赔要求缺乏根据，漫天要价，使对方一看就极为反感，甚至连其中有道理的索赔部分也被置之不理，不利于索赔的最终解决。

2. 说服力强

符合实际的索赔要求，本身就具有说服力，但除此之外索赔文件中责任分析应清楚、准确，还应引用合同文件中的有关条款，为自己的索赔要求引证合同根据，并附上有关证据材料。

3. 计算准确

索赔文件中应完整列入索赔值的详细计算资料，计算结果要反复校核，做到准确无误。计算上的错误，尤其是扩大索赔款的计算错误，会给对方留下恶劣的印象，他会认为提出的索赔要求太不严肃，其中必有多处弄虚作假，会直接影响索赔的成功。

4. 简明扼要

索赔文件在内容上应组织合理，条理清楚，各种定义、论述、结论正确，逻辑性强。既能完整地反映索赔要求，又要简明扼要，使对方很快地理解索赔的本质。索赔文件最好采用活页装订，印刷清晰。

七、索赔技巧和艺术

索赔工作既有科学严谨的一面，又有艺术灵活的一面。任何索赔事件的处理都受制于双方签订的合同文件、各自的工程管理水平和索赔能力以及处理问题的公正性、合理性等因素。因此索赔成功不仅需要令人信服的法律依据、充足的理由和正确的计算方法，索赔的技巧和艺术也相当重要。合同双方在开展索赔工作时，要注意以下索赔技巧和艺术。

（1）正确把握提出索赔的时机。索赔过早提出，往往容易遭到对方反驳或在其他方面可能施加的挑剔、报复等；过迟提出，则容易留给对方借口，索赔要求遭到拒绝。因此索赔方必须在索赔时效范围内适时提出。如果总是担心或害怕影响双方合作关系，有意将索赔要求拖到工程结束时才正式提出，可能会事与愿违，适得其反。

（2）索赔谈判中注意方式方法。合同一方向对方提出索赔要求，进行索赔谈判时，措辞应婉转，说理应透彻，以理服人，而不是得理不让人，尽量避免使用抗议式提法，在一般情况下少用或不用如"你方违反合同""使我方受到严重损害"等类词句，最好采用"请求贵方作公平合理的调整""请在 xx 合同条款下加以考虑"等，既要正确表达自己的索赔要求，又不伤害双方的和气和感情，以达到索赔的良好效果。

如果对于合同一方一次次合理的索赔要求，对方拒不合作或置之不理，并严重影响工程的正常进行，索赔方可以采取较为严厉的措辞和切实可行的手段，以实现自己的索赔目标。

（3）索赔处理时作适当必要的让步。在索赔谈判和处理时应根据情况做出必要的让步，扔"芝麻"抢"西瓜"，有所失才有所得。可以放弃金额小的小项索赔，坚持大项索赔。这样使对方容易做出让步，达到索赔的最终目的。

（4）发挥公关能力。除了进行书信往来和谈判桌上的交涉外，有时还要发挥索赔人员的公关能力：采用合法的手段和方式，营造适合索赔争议解决的良好环境和氛围，促使索赔问题的早日和圆满解决。

第四节　工程施工风险管理

一、施工风险管理的概念

风险一般指在从事某项特定活动中，由于存在的不确定性而产生的经济或财务损失、自然破坏或损伤的可能性。这个概念强调了风险具有客观性、损失性和不确定性这三个特性。

施工风险管理则是对施工过程中的风险进行科学的辨识、分析、评价等工作，进而对施工风险采取有效的防范措施（如转嫁、回避等），以期把自己一方的风险损失降低到最小值的一个系统管理过程。

二、承包商的施工风险辨识

承包商的施工风险辨识工作可从以下几个阶段顺序进行。

（一）投标决策阶段的风险

1. 信息的失误风险

建筑企业面对建筑市场的复杂局面，应从正式途径（如从交易中心等）获得投标信息，以防止虚假信息对企业造成危害。

2. 中介与代理给承包商的风险

随着我国市场经济的发展，交易活动日益复杂，许多业务需要借助中介业务而促成，中介业务对市场经济有其独特的贡献。但是也有一些从事中介业务的人为牟取私利，以种种不实之词诱惑交易双方成交，给交易双方带来很大风险。

代理人给承包商带来的风险：一是水平太低，难以承担承包商的委托代理工作，从而使承包商的利益受到损害；二是代理人为获私利，不择手段，与业主串通，从而使承包商招致损失；三是同时给多家代理，故意制造激烈竞争气氛，使承包商的利益受损。

3. 保标与买标风险

随着建筑市场的竞争日趋激烈，工程风险日益加大，业主和承包商为了保护自身利益，就出现保标和买标等不规范行为。

保标是指承包商之间达成默契，内定保举一家公司中标且不必造成标价过低的风险。即除被保举中标的公司外，其他各家均报高标价，从而定下高价基调，使被保举公司以高标价中标。

买标是指业主方为了压低标价，雇佣个别承包商投低标，开标后要求报价较高但又想中标的承包商降价至最低标以下方可授标。这种情况往往是业主已选定有一定实力的承包商，但标价较高，从而采取这种不规范的做法。

无论是业主买标，还是承包商联合保标，都会给承包商带来风险。因为买标会导致承包商降低标价；保标则限制了非保举对象的承包商的得标机会，其损失只能由承包商承担。上述做法均可能破坏建筑市场正常秩序，最终吃亏的仍是承包商。

4. 报价失误风险

（1）低价夺标寄希望于高价索赔。往往是低价夺标成功，却难以通过索赔达到预期效果。

（2）低价夺标进入市场，通常有两种情况：一是由长期从事某类工程者进入另一类工程项目承包市场（如从房屋建筑市场进入公路建设市场，从铁路公路建设进入水利建设市场）；二是从某一地域到另一地域的市场（如从北京市进入其他省市，从中国到其他国家）。

这种策略应以对未来市场形势判断准确为前提条件。但如果判断失误，承包商投入全部精力和资金，并未获利，而业主方无后续工程建设能力，即无后续市场，从而使承包商造成亏损。

这种策略同时还应以对自己的实力判断准确为前提（指从一类工程承包转向另一类工程承包）。自己长期从事的某类工程，有成套的设备、经验，而对另一类工程都很陌生，形成扬短避长，从而可能带来失败的结局。

（3）倚仗技术优势报高价。这是指个别承包商自恃技术、管理优势报高价，使自己失去了市场。

（4）选择合作伙伴失误。个别合作伙伴缺乏诚实信用原则，搞欺诈活动，给承包商带来风险；合作伙伴实力差，难以承担自己承担的工程项目，从而造成了损害。

（5）自作聪明，弄巧成拙。主要指承包商利用投标报价技巧来获得理想经济效益的手段，但技巧使用不当则弄巧成拙。

（二）签约和履约阶段的风险

1. 合同条款的风险

合同条款反映双方当事人的责、权、利。示范文本中主要条款本着平等、自愿、公平、诚实信用，遵守法律和社会公德，这将大大地减少这方面的风险。而补充条款则应仔细斟酌，以防出现不平等条款、定义和用词含混不清，在实施中发生不测或争议。

2. 工程管理的风险

做好工程管理是承包商获得项目成功的一个关键的环节。应运用现代管理手段，不断提高项目管理水平。

3. 合同管理的风险

合同管理主要是利用合同条款保护自己的合法权益，扩大收益。这就要求承包商具有渊博的知识和娴熟的技巧，要善于开展索赔，否则，不懂索赔，只能自己承担损失。

4. 物资管理的风险

工程物资包括施工用的原材料、构配件、机具、设备。在管理中尤以材料管理给工程带来的风险最大。

5. 成本管理的风险

建筑工程项目成本管理是承包项目获得理想的经济效益的重要保证。成本管理包括成本预测、成本计划、成本控制和成本核算，哪一个环节的疏忽都可能给整个成本管理带来严重风险。

6. 业主方履约能力的风险

主要指业主不能按时支付工程款。这种情况产生的原因，一是工程业主资金不完全落实，招标时概（预）算留有缺口；二是业主方本身受到他人所欠债务的拖累而影响对承包商的支付能力；三是行政干预，某些"首长工程"或"献礼工程"，指令承包，资金不落实或低于成本价承包。

7. 分包或转包的风险

分包或转包单位水平低，造成质量不合格，又无力承担返修责任，而总包单位要对业主方负责，不得不为分包或转包单位承担返修责任。这种情况，主要是因选择分包不当或非法转包而又疏于监督管理造成的。

8. 不可抗力造成的风险

指暴雨、台风、严寒、洪水、泥石流、地震等人力不可抗拒的自然灾害造成的损失。

（三）竣工验收与交付阶段的风险

这一阶段的风险主要体现在竣工验收的条件、竣工验收资料管理、债权债务的处理等方面。

1. 竣工验收条件的风险

这一阶段是施工企业在项目实施全过程中的重要一环。前面的任何阶段遗留的问题都将反映到此阶段，所以施工方应全面回顾项目实施的全过程，以确保项目验收顺利通过。其具体工作内容是按分项、分部整理技术资料的同时，整理各施工阶段的质量问题及处理结论，列出条目，召集有关人员会议，进一步检查落实，制定全面整改计划，并在人力、财力、物力等各方面予以保证。实行总分包的项目应请分包单位参加并落实他们的整改责任。如果整改计划不及时或不落实，不具备竣工验收条件，必对承包商造成风险。

2. 竣工验收资料管理的风险

竣工验收资料管理从以下几个方面为承包商带来风险。

（1）由于建筑工程项目经理部或企业未按有关资料管理的规定去做，使竣工资料不全或混乱，影响建筑工程项目竣工验收。

（2）建设单位与施工单位在签订施工承包合同时，对施工技术资料的编制责任和移交期限未能做出全面、完整、明确的规定，造成竣工验收时资料不符合竣工验收规定，影响竣工验收。

（3）监理人员未能按规定及时签证认可的资料，在竣工验收时发生纠纷，以致影响竣工验收工作的顺利进行。

（4）由于市场的供求机制不健全，法规不健全，业主拖欠工程款，施工企业拖欠材料款、机械设备租赁费，资源供应方为今后索取款项故意不按时交付有关证明文件。

3. 债权债务处理中的风险

（1）债权处理。工程项目面临竣工阶段，应提前做好工程结算准备，否则不能按时竣工结算，留下的争议和问题越来越多，久拖未决，可能严重影响资金运转。在目前建设市场环境下，吃亏的多数是承包商。

（2）债务的处理。

三、承包商风险的防范与管理

（一）回避风险

回避风险是指承包商设法远离、躲避可能发生的风险的行为和环境，从而避免风险发生的可能性，其具体做法有以下三种。

1. 拒绝承担风险

承包商拒绝承担风险大致有以下几种情况。

（1）对某些存在致命风险的工程拒绝投标。

（2）利用合同保护自己，不承担应该由业主承担的风险。

（3）不接受实力差、信誉不佳的分包商和材料、设备供应商，即使是业主或者有实权的其他任何人的推荐。

（4）不委托道德水平低下或其他综合素质不高的中介组织或个人。

2. 承担小风险躲避大风险

如投标报价中加上一笔不可预见费，可回避成本亏损的风险，但承担失去竞争力的风险。

3. 避免风险

损失一定的较小利益而避免风险。

（二）转移风险

转移风险是指承包商不能回避风险的情况下，将自身面临的风险转移给其他主体来承担。风险的转移并非转嫁损失，有些承包商无法控制的风险因素，其他主体却可以控制。

风险转移一般指对分包商和保险机构。

1. 转移给分包商

工程风险中的很大一部分可以分散给若干分包商和生产要素供应商。例如：对待业主拖欠工程款的风险，可以在分包合同中规定在业主支付工程款给总包单位后若干日内向分包方支付工程款。

承包商在项目中投入的资源越少越好，以便一旦遇到风险，可以进退自如。可以采用租赁或指令分包商自带设备等措施来减少自身资金、设备沉淀。

2. 购买保险

购买保险是一种非常有效的转移风险的手段，将自身面临的风险的很大一部分转移给保险公司来承担。

（三）自留风险

承包商自留风险有以下几种情况：一是对风险的程度估计不足，认为这种风险不会发生；二是这种风险无法回避或转移；三是经认真进行分析和慎重考虑而决定自己承担风险，因为损失微不足道或自留比转移更为有利。

（四）利用风险

在风险的防范和管理中，人们经常提到风险和盈利并存。许多项目风险小，但同时盈利也很小。只有提高自身素质和综合管理水平，能够成功地预测风险、管理风险并合理利用风险，才可能给承包商带来盈利。

第六章　建筑工程安全管理

第一节　安全管理概述

一、基本概念

安全，指没有危险、不出事故，未造成人员伤亡、资产损失。

安全生产管理，是指经营管理者对安全生产工作进行的策划、组织、指挥、协调、控制和改进的一系列活动，目的是保证在生产经营活动中人身安全、财产安全，促进生产的发展，保持社会的稳定。

建筑工程项目安全管理，就是建筑工程项目在施工过程中，组织安全生产的全部管理活动。通过对生产要素过程控制，使生产要素的不安全状态减少或消除，达到减少一般事故，杜绝伤亡事故，从而保证项目安全管理目标的实现。

安全生产是建筑工程项目重要的控制目标之一，也是衡量建筑工程项目管理水平的重要标志。因此，建筑工程项目必须把实现安全生产，当作组织施工活动的重要任务。

二、安全生产方针

我国的安全生产方针，又称劳动保护方针，在1952年第二次全国劳动保护工作会议上提出了劳动保护工作必须贯彻安全生产的方针。在1987年全国劳动检查会议上又进一步规定为"安全第一""预防为主"的方针，并一直沿用至今。

（一）"安全第一"是安全生产方针的基础

生产过程中的安全是生产发展的客观需要，特别是现代化生产，更不能忽视，要在生产活动中把安全工作放在第一位，尤其是当生产与安全发生矛盾时，生产服从安全，这是"安全第一"的含义。

（二）安全与生产的辩证关系

在生产建设中，必须用辩证统一的观点去处理好安全与生产的关系。这就是说，项目领导者必须善于安排好安全工作与生产工作，特别是在生产任务繁忙的情况下，安全工作与生产工作发生矛盾时，更应处理好两者的关系，不要把安全工作挤掉。越是生产任务忙，越要重视安全，把安全工作搞好，否则，就会招致工伤事故，既妨碍生产，又影响企业信誉，这是多年来生产实践证明了的一条重要经验。总之，安全与生产是互相联系，互相依存，互为条件的。必须用辩证的思想来正确贯彻安全生产方针。

（三）"预防为主"是安全生产方针的核心，是实施安全生产的根本途径

安全生产工作的预防为主是现代生产发展的需要。现代科学技术日新月异，而且往往又是多学科综合运用，安全问题日益复杂，稍有疏忽就会酿成事故。预防为主，就是要在事前做好安全工作，防患于未然。依靠科技进步，加强安全科学管理，搞好科学预测与分析工作，把工伤事故和职业危害消灭在萌芽状态中。安全第一、预防为主两者是相辅相成、互相促进的。预防为主是实现安全第一的保障，要做到安全第一，实现安全生产，最有效的措施就是搞好积极预防，主动预防，否则安全第一就是一句空话，这也是在实践中证明了的一条重要经验。

三、安全生产管理体制

1993 年国务院《关于加强安全生产工作的通知》提出：实行"企业负责、行业管理、国家监察和群众监督"的安全生产管理体制。后来又考虑到许多事故发生是由于劳动者不遵守规章制度，违章违纪造成的，因此，增加了"劳动者遵章守纪"。形成了当前适用的"企业负责、行业管理、国家监察和群众监督、劳动者遵章守纪"的安全生产管理体制。

（一）企业负责

企业负责就是企业在其经营活动中必须对本企业安全生产负全面责任，

企业法定代表人是安全生产的第一责任人。各企业应建立安全生产责任制，在管生产的同时，必须搞好安全卫生工作。这样才能达到责权利的相互统一。企业应自觉贯彻"安全第一，预防为主"，必须遵守国家的法律、法规和标准，根据国家有关规定，制定本企业安全生产规章制度；必须设置安全机构，配备安全管理人员对企业的安全工作进行有效管理。"企业负责"要求企业自觉接受行业管理、国家监察和群众监督，并结合本企业情况，努力克服安全生产中的薄弱环节，积极认真地解决安全生产中的各种问题。企业对安全生产负责的关键是做到"责任到位、投入到位、措施到位"。

（二）行业管理

行政主管部门根据"管生产必须管安全"的原则，管理本行业的安全生产工作，建立安全生产管理机构，配备安全技术干部，组织贯彻执行国家安全生产方针、政策、法律、法规，制定行业的规章制度和规范标准；对本行业安全生产管理工作进行策划、组织实施和监督检查、考核；帮助企业解决安全生产方面的实际问题，支持、指导企业搞好安全生产。

（三）国家监察

安全生产行政主管部门按照国务院要求实施国家劳动安全监察。国家监察是一种执法监察，主要是监察国家法规、政策的执行情况，预防和纠正违反法规、政策的偏差；它不干预企事业遵循法律法规、制定的措施和步骤等具体事务，也不能替代行业管理部门日常管理和安全检查。

（四）群众监督

群众监督是安全生产工作不可缺少的重要环节。这种监督是与国家安全监察和行政管理相辅相成的，应密切配合，相互合作，互通情况，共同搞好安全生产工作。新的经济体制的建立，群众监督的内涵也在扩大。不仅是各级工会，而且社会团体，民主党派、新闻单位等也应共同对安全生产起监督作用。这是保障职工的合法权益，保障职工生命安全与健康和国家财产不受损失以及搞好安全生产的重要保证。

（五）劳动者遵章守纪

从许多事故发生的原因看，大都与职工的违章行为有直接关系。因此，劳动者在生产过程中应自觉遵守安全生产规章制度和劳动纪律，严格执行安全技术操作规程，不违章操作。劳动者遵章守纪也是减少事故，实现安全生产的重要保证。

四、安全生产管理制度

1963 年 3 月 30 日我国在总结了安全生产管理经验的基础上，由国务院发布了《关于加强企业生产中安全工作的几项规定》。规定了企业必须建立的五项基本制度，即安全生产责任制、安全技术措施、安全生产教育、安全生产定期检查、伤亡事故的调查和处理。此外，随着社会和生产的发展，国家和企业在五项基本制度的基础上又建立和完善了许多新制度，到目前比较成熟的安全生产管理制度有如"三同时"，安全预评价，职业安全卫生监察，易燃、易爆、有毒物品管理，防护用品使用与管理，特种设备及特种作业人员管理，机械设备安全检修，以及文明生产等制度。

（一）安全生产责任制

安全生产责任制是组织各项安全生产规章制度的核心，是组织行政岗位责任制度和经济责任制度的重要组成部分，也是最基本的安全生产管理制度。安全生产责任制是按照安全生产方针和"管生产的同时必须管安全"的原则。对各级负责人员、各职能部门及其工作人员和各岗位生产工人在安全生产方面应做的事情及应负的责任加以明确规定的一种制度。

组织安全生产责任制的核心是实现安全生产的"五同时"，就是在策划、布置、检查、总结、评比生产的时候；同时策划、布置、检查、总结、评比安全工作。其内容大体分为两个方面，一是纵向方面各级人员的安全生产责任制，即各类人员（从最高管理者、管理者代表、中层管理者到一般员工）的安全生产责任制；二是横向方面各分部门的安全生产责任制，即各职能部门（如安装、设备、技术、生产、财务等部门）的安全生产责任制。

（二）安全生产措施计划制度

安全生产措施计划制度是安全生产管理制度的一个重要组成部分，是企业有计划地改善劳动条件和安全卫生设施，防止工伤事故和职业病的重要措施之一。这种制度对企业加强劳动保护，改善劳动条件，保障职工的安全和健康，促进企业生产经营的发展都起着积极作用。

（三）安全生产教育制度

劳动法规定：用人单位要对劳动者进行劳动安全卫生教育。组织安全教育工作是贯彻组织方针，实现安全生产、文明生产、提高员工安全意识和安全素质；防止产生不安全行为、减少人为失误的重要途径。其重要性首先在于提高组织管理者及员工做好安全生产的责任感和自觉性，帮助其正确认识和学习职业安全卫生法律、法规、基本知识。其次是能够普及和提高员工的安全技术知识，增强安全操作技能，从而保护自己和他人的安全与健康，促进生产力的发展。安全教育的形式一般包括：管理人员的职业安全卫生教育、特种作业人员的职业安全卫生教育、职工的职业安全卫生教育和经常性职业安全卫生教育。

（四）安全生产检查制度

安全生产检查制度是清除隐患、防止事故、改善劳动条件的重要手段，是企业安全生产管理工作的一项重要内容。通过安全生产检查可以发现企业及生产过程中的危险因素，以便有计划地采取措施，保证安全生产。

安全生产检查的内容，主要是查思想、查管理、查隐患、查整改和查事故处理。查思想主要是检查组织领导和职工对安全生产工作的认识；查管理是检查组织是否建立安全生产管理体系并正常工作；查隐患是检查生产作业现场是否符合安全生产、文明生产的要求；查整改是检查组织对过去提出问题的整改情况；查事故处理主要是检查组织对伤亡事故是否及时报告、认真调查、严肃处理。安全生产检查时要深入车间、班组，检查生产过程中的劳动条件、生产设备以及相应的安全卫生设施和工人的操作行为是否符合安全生产的要求。为保证检查的效果，必须成立一个适应安全生产检查工作需要的检查组，配备适当的力量。安全生产检查的组织形式，可根据检查的目的和内容来确定。

（五）伤亡事故和职业病统计报告制度

伤亡事故和职业病统计报告和处理制度是我国安全生产的一项重要制度。这项制度的内容包括：依照国家法律、法规的规定进行事故的报告、事故的统计和事故的调查与处理。

（六）劳动安全卫生监察制度

劳动安全卫生监察制度是指国家法律、法规授权的劳动行政部门，代表政府对企业的生产过程实施劳动安全卫生监察；以政府的名义，运用国家权力对生产单位在履行劳动安全卫生职责和执行安全生产政策、法律、法规和标准的情况依法进行监督、纠举和惩戒的制度。其目的是防止事故发生。

（七）"三同时"制度

"三同时"制度，是指凡是我国境内新建、改建、扩建的基本建设项目（工程）、技术改建项目（工程）和引进的建设项目，其安全生产设施必须符合国家规定的标准，必须与主体工程同时设计、同时施工、同时投入生产和使用。

（八）安全预评价制度

安全预评价是根据建设项目可行性研究报告内容，分析和预测该建设项目可能存在的危险、有害因素的种类和程度，提出合理可行的安全对策措施及建议。预评价实际上就是在建设项目前期，应用安全评价的原理和方法对系统（工程、项目）的危险性、危害性进行预测性评价。安全预评价目的是贯彻"安全第一、预防为主"方针，为建设项目初步设计提供科学依据，以利于提高建设项目本质安全程度。

五、安全管理常用术语

（一）管生产必须管安全的原则

"管生产必须管安全"原则是指项目各级领导和全体员工在生产过程中必须坚持在抓生产的同时抓好安全工作。

"管生产必须管安全"的原则体现了安全和生产的统一，生产和安全是一个有机的整体，两者不能分割更不能对立起来，应将安全寓于生产之中，生产组织者在生产技术实施过程中，应当承担安全生产的责任，把"管生产必须管安全"原则落实到每个员工的岗位责任制上去，从组织上、制度上固定下来，以保证这一原则的实施。

（二）安全生产管理目标

安全生产管理目标指项目根据企业的整体目标，在分析外部环境和内部条件的基础上，确定安全生产所要达到的目标，并采取一系列措施努力实现这些目标的活动过程。

安全生产目标管理的基本内容包括目标体系的确立，目标的实施及目标成果的检查与考核。具体有以下几个方面。

（1）确定切实可行的目标值。采用科学的目标预测法，根据需要和可能，采取系统分析的方法，确定合适的目标值，并研究围绕达到目标应采取的措施和手段。

（2）确定安全目标的要求，制定实施办法，做到有具体的保证措施，力求量化，以便于实施和考核，包括组织技术措施，明确完成程序和时间及负责人，并签订承诺书。

（3）规定具体的考核标准和奖惩办法，考核标准不仅应规定目标值，而且要把目标值分解为若干具体要求来考核。

（4）安全生产目标管理必须与安全生产责任制挂钩。层层分解，逐级负责，充分调动各级组织和全体员工的积极性，保证安全生产管理目标的实现。

（5）安全生产目标管理必须与企业生产经营、资产经营承包责任制挂钩，作为整个企业目标管理的一个重要组成部分，实行经营管理者任期目标责任制、租赁制和各种经营承包责任制的单位负责人，应把安全生产目标管理实现与他们的经济收入和荣誉挂钩，严格考核，兑现奖罚。

（三）正确处理"五种"关系

1．安全与危险并存

安全与危险在同一事物的运动中是相互对立的，也是相互依赖而存在的，因为有危险，所以才进行安全生产过程控制。

2．安全与生产的统一

生产是人类社会存在和发展的基础，如：生产中的人、物、环境都处于危险状态，则生产无法顺利进行。有了安全保障，生产才能持续、稳定健康发展。若生产活动中事故不断发生，生产势必陷于混乱、甚至瘫痪，当生产与安全发生矛盾，危及员工生命或资产时，停止生产经营活动进行整治、消除危险因素以后，生产经营形势会变得更好。

3．安全与质量同步

质量和安全工作，交互作用，互为因果。安全第一，质量第一，两个第一并不矛盾。安全第一是从保护生产经营因素的角度提出的。而质量第一则是从关心产品成果的角度而强调的，安全为质量服务，质量需要安全保证。生产过程哪一头都不能丢掉，否则，将陷于失控状态。

4．安全与速度互促

生产中违背客观规律，盲目蛮干、乱干，在侥幸中求得的进度，缺乏真实与可靠的安全支撑，往往容易酿成不幸，不但无速度可言，反而会延误时间，影响生产。速度应以安全做保障，安全就是速度。

5．安全与效益同在

安全技术措施的实施，会不断改善劳动条件，调动职工的积极性，提高工作效率，带来经济效益，从这个意义上说，安全与效益完全是一致的，安全促进了效益的增长。在实施安全措施中，投入要精打细算、统筹安排。既要保证安全生产，又要经济合理，还要考虑力所能及。为了省钱而忽视安全生产，或追求资金的盲目高投入，也是不可取的。

（四）安全检查

安全检查是指对建筑工程项目贯彻安全生产法律法规的情况、安全生产状况、劳动条件、事故隐患等所进行的检查。安全生产检查按组织者的不同可以分为下列两大类。

1. 安全大检查

指由项目经理部组织的各种安全生产检查或专业检查。安全生产大检查通常是在一定时期内有目的、有组织地进行，一般规模较大，检查时间较长，揭露问题较多，判断较准确，有利于促使项目重视安全，并对安全生产中的一些"老大难"问题进行剖析整改。

2. 自我检查

由劳务层组织对自身安全生产情况进行的各种检查。自我检查通常采取经常性检查与定期检查、专业检查与群众检查相结合的安全检查制度。经常性检查是指安全技术人员、专职或兼职人员会同班组对安全的日查、周查和月查。定期检查是项目组织的定期（每月、每季、半年或一年）全面的安全检查。专业检查是指根据设备和季节特点进行专项的专业安全检查，如防火、防爆、防尘、防毒等检查。群众性安全检查指发动全体员工普遍进行安全检查，并对员工进行安全教育。此外，还有根据季节性特点所进行的季节性检查，如冬季防寒、夏季防暑降温以及雨季防洪等检查。

安全生产检查的主要内容包括：查思想，查制度，查机械设备，查安全设施，查安全教育培训，查操作行为，查防护用品使用，查伤亡事故处理等。安全生产检查常用的方法有：深入现场实地观察，召开汇报会、座谈会、调查会以及个别访问，查阅安全生产记录等。

（五）"六个坚持"

1. 坚持管生产同时管安全

安全寓于生产之中，并对生产发挥促进与保证作用，因此，安全与生产虽有时会出现矛盾，但从安全、生产管理的目标，表现出高度的一致和安全的统一。安全管理是生产管理的重要组成部分，安全与生产在实施过程中，两者存在着密切的联系，存在着进行共同管理的基础。国务院在《关于加强企业生产中安全工作的几项规定》中明确指出："各级领导人员在管理生产的同时，必须负责管理安全工作"。"企业中各有关专职机构，都应该在各自业务范围内，对实现安全生产的要求负责"。管生产同时管安全，不仅是对各级领导人员明确安全管理责任，同时，也向一切与生产有关的机构、人员明确了业务范围内的安全管理责任。由此可见，一切与生产有关的机构、人员，都必须参与安全管理，并在管理中承担责任。认为安全管理只是安全部门的事，是一种片面的、错误的认识。各级人员安全生产责任制度的建立，管理责任的落实，体现了管生产同时管安全的原则。

2. 坚持目标管理

安全管理的内容是对生产中的人、物、环境因素状态的管理，在有效的控制人的不安全行为和物的不安全状态，消除或避免事故，达到保护劳动者的安全与健康的目标。没有明确目标的安全管理是一种盲目行为，盲目的安全管理，往往劳民伤财。危险因素依然存在。在一定意义上，盲目的安全管理，只能纵容威胁人的安全与健康的状态，向更为严重的方向发展或转化。

3. 坚持预防为主

安全生产的方针是"安全第一、预防为主"，安全第一是从保护生产力的角度和高度，表明在生产范围内，安全与生产的关系，肯定安全在生产活动中的位置和重要性。预防为主，首先是端正对生产中不安全因素的认识和消除不安全因素的态度，选准消除不安全因素的时机。在安排与布置生产经营任务的时候，针对施工生产中可能出现的危险因素，采取措施予以消除是最佳选择，在生产活动过程中，经常检查，及时发现不安全因素，采取措施，明确责任，尽快地、坚决地予以消除，是安全管理应有的鲜明态度。

4. 坚持全员管理

安全管理不是少数人和安全机构的事，而是一切与生产有关的机构、人员共同的事，缺乏全员的参与，安全管理不会有生气、不会出现好的管理效果。当然，这并非否定安全管理第一责任人和安全监督机构的作用。在安全管理中的作用固然重要，但全员参与安全管理十分重要。安全管理涉及生产经营活动的方方面面，涉及从开工到竣工交付的全部过程，生产时间，生产要素。因此，生产经营活动中必须坚持全员、全方位的安全管理。

5. 坚持过程控制

通过识别和控制特殊关键过程，达到预防和消除事故，防止或消除事故伤害。在安全管理的主要内容中，虽然都是为了达到安全管理的目标，但是对生产过程的控制与安全管理目标关系更直接、更为突出。因此，对生产中人的不安全行为和物的不安全状态的控制，必须列入过程安全制定管理的节点。事故发生往往由于人的不安全行为运动轨迹与物的不安全状态运动轨迹的交叉所造成的，从事故发生的原因看，也说明了对生产过程的控制，应该作为安全管理重点。

6. 坚持持续改进

安全管理是在变化着的生产经营活动中的管理，是一种动态管理。其管理就意味着是不断改进发展的、不断变化的，以适应变化的生产活动。消除新的危险因素，需要的是不间断地摸索新的规律，总结控制的办法与经验，指导新的变化后的管理，从而不断提高安全管理水平。

（六）人的不安全行为

人既是管理的对象，又是管理的动力，人的行为是安全控制的关键。人与人之间有不同，即使是同一个人，在不同地点，不同时期，不同环境，他的劳动状态、注意力、情绪、效率也会有变化。这就决定了管理好人是难度很大的问题。人不单纯是自然人，而更重要的是法人。由于受到政治、经济、文化技术条件的制约和人际关系的影响，以及受企业管理形式、制度、手段、生产组织、分工、条件等的支配。所以，要管好人，避免产生人的不安全行为，应从人的生理和心理特点来分析人的行为，必须结合社会因素和环境条件对人的行为影响进行研究。

1. 人的不安全行为现象

人的不安全行为是人的生理和心理特点的反映，主要表现在身体缺陷、错误行为和违纪违章三方面。

（1）身体缺陷：指疾病、职业病、精神失常、智商过低（呆滞、接受能力差、判断能力差等）、紧张、烦躁、疲劳、易冲动、易兴奋、精神迟钝、对自然条件和环境过敏、不适应复杂和快速工作、应变能力差等。

（2）错误行为：指嗜酒、吸毒、吸烟、打赌、玩耍、嬉笑、追逐、错视、错听、错嗅、误触、误动作、误判断、突然受阻、无意相碰、意外滑倒、误入危险区域等。

（3）违纪违章：指粗心大意、漫不经心、注意力不集中、不懂装懂、无知而又不虚心、不履行安全措施、安全检查不认真、随意乱放东西、任意使用规定外的机械设备、不按规定使用防护用品、碰运气、图省事、玩忽职守、有意违章、只顾自己而不顾他人等。

2. 人的行为与事故

据统计资料分析，88％的事故是由人的不安全行为所造成。而人的生理和心理特点又直接影响人的不安全行为。因为整个劳动过程是依靠人的骨骼肌肉的运动和人的感觉、知觉、思维、意识，最后表现为人的外在行为过程。但由于人存在着某些生理和心理缺陷，都有可能发生人的不安全行为，从而导致事故。

（1）人的生理疲劳与安全。人的生理疲劳，表现出动作紊乱而不稳定，不能正常支配状况下所能承受的体力，易产生重物失手、手脚发软、致使人和物从高处坠落等事故。

（2）人的心理疲劳与安全。人的心理疲劳是指劳动者由于动机和态度改变引起工作能力的波动；或从事单调、重复劳动时的厌倦；或遭受挫折后的身心乏力等。这就会使劳动者感到心情不安、身心不支、注意力转移而产生操作失误。

（3）人的视觉、听觉与安全。人的视觉是接受外部信息的主要通道，80％以上的信息是由视觉获得，但人的视觉存在视错觉，而外界的亮度、色彩、对比度，物体的大小，形态、距离等又支配视觉效果。当视器官将外界环境转化为信号输入时，有可能产生错视、漏视的失误而导致安全事故。同样，人的听觉亦是接受外部信息的通道。但常由于机械轰鸣，噪声干扰，不仅使注意力分散，听力减弱，听不清信号，还会使人产生头晕、头痛、乏力失眠，引起神经紊乱以至心率加快等病症，若不治理和预防都会有害于安全。

（4）人的气质与安全。人的气质、性格不同，产生的行为各异；意志坚定，善于控制自己，注意力稳定性好，行动准确，不受干扰，安全度就高。感情激昂，喜怒无常，易动摇，对外界信息的反应变化多端，常易引起不安全行为。自作聪明，自以为是，将常常会发生违章操作。遇事优柔寡断，行动迟缓，则对突发事件应变能力差，此类不安全行为，均与发生事故密切相关。

（5）人际关系与安全。群体的人际关系直接影响着个体的行为，当彼此遵守劳动纪律，重视安全生产的行为规范，相互友爱和信任时，无论做什么事都充满信心和决心，安全就有保障；若群体成员把工作中的冒险视为勇敢予以鼓励、喝彩，无视安全措施和操作规程，在这种群体动力作用下，不可能形成正确的安全观念。个人某种需要未得到满足，带着愤懑和怨气的不稳定情绪工作，或上下级关系紧张，产生疑虑、畏惧、抑郁的心理，注意力发生转移，也极容易发生事故。

综上所述，在建筑工程项目安全控制中，一定要抓住人的不安全行为这一关键因素，针对人的生理和心理特点，结合不安全的影响因素，制定纠正和预防措施。劳动者应结合自身生理、心理特点培养和提高自我保护能力，预防不安全行为发生。

（七）物的不安全状态

人的生理、心理状态能适应物质、环境条件，而物质、环境条件又能满足劳动者生理、心理需要时，则不会产生不安全行为；反之，就可能导致伤害事故的发生。

1. 物的不安全状态

（1）设备、装置的缺陷，是指机械设备和装置的技术性能降低，刚度不够，结构不良，磨损、老化、失灵、腐蚀、物理和化学性能达不到规定等。

（2）作业场所的缺陷，是指施工现场狭窄，组织不当，多工种立体交叉作业，交通道路不畅，机械车辆拥挤，多单位同时施工等。

（3）物质和环境的危险源，如：化学方面的氧化、自燃、易燃、毒性、腐蚀等；机械方面的重物、振动、冲击、位移、倾覆、陷落、旋转、抛飞、断裂、剪切、冲压等；电气方面的漏电、短路、火花、电弧、电辐射、超负荷、过热、爆炸、绝缘不良、高压带电作业等；环境方面的辐射线、红外线、强光、雷电、风暴、暴雨、浓雾、高低温、洪水、地震、噪声、冲击波、粉尘、高压气体、火源等。

2. 物质、环境与安全

从上所述，物质和环境均具有危险源，也是产生安全事故的主要因素。因此，在建筑工程项目安全控制中，应根据工程项目施工的具体情况，采取有效的措施减少或断绝危险源。

如发生起重伤害事故的主要原因有两类，一是起重设备的安全装置不全或失灵；二是起重机司机违章作业或指挥失误所致，因此，预防起重伤害事故也要从这两方面入手，即，第一，保证安全装置（行程、高度、变幅、超负荷限制装置，其他保险装置等）齐全可靠，并经常检查、维修，使转动灵敏，严禁使用带"病"的起重设备。第二，起重机指挥人员和司机必须经过操作技术培训和安全技术考核，持证上岗，不得违章作业。

同时，在分析物质、环境因素对安全的影响时，也不能忽视劳动者本身生理和心理的特点。如一个生理和心理素质好，应变能力强的司机，他们注意范围较大，几乎可以在同一时间，既注意到吊物和它周围的建筑物、构筑物的距离，又顾及到起升、旋转、下降、对中、就位等一系列差异较大的操作。这样，就不会发生安全事故。所以在创造和改善物质、环境的安全条件时，也应从劳动者生理和心理状态出发，使其能相互适应。实践证明，采光照明、色彩标志、环境温度和现场环境对施工安全的影响都不可低估。

（1）采光照明问题。施工现场的采光照明，既要保证生产正常进行，又要减少人的疲劳和不舒适感，还应适应视觉暗、明的生理反应。这是因为当光照条件改变时，眼睛需要通过一定的生理过程对光的强度进行适应，方能获得清晰的视觉。所以，当由强光下进入暗环境，或由暗环境进入强光现场时，均需经过一定时间，使眼睛逐渐适应光照强度的改变，然后才能正常工作。因此，让劳动者懂得这一生理现象，当光照强度产生极大变化时作短暂停留；在黑暗场所加强人工照明；在耀眼强光下操作戴上墨镜，则可减少事故的发生。

（2）色彩的标志问题。色彩标志可提高人的辨别能力，控制人的心理，减少工作差错和人的疲劳。红色，在人的心理定势中标志危险、警告或停止；绿色，使人感到凉爽、舒适、轻松、宁静，能调剂人的视力，消除炎热、高温时烦躁不安的心理；白色，给人整洁清新的感觉，有利于观察检查缺陷，消除隐患；红白相间，则对比强烈，分外醒目。所以，根据不同的环境采用不同的色彩标志，如用红色警告牌，绿色安全网，白色安全带，红白相间的栏杆等，都能有效地预防事故。

（3）环境温度问题。环境温度接近体温时，人体热量难以散发就感到不适、头昏、气喘，活动稳定性差，手脑配合失调，对突发情况缺乏应变能力，在高温环境、高处作业时，就可能导致安全事故；反之，低温环境，人体散热量大，手脚冻僵，动作灵活性、稳定性差，也易导致事故发生。

（4）现场环境问题。现场布置杂乱无序，视线不畅，沟渠纵横，交通阻塞，机械无防护装置，电器无漏电保护，粉尘飞扬、噪声刺耳等，使劳动者生理、心理难以承受，或不能满足操作要求时，则必然诱发事故。

以上所述，在建筑工程项目安全控制中，必须将人的不安全行为、物的不安全状态与人的生理和心理特点结合起来综合考虑，制定安全技术措施，才能确保安全目标的实现。

（八）四不放过

"四不放过"是指在调查处理工伤事故时，必须坚持事故原因分析不清不放过；员工及事故责任人受不到教育不放过；事故隐患不整改不放过；事故责任人不处理不放过的原则。

"四不放过"原则的第一层含义是要求在调查处理工伤事故时，首先要把事故原因分析清楚，找出导致事故发生的真正原因，不能敷衍了事，不能在尚未找到事故主要原因时就轻易下结论，也不能把次要原因当成主要原因，未找到真正原因决不轻易放过，直至找到事故发生的真正原因，搞清楚各因素的因果关系才算达到事故分析的目的。

"四不放过"原则的第二层含义是要求在调查处理工伤事故时，不能认为原因分析清楚了，有关责任人员也处理了就算完成任务了，还必须使事故责任者和企业员工了解事故发生的原因及所造成的危害，并深刻认识到搞好安全生产的重要性，大家从事故中吸取教训，在今后工作中更加重视安全工作。

"四不放过"原则的第三层含义是要求在对工伤事故进行调查处理时，必须针对事故发生的原因，制定防止类似事故重复发生的预防措施，并督促事故发生单位组织实施，只有这样，才算达到了事故调查和处理的最终目的。

（九）安全标识

安全标识是指在操作人员容易产生错误而造成事故的场所，为了确保安全，提醒操作人员注意所采用的一种特殊标识。制定安全标识的目的是引起人们对不安全因素的注意，预防事故的发生。安全标识不能替代安全操作规程和保护措施。

根据国家有关标准，安全标识应由安全色、几何图形和图形符号构成，必要时，还需要一些文字说明与安全标识一起使用。国家规定的安全色有红、蓝、黄、绿四种颜色，其含义是：红色表示禁止、停止和防火；蓝色表示指令或必须遵守的规定；黄色表示警告、注意；绿色表示提示、安全状态、通行。

（十）建筑安全管理常用术语

（1）"一标准三规范"：《建筑施工安全检查标准》（JGJ59—99）、《建筑施工高处作业安全技术规范》《龙门架（井字架）物料提升机安全技术规范》和《施工现场临时用电安全技术规范》。

（2）建筑业伤亡事故的"四害"：高处坠落、触电、物体打击、机械伤害。统计资料表明，"四害"造成意外死亡事故占总死亡人数的 $80\% \sim 86\%$。

（3）"三宝"：安全帽、安全带（绳）、安全网。

（4）"四口"：楼梯口、电梯井口、预留洞口、通道口。

第二节　施工安全技术措施

一、定义

施工安全技术措施是指为防止工伤事故和职业病的危害，从技术上采取的措施；在工程项目施工中，针对工程特点、施工现场环境、施工方法、劳力组织、作业方法使用的机械、动力设备、变配电设施、架设工具以及各项安全防护设施等制定的确保安全施工的预防措施，称为施工安全技术措施。工程项目的施工安全技术措施是施工组织设计的重要组成部分。它是工程施工中安全生产的指导性文件，具有安全法规的作用。

二、编制施工安全技术措施的意义

（一）是贯彻执行国家安全法规的具体行动

安全技术措施不是一般的措施，它是国家规定的安全法规所要求的内容。国家在《建筑安装工程安全技术规程》和《国营建筑企业安全生产工作条例》中明确规定：所有建筑工程的施工组织设计必须有安全技术措施，并应该对工人讲解安全操作方法。施工企业编制项目的安全技术措施，就是具体落实国家安全法规的实际行动。通过编制和实施安全技术措施，可以提高施工管理人员、工程技术人员和操作人员的安全技术素质。

（二）是提高企业竞争能力的基本条件

施工企业通过在建筑市场上进行投标来承揽工程。施工安全技术措施是工程项目投标书的重要内容之一，也是评标的关键指标之一。如果施工安全技术措施编制得好，就会赢得评委和招标单位的好评，增加中标的可能性，提高企业的竞争能力。

（三）能具体指导现场施工

对于建筑施工，国家制定了许多规章制度和规程，这些都是带普遍性的规定要求。对某一个具体工程项目，特别是较复杂的或特殊的工程项目来说，还应依据不同工程项目的结构特点，制定有针对性的、具体的安全技术措施，如隧道掘进防坍塌的规定，架桥机作业防翻倾的规定等。安全技术措施，不仅具体地指导了施工，也是进行安全交底、安全检查和验收的依据，是职工生命安全的根本保证。

同时，施工安全技术措施作为施工技术资料保存下来，有益于对施工安全技术进行研究、总结和提高，为企业以后编制同类工程项目的施工安全技术措施提供借鉴。

（四）有利于职工克服施工的盲目性和提高劳动生产率

编制施工安全技术措施，可使职工集中多方面的知识和经验，对施工过程中各种不安全因素有较深刻的认识，并采取可靠的预防措施，从而克服在施工中的盲目性。通过安全技术措施的实施，使职工对施工现场安全情况心中有数，避免产生畏惧、侥幸、麻痹等心理，有利于保证施工安全和提高劳动生产率。

三、施工安全技术措施的编制要求

（一）要有超前性

为保证各种安全设施的落实，开工前应编审安全技术措施。在工程图纸会审时，就应考虑到施工安全问题，使工程的各种安全设施有较充分的准备时间，以保证其落实。当发生工程变更设计情况变化时，安全技术措施也应及时地补充完善。

（二）要有针对性

施工安全技术措施是针对每项工程特点而制定的，编制安全技术措施的技术人员必须掌握工程概况、施工方法、施工环境、条件等第一手资料，并熟悉安全法规、标准等才能编写有针对性的安全技术措施，主要考虑以下几个方面。

（1）针对不同工程的特点可能造成施工的危害，从技术上采取措施，消除危险，保证施工安全。

（2）针对不同的施工方法，如井巷作业、水上作业、立体交叉作业、滑模、网架整体提升吊装、大模板施工等可能给施工带来不安全因素，从技术上采取措施，保证安全施工。

（3）针对使用的各种机械设备、变配电设施给施工人员可能带来危险因素，从安全保险装置等方面采取的技术措施。

（4）针对施工中有毒有害、易燃易爆等作业，可能给施工人员造成的危害，从技术上采取措施，防止伤害事故。

（5）针对施工现场及周围环境可能给施工人员或周围居民带来危害，以及材料、设备运输带来的不安全因素，从技术上采取措施，予以保护。

（三）要有可靠性

安全技术措施均应贯彻于每个施工工序之中，力求细致全面、具体可靠。如施工平面布置不当，临时工程多次迁移，建筑材料多次转运，不仅影响施工进度，造成很大浪费，有的还留下安全隐患。再如易爆易燃临时仓库及明火作业区、工地宿舍、厨房等定位及间距不当，可能酿成事故。只有把多种因素和各种不利条件，考虑周全，有对策措施，才能真正做到预防事故。但是，全面具体不等于罗列一般通常的操作工艺、施工方法以及日常安全工作制度、安全纪律等。这些制度性规定，安全技术措施中不需再作抄录，但必须严格执行。

（四）要有操作性

对大中型项目工程，结构复杂的重点工程除必须在施工组织总体设计中编制施工安全技术措施外，还应编制单位工程或分部分项工程安全技术措施，详细制定出有关安全方面的防护要求和措施，确保单位工程或分部分项工程的安全施工。对爆破、吊装、水下、井巷、支模、拆除等特殊工种作业，都要编制单项安全技术方案。此外，还应编制季节性施工安全技术措施。

四、施工安全技术措施的编制方法与步骤

通常工程项目安全技术措施由项目经理部总工程师或主管工程师执笔编制，分部分项工程施工安全技术措施由其主管工程师执笔编制、施工安全技术措施编制的质量好坏，将直接影响到施工现场的安全，为此，应掌握编制的方法与步骤。

（一）深入调查研究，掌握第一手资料

编制施工安全技术措施以前，必须对施工图纸、设计单位提供的工程环境资料要熟悉，同时还应对施工作业场所进行实地考察和详细调查，收集施工现场的地形、地质、水文等自然条件；施工区域的技术经济条件、社会生活条件等资料，尤其对地下电缆、煤气管道等危险性大而又隐蔽的因素，认真查清，并清楚地标在作业平面图上，以利于安全技术措施切合实际。

（二）借鉴外单位和本单位的历史经验

查阅外单位和本单位过去同类工程项目施工的有关资料，尤其是在施工中曾经发生过的各种事故情况；认真分析，找出原因，引为借鉴，并提出相应的防范措施。

（三）群策群力，集思广益

编制安全技术措施时，应吸收有施工安全经验的干部、职工参加，大家共同揭露不安全因素，摆明施工人员易出现的不安全行为。实践证明，采取领导、技术人员、安全员、施工员和操作人员相结合的方法编制施工安全技术措施，符合工程项目的实际情况，是切实可行的。那种单凭个别人闭门造车的编制，往往是纸上谈兵，或根本解决不了安全生产中的难点和重点问题。

（四）系统分析，科学归纳

对所掌握的施工过程中可能存在的各种危险因素，进行系统分析，科学归纳，查清各因素间的相互关系，以利于抓住重点、突出难点制定安全技术措施。对影响施工安全的操作者、管理、环境、设备、原材料及其他因素，采用因果分析图进行分析。

（五）制定切实可行的安全技术对策措施

利用因果分析图分析结果，抓住关键性因素制定对策措施。对策措施要有充分的科学依据，体现施工安全经验知识和可操作性。

（六）审批

工程项目经理部所编制的施工组织设计，其中包括安全技术措施，要经企业技术负责人审批。批准后的安全技术措施，在开工前送安全技术部门备案。一些特殊危险作业如特级高处作业、高压带电作业的安全技术措施，需经企业总工程师审批。爆破作业需经公安、保卫部门审批。未经批准的安全技术措施，视为无效，且不准施工。

五、施工安全技术措施编制的主要内容

工程大致分为两种：一是结构共性较多的称为一般工程；二是结构比较复杂、技术含量高的称为特殊工程。同类结构的工程之间共性较多，但由于施工条件、环境等不同，所以也有不同之处。不同之处在共性措施中就无法解决。因此，不同的工程项目在编制施工安全技术措施时，应根据不同的施工特点，针对不同的危险因素，遵照有关规程的规定，结合以往同类工程的

施工经验与教训，编制安全技术措施。

（一）一般工程安全技术措施

（1）抓好安全生产教育、健全安全组织机构、建立安全岗位责任制、贯彻执行"安全第一、预防为主"的方针等基础性工作。

（2）土方工程防塌方，根据基坑、基槽、地下室等开挖深度、土质类别，选择合适的开挖方法，确定边坡的坡度或采取何种护坡支撑和护地桩、以防塌方。

（3）脚手架、吊篮等选用及设计搭设方案和安全防护措施。

（4）高处作业的上下安全通道。

（5）安全网（平网、立网）的架设要求，范围（保护区域）、架设层次、段落。

（6）安装、使用、拆除施工电梯、井架（龙门架）等垂直运输设备的安全技术要求及措施，如位置搭设要求，稳定性、安全装置等要求。

（7）施工洞口及临边的防护方法和主体交叉施工作业区的隔离措施。

（8）场内运输道路及人行通道的布置。

（9）施工现场临时用电的合理布设、防触电的措施；要求编制临时用电的施工组织设计和绘制临时用电图纸；在建工程（包括脚手架）的外侧边缘与外电架空线路的间距达到最小安全距离采取的防护措施。

（10）现场防火、防毒、防爆、防雷等安全措施。

（11）在建工程与周围人行通道及民房的防护隔离设置。

（二）特殊工程施工安全技术措施

对于结构复杂，危险性大的特殊工程，应编制单项的安全技术措施。如长大隧道施工、既有线改造、架梁、爆破、大型吊装、沉箱、沉井、烟囱、水塔、特殊架设作业、高层脚手架、井架和拆除工程必须编制单项的安全技术措施。并注明设计依据，做到有计算、有详图、有文字说明。

（三）季节性施工安全措施

季节性施工安全措施，就是考虑不同季节的气候，对施工生产带来的不安全因素，可能造成的各种突发性事故，从防护上、技术上、管理上采取的措施。一般建筑工程中在施工组织设计或施工方案的安全技术措施中，编制季节性施工安全措施；危险性大、高温期长的建筑工程，应单独编制季节性的施工安全措施。季节性主要指夏季、雨季和冬季。各季节性施工安全的主要内容如下。

（1）夏季气候炎热，高温时间持续较长，主要是做好防暑降温工作。

（2）雨季进行作业，主要应做好防触电、防雷、防坍方与防台风和防洪的工作。

（3）冬季进行作业，主要应做好防风、防火、防冻、防滑、防煤气中毒、防亚硝酸钠中毒的工作。

六、施工安全技术措施的实施

经批准的安全技术措施具有技术法规的作用，必须认真贯彻执行，否则就会变成一纸空文。遇到因条件变化或考虑不周需变更安全技术措施内容时，应经原编制、审批人员办理变更手续，否则不能擅自变更。

（一）认真进行安全技术措施交底

为使参与施工的干部、职工明确施工生产的技术要求和安全生产要点，做到心中有数，工程开工前，应将工程概况、施工方法和安全技术措施向参加施工的工地负责人、工班长进行交底，每个单项工程开工前，应重复进行单项工程的安全技术交底工作。安全技术交底工作应分级进行。工程项目经理部总工程师向分部分项主管工程师、施工技术队长及有关职能科室负责人等交底。施工技术队长向本队施工员、技术员、安全员及班组长进行详细交底。安全技术交底的最基层一级，也是最关键的一级，是单位工程技术负责人向班组进行的交底。通过各级交底，使执行者了解其具体内容和施工要求，为落实安全技术措施奠定基础。进行安全技术交底应有书面材料，双方签字并保存记录。安全技术措施交底的基本要求如下。

（1）工程项目应坚持逐级安全技术交底制度。

（2）安全技术交底应具体、明确、针对性强。交底的内容应针对分部分项工程中施工给作业人员带来的危险因素。

（3）工程开工前，应将工程概况、施工方法、安全技术措施等情况，向工地负责人、工班长进行详细交底；必要时直至向参加施工的全体员工进行交底。

（4）两个以上施工队或工种配合施工时，应按工程进度定期或不定期地向有关施工单位和班组进行交叉作业的安全书面交底。

（5）工长安排班组长工作前，必须进行书面的安全技术交底，班组长应每天对工人进行施工要求、作业环境等书面安全交底。

（6）各级书面安全技术交底应有交底时间、内容及交底人和接受交底人的签字，并保存交底记录。

（7）应针对工程项目施工作业的特点和危险点。

（8）针对危险点的具体防范措施和应注意的安全事项。

（9）有关的安全操作规程和标准。

（10）一旦发生事故后应及时采取的避难和急救措施。

（11）出现下列情况时，项目经理、项目总工程师或安全员应及时对班组进行安全技术交底。

①因故改变安全操作规程。

②实施重大和季节性安全技术措施。

③推广使用新技术、新工艺、新材料、新设备。

④发生因工伤亡事故、机械损坏事故及重大未遂事故。

⑤出现其他不安全因素、安全生产环境发生较大变化。

（二）落实安全技术措施

首先，保证安全技术措施经费，对于劳动保护费用，可由施工单位直接在施工管理费用开支；对于特殊的大型临时安全技术措施项目的经费，施工单位应同建设单位商定，作为大型临时施工设施；单独列入施工预算中解决。其次，对安全技术措施中的各种安全设施、防护设置应列入施工任务计划单，责任落实到班组或个人，并实行验收制度。

（三）加强安全技术措施实施情况的监督检查

技术负责人、安全技术人员、应经常深入工地检查安全技术措施的实施情况，及时纠正违反安全技术措施的行为，各级安全管理部门应以施工安全技术措施为依据，以安全法规和各项安全规章制度为准则，经常性地对工地实施情况进行检查，并监督各项安全措施的落实。具体内容为：①施工作业人员是否明确与已有关的安全技术措施；②是否在规定期限内落实了安全技术措施；③根据施工作业的情况，原措施内容是否有不完善或差错的地方，是否对施工安全技术措施方案作了符合施工客观情况的补充、调整和修改，并履行了审批手续。通过监督检查，及时纠正违反安全技术措施规定的行为，并补充、完善安全技术措施的不足。

（四）建立奖罚制度

对安全技术措施的执行情况，除认真监督检查外，还应对于实施安全技术措施好的施工队、作业班组及个人，给予经济的和精神的鼓励；对于没有很好地实施安全技术措施的单位及个人并造成严重后果的，要视其后果的损失大小给予批评、罚款直至追究责任。

七、施工安全控制要点

（一）基本要求

（1）取得安全行政主管部门颁布的《安全施工许可证》后，方可施工。

（2）总包单位及分包单位都应持有《施工企业安全资格审查认可证》，方可组织施工。

（3）各类人员必须具备相应的安全生产资格，方可上岗。

（4）所有施工人员必须经过三级安全教育。

（5）特殊工种作业人员，必须持有（特种作业操作证）。

（6）对查出的事故隐患要做到"定整改责任人、定整改措施、定整改完成时间、定整改验收人"。

（7）必须把好安全生产措施关、交底关、教育关、防护关、检查关、改进关。

（二）施工阶段控制要点

1. 基础施工阶段

（1）挖土机械作业安全。

（2）边坡防护安全。

（3）防水设备与临时用电安全。

（4）防水施工时的防火、防毒。

（5）人工挖扩孔桩安全。

2. 结构施工阶段

（1）临时用电安全。

（2）内外架及洞口防护。

（3）作业面交叉施工及临边防护。

（4）大模板和现场堆料防倒塌。

（5）机械设备的使用安全。

3. 装修阶段

（1）室内多工种、多工序的立体交叉施工安全防护。

（2）外墙面装饰防坠落。

（3）做防水油漆的防火、防毒。

（4）临电、照明及电动工具的使用安全。

4．季节性施工

（1）雨季防触电、防雷击、防沉陷坍塌、防台风。

（2）高温季节防中暑、防中毒、防疲劳作业。

（3）冬季施工防冻、防滑、防火、防煤气中毒、防大风雪、防大雾。

第三节　安全隐患和事故处理

一、安全隐患处理

（1）检查中发现的隐患应进行登记，不仅作为整改的备查依据，而且是提供安全动态分析的重要信息渠道。如多数单位安全检查都发现同类型隐患，说明是"通病"，若某单位在安全检查中重复出现隐患，说明整改不彻底，形成"顽症"。根据检查隐患记录分析，制定指导安全管理的预防措施。

（2）安全检查中查出的隐患，还应发出隐患整改通知单。对凡存在即发性事故危险的隐患，检查人员应责令停工，被查单位必须立即进行整改。

（3）对于违章指挥、违章作业行为，检查人员可以当场指出，立即纠正。

（4）被检查单位领导对查出的隐患，应立即研究制定整改方案。按照"三定"（即定人、定期限、定措施），限期完成整改。

（5）整改完成后要及时通知有关部门派员进行复查验证，经复查整改合格后，即可销案。

二、伤亡事故处理

（一）事故和伤亡事故

从广义的角度讲，事故是指人们在实现有目的的行动过程中，由不安全的行为、动作或不安全的状态所引起的、突然发生的、与人的意志相反且事先未能预料到的意外事件，它能造成财产损失，生产中断，人员伤亡。

从劳动保护的角度讲，事故主要指伤亡事故，又称伤害。根据能量转移理论，伤亡事故是指人们在行动过程中，接触了与周围环境有关的外来能量，这种能量在一定条件下异常释放，反作用于人体，致使人身生理机能部分或全部丧失的现象。

《企业职工伤亡事故分类标准》（GB 6441—86）和《企业职工伤亡事故调查分析规则》（GB 6442—86）中，从企业职工的角度将伤亡事故定义为：伤亡事故是指企业职工在生产劳动过程中发生的人身伤害、急性中毒事故。

事故是一种意外事件，是由相互联系的多种因素共同作用的结果；事故发生的时间、地点、事故后果的严重程度是偶然的；事故表面上是一种突发事件，但是事故发生之前有一段潜伏期；事故是可预防的，也就是说，任何事故，只要采取正确的预防措施，事故是可以防止的。因此，我们必须通过事故调查，找到易发生事故的原因，采取预防事故的措施，从根本上降低伤亡事故的发生频率。

（二）伤亡事故分类

伤亡事故的分类，分别从不同方面描述了事故的不同特点。根据我国有关法规和标准，目前应用比较广泛的伤亡事故分类主要有以下几种。

1. 按伤害程度分类

指事故发生后，按事故对受伤者造成损伤以致劳动能力丧失的程度分类。

（1）轻伤，指损失工作日为 1 个工作日以上（含 1 个工作日），105 个工作日以下的失能伤害。

（2）重伤，指损失工作日为 105 个工作日以上（含 105 个工作日）的失能伤害，但重伤的损失工作日最多不超过 6 000 日。

（3）死亡，其损失工作日为 6 000 日，这是根据我国职工的平均退休年龄和平均死亡年龄计算出来的。

"损失工作日"的概念，其目的是估价事故在劳动力方面造成的直接损失。因此，某种伤害的损失工作日数一经确定，即为标准值，与伤害者的实际休息日无关。

2. 按事故严重程度分类

（1）轻伤事故，指只有轻伤的事故。

（2）重伤事故，指有重伤没有死亡的事故。

（3）死亡事故，指一次死亡 1～2 人的事故。

（4）重大伤亡事故，指一次死亡 3～9 人的事故。

（5）特大伤亡事故，指一次死亡 10 人以上（含 10 人）的事故。

3. 按事故类别分类

《企业职工伤亡事故分类》（GB6441—86）中，将事故类别划分为20类，即物体打击、车辆伤害、机械伤害、起重伤害、触电、淹溺、灼烫、火灾、高处坠落、坍塌、冒顶片帮、透水、放炮、瓦斯爆炸、火药爆炸、锅炉爆炸、容器爆炸、其他爆炸、中毒和窒息、其他伤害。

4. 按受伤性质分类

受伤性质是指人体受伤的类型。常见的有：电伤、挫伤、割伤、擦伤、刺伤、撕脱伤、扭伤、倒塌压埋伤、冲击伤等。

（三）伤亡事故的范围

（1）企业发生火灾事故及在扑救火灾过程中造成本企业职工伤亡。

（2）企业内部食堂、幼儿园、医务室、俱乐部等部门职工或企业职工在企业的浴室。

（3）职工乘坐本企业交通工具在企业外执行本企业的任务或乘坐本企业通勤机车、船只上下班途中，发生的交通事故，造成人员伤亡。

（4）职工乘坐本企业车辆参加企业安排的集体活动，如旅游、文娱体育活动等，因车辆失火、爆炸造成职工的伤亡。

（5）企业租赁及借用的各种运输车辆，包括司机或招聘司机，执行该企业的生产任务，发生的伤亡。

（6）职工利用业余时间，采取承包形式；完成本企业临时任务发生的伤亡事故（包括雇佣的外单位人员）。

（7）由于职工违反劳动纪律而发生的伤亡事故，其中属于在劳动过程中发生的，或者虽不在劳动过程中，但与企业设备有关的。

（四）伤亡事故等级

建设部对工程建设过程中，按程度不同，把重大事故分为四个等级。

（1）一级重大事故，死亡30人以上或直接经济损失300万元以上的。

（2）二级重大事故，死亡10人以上，29人以下或直接经济损失100万元以上，不满300万元的。

（3）三级重大事故，死亡3人以上，9人以下；重伤20人以上或直接经济损失30万元以上，不满100万元的。

（4）四级重大事故，死亡2人以下；重伤3人以上、19人以下或直接经济损失10万元以上，不满30万元的。

（五）伤亡事故的处理程序

发生伤亡事故后，负伤人员或最先发现事故的人应立即报告领导。企业对受伤人员歇工满一个工作日以上的事故，应填写伤亡事故登记表并及时上报。

企业发生重伤和重大伤亡事故，必须立即将事故概况（包括伤亡人数、发生事故的时间、地点、原因）等，用快速方法分别报告企业主管部门、行业安全管理部门和当地公安部门、人民检察院。发生重大伤亡事故，各有关部门接到报告后应立即转报各自的上级主管部门。

对于事故的调查处理，必须坚持"四不放过"原则，按照下列步骤进行。

1. 迅速抢救伤员并保护好事故现场

事故发生后，现场人员不要惊慌失措，要有组织、听指挥，首先抢救伤员和排除险情，制止事故蔓延扩大，同时，为了事故调查分析需要，保护好事故现场，确因抢救伤员和排险，而必须移动现场物品时，应做出标识。因为事故现场是提供有关物证的主要场所，是调查事故原因不可缺少的客观条件。要求现场各种物件的位置、颜色、形状及其物理、化学性质等尽可能保持事故结束时的原来状态。必须采取一切可能的措施，防止人为或自然因素的破坏。

2. 组织调查组

在接到事故报告后的单位领导，应立即赶赴现场组织抢救，并迅速组织调查组开展调查。轻伤、重伤事故，由企业负责人或其指定人员组织生产、技术、安全等部门及工会组成事故调查组，进行调查；伤亡事故，由企业主管部门会同企业所在地区的行政安全部门、公安部门、工会组成事故调查组，进行调查。重大死亡事故，按照企业的隶属关系，由省、自治区、直辖市企业主管部门或者国务院有关主管部门会同同级行政安全管理部门、公安部门、监察部门、工会组成事故调查组，进行调查。死亡和重大死亡事故调查组应邀请人民检察院参加，还可邀请有关专业技术人员参加。与发生事故有直接利害关系的人员不得参加调查组。

3. 现场勘查

在事故发生后，调查组应速到现场进行勘查。现场勘查是技术性很强的工作，涉及广泛的科技知识和实践经验，对事故的现场勘察必须及时、全面、准确、客观。现场勘察的主要内容如下。

（1）现场笔录。

①发生事故的时间、地点、气象等。

②现场勘察人员姓名、单位、职务。

③现场勘察起止时间、勘察过程。

④能量失散所造成的破坏情况、状态、程度等。

⑤设备损坏或异常情况及事故前后的位置。

⑥事故发生前劳动组合、现场人员的位置和行动。

⑦散落情况。

⑧重要物证的特征、位置及检验情况等。

（2）现场拍照。

①方位拍照，能反映事故现场在周围环境中的位置。

②全面拍照，能反映事故现场各部分之间的联系。

③中心拍照，反映事故现场中心情况。

④细目拍照，提示事故直接原因的痕迹物、致害物等。

⑤人体拍照，反映伤亡者主要受伤和造成死亡伤害部位。

（3）现场绘图。根据事故类别和规模以及调查工作的需要应绘出下列示意图。

①建筑物平面图、剖面图。

②事故时人员位置及活动图。

③破坏物立体图或展开图。

④涉及范围图。

⑤设备或工、器具构造简图等。

4．分析事故原因

（1）通过全面的调查，查明事故经过，弄清造成事故的原因，包括人、物、生产管理和技术管理等方面的问题，经过认真、客观、全面、细致、准确的分析，确定事故的性质和责任。

（2）事故分析步骤，首先整理和仔细阅读调查材料。按 GB 6441—86 标准附录 A，受伤部位、受伤性质、起因物、致害物、伤害方法、不安全状态和不安全行为等七项内容进行分析，确定直接原因、间接原因和事故责任者。

（3）分析事故原因时，应根据调查所确认事实，从直接原因入手，逐步深入到间接原因。通过对直接原因和间接原因的分析，确定事故中的直接责任者和领导责任者，再根据其在事故发生过程中的作用，确定主要责任者。

直接责任者，指在事故发生中有直接因果关系的人。主要责任者，是在事故发生中属于主要地位和起主要作用的人。重要责任者，是在事故责任者中，负一定责任，起一定作用，但不起主要作用的人。领导责任者，是指忽视安全生产，管理混乱，规章制度不健全，违章指挥，冒险蛮干，对工人不认真进行安全教育，不认真消除事故隐患，或者出现事故以后仍不采取有力措施，致使同类事故重复发生的单位领导。

（4）事故性质类别。

①责任事故，就是由于人的过失造成的事故。

②非责任事故，即由于人们不能预见或不可抗力的自然条件变化所造成的事故或是在技术改造、发明创造、科学试验活动中，由于科学技术条件的限制而发生的无法预料的事故。但是，对于能够预见并可以采取措施加以避免的伤亡事故，或没有经过认证研究解决技术问题而造成的事故，不能包括在内。

③破坏性事故，即为达到既定目的而故意制造的事故。对已确定为破坏性事故的，应由公安机关认真追查破案，依法处理。

5. 制定预防措施

为了确保安全生产，防止类似事故再次发生，要求根据对事故原因的分析，编制防范措施。防范措施要有针对性、适用性、可操作性，要指定每项措施的执行者和完成措施的具体时限，项目经理、主管安全的领导和安全检查人员要及时组织检查验收，并向上级有关部门反馈工地整改情况。同时，根据事故后果和事故责任者应负的责任提出处理意见。对于重大未遂事故不可掉以轻心，也应严肃认真按上述要求查找原因，分清责任，严肃处理。

6. 写出调查报告

调查组应着重把事故发生的经过、原因、责任分析和处理意见以及本次事故的教训和改进工作的建议等写成报告，经调查组全体人员签字后报批。如调查组内部意见有分歧，应在弄清事实的基础上，对照法律法规进行研究，统一认识。对于个别同志仍持有不同意见的允许保留，并在签字时写明自己的意见。

7. 事故的审理和结案

（1）事故调查处理结论，应经有关机关审批后，方可结案。伤亡事故处理工作应当在 90 日内结案，特殊情况不得超过 180 日。

（2）事故案件的审批权限，同企业的隶属关系及人事管理权限一致。

（3）对事故责任者的处理，应根据其情节轻重和损失大小，谁有责任，主要责任，其次责任，重要责任，一般责任，还是领导责任等，按规定给予处分。

（4）要把事故调查处理的文件、图纸、照片、资料等记录长期完整地保存起来。

8．员工伤亡事故登记记录

（1）员工重伤、死亡事故调查报告书，现场勘察资料（记录、图纸、照片）。

（2）技术鉴定和试验报告。

（3）物证、人证调查材料。

（4）医疗部门对伤亡者的诊断结论及影印件。

（5）事故调查组人员的姓名、职务，并应逐个签字。

（6）企业或其主管部门对该事故所作的结案报告。

（7）受处理人员的检查材料。

（8）有关部门对事故的结案批复等。

9．关于工伤事故统计报告中的几个具体问题

（1）"工人职员在生产区域中所发生的和生产有关的伤亡事故"，是指企业在册职工在企业生产活动所涉及的区域内（不包括托儿所、食堂、诊疗所、俱乐部、球场等生活区域），由于生产过程中存在的危险因素的影响，突然使人体组织受到损伤或某些器官失去正常机能，以致负伤人员立即中断工作的一切事故。

（2）员工负伤后一个月内死亡，应作为死亡事故填报或补报；超过一个月死亡的，不作死亡事故统计。

（3）员工在生产工作岗位干私活或打闹造成伤亡事故，不作工伤事故统计。

（4）企业车辆执行生产运输任务（包括本企业职工乘坐企业车辆）行驶在场外公路上发生的伤亡事故，一律由交通部门统计。

（5）企业发生火灾、爆炸、翻车、沉船、倒塌、中毒等事故造成旅客、居民、行人伤亡，均不作职工伤亡事故统计。

（6）停薪留职的职工到外单位工作发生伤亡事故由外单位负责统计报告。

（六）职业病处理

有关职业病的处理，是政策性很强的一项工作，涉及职业病防治及妥善

安置职业病患者、患者的劳保福利待遇、劳动能力鉴定及职业康复等工作，目前可按卫生部、劳动部、财政部、全国总工会 1987 年月 11 月发布的《职业病范围和职业病患者处理办法的规定》执行。

根据此规定，职工被确诊患有职业病后，其所在单位应根据职业病诊断机构的意见，安排其医疗或疗养。在医治或疗养后被确认不宜继续从事原有害作业或工作的，应自确认之日起的两个月内将其调离原工作岗位，另行安排工作；对于因工作需要暂不能调离的生产、工作的技术骨干，调离期限最长不得超过半年。患有职业病的职工变动工作单位时，其职业病待遇应由原单位负责或两个单位协调处理，双方商妥后方可办理调转手续。并将其健康档案、职业病诊断证明及职业病处理情况等材料全部移交新单位。调出、调入单位都应将情况报告所在地的劳动卫生职业病防治机构备案。职工到新单位后，新发生的职业病不论与现工作有无关系，其职业病待遇由新单位负责。劳动合同制工人、临时工终止或解除劳动合同后，在待业期间新发现的职业病，与上一个劳动合同工作有关时，其职业病待遇由原终止或解除劳动合同的单位负责。如原单位已与其他单位合并，由合并后的单位负责；如原单位已撤销，应由原单位的上级主管机关负责。

第四节　职业健康安全管理体系

一、职业健康安全管理体系基本原理

OSHMS 的思想建立在 PDCA（戴明环）理论基础之上。按照戴明模型，一个组织的活动可分为：计划（Plan）、实施（Do）、检查（Check）、改进（Action）四个相互联系的环节。

（1）计划环节：作为行动基础，对某些事情进行预先考虑，包括决定干什么，如何干，什么时候干以及谁去干等问题。计划环节是对管理体系的总体规划，包括：①确定组织的方针、目标；②配备必要资源，包括人力、物力、财力资源等；③建立组织机构，规定相应职责、权限及其相互关系；④识别管理体系运行的相关活动或过程，并规定活动或过程的实施程序和作业方法等。为了使组织的管理制度化，以上过程以文件的形式反映，称为"文件化的管理体系"。

（2）实施环节：按照计划规定的程序（如组织机构、程序和作业文件等）进行实施。实施过程与计划的符合性及实施结果决定了组织能否达到预期目标。所以，保证所有活动处于受控状态是实施的关键。

（3）检查环节：为了确保计划的有效实施，需要对实施效果进行监测与测量，并采取措施修正、消除可能产生的行为偏差。

（4）改进环节：管理过程不是一个封闭的系统，需要随着管理的进程，针对管理活动中发现的不足或根据变化的内、外部条件，不断进行调整、完善。

二、OSHMS 的特征

职业健康安全管理体系由职业健康安全方针、策划、实施与运行、检查与纠正措施和管理评审五大功能块组成，每一功能块又由若干相互联系、相互作用的要素组成。所有要素组成了一个有机的整体，使体系能完成特定的功能。这一体系具有以下特点。

（一）系统性

所谓"系统"，就是由相互作用、相互依存的若干组成部分，依据一定的功能有机组织起来的综合整体。OSHMS 标准从管理思想上具有整体性、全局性、全面性等系统性特征，从管理的手段体现出结构化、程序化、文件化的特点。

首先，强调组织各级机构的全面参与——不仅要有从基层岗位到组织最高管理层之间的运作系统，同时还应具备管理绩效的监控系统，组织最高管理层依靠这两个系统，确保职业健康安全管理体系的有效运行。

其次，要求组织实行程序化管理，实现管理过程全面的系统控制。这与我国过分地依赖于管理者的主观能动性的传统的管理方法有着根本区别。这样，既可以避免管理行为的盲目性，也可以避免管理当中人为的失误以及部门之间、岗位之间的责权不清，以至于事故发生后互相推诿，推卸责任。

第三，管理体系的文件化也是一个比较复杂的系统工程。按照 OSHMS 标准的要求，组织不仅要制定和执行职业健康安全方针、目标，还要有一系列的管理程序，以使该方针、目标在管理活动中得到落实，并且保证 OSHMS 按照已制定的手册、程序文件、作业文件进行，从而符合强制性规定和规则。这些方针、手册、程序文件和作业文件及其相应的记录构成了一个层次分明、相互联系的文件系统。同时，OSHMS 标准又对文件资料的控制提出要求，从而使这一文件系统更具科学性和合理性。

第四，OSHMS 标准的逻辑结构为编写职业健康安全管理手册提供了一个系统的结构基础。

（二）先进性

依据标准建立的 OSHMS，是组织不断完善、改进和提高 OSH 管理的一种先进、有效的管理手段。该体系将现代企业先进的管理理论运用于 OSH 管理，把组织安全生产活动当作一个系统工程，研究确定影响 OSH 包含的要素，将管理过程和控制措施建立在科学的危险源辨识、风险评价基础之上。为了保障安全和健康，对每个要素做出了具体规定，并建立和保持三层文件（管理手册、程序文件、作业文件）。对于一个已建立体系的组织，最好按三层文件的规定执行，坚持"写到的要做到"的原则，才有可能确保体系的先进性和科学性。

（三）预防性

危险源辨识、风险评价与控制是职业健康安全管理体系的精髓，它在理论和方法上保证了"预防为主"方针的实现。实施有效的风险辨识、评价与控制，可实现对事故的预防和生产作业的全过程控制。对各种作业和生产过程实行评价，在此基础上进行 OSHMS 策划，形成文件，对各种预知的风险因素做到事前控制，实现预防为主。对各种潜在的事故制定应急程序，力图使损失最小化。

组织要通过 OSHMS 认证，必须遵守法律、法规和其他要求。通过宣传和贯彻 OSHMS 标准，将促进组织从过去被动地执行法律、法规，转变为主动地去按照法律、法规要求，不断发现和评估自身存在的职业健康安全问题，制定目标并不断改进。这完全有别于那种被动的管理模式。通过建立OSHMS，使组织的职业健康安全真正走上预防为主的轨道。

（四）动态性

OSHMS 具有动态性的特点，持续改进是其核心。OSHMS 标准明确要求组织的最高管理者，在 OSH 方针中应包括对持续改进的承诺，遵守有关法律、法规和其他要求的承诺，并制定切实可行的目标和管理方案，配备相应的各种资源。这些内容是实施 OSHMS 的依据，也是基本保证。同时，标准还要求组织的最高管理者应定期对体系进行评审，以确保体系的持续适用性、充分性和有效性。通过管理评审使体系日臻完善，使组织的职业健康安全管理提高到一个新的水平。

按照 PDCA（戴明环）所建立的 OSHMS，就是在方针的指导下，周而复始地进行"策划、实施与运行、检查与纠正措施和管理评审"活动。体系在每一个周期的运行过程中，必定会随着管理科学和技术水平的提高，职业健康安全法律、法规及各项技术标准的健全完善，组织管理者及全体员工安全意识的提高，不断地、自觉地加大职业健康安全工作的力度，强化体系的功能，达到持续改进的目的。

（五）全过程控制

OSHMS 标准要求以过程促成结果，即在实施过程中，对全过程进行控制，最终达到职业健康安全零风险。职业健康安全管理体系的建立，引进了系统和过程的概念，即把职业健康安全管理作为一项系统工程，以系统分析的理论和方法来解决职业健康安全问题。从分析可能造成事故的危险因素入手，根据不同情况采取相应的预防、纠正措施。在研究组织的活动、产品和服务对职业健康安全的影响时，通常把可能造成事故的危险因素分为两大类：一类是和组织的管理有关的危险因素，可通过建立管理体系，加强内部审核、管理评审和人的行为评价来解决；另一类是针对原材料、工艺过程、设备、设施、产品整个生产过程的危险因素，通过采取管理和工程技术的措施消除或减少。为了有效地控制整个生产活动过程的危险因素，必须对生产的全过程进行控制，采用先进的技术、工艺、设备，全员参与，才能确保组织的职业健康安全状况得以改善。

（六）功效性

建立、实施 OSHMS 不是目的，而是为企业持续改进 OSH 状况提供了一个科学的、结构化的管理框架，其作用是帮助企业实现和改进自己所设定的 OSH 方针、目标而采用的一种工具。因此，建立与运行 OSHMS 本身不可能产生立即降低安全隐患和职业病的效用。这就是说，OSHMS 最终目标的实现，还必须依赖于安全生产、事故预防等最佳实用技术的投入。

三、推行 OSHMS 的必要性和意义

在建筑施工企业应用职业健康安全管理体系，会在施工企业内部形成一个系统化、结构化的职业健康安全自我管理机制，进而提高施工企业的职业健康安全管理水平，帮助施工企业达到有关的国家法律、法规的要求，促进我国施工企业进入国际工程承包市场。特别是《中华人民共和国安全生产法》的颁布实施（2002 年 11 月 1 日正式实施）为推行职业健康安全管理体系提供了保障条件。面对职业健康安全管理体系的国际最新发展趋势，我国只有积极的参与，才能争取主动，达到对我有利的目的。对企业来讲，推行职业健康安全管理体系的必要性主要体现在以下几个方面。

（一）推行 OSHMS 可以消除非关税贸易壁垒，促进组织进入国际市场

发达国家往往利用 WTO/TBT 建立贸易技术壁垒，其中引发的劳工权益、人权保护等问题成为各国经济纠纷的焦点之一。虽然国际标准化组织（ISO）目前暂不颁布职业健康安全管理标准，但一些发达国家已经以劳工标准作为贸易壁垒采取实际行动，如美国一些组织已提出抵制中国玩具产品出口到美国，理由是：中国的 PVC 塑料等玩具在生产过程中没有采取有效的劳动保护措施，损害了工人健康，侵犯了人权。这些已经影响到我国玩具业每年约 20 亿美元的贸易出口额。如果我国企业不从根本上改善管理机制和劳工状况，就很难保持长久的竞争力，不可能获得与国外企业"平等"的权力，这就等于自己给自己制造了一道"贸易壁垒"。为此，推行职业健康安全管理体系无论从市场竞争角度，还是针对贸易壁垒的客观存在，都是当今企业发展的一个趋势和方向，与 ISO9000 和 ISO14000 一样，OSHMS 的实施将对国际贸易产生深刻的影响，不采用的国家与组织由此受到伤害，可能逐渐被排斥在国际市场之外。

（二）推行 OSHMS 可以促进职业健康安全管理水平的提高

OSHMS 是建立在现代系统化管理的科学理论之上，以系统安全的思想为基础，从企业整体活动出发，把管理的重点放在事故预防的整体效应上，实行全员、全过程、全方位的程序化、文件化的安全管理。许多组织自愿建立职业健康安全管理体系。并通过认证，然后又要求其相关方进行体系的建立与认证，这样就形成了链式效应，依靠市场推行 OSHMS，可以达到依靠政府强制推动达不到的效果，有利于促进企业职业健康安全管理水平的提高。推行 OSHMS，是将企业安全管理由单纯的政府行为、行业监督以及上级要求转变为企业自愿行为，OSH 工作由被动消极地服从转变为积极主动地参与。从而形成自我检查、自我纠正、自我完善的机制，促进安全生产管理水平的提高。

（三）推行 OSHMS 有利于提高企业的经济效益

建立职业健康安全管理体系，加强经济技术投入，可能会增加一些生产

成本，但从长远观点来看，将对企业生产力发展起到非常重要的促进作用。一方面，实施 OSHMS 不同于传统的安全大检查，也不同于经常采用的日常巡检，体系能够自我发现、自我纠正、自我完善，持续改进安全管理绩效；另一方面，由于改善施工作业条件，提高劳动者自身安全和健康，能够明显提高劳动效率。应用 OSHMS，对施工过程中的风险进行评估、审核和持续改进，不断发现施工过程中的危险隐患和职业危害并采取有效预防措施，采用人机工效学等现代科学技术方法来改造工艺、革新工艺和改进劳动组织，提高劳动率，这些都对企业的经济效益和生产发展有长期性的积极效应。

（四）推行 OSHMS 有利于企业树立良好的形象，提高综合竞争力

在市场经济社会中，现代企业的形象就是信誉，也是重要的资源。按照职业健康安全管理体系规范的要求，建立"以危害为核心"的现代安全管理体系，是企业充分考虑员工的职业健康和安全保障，为员工创造一个安全舒适的工作环境，体现了"以人为本"的企业文化，树立了一个良好的形象。从企业的长远发展而言，最根本的是取决于市场，而市场竞争能力取决于企业内部各项工作的管理，包括 OSH 管理工作。一个现代化的企业，除了经济实力和技术能力外，还要有强烈的社会关注力和责任感以及保证职工安全与健康的良好途径和绩效。因此，实施 OSHMS 可使企业获得投标的权力或高中标率，提高企业竞争能力。

总之，建立职业健康安全管理体系是员工的需求，尤其是企业自身发展的需求。鼓励企业建立职业健康安全管理体系，是健全企业自我约束机制，标本兼治，综合治理，把安全生产工作纳入法制化、规范化和程序化轨道的重要措施之一，也是建立现代企业制度，贯彻"安全第一，预防为主"方针，提高企业市场竞争力的重要内容和措施。

四、施工企业如何建立 OSHMS

为不断消除、降低和避免各类与工作相关的伤害疾病和死亡事故的发生，保障职工的安全与健康，增强企业的竞争能力，就必须在企业原有管理基础上，建立并完善针对职业健康安全危害和风险的管理体系。对于不同组织，由于其组织特性和原有基础的差异，建立职业健康安全管理体系的过程不会完全相同。对于施工企业来说，可按下述步骤建立 OSHMS。

（一）领导决策

组织建立职业健康安全管理体系需要领导者的决策，特别是最高管理者的决策。只有在最高管理者认识到建立职业健康安全管理体系必要性的基础上，组织才有可能在其决策下开展这方面的工作。另外，职业健康安全管理体系的建立，需要资源的投入，这就需要最高管理者对改善组织的职业健康安全行为作出承诺，从而使得职业健康安全管理体系的实施与运行得到充足的资源。

企业最高管理者（总经理）任命管理者代表。在工会委员中推选出员工OSH代表，并向职工公布。OSH代表代表职工参与安全例会、程序编制和事故处理，组织劳动保护监督等安全管理事务。

（二）成立贯标组

（1）成立贯标组（比如由安全、消防、设备、卫生、工会等OSH管理相关部门骨干组成）。

（2）成立危险源辨识和风险评价小组（由专业人员、主管人员或专家组成）。

贯标组负责人最好是管理者代表，或者是管理者代表之一。根据组织的规模，管理水平及人员素质，贯标组的规模可大可小，可专职或兼职，可以是一个独立的机构（比如贯标办），也可挂靠在某个部门（比如安质部）。

（三）人员培训

组织可根据国家经贸委有关要求，选择国内的职业健康安全认证标准OSHMS审核规范、GB/T28001或国际标准OHSAS18001：2001作为认证标准。工作组在开展工作之前，应接受职业健康安全管理体系标准及相关知识的培训。同时，对组织体系运行需要的内审员，也要进行相应的培训，并取得相应资格证书。

（四）初始状态评审

对于刚开始建立职业健康安全管理体系的企业，首先应当通过初始状态评审即危害识别和风险评价的方式，确定自己的职业健康安全管理现状。OSHMS初始状态评审可提醒企业所具有的一切职业健康安全风险，为确定职业健康安全风险控制的优先顺序，有效控制不可承受的风险提供依据，也是制定OSH方针、目标指标和管理方案及编制体系文件的基础。

初始状态评审的内容：（1）生产活动、产品和服务过程中的危险源辨识及风险评价，确定本企业不可承受的风险界线（等于或低于法规界限）。危险源辨识可先按工程部位（如基础、主体结构、装饰或原材、加工、组装、运输）划分后，再按每个作业活动进行危害因素辨识和风险评价，最后确定企业在 OSHMS 管理中的重大风险并加以控制；（2）获取并识别企业现行法律、法规和其他要求以及适用性评价。OSH 法律、法规及其他要求的获取可根据危害清单查询，形成法律法规清单初稿后，与危险源辨识工作同时进行，最后形成与危害对应的法律法规标准的清单；（3）检查所有现行的职业健康安全管理实践、过程和程序是否合理；是否满足 OSHMS 有效运行；（4）搜集企业以往事故、事件及职业病的调查分析和统计资料，并对纠正预防措施进行评价；（5）写出初始状态评审报告。

但应注意的是，初始评审不能代替危险源辨识、风险评价和风险控制策划，也就是说，组织还需在初始评审的基础上系统实施对危险源辨识、风险评价和风险控制的策划。

（五）体系策划与设计

体系策划阶段，主要是依据初始状态评审的结论制定职业健康安全方针，制定组织的职业健康安全目标、指标和相应的职业健康安全管理方案，确定组织机构和职责，筹划各种运行程序等。

OSH 方针的制定要做到"一适应、一框架、两承诺"：即适应企业的特点、性质、规模和经营状况；为目标、指标的制定勾划出框架；遵守法律、法规及其他要求的承诺，持续改进的承诺。可在全公司范围内开展"方针征集活动"，经评选、修改后呈报最高管理者批准方针；方针应定期进行评审，确保适宜性。

管理方案是目标和指标的实施方案，是保证目标、方针实现和改善职业健康安全的关键因素。针对需要增加硬件设施和采用完善的控制文件、但不能有效执行的重大风险采用管理方案控制。管理方案包括不可接受风险因素、短期内的重大危害因素的控制措施、目标、指标、经费、责任部门、责任人、启动时间、完成日期等。方案必须符合法律、法规要求以及程序文件的控制要求。其中的目标和指标要做到量化。

贯标组进行职能分解并确定 OSHMS 组织机构，使体系中各要素所涉及的职能逐一分配到各部门，分工合理，确保各项要素都能得到覆盖。

（六）体系文件的编制

OSHMS 是一个系统化、程序化和文件化的管理体系，文件化的管理使不同的人能够按同一标准操作，避免了管理行为因部门、因人、因时而异的随意性。

首先，可整理企业目前安全管理运作流程，按照标准要求重组，设计出体系架构。其次，按架构编写 OSH 管理手册、程序文件、操作规程及记录等作业文件。体系文件编写原则是"写你要做的，做你所写的，记你所做的"。文件编写要满足审核标准和法律、法规的要求，内容应涵盖审核标准的所有要素，不得脱离审核标准或与审核标准条款相冲突。管理手册与程序文件、程序文件与作业文件之间应注意相互协调，特别是程序文件中职能的描述应与手册相一致。同时，体系文件的规定应与企业其他管理规定技术标准、规范相协调。体系文件还需要在体系运行过程中定期、不定期的评审和修改，以保证它的完善和持续有效。

（七）体系试运行

体系试运行与正式运行无本质区别，都是按所建立的 OSHMS 管理手册、程序文件及作业文件的要求，整体协调地运行。试运行的目的是要在实践中检验体系的充分性、适用性和有效性。组织应加强运作力度，并努力发挥体系本身所具有的各项功能，充分发现问题，分析出问题的根源，采取纠正措施，对体系进行修正，以尽快渡过磨合期。试运行时间至少 3 个月。

试运行前，组织应分层次组织员工进行学习及其要求体系，确保员工能够理解，能够积极、全面地参与和支持体系运行和活动。体系实施过程中，及时反馈运行过程中出现的问题，并及时采取纠正措施，确保体系不断完善。

（八）内部审核

职业健康安全管理体系的内部审核是体系运行必不可少的环节。体系经过一段时间的运行，组织应当具备检验职业健康安全管理体系是否符合职业健康安全管理体系标准要求的条件，应开展内部审核。职业健康安全管理者代表应亲自组织内审，内审员应经过专门知识的培训。如果需要，组织可聘请外部专家参与或主持审核。组织应依据法律、法规、审核规范、体系文件要求对体系覆盖的所有职能部门和项目部进行内部审核。内审员在文件预审时，应重点关注和判断体系文件的完整性、符合性及一致性；在现场审核时，重点关注体系功能的适用性和有效性，检查是否按体系文件要求去运作。对内部审核发现的问题和一般不符合项提出纠正整改意见，要求有关责任单位举一反三，积极整改。

（九）管理评审

管理评审是职业健康安全管理体系整体运行的重要组成部分。管理者代表应收集各方面的信息为管理评审提供输入。最高管理者主持管理评审会议，应对体系试运行阶段整体状态作出全面的评判，对体系的持续适宜性、充分性和有效性作出评价。依据管理评审的结论，可以对是否需调整、修改体系做出决定，也可做出是否实施第三方认证的决定。

（十）选择认证机构

工程项目安全管理工作涉及面广、内容多，专业性、技术性较强，必须寻求一个有足够资源与职业健康安全知识、建筑施工专业知识较强的认证机构作为中介机构。否则，就会顾此失彼，使企业推行 OSHMS 认证的广度和深度不够，使日常管理和 OSHMS 运行实际脱离而形成"双轨制""两层皮"现象。

管理评审做出实施第三方认证的决定后，选择合适的认证机构，递交认证申请，签订认证合同。协商审核日程，由认证机构执行一、二阶段审核。

（十一）关于三个体系整合

对于已建立质量管理体系（QMS）、环境管理体系（EMS）的企业，在建立职业健康安全管理体系（OSHMS）时，可考虑三个体系的整合，建立全面管理体系（TMS），但应注意体系整合的核心不是手册、程序文件的简单重组，而是应结合企业经营整个流程再造进行，以提高体系运行效率。

体系整合应视具体条件有计划有步骤地进行，比如，OSHMS 和 EMS 都是 17 个要素，除了危险源辨识、风险评价和风险控制计划和环境因素不同外，其他 16 个要素的要求基本相同，两个体系存在着很大的兼容性。可先把 OSHMS 和 EMS 进行整合，在条件成熟时，再与 QMS 进行整合，做到"三位一体"。

三个体系遵循共同的管理理念 PDCA，三个体系的对象不同，但目标一致，准则相同。QMS 的重点是在生产过程和最终产品，EMS 的重点在环境，涉及产品整个生命周期，OSH 的重点在员工保护。对企业管理来说，本来就应该把降废减损、防止污染和职业健康安全同时加以考虑，而这些又是搞好产品质量的切入点和前提条件，三个体系是相辅相成的。企业要发展，就必须不断创新，不断满足用户的需求，不断向更高的目标迈进。

第七章 建筑工程管理信息化

第一节 建筑工程项目信息管理

一、工程项目信息概述

（一）工程项目信息的定义

1. 信息的定义

信息是经过加工处理后具有参考价值的数据资料，文字、数字、声音、图像等。信息具有事实性、时效性、不完全性、等级性、共享性以及价值性等基本特征。

2. 工程项目信息的定义

工程项目信息是指用口头、书面或电子的方式传输（传达、传递）的工程项目知识、新闻和情报，其形式主要有声音、文字、数字和图像等。

工程项目信息与人力资源、物资、设备等一样，都是项目实施的重要资源之一。

（二）工程项目信息的范围及分类

1. 工程项目信息的范围

工程项目信息包括在项目决策过程、实施过程（设计准备、设计、施工和物资采购过程等）和运行过程中产生的信息，以及其他与项目建设相关的信息。

2. 工程项目信息的分类

工程项目所涉及的信息类型广泛，专业多，信息量相当大，形式多样。

工程项目信息可以按照信息的单一属性进行分类，也可以按照两个或两个以上信息属性进行综合分类。

（1）单一信息属性分类。

①按信息的内容属性，可以将工程项目信息分为组织类信息、管理类信息、经济类信息、技术类信息。

②按项目管理工作的对象分类，即按照项目的分解结构，如子工程项目1、子工程项目2、子单位工程1、子单位工程2、分部工程1等进行信息分类。

③按项目建造的过程分类，包括项目策划信息、立项信息、设计准备信息、勘察设计信息、招投标信息、施工信息、竣工验收信息、交付使用信息、运营信息等。

④按项目管理职能划分，可以分为进度控制信息、质量控制信息、投资控制信息、安全控制信息、合同管理信息、行政事务信息等。

⑤按照工程项目信息来源划分，可以分为工程项目内部信息和工程项目外部信息。

⑥从工程信息的来源看，可以将信息分为业主信息、设计单位信息、施工单位信息、咨询单位信息、监理单位信息、政府信息等。

⑦从工程项目信息的形式来看，可以将工程项目信息分为数字类信息、文本类信息、报表类信息、图像类信息、声像类信息等。

（2）多属性综合分类。

为了满足项目管理工作的要求，须对工程项目的信息进行多维组合分类，即将多种分类进行组合，形成综合分类，如下。

第一维：按项目的分解结构分类。

第二维：按项目建造过程分类。

第三维：按项目管理工作的任务分类。

二、工程项目信息管理

（一）工程项目信息管理及任务

1. 工程项目信息管理

工程项目信息管理主要是指对有关工程项目的各类信息的收集、储存、加工整理、传递与使用等一系列工作的合理组织和控制。

因此，工程项目信息管理反映了在工程项目决策和实施过程中组织内、外部联系的各种情报和知识。

2. 工程项目信息管理的任务

工程项目一般具有周期长、参建单位多、单件性和专业性强等特征，一个项目在决策和实施过程中，项目信息数量往往巨大，变化多且错综复杂，项目信息资源的组织和管理任务十分重大。具体而言，工程项目信息管理的主要任务包括编制工程项目信息管理规划、明确工程项目管理班子中信息管理部门的任务，编制和确定信息管理的工作流程，建立工程项目信息处理平台以及建立工程项目信息中心。

（1）编制工程项目信息管理规划。

编制工程项目信息管理规划的主要任务是按照工程项目的任务和实施要求设计项目实施和项目管理中的信息和信息流，并编制工程项目信息管理手册，从而保证在实施过程中信息流通畅。

为了充分利用和发挥信息资源的价值、提高信息管理的效率以及实现科学有序的信息管理，工程项目的业主方和项目参建方都应编制各自的信息组织与管理手册，其目的是为了描述和定义信息管理做什么、谁做、什么时候做以及工作成果是什么等，主要内容如下。

①信息管理任务目录。

②信息管理的任务分工表和管理职能分工表。

③信息的分类。

④信息的编码体系和编码。

⑤信息输入、输出模型。

⑥各项信息管理工作的工作流程图。

⑦信息流程图。

⑧信息处理的工作平台及其使用规定。

⑨各种报表和报告的格式，以及报告周期。

⑩项目进展的月度报告、季度报告、年度报告和工程总报告的内容及其编制。

工程档案管理制度。

信息管理的保密制度等。

（2）明确工程项目管理班子中信息管理部门的任务。

工程项目信息管理部门是信息管理的核心，必须协调好工程项目管理班子中各个工作部门，从而有效获取和处理工程项目信息，其主要工作任务是如下。

①负责编制信息管理手册，在项目实施过程中进行信息管理手册的必要的修改和补充，检查并督促其执行。

②负责协调和组织工程项目管理班子中各个工作部门的信息处理工作。

③负责信息处理工作平台的建立和运行维护。

④与其他工作部门协同组织收集信息、处理信息，并形成各种反映工程项目进展和工程项目目标控制的报表和报告。

⑤负责工程档案管理等。

（3）编制和确定信息管理的工作流程。

编制和确定信息管理的工作流程是建立工程项目管理信息系统流程的基础工作，从而保证工程项目信息管理系统正常运行，并控制信息流。其主要工作流程如下。

①信息管理手册编制和修订的工作流程。

②为形成各类报表和报告，收集、录入、审核、加工、传输和发布信息的工作流程。

③工程档案管理的工作流程。

④信息技术二次开发的工作流程等。

（4）建立工程项目信息处理平台。

由于工程项目大量数据处理的需要，在当今时代应重视利用信息技术的手段进行信息管理，其核心的手段是基于网络的信息处理平台。

（5）建立工程项目信息中心。

目前，许多工程项目都专门设立信息中心，以确保信息管理工作的顺利进行；也有一些大型工程项目专门委托咨询公司从事项目信息动态跟踪和分析，以信息流指导工程建设的物质流，从宏观上对项目的实施进行控制。

建立工程项目信息中心的重要目的是在工程项目各参建方之间共享项目信息和知识，具体目标是努力做到在恰当的时间、恰当的地点、为恰当的人及时地提供恰当的项目信息和知识。随着现代信息和通讯技术的发展，如视频会议、远程在线讨论组等，信息交流技术使分处异地的工程项目参建各方可以利用功能丰富的现代信息和通讯技术实现"遥控"式"异处本地化"的交流和沟通，传统的时空观在信息交流和沟通中的重要性越来越低。

（二）工程项目信息管理的原则及基本要求

1. 工程项目信息管理的原则

为了便于信息的搜集、处理、储存、传递和利用，在进行工程项目信息管理具体工作时，应遵循以下基本原则。

（1）系统性原则。

工程项目管理信息化是一项系统工程，是对工程项目管理理念、方法和手段的深刻变革，而不是工程管理相关软件的简单应用。工程项目信息管理的成功与否，受项目的组织、系统的适用性、业主或业主的上级组织的推广力度等方面的因素影响。因此，应将实施工程项目管理信息化上升到战略性的高度，并有目标、有规划、有步骤地进行。

（2）标准化原则。

在工程项目的实施过程中，建立健全信息管理制度，不仅从组织上保证信息生产过程的效率，并对有关工程项目信息的分类进行统一，对信息流程进行规范，将工程报表格式化和标准化。

（3）定量化原则。

工程项目信息是经过信息处理人员采用定量技术进行比较和分析的结果，并不是项目实施建造过程中产生数据的简单记录。

（4）有效性原则。

项目管理者所处的层次不同，所需要的项目管理信息不同。因此，需要针对不同的管理层提供不同要求和浓缩程度的信息。

（5）可预见性原则。

工程项目产生的信息作为项目实施的历史数据，可以用来预测未来的情况，通过先进的方法和工具为决策者制定未来目标和规划。

（6）高效处理原则。

通过采用先进的信息处理工具，尽量缩短信息在处理过程中的延迟，而项目信息管理者的主要精力应放在对处理结果的分析和控制措施的制定。

2．工程项目信息管理的基本要求

为了全面、及时、准确地向项目管理人员提供相关信息，工程项目信息管理应满足以下几方面的基本要求。

（1）时效性。

工程项目信息如果不严格注意时间，那么信息的价值就会随之消失。因此，要严格保证信息的时效性，并从以下四方面进行解决。

①迅速且有效地收集和传递工程项目信息。

②快速处理"口径不一、参差不齐"的工程项目信息。

③在较短的时间内将各项信息加工整理成符合目的和要求的信息。

④采用更多的自动化处理仪器和手段，自动获取工程项目信息。

（2）针对性和实用性。

根据工程项目的需要，提供针对性强、适用的信息，供项目管理者进行快速有效的决策。因此，应采取如下措施加强信息的针对性和适用性。

①对搜集的大量庞杂信息，运用数理统计等方法进行统计分析，找出影响重大的因素，并力求给予定性和定量的描述。

②将过去和现在、内部和外部、计划与实施等进行对比分析，从而判断当前的情况和发展趋势。

③获取适当的预测和决策支持信息，使之更好地为管理决策服务。

（3）准确可靠。

工程项目信息应满足工程项目管理人员的使用要求，必须反映实际情况，且准确可靠。工程项目信息准确可靠体现在以下两个方面。

①各种工程文件、报表、报告要实事求是，反映客观现实。

②各种计划、指令、决策要以实际情况为基础。

（4）简明、便于理解。

工程项目信息要让使用者易于了解情况，分析问题。所以，信息的表达形式应符合人们日常接收信息的习惯，而且对于不同的人，应有不同的表达形式。例如，对于不懂专业，不懂项目管理的业主，则要采用更加直观明了的表达形式，如模型、表格、图形、文字描述等。

（三）工程项目信息管理的内容

工程项目实施建造过程产生的大量的信息，通过组织的流通，使项目管理人员及时掌握完整、准确的信息，从而进行科学的决策。而信息管理工作的好坏，会直接影响工程项目管理工作的成就。因此，工程项目管理人员应充分重视信息管理工作，掌握工程项目信息管理的理论、方法和手段。工程项目信息管理内容如下。

1. 明确工程项目信息流程

工程项目信息流是指工程项目信息在项目管理组织机构内部上下级之间、平行部门之间以及项目管理组织与外部环境之间的流动。

工程项目中的信息流包括两个最重要的信息交换过程，即工程项目与外界的信息交换和工程项目内部的信息交换。

（1）工程项目与外界的信息交换。

工程项目作为一个开放的系统，会从外界获取大量信息的同时，也会向外界传递必要的信息。

①由外界输入的信息：由外界输入的信息主要包括环境信息、物价变动信息、市场状况信息、外部系统给项目的指令等。

②工程项目向外界输出的信息：工程项目向外界输出的信息主要包括项目状况的报告、请示、要求等。

（2）工程项目内部的信息交换。

在工程项目实施过程中，项目参建方因进行沟通而产生大量信息。从信息的产生和传递的路径来看，主要包含三方面的信息。

①自上而下的信息流：自上而下的信息流主要包括决策、指令、通知、计划，且其传递是从粗到细的逐步细化过程。

②由下而上的信息流：由下而上的信息流一般是按照初始的统计口径统计数据信息，并逐层过滤，最终形成可供领导决策的报表或报告。

③横向或网状信息流：工程项目实施过程中，各职能部门之间存在大量的信息交换，即横向或网状信息流。

2. 建立工程项目信息编码体系

为了便于对数据进行存储、加工和检索，提高数据处理的效率，需要建立工程项目信息编码体系，用来表示工程项目的专有名称、属性以及状态。

（1）编码的原则。

①唯一性，编码必须保证其所提供的实体是唯一的。

②可扩充性，编码时要留出足够的可扩充的位置，以适应新情况的变化。

③标准化，便于系统的开拓。

④稳定性。

⑤适用性。

（2）编码方法。

编码的方法主要有顺序编码、成批编码、多面码、十进制码、文字数字码。这五种编码方法，各有其优缺点，在实际工作中针对具体情况选用。

3. 建立健全工程项目信息采集制度

工程项目信息管理应适应项目管理的需要，为预测未来和正确决策提供依据，提高管理水平。因此，工程项目应建立项目信息管理系统，优化信息结构，实现项目管理信息化。

因此，公司、项目部应配备信息管理员，及时收集信息，并将信息准确、完整地传递给使用单位和人员。另外，对于分包商，也应负责分包范围的信息收集整理。

在信息收集、整理过程中，必须保证信息真实、准确，按照项目信息管理的要求及时整理，并经相关负责人审核。

4. 利用高效的信息处理手段处理工程项目信息

为了有效地控制项目的投资、进度、质量、安全、合同等，提高工程项目建设的投资收益，应在全面、系统收集工程项目信息的基础上，加工整理收集来的信息资料，一方面掌握项目建设实施过程中各方面的进展情况，另一方面直接或借助于数学模型来预测项目建设未来的进展状况，从而为项目管理人员做出正确的决策提供可靠的依据。

5. 检索和传递工程项目信息

完善工程项目检索系统，可以快捷方便查询并保存工程项目相关报表、文件、资料、人事和技术档案。通过项目信息的传递使工程项目信息在各参建方以及部门之间进行有效的信息交流和交换，从而为科学的决策提供可靠的支持。

6. 使用工程项目信息

对工程项目的信息进行加工处理，以报表、文字、图形、图像、声音等形式提供给项目管理者，为项目管理提供决策服务。为了提高信息的使用效率和使用质量，利用计算机管理信息系统，已成为高效使用工程项目信息的前提条件。

三、工程项目文档管理

（一）工程项目文档管理概述

1. 工程项目文档管理的定义

工程项目文档资料，是在工程项目规划和实施过程中直接形成的、具有保存价值的文字、图表、数据等各种历史资料的记载，工程项目文档资料是建筑工程开展规划、勘测、设计、施工、管理、运行、维护、科研、抗灾等不同工作的重要依据，包括各种技术文件资料和竣工图纸以及政府规定办理的各种报批文件，必须按照完整化、准确化、规范化、标准化、系统化的要求整理编制。

工程项目文档管理是指对作为信息载体的工程项目文档资料进行有序地收集、加工、分解、编目、存档，并为项目各参建方提供专用的和常用的信息的过程。而工程项目文档管理系统是工程项目文档管理的重要工具，也是工程项目管理信息系统的重要组成部分。

工程项目文档包括工程项目立项、可行性研究报告、设计、施工、质量检测、监理、竣工验收、试运行等过程的各种文档、图纸、图片、照片、录音、录像等各种资料。

2. 工程项目文档的类型

工程项目文档是工程项目数据和信息的载体。在工程项目实施过程中，按照项目文档的使用频率和保存单位，可以将工程项目文档分为基建文件、工程监理资料、施工资料等。

3. 工程项目文档的特点

工程项目文件档案资料与其他一般性的资料相比较，具有以下基本特点。

（1）全面性和真实性。

工程项目文件档案资料必须全面反映工程项目的各类信息，并形成一个完整的系统；另外，必须真实反映工程情况，包括发生的质量事故、风险以及存在安全隐患等。

（2）继承性和时效性。

随着建筑技术、施工工艺、新材料以及建筑企业管理水平的不断提高和发展，文件档案资料可以被继承和积累。同时，工程项目文件档案资料有很强的时效性，其价值会随时间的推移而衰退，在文件资料成形之时必须立即传达到相关部门，否则会造成严重后果。

（3）分散性和复杂性。

工程项目建设周期长，生产工艺复杂，建筑材料种类多，影响因素复杂，参建方多，阶段性强，由此致使工程项目文件档案资料的分散性和复杂性。

（4）多专业性和综合性。

工程项目文件档案资料依附于建筑、市政、公用、消防、保安等多种专业，也涉及电子、力学、声学、美学等多种学科，并综合了投资、质量、进度、安全、合同、组织协调等多方面内容。

（5）随机性。

部分工程项目文件资料产生是由具体工程事件引发的，如安全事故、质量事故。因此，工程项目文件资料具有随机性特点。

4. 工程项目文档的管理要求

随着信息技术的发展，以电子计算机为基础的现代文档信息处理系统飞速发展，为工程项目文档管理增添了新的功能，也为工程项目文档信息管理提出了新的需求。

（1）工程项目文档的信息共享需求。

工程项目文档的信息共享的目的是快捷地对项目各种数据和信息进行统计、分析，为项目参建方营造一个信息沟通与协调合作的共享环境。

（2）工程项目文档的安全性需求。

由于现代工程项目参建方众多，必须对不同类型的用户分配不同的权限，以保证工程项目文档信息由正确的人负责，正确的人处理和为正确的人提供。

（3）工程项目文档的信息检索需求。

由于工程项目建设规模大、牵涉面广、协作关系复杂，使工程项目建设管理工作涉及大量信息。因此，需要为数量庞大的工程项目文档信息，提供有效合理的归档和检索手段，快捷迅速地查询各类文档。

（4）工程项目文档内容正确、实用，不失真。

工程项目文档的正确与否是工程项目决策的重要影响因素。错误的文档将会导致错误的决策。因此，必须保证工程项目文档正确、实用，且在传递过程中不失真。

（二）工程项目文档管理系统

工程项目文档管理系统是工程项目管理人员对工程项目实施过程中产生的各类管理和技术文档进行跟踪与控制的管理信息系统。

工程项目文档管理系统一般包括文档类型树维护、文档基本信息管理、文档流转管理、文档共享管理、案卷管理、文档归档管理、档案管理以及档案报表等模块。

1. 文档类型树维护

文档类型树维护是档案管理员对工程项目的归档目录进行新增、查询、修改、查看、删除的功能模块。文档类型树维护包括归档目录类型树维护和临时文档类型树维护。其中归档目录类型包括文书类、基本建设类、设备仪器类、科学技术研究类、会计档案类、声像类、实物类。

2. 文档基本信息管理

文档基本信息管理是文档管理员对文档进行新增、查询、修改、删除、查看的功能模块。文档基本信息因文档类别不同而存在一定的差异，文档类别一般包括：科技档案类（包括基本建设类、设备仪器类、科学技术研究类三类档案）、声像类、文书类、实物类。

3. 文档流转管理

文档流转管理是文档管理员将文档共享给其他文档管理员查看、下载的功能模块。其目的是根据工作的需要将文档流转给其他人员，从而实现协同办公。

4. 文档共享管理

文档共享管理是对文档管理员所流转的文档进行查看、下载的功能模块。

5. 案卷管理

案卷管理是档案管理员对归档的案卷进行新增、查询、查看、修改、删除的功能模块。案卷的类型包括科技档案类案卷、声像档案类案卷、文书档案类案卷、实物类档案案卷等。案卷的基本信息包括案卷题名、档号、卷内文件起始时间、卷内文件结束时间、类目代码、保管期限、全宗号、目录号、光盘盘号、变更情况、通栏标题、立卷人、审核人等。

6. 归档管理

归档管理是档案管理人员对文档进行归档的功能模块。档案管理员选择需要归档的文档，并置于相应的归档目录下，系统自动将该文档复制到相应的目录下，从而完成对文档的分类归档。

7. 档案管理

档案管理是档案管理员对已归档的文档进行查询、查看、修改、删除以及文档管理员查询、下载已归档文档的管理模块。

档案管理员可以对已归档的文档进行查询，同时可以对归档的文档进行修改（一旦修改文档类型，即将该文档从初始文件夹剪切至修改后的文件夹里面）和删除。文档管理员对于不保密的档案可以进行查询、下载，对于保密的档案只能查询到目录，不能下载。只有在档案管理员将该文件流转给文档管理员后，方可浏览和下载。

8. 档案报表

档案报表是将档案按照工程项目竣工备案要求对案卷目录和卷内目录进行输出的管理模块。

四、工程项目信息管理体系

工程项目管理信息系统的成功实施，不仅应具备一套先进适用的工程项目信息管理系统和性能可靠的计算机硬件、软件平台，更为重要的是应该建立一整套与工程项目管理信息系统相适应的、科学合理的信息管理体系，及时、准确地获得并高效、安全可靠地使用所需的信息。

（一）工程项目信息管理组织

在工程项目信息的管理过程中应组建信息管理机构，明确信息管理组织体系，明确信息管理部门与其他业务部门的关系，特别是应发挥信息化领导小组的作用。

1. 工程项目信息管理领导小组

工程项目信息管理领导小组包括信息化委员会和信息主管部门。

（1）信息化委员会。

信息化委员会是工程项目信息管理组织中的独立部门，由信息主管负责牵头召集，组织的最高层领导和其他部门的负责人均为该委员会成员。委员会下设信息主管部门，具体负责信息资源管理工作。

（2）信息主管部门。

信息部门是高层组织机构的直属部门，直接服从于信息化委员化，信息管理部门的领导人被称为信息主管，往往是由组织的高层决策人士兼任。在以信息主管为首的信息管理部门领导下，下设系统运行部、系统开发部和信息资源部。系统运行部负责信息系统的运行工作；系统开发部负责应用软件的开发工作；信息资源部负责组织信息资源。

2. 工程项目信息管理机构

工程项目信息管理机构主要是由信息使用部门、信息供应部门、信息处理部门、信息咨询部门以及信息管理部门组成。

（1）信息使用部门。

信息使用部门主要负责提出信息的需求、信息的内容、范围、时限等具体要求，并将获取的信息进行分析研究，辅助管理决策。

（2）信息供应部门。

信息供应部门主要负责从外部获取与工程项目相关的信息资源。

（3）信息处理部门。

信息处理部门主要是使用各种技术工具和技术方法处理与工程项目相关的信息，即按照使用部门提出的要求，将供应部门提供的原始数据进行处理后供用户使用。

（4）信息咨询部门。

信息咨询部门主要是为使用部门提供咨询意见，帮助他们向信息供应部门、信息处理部门提出要求，帮助用户研究信息和使用信息。

（5）信息管理部门。

信息管理部门在信息工作的所有职能部门中处于核心的地位，负责协调各部门，确保能够合理有效地开发和利用信息资源。

（二）工程项目信息日常管理

1. 工程项目信息管理制度

在工程项目管理信息系统的实施中，必须采取积极的组织措施，建立科学的信息管理制度，保证工程项目管理信息系统软、硬件正常、高效的运行。

工程项目信息管理制度是整个工程项目管理信息系统得以正常运行的基础，建立健全的工程项目信息管理制度，应从以下六个方面着手。

（1）建立统一的工程项目信息编码体系，包括项目编码、项目各参建方组织编码、投资控制编码、进度控制编码、质量控制编码、合同管理编码等。

（2）规范和统一工程项目管理信息系统的输入输出报表。

（3）建立完善的项目信息流程，规范工程项目各参建方之间的信息关系的同时，结合项目的实施情况，不断地优化和调整信息流程，以适应信息系统运行的需要。

（4）建立基础数据管理的制度，加强基础数据的收集和传递，保证基础数据的全面、及时、准确地按统一格式输入信息系统。

（5）划分各相关部门的职能，对信息系统中管理人员进行合理任务分工，并明确在数据收集和处理过程中的职责。

（6）建立项目的数据保护制度，保证数据的安全性、完整性和一致性。

2. 项目信息管理系统的教育培训

项目信息管理系统的教育培训是围绕工程项目管理信息系统的应用对项目管理组织中的各级人员进行广泛的培训。培训对象主要包括项目领导、开发人员、使用人员。针对不同的对象采用不同的方式进行，但培训的主要方式包括内部培训和外部培训，其中利用外部资源往往可以收到意想不到的效果，如请有关专家对决策者和领导干部的培训，软件公司对二次开发人员和操作人员进行培训等，不论采用哪种方式，只要目标明确、组织得当，都会收到良好的效果。

（三）工程项目信息管理系统开发及硬件平台建设

1. 开发或引进工程项目信息管理系统

工程项目管理信息系统是工程项目信息管理的核心，开发先进适用的工程项目管理信息系统软件不仅是软件开发人员的工作，也应成为整个工程项目管理的一项重要课题。开发工程项目管理信息系统软件应注意以下问题。

（1）统一规划，分步实施。

（2）开发团队的合理构成。

（3）注意开发方法和工具的选择。

（4）重视现代建设监理理论的支撑与渗透作用。

2. 建立工程项目管理信息系统的硬件平台

工程项目管理信息系统的硬件，至少要满足工程项目管理信息系统的正常运行的需要，但在具体的建立过程中应注意以下问题。

（1）有关设备性能的可靠性问题。不论是服务器、工作站还是各种网络设备的选择，首先应考虑其运行的可靠性，这是工程项目管理信息系统正常运行的基础。

（2）尽可能采用高性能的网络硬件平台。目前大型工程项目管理信息系统已不局限于单机的数据处理，大多数是采用基于局域网或使用 Web 技术。

五、工程项目信息安全管理

（一）工程项目信息安全管理的基本概念

工程项目信息安全管理是指对工程项目信息的保密性、完整性和可用性的保持。其中信息的保密性是指为保障信息仅仅为那些被授权使用的人获取；信息的完整性是指信息在传输、储存、利用等过程中不发生篡改、丢失、缺损等，同时也是指信息处理方法的正确性；信息的可用性是指信息及相关的信息资产在被授权使用的人需要的时候，可以立即提供。

工程项目信息安全建设是一项复杂的系统工程，也是工程项目信息资源的规划、管理以及信息技术等多种因素相结合而成为一个可持续的动态发展的过程。项目信息安全问题的解决只能通过一系列的规划和措施，把安全风险降低到可被接受的程度，同时采取适当的机制使风险保持在此程度之内。

（二）工程项目信息安全管理的内容

工程项目信息安全管理是工程项目管理信息系统安全的核心，主要包括安全策略和安全教育两个方面。

1. 安全策略

安全策略从宏观的角度反映建筑企业整体的安全思想和观念，作为制定具体策略规划的基础，为所有其他安全策略标明应该遵循的指导方针。具体的策略可以通过安全标准、安全方针、安全措施来实现。安全策略是基础，安全标准、安全方针、安全措施是安全框架，在安全框架中使用必要的安全组件、安全机制等提供全面的安全规划和安全架构。

值得注意的是建筑企业制定的安全策略应当遵守相关的法律条令，有时安全策略的内容和员工的个人隐私相关联，在考虑对信息资产保护的同时，也应该对这方面的内容有一个明确的说明。

2. 安全教育

为了保证安全教育的成功和有效，信息管理部门必须对建筑企业各级管理人员、用户、技术人员进行信息安全培训。所有的企业人员必须了解并严格执行企业信息安全策略。

信息安全教育应当定期地、持续地进行。在企业中建立信息安全文化并容纳到整个企业文化体系中才是最根本的解决方法。

（三）工程项目信息安全管理体系

工程项目信息安全建设是一个全方位的工程，必须全面考虑。安全技术和产品都应该与建筑企业的业务实际情况相结合，才能建设成为完整的信息安全系统。因此，需要建立完善的安全管理体系。安全管理体系包括安全技术、安全服务和安全管理三方面。

安全技术是整个信息系统安全保障体系的基础，由专业安全服务厂商提供的安全服务是信息系统安全的保障手段，信息系统内部的安全管理是安全技术有效发挥作用的关键。安全技术、安全服务和安全管理构成信息安全管理。安全技术偏重于静态的部署，安全服务和安全管理则分别从信息系统外部和内部两个方面动态的支持与维护。安全技术、安全服务和安全管理三者之间有密切的关联，它们从整体上共同作用，保证信息系统长期处于一个较高的安全水平和稳定的安全状态。

总之，项目信息安全需要从各个方面综合考虑，全面防护，形成一个安全体系。只有三个方面都做到足够的高度，才能保障企业信息系统能够全面地、长期地处于较高的安全水平。

第二节　建筑工程项目管理信息化

一、工程项目管理信息化概述

（一）工程项目管理信息化

1. 信息化

信息化是指信息资源的开发和利用以及信息技术的开发和利用。完整的信息化包括一定的信息技术水平，信息基础设施，信息产业水平，社会信息基础支持的环境，社会、经济、文化等方面允许信息化发展的自由度，信息活动的不断提升和丰富的过程等。

信息资源的开发和利用是信息化建设的核心内容，因为信息化建设的初衷和归属，都是通过对信息资源的充分开发和利用来发挥信息化在各行各业的作用。

信息技术的开发和利用是信息化建设的加速器，因为信息技术为人们提供了新的、更有效的信息获取、传输、处理和控制的手段和工具，极大地提高了人类信息活动的能力，扩展了人类信息活动的范围，加速了社会的信息化进程。

2. 工程项目管理信息化

工程项目管理信息化是指工程项目信息资源的开发和利用以及信息技术在工程项目中的开发和应用。因此，其涵义包含两方面：一方面，在投资建设一个新的工程项目时，应重视开发和充分利用国内外同类或类似工程项目的有关信息资源；另一方面，在工程项目决策阶段、实施阶段和使用阶段，应注重信息技术的开发和应用。

工程项目管理信息化基本实施途径就是以硬件系统、相关软件、工程项目管理软件、数据库组成的工程项目管理信息系统（简称 PMIS），是近年来顺应工程项目日趋扩大、技术日趋复杂、对工程质量、工期、费用的控制日益严格的形势下发展起来的。在工程项目管理中引入现代信息技术是促进工程项目管理现代化、科学化的基本保证。

3. 工程项目管理信息化的意义

通过工程项目管理信息化，可以对信息资源进行充分地开发和利用，并实现信息存储数字化和存储相对集中，如图 7-1 所示，其中图（a）是点对点的传统模式，图（b）是项目信息门户方式，该方式改变了传统的参建方两两之间点对点的信息交换方式，实现了工程项目参建方集中从项目信息门户网站（PIP）中获取所需要的工程项目信息、信息处理和变换的程序化、信息传输的数字化和电子化、信息获取便捷化、信息透明化、信息流扁平化。其意义主要体现在以下七个方面。

（1）有利于工程项目实施期的项目目标控制，也有利于项目建成后的运行。

（2）有利于工程项目信息的检索和查询，有利于数据和文件版本的统一，并有利于项目的文档管理。

（3）对工程项目信息的收集、传递、存储、处理、运用等工作实现自动化处理，提高工程项目信息的正确性、及时性、针对性；及时查询工程的进展情况信息，进而能及时地发现工程项目存在的问题，及时做出决策纠正偏差。

（4）可提高数据传输的抗干扰能力，使数据传输不受距离限制，并可提高数据传输的保真度和保密性。

（5）打破"信息孤岛"现象，并实现工程项目组织的虚拟化，通过项目信息高效共享，实现工程项目信息在项目生命周期的不同阶段之间、不同组织之间以及各组织的不同职能部门之间无障碍、及时、准确的交流，实现多项目、跨地域、分布式、协同工作。

（6）有利于提高工程项目的经济效益和社会效益，以达到为工程项目建设增值的目的。

（7）使项目抗风险的能力和水平大大提高。

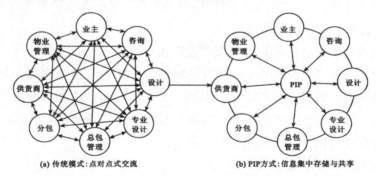

图 7-1　信息交流与存储方式的变革

4. 工程项目管理信息化的原则

（1）高层推动，目标明确。

（2）立足现实，经济适用。

（3）分层决策，安全可靠。

（4）循序渐进，不断完善。

（二）工程项目管理信息化发展的历程及趋势分析

1. 工程项目管理信息化发展历程

从应用角度看，工程项目管理信息化发展大致经历了简单应用工具软件、局部应用、局域网应用、互联网应用等四个阶段。

（1）简单应用工具软件阶段。

早期工程项目管理信息化，应用场所仅仅限于办公室、人事管理和财务管理等，是以文字处理、报表打印和资料管理为主的简单应用。随着一些工具软件的先后推出，大多建筑企业形成了以工具软件为代表的初步信息化，而且随着各类工具软件的推陈出新，信息化呈加速增长的趋势。伴随着信息化的深入发展，这些工具软件的运用无法实现企业经营管理和战略决策发展的初步需要，无法与日益重要的经营业务相接轨的问题也日益凸显，这个阶段信息化仍然没有实现局部应用。

（2）局部应用阶段。

随着信息技术的进步，基于局部业务部门的应用软件（例如财务管理、人事管理、项目预算管理）逐步推出，推动了企业以解决局部业务为主的计算机应用。企业一些主要职能部门，如财务、人事、行政办公等有条件的部门率先以自己部门业务为目标，局部的实现部门业务信息化，不仅提高了局部业务处理的效率，更重要的是打开了对内对外信息应用的一小扇门窗。不过由于当时缺乏全局通盘的规划和考虑，导致后来留下了信息孤岛的隐患，但为建筑企业最初的信息化起到了示范作用，是建筑企业信息化的领导者。

（3）局域网应用阶段。

局域网应用阶段是建筑企业职能部门的办公环境局部网络化，财务软件、制表软件、分析软件、库存软件等单项软件系统在建设企业的部门中应用，其明显的特点是"散"，还不是真正意义上的企业资源规划（ERP）建设。因此，如何实现各种应用软件的整合与集成，让这些分散的、孤立的数据群体建立一个有机的、互通的联系是本阶段所面临的一个关键问题，也是促进下一阶段发展的主要里程碑工作。

（4）互联网应用阶段。

随着互联网技术的发展和无线网络的成熟，工程现场的协同办公环境已经可以方便地搭建起来，工程实施过程相关的数据信息可以及时通过互联网传输到公司总部，为真正意义上的 ERP 奠定了基础。Internet 给拥有不同资源的企业提供了一个平等竞争的机会，顺应这种发展趋势，建筑企业的信息化实现了互联网应用。

2. 工程项目管理信息化发展趋势

（1）行业化应用趋势。

行业化应用将在全面执行新的国家建设部关于建设企业信息化标准的前提下，推动建筑工程项目管理向规范化、制度化、科学化的健康轨道发展。建筑企业实现网络化的远程管理，提高企业资源统一调度。在工程现场行业管理者、监理、业主和施工管理员可以在同一平台上协同工作，在满足日常项目管理的需要的同时，保证了工程项目投资、进度、质量、安全等目标的实现。

行业化的应用，将大大降低建筑企业对项目成本控制、工程资源配置和标准化管理等工作的难度，为公司总部对各分散的项目部的深化管理提供了评判和指导凭据，对各项目的工期、成本、质量监管向规范化和科学化发展。

（2）服务化趋势。

市场化及行业本身的残酷竞争，使企业的竞争与管理的压力加大，迫使企业从全国及全球市场格局出发，在战略体系的指导下主动地建立信息化战略目标和操作策略，要实现这一战略目标，信息建设服务化是企业竞争成功的核心基础。

首先，工程项目管理信息化的发展是服务于建筑行业，必须为建设企业的战略目标而服务。其次，国内建设企业的管理已经初步构建了"面向市场、面向渠道、面向客户、面向服务的市场化管理体系"，依赖于现代信息化手段来解决工程项目全寿命周期的管理。最后，满足大型工程项目的各参建方的信息沟通、协同办公。

因此，以工程项目管理先进理念为核心，以分布式、协同综合管理平台为依托的综合服务体系成为工程项目管理信息化发展的必然。

（3）集成化网络应用。

集成化网络应用是解决企业内部与下属分公司、分布在外地的项目部进行沟通，以及与政府职能机构、客户以及项目相关方进行信息交互的重要技术手段之一，因此集成化的网络应用是建筑企业信息化的必然趋势，尤其是基于 Web 方式的技术架构，可实现信息的共享和传输，包括图纸、照片、音频数据、打印数据和电脑数据。

（4）分布式、协同办公。

工程项目涉及业主、监理、设计、施工、分包商等各参建方，一项工作需要各参建方协同完成。因此，工程项目管理信息化，需要具备实现相关方协同办公的要求，并能根据实际情况进行业务流程的调整，从而避免重复做工并推动协同式的工作流程。

（5）无线技术应用。

工程项目现场的环境一般不是很好，无线技术可以方便、快捷的架设现场的局域网络，无线应用技术，还可以为现场的移动办公提供辅助手段。因此，无线技术的应用成为一种必然。

基于 GPRS 手机、PDA 和短信应用的无线技术，企业重大事件不仅可及时发送到责任人手机，而且可以通过手机和掌上电脑进行业务处理，使企业工作人员、项目管理人员，尤其是领导从办公桌上解脱出来；还可以利用手机对资源管理平台进行日常业务操作，非常具有实用性，且极大地方便了经常不在电脑旁的企业高层领导和现场施工管理者；出差人员可随时随地办公，节约信息传递费用，提高管理效率。

因此，"实时办公"成为可能，而不仅仅是一个梦想。提高工作灵活性，不再局限于台式电脑，手机、掌上电脑都可以成为办公的辅助工具。

二、工程项目管理软件

在工程领域内，工程项目管理软件的推广应用，从根本上改变了原有的一些管理方法和手段，并把人们从原来繁重的工作中解放出来，对工程项目管理产生了深远的影响。项目管理软件是随着网络计划技术的推广应用而出现的。网络计划技术起源于美国，其一是由美国杜邦化学公司创立的关键路径法（CPM），其二是由美国海军部发明的计划评审技术（PERT）。最初，用手工绘制网络图并进行大量的计算、调整、分析是十分困难的，往往是计划滞后于工程项目的实际变化，造成很多失误和浪费。因此，自 20 世纪 80 年代初工程项目管理软件就相继出现，并从根本上解决了这一矛盾。借助计算机的高速处理能力，可以快速、准确地编制和调整网络计划，及时、合理地进行项目管理和控制。随着计算机技术的不断进步，工程项目管理软件从早期简单地进行**网络计划**编制，到后来基于网络计划进行进度、资源等协调控制，软件系统的规模不断扩大，功能持续增强。

（一）工程项目管理软件应用规划

1. 工程项目管理软件应用规划的必要性

工程项目管理软件应用规划是在准确获取工程项目所应用软件的需求、目标、范围的基础上，科学地选择市场上的工程项目管理软件，并随之调整工程项目管理模式，应用实施的管理过程。

将项目管理软件引入到项目管理过程中，同时也是引入了一种项目管理模式。项目管理是系统工程，在项目管理过程中引入项目管理软件，特别是以项目管理软件为核心的工程项目管理信息系统的引入同样也是一个系统工程，是一个人机合一的有层次的系统工程，包括项目各个参建方的领导和项目管理团队成员理念的转变，项目管理决策和组织管理的转变，项目管理手段的转变。

工程项目管理软件的应用包含了前期规划、方案设计、设备采购、网络建设、软件选型、应用培训、二次开发等一系列工作，若未经周密的规划就仓促实施，必然会影响到最终的使用效果，严重的还会使整个项目的管理处于一种混乱无序的状态之中。

2. 工程项目管理软件应用规划的内容

在工程项目管理中引入项目管理软件，特别是以项目管理软件为核心的工程项目管理信息系统的引入，是一个人机合一的、层次性的系统工程，涉及项目各个参建方的领导和项目管理团队成员理念的转变，项目管理决策和组织管理的转变以及项目管理手段的转变。因此，工程项目管理软件的引进和应用，需要经过周密的规划，否则会影响最终的使用效果，甚至导致整个项目的管理处于一种混乱无序的状态。

工程项目管理软件应用规划的内容主要包括以下四个方面。

（1）确定项目计划的层次和作业、组织、资源、费用的划分原则。

应根据项目管理的需要来划分项目计划的层次。一般而言，不同的管理层对应不同级别、对应项目管理组织中的不同职责。在此基础上，确定作业、组织、资源和费用的划分原则。在划分时除了应考虑项目的具体情况、项目的管理目标和管理深度、项目管理团队的管理基础外，还应兼顾项目其他参建方的管理水平和管理基础，否则只能是一厢情愿。

（2）确定并建立项目管理软件的编码系统。

每一个项目都有一套统一的信息编码系统，是各方的项目管理思想和具体管理方式的一种体现，一方面是工程项目各个参建方进行交流的基础，另一方面也是各方对项目的不同理解的统一。典型的工程项目管理软件的编码系统包括工作分解结构、组织分解结构、资源分解结构、费用分解结构和其他包括作业代码结构、作业分类代码结构及报表文档编码结构在内的辅助编码结构。

（3）建立工程项目管理软件应用的管理办法和相关细则。

在实施工程项目管理软件前建立项目管理软件应用的管理办法和相关细则，同时要在工程项目的招标文件和合同中体现这些办法和细则，还应有相应的制约性规定。

工程项目管理软件应用的管理办法和相关细则包括与项目管理软件应用配套的招标文件和合同条件、实施时的管理措施、管理流程和使用方法、奖励和惩罚机制等。

（4）工程项目管理软件实施前的准备。

工程项目管理软件实施前最重要的准备工作是人员的培训工作，即对项目管理人员进行分层次、有针对性的培训，因项目管理软件的应用能否成功，最终在于项目管理人员能否在日常的项目管理工作中理解、接受并贯彻项目管理软件所带来的新思想，能否熟练地操作和使用软件。

（二）常见的工程项目管理软件

自 1982 年第一个基于 PC 的项目管理软件出现至今，项目管理软件已经历了 30 多年的发展历程。据相关资料统计，目前国内外正在使用的项目管理软件已有 2 000 多种，这里我们主要对国内外较流行的几种项目管理软件做简单介绍。

根据工程项目管理软件的功能和价格水平，大致可以划分为两个档次：一种是供专业项目管理人士使用的高档工程项目管理软件，这类软件功能强大，如 Primavem 公司的 P3，Gores 技术公司的 Artemis，ABT 公司的 Work Bench，Welcom 公司的 OpenPlan 等；另一类是低档工程项目管理软件，应用于一些中小型项目，这类软件虽然功能不很齐全，但是价格较便宜，如 TimeLine 公司的 TimeLine，Scitor 公司的 Project Scheduler，Primavera 公司的 Sure Trak，Microsoft 公司的 Project 2003 等。

根据工程项目管理软件的功能，可将其分为：综合进度管理软件，合同事务管理与费用控制管理软件，建筑工程监理软件，文档管理软件，预算、决策类管理软件。

1. Microsoft Project 2003

Microsoft Project 2003 可用于控制简单或复杂的项目。Microsoft Project 2003 的界面标准、易于使用，具有项目管理所需的各种功能，包括项目计划、资源的定义和分配、实时的项目跟踪、多种直观易懂的报表及图形、用 Web 页面方式发布项目信息、通过 Excel、Access 或各种 ODBC 兼容数据库存取项目文件等。

2. Primavera Project Planner

P3 软件是 Primavera Project Planner 的简称，是由美国 Primavera Systems Inc. 开发的一个基于计算机技术和网络计划技术的工程项目管理软件，在国际上有着极高的知名度和普及程度，P3 作为专业的工程项目管理软件，能满足工程项目管理的许多要求，特别是该软件可以将进度、资源、资源限量和资源平衡很好地结合起来，网络版 P3 软件使得工程的众多参建方如业主、监理、施工承包商可以同时在同一个工程组的不同子工程内按授予的不同权限进行读操作，共享同一个数据库。

3. 清华思维尔项目管理软件

清华思维尔项目管理软件是将网络计划及优化技术应用于工程项目的实际管理中，以国内建设行业普遍采用的双代号时标网络图作为项目进度管理与控制的主要工具。通过挂接各类工程定额实现对项目资源、成本的精确分析与计算。不仅能够从宏观上控制工期、成本，还能从微观上协调人力、设备、材料的具体使用。该软件具有遵循规范、灵活实用、控制方便、制图高效、接口标准、输出精美等特点。

4. Primavera Expedition 合同管理软件

Primavera Expedition 合同管理软件是由 Primavera 公司开发的。它以合同为主线，通过对合同执行过程中发生的诸多事务进行分类、处理和登记，并和相应的合同有机地关联，使用户可以对合同的签订、预付款、进度款和工程变更进行控制；同时，可以对各项工程费用进行分摊和反检索分析；可以有效处理合同各方的事务，跟踪有多个审阅回合和多人审阅的文件审批过程，加快事务的处理进程。

三、工程项目管理信息系统

（一）工程项目管理信息系统的概念及特点

1. 工程项目管理信息系统的概念

工程项目管理信息系统（Project Management Information System，PMIS）是一个全面使用现代计算机技术、网络通讯技术、数据库技术、MIS技术、GPS、GIS、RS（即3S）技术以及土木工程技术、管理科学、运筹学、统计学、模型论和各种最优化技术，为工程承包企业经营管理和决策服务、为工程项目管理服务的人机系统。其本质是一个由人、计算机、网络等组成的能进行管理信息收集、传递、储存、加工、维护和使用的系统。

工程项目管理信息系统是在项目管理组织、项目工作流程和项目管理工作流程基础上设计的，并全面反映他们之间的信息和信息流。因此，工程项目管理信息系统可以从以下三个角度进行理解。

（1）项目参与方之间的信息流通。

在工程项目信息系统中，每个参与方为信息系统网络上的一个节点，它们都负责具体信息的收集（输入）、传递（输出）和信息处理工作。

（2）项目管理职能之间的信息流通。

工程项目管理信息系统是一个非常复杂的系统，该系统由许多子系统构成，可以建立各个工程项目管理信息子系统，例如，成本管理信息系统、合同管理信息系统、质量管理信息系统、材料管理信息系统等。它们是为专门的职能工作服务的，用来解决专门信息的流通问题，共同构成项目管理信息系统。

（3）项目实施过程的信息流通。

项目实施过程中的工作程序既可表示项目的工作流，又可以从一个侧面表示项目的信息流。在项目管理信息系统中，应设计各工作阶段的信息输入、输出和处理过程及信息的内容、结构、要求、负责人等。

2. 工程项目管理信息系统的特点

工程项目管理信息系统具有以下三方面的特征。

（1）面向决策管理、职能管理和业务（项目）管理。

工程项目管理信息系统服务于公司、分子公司、项目三层结构或者公司、项目两层结构。

（2）人机网络协同系统。

工程项目管理信息系统为地域分散复杂的工程项目提供了基于计算机网络的工程项目协同办公平台。

（3）以管理为核心，以信息系统为工具。

工程项目管理信息系统以工程项目先进的管理方法和管理理论为核心，以管理信息系统为依托，支持工程项目的业务处理、领导决策和支持。因此，工程项目管理是核心，信息系统是基本的工具。

3. 工程项目管理信息系统的作用

工程项目管理信息系统在工程项目管理工作中具有十分重要的作用，主要体现在以下几个方面。

（1）能为工程项目各层次、各岗位的管理人员收集、处理、传递、存储和分发各类数据和信息。

（2）能为高层次的工程项目管理人员提供预测、决策所需的数据、数学分析模型和必要的手段，为科学决策提供可靠支持。

（3）能提供必要的办公自动化手段，使工程项目管理人员能摆脱繁琐的日常事务工作，集中精力分析、处理项目管理工作中的一些重大问题。

（4）能提供人、财、物、设备诸要素之间综合性强的数据及必要的调控手段，以便于项目管理人员实现对工程建设的动态控制。

（二）工程项目管理信息系统的结构及主要模块功能定位

1. 系统结构

工程项目管理是以投资、进度、质量三大控制为目标，以合同管理为核心的动态系统，因此，工程项目管理信息系统至少应具有辅助三大目标控制及合同管理任务的功能。但也有辅助的办公自动化、项目编码管理子系统、文档管理子系统、用户与权限管理子系统等。其结构一般包括项目信息管理子系统、投资管理子系统、进度管理子系统、质量管理子系统、合同管理子系统、安全管理子系统、办公自动化、项目编码管理子系统、文档管理子系统、用户与权限管理子系统等。工程项目管理信息系统的各功能模块是相互独立的，其间有内在的逻辑联系和数据联系。因此，工程项目管理信息系统是一个集成控制系统。

2. 主要模块基本功能

（1）进度管理子系统。

进度管理子系统是通过项目的计划进度和实际进度的不断比较，为进度管理者及时提供工程项目进度控制信息，以有效控制工程项目实施进度的功能模块。

进度管理子系统的基本方法是网络计划编制方法、计划进度与实际进度的比较方法。计划进度和实际进度的比较可通过工作开始时间、工作完成时间、完成率、形象进度的比较实现。

进度管理子系统基本功能包括编制双代号网络计划、单代号搭接网络计划和多平面群体网络计划，工程实际进度的统计分析，实际进度与计划进度的动态比较，工程进度变化趋势预测，计划进度的定期调整，工程进度各类数据的查询，提供针对不同管理平面的工程进度报表，绘制网络图和横道图。

（2）投资管理子系统。

投资管理子系统是通过项目的投资计划和投资实际值的不断比较，为投资管理者及时提供工程概算、预算、标底、投标价、合同价、结算、决算等信息，辅助其控制项目计划投资实现的功能模块。投资计划值与实际值的比较是一个动态的过程，即是将与投资有关的这些费用进行比较，从中发现投资偏差。

投资管理子系统的基本方法是将项目总投资按照投资控制项进行切块，求出项目投资计划值与实际值的偏差以及该偏差在投资计划值中所占的比例，尤其应注重占了80％项目总投资额的20％的投资控制项。

投资管理子系统基本功能包括投资切块分析，编制项目概算和预算，投资切块与项目概算的对比分析，项目概算与预算的对比分析，合同价与投资切块、概算、预算的对比分析，实际投资与概算、预算、合同价的对比分析，项目投资变化趋势预测，项目结算与预算，合同价的对比分析，项目投资的各类数据查询，提供针对不同管理平面的项目投资控制和管理报表。

（3）质量管理子系统。

质量管理子系统是辅助质量管理员制定项目质量标准和要求，通过项目实际质量与质量标准、要求的对比，及时获得质量信息，以控制工程项目质量的功能模块。

质量管理子系统的基本方法是质量数据的存储、统计和比较。

质量管理子系统基本功能包括项目建设的质量要求和质量标准的制定，分项工程、分部工程和单位工程的验收记录和统计分析，工程材料验收记录，机电设备检验记录（包括机电设备的设计质量、监造质量、开箱检验情况、资料质量、安装调试质量、试运行质量、验收及索赔情况），工程设计质量鉴定记录，安全事故的处理记录，提供工程质量报表。

（4）合同管理子系统。

合同管理子系统是对工程项目勘察设计、施工、工程监理、咨询和科研等工程管理活动所涉及的合同的起草、签订、执行、归档、索赔等环节进行辅助管理的功能模块。

合同管理子系统的基本方法是用于合同文本起草和修改的公文处理和合同信息的统计，通过合同信息的统计可以获得月度、季度、年度的应付款额、合同总数等信息。

合同管理子系统基本功能包括提供和选择标准的合同文本、合同文件、资料的管理，合同执行情况的跟踪和处理过程的管理，涉外合同的外汇折算，经济法规库（国内外经济法规）的查询，提供合同管理报表。

（5）安全管理子系统。

安全管理子系统是辅助安全管理员制定安全预案，并及时获取工程项目安全报表、安全检查等信息，以预防工程项目安全、及时整改安全隐患和处理安全事故的功能模块。安全管理子系统主要以及时上报安全报表、安全事故、下发安全隐患整改为主。

安全管理子系统包括安全支持信息管理、安全上报、安全日常管理、安全事故处理、安全隐患整改。其中安全支持信息包括安全制度、安全预案和参建单位安全组织信息管理；安全日常管理包括安全出入证的管理、安全检查和安全交底。

（6）文档管理子系统。

文档管理子系统是工程项目管理人员对工程项目实施过程中产生的各类管理和技术文档进行跟踪与控制的信息管理系统管理。

文档管理子系统的核心是对工程项目建造过程中的文档进行日常管理，并将其共享给工程项目参与人员，以便更好地支持工程项目的决策和管理。

文档管理子系统包括文档类型树维护、文档基本信息管理、文档流转管理、文档共享管理、案卷管理、文档归档管理、档案管理、档案报表等功能模块。

（三）工程项目管理信息系统的发展

1. 传统模式下工程项目信息管理存在的问题分析

信息是生产的依据，是决策的基础，是组织要素之间联系的主要内容，是工作过程之间逻辑关系的桥梁。信息管理在工程项目管理过程中的地位和重要性非常显著。在传统工程项目建设管理模式中，层次性极强的纵向组织结构、独立的设计单位和独立的施工单位使生产过程各自分离，工程项目的管理被肢解，没能统一规划、集中管理，其结果是造成大量的人力、财力、物力的严重浪费。

此外，传统模式下的工程项目管理中还存在着严重的信息沟通障碍，主要表现在：多为上下级的纵向命令，缺乏横向沟通；信息传递的路线长，沟通层次多；信息传递过程中由于信息传递手段的落后，信息表现方式单调而造成信息传递内容存在着信息内容缺省、信息内容被歪曲、信息内容过载、信息内容的传递被延误，甚至还造成信息管理和沟通的成本过高。

上述信息沟通障碍问题，不但进一步加剧了已经严重的支离破碎的建筑生产过程，还造成了工程建设过程中的信息孤岛现象及孤立建造状态，严重地破坏了组织的有效性，大大地降低了组织的建造效率，从而造成工程建设过程中的变更、返工、拖延、浪费、争议、索赔甚至诉讼等问题的不断出现，其最终后果导致工程建设成本增加，工期拖延，质量下降，甚至可能会由此造成整个工程项目建设的失败。

2. 未来工程项目管理信息系统的发展趋势

未来工程管理信息系统发展的总方向是专业化、集成化和网络化，同时强调系统的开放性和可用性。

（1）工程管理信息系统中不同子系统之间集成度的提高，不同的工程信息管理子系统通过统一的数据模型和高效的文档管理系统高度的集成和共享，从而提高工程管理信息系统中信息处理的效率。

（2）工程项目管理信息系统开放性的提高，对具体软硬件平台的依赖性降低，系统的可移植性与互操作性不断提高，从而有利于工程项目管理信息系统推广和应用。

（3）工程项目管理信息系统与建筑业其他计算机辅助系统集成度的提高，如投资管理子系统与CAD系统的集成，工程项目管理信息系统与物业管理信息系统的集成等。

（4）工程项目管理信息系统可以更加方便地管理地域分散的多个项目。

（5）工程项目管理信息系统更加注重与通讯功能和计算机网络平台的集成。

（6）工程项目管理信息系统的功能更加趋于专业化，与工程项目管理理论结合更为紧密；同时针对不同的工程任务和管理者，软件功能将更加具有针对性。

（7）工程项目管理信息系统采用更为先进的**系统开发方法**，提高开发的效率，并积极引导用户的参与，从而更利于用户的使用和学习。

四、项目信息门户

（一）项目信息门户的内涵

1. 项目信息门户的概念

项目信息门户（Project Information Portal，PIP）是在对项目全寿命周期中工程项目各参建方产生的信息和知识进行集中管理的基础上，为项目参建方在互联网平台上提供一个获取个性化项目信息的单一入口，通过单点登录即可访问所需的各种工程信息，从而为项目参建方提供一个高效率信息交流和共同工作的环境。项目信息门户强调的是信息的共享和传递，其实质是信息处理系统，但与工程项目管理信息系统存在差别，其核心功能是在互动式的文档管理的基础上，通过互联网促进项目参建方之间的信息交流和促进项目参建方的协同工作，从而达到为工程项目建设增值的目的。

"项目全寿命周期"包括项目的决策期、实施期（设计准备阶段、设计阶段、施工阶段）和运行期。

"项目参建方"包括政府主管部门和项目法人的上级部门、金融机构（银行和保险机构以及融资咨询机构等）、业主方、工程管理和工程技术咨询方、设计方、施工方、供货方、设施管理方等。

"信息和知识"包括数字、文字、图像和语音表达的组织类信息、管理类信息、经济类信息、技术类信息及法律和法规类信息。

"提供一个获取个性化项目信息的单一入口"指的是经过用户名和密码认定后而提供的信息门户的入口。

因此，运用项目信息门户能够解决工程项目，尤其是大中型工程项目建设中存在的大量信息交流、协调问题，促进项目的协同工作。

2. 项目信息门户的类型

（1）按照运行模式分类。

项目信息门户按照其运行模式分类，有 PSWS 和 ASP 两种模式。

①PSWS 模式（PSWS——Project Specific Web Site），即项目专用门户网站，服务于一个项目的业主方内部、业主方和项目各参建方之间信息交流、

协同工作和文档管理的专用网站。一般而言，项目的主持单位应购买商品门户的使用许可证，或自行开发门户，并购置供门户网站运行的硬件设施及网址。

②ASP 模式（Application Server Provider），即公用门户，由 ASP 服务商提供的为众多单位和众多项目服务的共用网站。因此，项目的主持单位和项目的各参建方成为 ASP 服务商的客户，而不需要购买商品门户产品或自主开发门户网站。

（2）按应用项目数量分类。

从应用项目数量上分析，可将项目信息门户分为单项目信息门户和项目群信息门户。

①单项目信息门户，单项目信息门户仅仅服务于某一个项目，为一个工程的各参建方的信息交流和共同工作服务，侧重于对一个工程各参建方的内部协同工作。

②项目群信息门户，项目群信息门户是服务于某一工程群体，侧重于工程群体的总体和宏观的管理，包括项目的汇总信息、分布于各区域的项目的汇总信息、单个项目的进度、投资、质量、安全、工程文档等重要信息。

3. 项目信息门户的功能框架

通过集成大量的应用工具，项目信息门户为工程项目的各参建方提供远程环境下的变更与桌面管理、文档管理、工作流管理、项目通信与讨论、网站管理以及电子商务等功能。

（1）桌面管理（Desktop Management）。

桌面管理包括变更通知、公告发布、团队目录、书签管理、信息定制、目录管理等相关功能。

（2）文档管理（Documents Management）。

文档管理包括文档查询、版本控制、文档的上传和下载、在线审阅、文档在线修改，项目参建方可以在其权限范围内通过 Web 界面对中央数据库中的各种格式的文档（包括 CAD）直接进行修改。

文档版本控制是指系统自动记录各种文档的不同版本信息以及每一次不同项目参建方对于该文档某一版本的详细访问情况（包括访问者、具体操作、访问时间等）。

（3）工作流管理（Work flow Management）。

工作流管理功能中，主要通过流程定义和建模、流程运行控制以及流程与外部的交互来支持项目的工作流程，最大程度地实现工作流程自动化。工作流管理包括处理跟踪、业务流程文件、处理统计等工作。

（4）项目通信与讨论（Project Messaging and Collaboration）。

项目通信与讨论也称为项目协同工作，包括项目邮件、聊天、视频会议、在线讨论等内容。使用同步和异步手段使工程项目参建方结合一定的工作流程进行协作和沟通。

（5）任务管理（Task Management）。

任务管理包括任务管理、日历管理、项目管理软件共享、在线讨论等。

（6）网站管理（Website Administration）。

网站管理也称为系统管理，包括用户管理、安全控制、历史记录、界面定制、用户帮助与培训等功能。如安全管理建设项目信息门户有严格的数据安全保证措施，用户通过一次登录即可以访问所有规定权限内的信息源。

（7）电子商务（E－Commerce）。

电子商务包括信息发布、材料采购、电子招投标、在线报批等功能。

（二）项目信息门户的特征及意义

1. 项目信息门户的特征

项目信息门户有两大主要特征：项目信息共享与交流、项目各参建方协同工作以及项目建造过程的集成性。

（1）项目信息共享与交流。

项目信息门户系统以项目为中心对项目信息进行集中和共享式的存储与管理，使原先点对点基于纸媒体的方式转变为集中共享基于 Internet 媒体的方式。

（2）项目各方的协同工作。

项目信息门户从更高的层面对项目整体运作进行调节，对项目参建方的业务进行协调和控制从而达到参建方协同工作的功能。

项目信息门户一方面是项目信息集中地整理、存储和交流项目信息；一方面又处于项目协同工作的枢纽，从宏观角度协调项目各参建方的业务运作。

（3）项目建造过程的集成性。

项目信息门户的实施思想来自于工程项目建设过程的集成化思想。由于传统工程建设生产过程的复杂性和专业分工的需要，工程项目的实施过程有很大的分离性，直接表现为工程项目参建方在组织和项目实践阶段上的隔离与分散。从工程项目整体层面和角度来看，这种分离导致了工程项目参建方在项目知识和组织目标上的割裂，造成工程项目参建方在信息沟通和组织协调上的巨大困难，因此而产生的变更、返工、争议和索赔等不确定性因素成为项目运作失败的根源。项目信息门户正是从 IT 技术应用的角度提高建设过程的集成度。

2. 项目信息门户实施的意义

项目信息门户应用，对工程项目中的信息管理带来了极大的好处，主要体现在以下几个方面。

（1）"信息存储数字化和存储相对集中"，有利于项目信息的检索和查询，有利于数据和文件版本的统一，并有利于项目的文档管理。

（2）"信息处理和变换的程序化"，有利于提高数据处理的准确性，并可提高数据处理的效率。

（3）"信息传输的数字化和电子化"，可提高数据传输的抗干扰能力，使数据传输不受地域的限制，并可提高数据传输的保真度和保密性。

（4）"信息获取便捷""信息透明度提高"以及"信息流扁平化"，提高了项目信息的准确性、可获取性和可重复性，从而大大提高信息交流的效率和获取所需工程信息的成本，降低了协同工作的复杂程度。

第八章　建筑工程设计管理

第一节　设计质量管理

一、建筑工程设计质量管理概述

（一）概述

（1）质量是企业的生命。工程设计的质量不仅直接关系到工程项目的设备、散装材料采购以及施工和开车，而且对投产后的安全、稳定和连续生产也具有十分重要的影响。因此，设计质量管理与控制，确保工程设计的质量，这是工程公司的一项重要任务。

（2）工程设计成品是合同环境下工程项目的产品，也是对国民经济和社会有密切关系的产品。因此，工程设计首先必须满足合同要求，同时还必须严格贯彻执行国家有关方针、政策，符合国家有关法规、标准和规定。

（3）为了进一步提高工程公司的项目管理水平，实现与国际接轨的目标，必须执行 GB/T19000－ISO9000 标准。对设计质量的管理与控制应满足 GB/T19001－ISO9001 质量体系（设计、开发、生产、安装和服务）的质量保证模式的要求。应制订设计和开发的策划、组织接口和技术接口、设计输入、设计输出、设计评审、设计验证、设计确认和设计更改等程序，并控制其实施的有效性。同时还应按 GB/T19004．1－ISO9004．1 标准的要求，健全公司内部质量管理体系，包括经营、计划、技术管理、工程项目管理和其他基础工作在内，使各体系能协调一致，相互兼容，把执行 ISO9000 标准与标准化工作有机地融合在一起。

（4）为达到工程项目所确定的质量目标，设计各阶段中的每个环节必须按规定的质量控制程序的要求完成，使设计全过程都处于受控制状态。

（5）为保证设计质量，必须建立和健全质量保证体系，设置质量管理的专职机构，强化设计质量管理与控制工作。设计质量按质量职责分工，由各专业设计室和工程项目组共同负责工程项目质量计划的实施和保证。工程项目各级人员应按各自的职资和本专业设计质量保证程序的要求各负其责，并接受质量保证部、项目经理和项目设计经理对设计质量的监督和检查。

（二）设计质量管理的组织

为保证设计质量，工程公司应建立质量保证体系，设置质量管理专职机构，组织制订质量体系文件，并组织实施。根据工程项目的大小和需要，在项目组内应配备一名质量经理或质量工程师，对项目设计质量进行监督。

二、建筑工程设计的质量职责与分工

（一）总则

设计的质量职责与分工，是工程公司质量体系中的重要文件之一，是制订实现工程公司质量方针和目标的组织保证。

质量职责的制订应包括工程公司决策层、管理层和项目实施管理层。本书主要列举管理层和项目实施管理层的部分部门和岗位的质量职责。

（二）质量保证部的质量职责

工程公司质量保证部的主要任务是，负责公司按 GB/T19000—ISO9000 标准建立与公司质量方针和质量目标相一致的质量体系，包括质量手册和质量体系程序文件，并对其进行归口管理，同时还负责推行质量体系的有效运行和不断改进，以满足对内、对外的质量保证能力，不断提高公司的质量管理水平。

质量保证部的职责如下：

（1）在公司经理或管理者代表的领导下，负责组织和推动 GB/T19000—ISO9000 标准的宣传贯彻、认证和日常归口管理工作。

（2）负责组织编制质量手册及质量体系程序文件，并组织实施。

（3）负责编制公司的年度内审计划，按批准计划组织专职或兼职内审员对体系/产品的重要问题进行内部质量审核。通过内审，完成内审中不符合报告及问题的汇总，提交给公司经理或管理者代表，作为管理评审的输入和依据。

（4）负责向合同项目派遣质量经理或质量工程师制定项目质量计划。该计划由质量保证部（以下简称质保部）审核，项目经理审定后实施。质量工程师协助项目经理对项目进行监控和追踪验证质量计划的实施，使项目的全过程始终处于受控状态。同时，质量工程师有责任对（即业主）的质量投诉和有关问题作出合理的解释。

（5）质保部通过组织内审员进行内审和向项目派遣质量经理、质量工程师，对体系/产品出现的不符合项采取纠正和预防措施，并实行追踪验证，以维护并不断改进质量保证体系的对内和对外的可信性。

（6）会同技术管理部和项目管理部，对公司的文件和资料系统进行有效控制。质保部具体负责质量体系文件的归口管理和质量记录的控制，确保正确使用有效版本，防止误用失效版本。质量记录是质量体系有效运行的依据，因此质保部应按质量记录的控制程序规定的要求对其进行管理和信息处理。

（二）技术管理部的质量职责

（1）在公司经理的领导及总工程师主管下，负责全公司技术管理工作。按照 GB/T19000—ISO9000 标准及公司质量体系文件的要求，做好公司技术长远规划、技术开发和基础工作年度计划的编制和管理，并负责优秀成果的评审和申报、公司标准的编制和管理以及先进技术的推广应用工作。

（2）在工程项目中，技术管理部参加合同/报价评审，并协同项目管理部组织工艺设计方案评审和设计评审，以及重大设计方案修改的评审。

（3）技术管理部配合质保部组织质量体系程序文件的编制，并负责组织第三层次文件（作业指导书）的编制工作。

（4）技术管理部参与并提出各种文件资料的控制实施方案，同时还负责控制和归口管理各种标准规范，包括公司标准规范（质量体系文件除外）的发放，标识，回收和处理。

（5）对设计输出文件的标识进行审查、确认和控制，并参与产品标识和可追溯性的程序文件的编制。

（6）当发现不合格时，技术管理部有责任参与对其原因进行分析，并对有关技术问题提出处理意见和预防、改进措施。

（7）各种评审记录是质量记录的重要部分，技术管理部应予以严格管理并妥善保存：

①由技术管理部组织的评审记录原件；

②由其他部门组织，技术管理部参加的评审会的评审记录之复印件。

以上质量记录作为当发生不合格时查找和分析原因并提出预防和改进措施的依据。

（四）设计部的质量职责

设计部是工程公司负责工程设计和设计管理的重要部门，除组织实施合同项目的工程设计外，在设计管理方面的主要任务是负责设计计划管理、设计统计管理和设计定额管理等。其质量职责是：

（1）认真执行公司的质量方针和质量目标，并按公司质量手册和质量体系程序文件的要求建立公司本部的质量文件。

（2）在项目报价阶段，初步，评估设计人力资源，并协助报价经理及报价部门编制报价技术建议书。

（3）根据对设计人员的资格考核和培训情况推荐设计经理人选，报公司主管经理批准；与项目设计经理协商配备专业负责人和主要专业设计人员，以满足承担项目合同规定要求的各种要求。

（4）对项目设计计划进行审查和会签。主要包括检查合同是否签订和生效，有关专业人员是否合格和配齐，进度计划是否满足项目合同的要求等。

（5）负责公司本部有关质量文件的编制，制订对其修订、审批、发放范围和记录的规定，并负责本部门作废/试销文件的回收和处理，保存好记录和台账。

（6）负责对公司本部责任范围内已存在或潜在的不合格进行原因分析，提出纠正和预防措施，验证整改的有效性，并作好记录和信息处理。

（7）负责公司本部质量记录的收集、编目和保管，并按规定要求送交质保部归档。

（8）接到内审报告后，在规定期限内制定详细的纠正措施，负责整改，并将执行结果向质保部报告。

（9）负责与有关专业部，室及项目经理协商，按计划安排设计，施工和开车服务所需的人力资源。

（10）按统计工作的规定，对公司成品，人工时，费用控制等数据进行统计。

（11）负责编制公司的设计定额。

（五）项目质量经理/质量工程师的质量职责

（1）项目质量经理/质量工程师对项目设计负有监督、检查各设计专业贯彻执行公司质量体系文件，以及项目质量计划的责任。当发现质量问题后，应向项目设计经理和项目经理反映并研究解决，或向有关部门直至公司主管经理报告。

（2）项目质量经理/质量工程师负责编制项目质量计划，经项目经理审批后，由项目组组织实施，质量经理/质量工程师负责监督和检查。

（3）定期或不定期编写项目设计质量报告。

（4）出现设计质量问题时应组织或参加质量问题分析。如果质量问题与用户或制造厂有关，还应参与协商并促成解决。

（5）项目质量经理/质量工程师对设计质量的监督和检查并不代替设计各岗位的质量保证和质量控制职责。设计各岗位的质量保证和质量控制仍由设计质量保证程序中规定的各岗位（包括设计、校对、校核、审核）的责任者负责。

（六）项目设计经理的质量职责

（1）项目设计经理应按公司质量方针和质量目标的要求，在工程项目设计中认真执行质量体系程序文件，以保证质量体系在设计工作中有效地运行。

（2）对项目的设计质量负有监督检查各专业执行项目质量计划的责任。按设计质量保证程序的规定，对应由项目设计经理负责审查的工作内容的质量负责。

（3）项目设计经理对设计各阶段进行有效控制，并收集不合格信息（含设计缺陷），对属于职责范围内的不合格品组织评价和处置，并上报和记录。

（4）负责组织调查不合格的产生原因，确认并记录已存在的不合格。

（5）项目设计经理应审查项目设计数据的可靠性。

（6）审查综合性的设计方案，协调各专业间的设计条件关系。

（七）专业设计室的质量职责

（1）专业设计室对工程项目本专业的设计质量全面负责。要认真执行公司的质量方针，质量目标和质量体系程序文件，确保在设计工程中有效地运行。

（2）为了使公司具有持续提供符合要求的产品的能力，专业设计室有责任接受并积极配合公司开展内部质量审核活动。认真阅读审核报告，采取相应的纠正措施并确保其有效性，达到能向最高管理层证实本设计室拥有内部质量保证的能力。

（3）专业设计室在项目矩阵管理体制中负有本设计室所属各专业的设计

职责。各设计室要采取措施对本设计室所属各专业的设计工程实施控制，使本设计室责任范围内那些影响产品质量的全部因素在设计过程中始终处于受控状态。

（4）专业设计室根据设计开工会议的要求，为项目派遣具备资格的各类设计人员。依据项目的进度要求，为项目配备充分的人力资源，并保证随设计进展的需要加以调整。

（5）专业设计室对项目负责保证专业之间在组织上和技术上的接口关系符合规定，并保证接口上信息的质量和文件的传递。

（6）根据要求，参加有关合同评审和合格分包商的评审，评价有关专业采用的标准和规范，以及评审专业设计规定。

（7）专业设计室要评审发放前的设计输出文件，确保满足设计输入的要求。

（8）参加公司按计划组织的设计评审，并采取措施使与本设计室有关的问题得以解决。要规定本设计室有关专业按程序文件中规定的验证方法进行验证，按规定开展校审活动并作好记录。

（9）专业设计室应要求有关专业人员严格遵守设计变更程序，在修改栏中填出修改内容，并在图纸上作出标记。

各设计室按项目要求为施工现场派遣经授权的设计代表，采用设计变更通知单的方式处理现场设计变更问题，实施评审和批准，并收集和整理现场设计变更通知单。

（10）专业设计室配合公司人事教育部进行人员培训和资格考核，这是保证合格人员上岗以及提高人员管理和技术水平的重要手段。通过人员资格考核，掌握人员实际的工作能力，以便合理安排工作。制定人员培训计划，针对不同层的需求，采用不同方式进行各种内容的培训。

（11）专业设计室负责对其责任范围内的所有文件和资料实施有效控制。

（12）专业部、室负责对有关质量记录实施有效控制。项目实施过程中产生的各种质量记录（如设计评审记录，设计验证记录，校审记录和质量评定卡等）在入库前分别交专业部、室和质量保证部。保存与内部质量审核有关的质量记录，并将与采取纠正和预防措施有关的质量记录复制后送交质量保证部。

三、专业设计质量保证程序

专业设计质量保证程序是确保该专业在设计全过程中设计质量的十分重要的基础文件，它是质量体系中作业层质量文件的组成部分。因此必须建立每个设计专业的质量保证程序。

专业设计质量保证程序具体规定了在设计过程中的每一个主要文件和应做的每一项工作的各级设计人员的质量责任。

（一）专业设计质量保证程序的内容

这里以系统专业设计室中的"工艺系统专业工程设计质量保证程序"（HG20557.3—93）为例，对该程序文件包括的十四个方面的内容作简要叙述。

（1）文件管理。规定了专业负责人应按工程设计进度计划和网络图的进度要求，向提供设计条件的专业或部门催取文件和数据，将其分发给有关人员，并建立工程档案，以便管理和查阅。

（2）工艺系统专业设计各级的责任和质量保证工作的分工。为保证质量，设计职责按设计（编制）、校核、审核三级划分，并提出了对人员的要求。对任何一个计算书或设计文件，不允许一个人担任一种以上的质量保证工作。例如：一个计算书的校核者不能是原设计（编制）者，而一个文件的审核者不能也是校核者。

（3）设计规定。包括接受设计条件、编制设计规定和校审及签署的程序、责任和变更修改的要求。

（4）计算。其中规定了本专业采用的计算方法和计算公式，计算所应接受的设计条件，计算类型的确定，以及编制、校审和签署及计算修改等。

（5）管道仪表流程图（PID）。规定了接受设计条件的内容和PID各版的编制、校核、审核要求，以及PID修改的要求。

（6）管道命名表。规定了接受设计条件的内容和管道命名表的编制、核审、批准以及修改要求。

（7）数据表和汇总表。规定了接受设计条件的内容，数据表和汇总表类型，编制、校审、批准以及修改的要求。

（8）报价技术评审表。规定了接受设计条件、审核与签署的要求。

（9）计算数据汇总表。规定了接受设计条件、汇总表类型、编制、校审及修改的要求。

（10）公用工程物料平衡及条件表。规定了接受设计条件的内容和编制、校审、批准、签署以及修改的要求。

（11）采购说明书汇总表。规定了接受设计条件的内容、说明书汇总表的确认和会签的要求。

（12）管道命名表索引。规定了接受设计条件及编制、签署的要求。

（13）其他有关规定。

（14）校审程序。共列出了以上涉及的十一个主要设计文件的校审程序。

（三）执行质量保证程序应注意的问题

（1）当设计进行到某一阶段并缺少一些设计条件时，为了不影响设计工作的正常进行，可以参照类似的工程成本专业的设计经验，向有关专业发出设计条件，并应在发出的设计条件上清楚地标明"待定"字样。专业负责人接到有关专业发来的这种条件后，应立即发出正式的设计条件，同时消除"待定"字样的设计条件。

（2）为了确保修改质量，在修改时应按设计质量保证程序的步骤进行，并在修改处标明修改记号，同时在修改栏中注上简要说明、日期并签署。

（3）为了便于贯彻设计质量保证程序，特制定校审程序，以供参照执行。

（4）为了保证本程序的正确贯彻，专业组长（成专业负责人）、主任工程师（或室主任）应定期检查执行情况。

四、设计质量控制

设计质量直接影响设备材料采购，施工和开工，也影响工程项目投产后的连续，稳定和安全生产。因此，设计质量是工程项目质量管理中最根本的因素。

工程公司为确保设计质量，必须建立公司质量体系，制订质量体系文件，并组织实施。

项目设计经理在项目经理领导下，应对设计全过程进行控制，监督并检查设计各专业执行公司质量体系文件和项目质量计划，确保设计产品和服务满足合同规定的质量要求。

项目质量经理或质量工程师对项目设计负有质量责任，即有责任监督、检查各设计专业贯彻执行公司质量体系文件和项目质量计划，及时发现质量问题，并参与研究解决，以确保项目质量的实施。

项目设计经理在实施设计质量控制中，应切实做好设计策划、设计输入、设计的组织接口和技术接口、设计评审、验证和输出等各项工作。

（一）设计策划

设计策划是指针对合同项目而建立质量目标，规定质量控制要求，重点是制订开展各项设计活动的计划，明确设计活动内容及其职责分工，配备合格人员和资源。项目的设计策划要形成文件，通常以项目设计计划的形式编制，作为项目设计管理和控制的主要文件。

（1）编制项目设计计划是项目设计经理在项目初始阶段的一项重要工作。此计划的编制由项目设计经理负责，各专业负责人根据需要提供有关资料和数据或者参与编制工作。

（2）由项目设计经理会同有关部门对项目设计计划中的主要问题（如项目设计组的组成、初步的设计进度计划等）进行协商，并组织有关人员进行重大和特殊的设计方案研究及评审。

（3）项目设计计划由项目设计经理编制完成后，经有关部门汇签，送项目经理审核批准。必要时可送访公司主管副经理认可。

（4）批准后的项目设计计划由项目设计经理在设计开工会议上发表，并按该计划组织设计工作的实施。

（5）在项目实施过程中，如因特殊情况确需对项目设计计划进行局部修改时，必须报经项目经理批准。

（二）设计输入

设计输入就是对设计的要求，在设计质量控制程序中规定设计输入的内容。设计输入应尽可能定量化。设计要求应形成文件。

设计输入的内容和质量，直接关系设计产品的质量，因此项目设计经理应予以高度重视并切实做好这一工作。所有的设计输入均应由项目设计经理组织评审，以确保设计输入的有效性和完整性。

1. 设计输入的主要内容。

（1）工艺设计阶段。

①专利商的工艺包或基础设计（当采用专利商的专利技术时）。

②本公司的工艺包或基础设计（当采用本公司的专利技术时）。

③类似工艺生产装置的工艺设计文件（当参考类似工艺生产技术时）。

④项目设计依据文件以及项目合同及其附件中的有关数据和资料。

⑤用户对设计的要求。

（2）基础工程设计阶段。

①项目设计依据文件（如：已批准的计划任务书、项目可行性研究报告、厂址选择报告和环境影响评价报告书等）中的有关数据和资料。

②已批准生效的项目合同及其附件中设计所需的数据和资料。

③工艺发表文件。

④已批准的项目设计计划，特别是设计采用的标准、规范和设计规定。

⑤工程设计统一规定，特别是工程设计所得的项目基础资料和项目设计数据。

⑥分包方的初步技术接口资料。

（3）详细工程设计阶段。

①基础工程设计阶段按设计文件的编制审批程序产生及发表的所有最新版设计文件，数据和资料。

②经用户确认的基础工程设计主要文件。

③项目设计依据文件以及项目合同及其附件中的有关数据和资料。

④项目设计计划和工程设计统一规定。

⑤分包方的最终技术接口资料。

⑥所需的其他补充资料。

2. 在设计策划过程中，设计输入文件由项目设计经理根据文件的性质、种类和涉及范围等，组织有关专业设计室、专业负责人及职能部门评审并签署。

（三）项目设计数据表的编制

1. 项目设计经理应在专业设计室各专业的协助下，组织项目设计人员对设计输入资料进行核对、检查和评审，并在此基础上编制项目设计数据表，经用户确认后作为设计的依据。

2. 编制项目设计数据表应具备的资料

（1）用户提供的项目基础资料。

（2）工程公司各专业作业指导书。

（3）合同规定的规程、规范和标准。

3. 编制项目设计数据表的程序

（1）项目设计数据表（以下简称数据表）应由项目设计经理按照规定的内容和格式组织。

（2）编制数据表之前，项目设计经理应在项目设计人员的参加下对用户提供的项目基础资料进行认真的核对和检查。如发现资料有不完善、含糊或不符合合同条款处，应报告项目经理，由项目经理（或项目设计经理）向用户提出更正或补充的要求。修改补充后的资料作为数据表编制的依据。

（3）对于用户暂时提不出的项目基础资料，而工程公司又需要开工时，应由项目经理（或项目设计经理）提出假设条件，并由用户确认。

（4）数据表由项目组各专业负责人负责编制。

（5）数据表应送交设计部门负责人、技术管理部门及有关专业室征求意见。正确的意见由编制者进行综合并修正。

（6）数据表由项目设计经理审核，经项目经理初步批准后，提交用户审查。

（7）综合审查意见修正后的数据表由编制人、审核人签字并注明日期。

（8）最终的数据表由用户确认、签字。

（9）经用户确认后的数据表方可由项目经理批准发表。

4. 项目设计数据变更的控制

（1）当项目设计数据有遗漏或变更并对工程数据有较大的影响时，应列入用户变更。

（2）项目设计经理在接到项目经理发表的用户变更通知后，即应组织数据表的修改，并在数据表上注明修改的版次。数据表的修改应由原编制人完成，经审批签署后才能作为设计的依据。

（四）设计接口

设计接口是为了使设计过程中设计部门和其他部门以及设计各专业之间能做到协调和统一，必须明确规定并切实做好设计部门与其他部门（主要指采购部门）、设计内部各专业间以及装置（工区）间的设计接口。设计的组织控口和技术接口应制订相应的设计接口管理程序，由公司技术管理部门组织评审后实施。设计过程中要严格按照规定的程序进行设计接口管理，以保证设计的质量。

1. 设计的组织接口

（1）设计的组织接口程序应形成文件，并由公司技术管理部门定期组织有效性的评审。

（2）设计与采购的组织接口。

①设计部门负责编制设备、材料（指散装材料，下同）采购询价文件的

技术部分，内容包括采购请购单、设备/材料技术要求、询价图、技术数据表、采购说明书以及采购数量等。编写好的询价技术文件应按规定的校审程序进行校审，并送采购部门准备询价。

②采购部门对收到的询价技术文件进行核查，并将其与采购部门编制的商务文件组成完整的询价文件，向投标厂商发出询价。

③采购部门收到投标厂商的报价书后，特技术报价部分送交设计部门评审，并注明要求完成日期。通常设计部门应于7～10天内提出意见返回采购部门，说明技术方面推荐或否定的理由。对可以接受的投标厂商的报价，应按推荐的次序列出，并将评审意见和结果送交项目采购经理。

④对于重要的关键设备，通常应召开选定的供贷厂商协调会议（VCM），落实技术和商务问题。其中，设计部门负责落实技术问题，采购部门负责落实商务问题。

⑤供贷厂商提供的图纸、资料（ACF/CF）由采购部门负责催交并提交给设计部门审查和确认。设计部门应在两周内返回确认意见。对于在确认中有异议的图纸、资料，由采购部门负责要求供货厂商进行修改，并提供修改版的图纸、资料，以便重新确认。

（3）装置（工区）间的组织接口。

①各专业负责人在设计开工会议之前，应在项目设计经理的领导下，参加工程设计统一规定的制定工作，对各专业在合同项目所含各装置的设计中的共性问题作出规定，以保证整个项目所有装置的设计能协调和统一。

②负责装置布置设计的设计人员，应按工程设计统一规定的要求，作出装置的初步布置图以及地下管线和管架的布置设计，并将确认后的图纸提交总图专业设计人员。

③总图设计人员根据各装置的初步布置图，完成整个项目的总图布置以及地下管线和管架的总体布置设计。经项目设计经理、项目组及公司有关部门评审确认后的全厂总图即可提供用户审核。

④审批后的全厂总图及其审核意见作为各专业设计的依据。

⑤在详细工程设计阶段，装置的布置图和管道及线路应与全厂总体的管道、线路的接口用图纸和"接管表"表示。即由装置设计人员提出接口图纸和接管表，有关专业设计人员将据此调整并完成详细工程设计。

⑥专业间的组织接口

a.专业间的组织接口以设计条件表的形式使之规范化。

b. 设计条件表的格式应作为工程公司的作业指导书的内容之一作出规定。技术管理部负责定期对其进行有效性评审，并不断改进。

2. 设计的技术接口

（1）设计的技术接口是指设计各专业之间设计条件的传递。

（2）提出设计条件专业在专业设计技术接口条件表（简称接口条件表）发出前应进行校审。设计人、校审人及专业负责人对所提出的接口条件的正确性、合理性负责。

（3）接受设计条件专业在接到接口条件表后，应对接口条件进行评审，检查其完整性、深度有效性和适用性。

（4）接口条件的修改必须按上述程序进行校审和评审，并标注修改的版次。

（5）设计技术接口的内容在各专业作业指导书及接口条件表中规定。

（五）设计评审

设计评审是对设计进行综合性的、系统的、文件化的检查，以评价设计是否满足了相关的质量要求，找出存在的问题，并提出解决的办法。设计评审分别按设计不同阶段以及工程公司程序文件的有关规定进行。

1. 设计文件质量特性

设计评审工程中，设计文件的质量，应主要依据其质量特性的功能性、可信性、安全性、可实施性、适应性、经济性和时间性等七个方面是否满足要求来衡量。

（1）功能性。

a. 建设规模、生产能力、产品方案、工厂组成等符合项目合同、可行性研究报告或基础工程设计审批文件的要求。

b. 公用工程及辅助生产装置配套合理，适应生产装置要求。

c. 工厂及装置布置合理，相关防护设施符合规范要求。

（2）可信性。

a. 设计基础资料齐全、准确、有效，计算依据可靠合理。提出设计条件正确，设计文件的内容深度和格式符合规定要求。

b. 专业设计方案比选应有论证报告，结论明确。

c. 备机设置、安全系数和备用系数等确定合理，水源、电源选定可靠，确保装置年运转时间达到规定要求。

d. 采用的工艺技术和设备材料均应先进可靠；采用的新工艺、新设备和新材料均已通过鉴定，并有相应的证明材料。

e. 公用工程及辅助生产装置应与生产装置同期建成，环保和综合利用设施应体现"三同时"原则。

f. 具有维修及维修保障性，有适当的备品备件自给率。

g. 定型设备应选择国家或行业的系列化、标准化产品，严禁选用淘汰产品。

（3）安全性。

a. 总图布置、地基处理、设备、管道及建（构）筑物设计安全可靠，具有合理的防御地震等自然灾害的能力，符合设计标准和规范的要求。

b. 工业及民用建筑设计应满足防火和化工防腐蚀等规范的要求。

c. 按照工艺物料的性质和操作条件，压力容器及管道设计应满足《压力容器设计规范》《压力管道安全管理与监察规定》的要求。

d. 根据生产危险场所的特性与要求，总图、设备、管道、电气及仪表的设计与选型，满足防火、防爆、防冒、防静电等设计规范的要求。

e. 在全厂、装置或建筑设计中，充分考虑了有效的消防措施或设施，满足有关规范的要求。

f. 对于生产中有毒、有害或强腐蚀性物料的排放以及其他可能危及劳动者人身安全的场所，应采取符合工业安全和卫生设计规范要求的防患和控制措施。

g. 环保设计应贯彻"以防为主、防治结合、综合治理"的方针，排出"三废"的浓度和排放量，应达到国家或地方排放"标准"的要求。

（4）可实施性。

a. 建筑、结构设计应考虑项目建设地区的具体情况以及施工单位的作业技术能力和装备水平，并应提出施工验收准则。

b. 设计中应考虑高、大、重的设备的运输安装方案、实施条件、检修置换作业及其他特殊安装要求。

c. 现场制作的设备应考虑现场作业条件及环境特点等因素。

d. 工程设计文件应提供主要设备和材料的采购、制作及检验的技术要求。

（5）适应性。

适应性是指根据项目合同规定的要求。工程设计应相应考虑项目建成后的生产规模、产品品种、原材料等条件合理变化的适应能力。

（6）经济性。

a. 工程建设总投资应按项目合同条款或上级审批文件的要求严格进行控制。

b. 原材料、动力消耗指标达到先进水平，生产成本合理。

c. 能源及动力配置合理，能耗和节能措施先进可行，改扩建工程还应注意挖潜、填平补齐和节能降耗。

d. 投资回收期、借贷偿还期，各项收益率以及利润（税）等方面的技术经济指标均应可靠合理。

（7）时间性。

a. 工程设计文件的交付进度应满足合同规定的要求。

b. 合同规定的设计服务应满足项目建设进度的要求。

2. 工艺方案的评审

（1）工艺设计方案是决定项目设计技术水平的关键。在工艺设计阶段初期，必须对工艺方案进行充分的讨论和认真评审，以确定先进、合理和可靠的工艺方案。这一评审采用召开方案评审会的方式进行。

（2）成熟技术的工艺方案由工艺室（部）组织评审。重大工艺技术方案成新工艺的技术方案由项目设计经理提出申请。由公司技术管理部协同项目管理部组织公司级的工艺方案评审。

（3）评审会由技术管理部协同项目管理部负责组织。其中包括确定人员（公司技术委员会有关成员及其他有关人员）、召开会议的通知、向有关人员发送资料等。评审会由公司总工程师或公司主管副经理主持召开。

（4）评审会由工艺专业介绍方案比较情况以及推荐的方案。评审会要求主题具体、明确、方案比较的内容全面，数据有说服力，推荐方案的理由充分。

（5）评审会经充分讨论后，由主持人作出明确结论。

（6）由项目设计经理或受项目设计经理委托的其他人员按规定格式填写方案评审会议纪要。

（7）会议纪要由项目经理、项目设计经理、技术管理部/项目管理部负责人以及评审会主持人共同签署。

（8）由项目设计经理或受委托的其他人员负责会议纪要的复制与分发。

（9）评审会后，工艺方案如有重大变化，需由项目设计经理（原评审会申请人）向技术管理部/项目管理部提出重新评审的申请及理由。评审会将按照规定程序再次进行。如仅需对原评审意见进行局部修改，则按变更处理，并送请原会议主持人核签后，发送至原发送范围执行。

（10）关于工艺设计成品文件的评审。通常采用举行工艺发表会议的方式进行。

3. 基础工程设计的评审

（1）基础工程设计评审包括中间评审和成品评审。

a. 中间评审是在基础工程设计进行过程中对其主要文件和图纸进行的评审。

b. 成品评审是在基础工程设计已经完成但尚未复制以前进行的评审。此项评审根据装置的规模和技术复杂程度可分为部、室级评审和公司级评审两个层次。部、室级评审由公司技术管理部协同项目管理部主持，项目经理、项目设计经理、有关职能部门和专业室代表、专业负责人以及有关专家参加。公司级评审由公司主管副经理或总工程师主持，上述相同部、室和人员参加。必要时可邀请用户代表参加评审。

（2）基础工程设计成品评审的主要内容有：设计文件是否完整，设计是否满足合同以及规定的标准、规范的要求，是否满足用户的需要，设计成品是否已按用户审查意见进行了修改，以及设计是否符合环保、节能、安全、卫生、防腐蚀和抗震的有关规定等。

（3）评审会应形成会议纪要，由项目设计经理分送有关部门和项目组各专业负责人，组织各专业按纪要内容进行设计文件的修改。

（4）经修改并完成校审和签署的基础工程设计文件方可复制和发送给用户。

（5）当合同有规定时，由有关的主审部门或用户组织基础工程设计的外部评审。评审的意见应形成会议纪要并返回给工程公司。

（6）通过评审的基础工程设计文件、评审会议纪要或批文即成为详细工程设计阶段设计输入的组成部分。

4. 详细工程设计的评审

（1）当详细工程设计已经完成，并按规定的程序校审和签署后，在入库前应由专业设计室组织评审。专业室的评审工作由室主任或主任工程师负责，并邀请项目组有关专业负责人参加。

（2）详细工程设计的评审内容，主要是对设计是否满足工程设计输入的要求，设计深度是否符合规定，设计采用的标准规范和设计文件标识是否正确，设计文件是否完整等。

（3）专业设计室进行评审时应作出评审记录。设计者按评审意见进行修改并完成校审签署后，再经项目设计经理认可，方能入库并复制分发。

（4）详细工程设计的外部评审。用户有权对详细工程设计的最终成品组织评审，必要时由用户组织进行评审意见应与工程公司达成协议，协调一致的意见由项目设计经理按设计变更程序组织修改。

（六）设计验证

设计验证是确保设计输出满足设计输入的重要环节，是对设计产品的检查，通过检查和提供客观证据，证明设计输出是否满足了设计输入的要求。

（1）设计评审是设计验证的主要方法，除此之外，还应通过质量保证程序中规定的校核和审核来完成。

（2）从事设计验证工作的人员，应由公司人事教育部门组织考核并确认资格。只有符合资格要求的人员才能承担相应级别的验证工作。

（3）设计验证除上述方法外，还可采用其他方法进行，如：

a. 变换方法进行计算。

b. 将新设计与已证实的类似设计进行比较。

c. 进行试验和证实。

d. 对发表前的设计阶段文件进行评审。

（4）每个阶段的设计验证工作完成后，应填写校审记录。设计者按校审意见进行修改。完成修改并经检查确认的设计文件方能放行进入下一道工序。

（七）设计文件的核审和签署

（1）设计文件的校审是对设计所作的逐级检查和验证检查，以保证设计满足规定的质量要求。设计校审应按设计过程中规定的每一阶段进行，包括半成品和成品的图纸及文件的校审。各级校审人员应按有关规定认真地校审，并填写校审记录和质量评定卡。设计人员必须按校审意见进行修改。没有校审记录和质量评定卡的设计文件不得入库。

为了明确责任，保证质量，各级设计人员格按规定对设计文件进行签署。

（2）设计文件质量保证责任。

a. 各级设计人员应对其承担的工作的质量负责。文件校核后，不解除设计者的责任。文件审核、审定后，不解除校核人的责任。一个文件的校核任务不应由原设计人承担。文件的审核任务不应由校核人承担。

b. 凡在文件上签字后，即表示签字人承担了设计文件校审程序所规定的具体责任。

c. 送校的设计文件必须是经设计人自校、签署后的文件。图纸的校审一般不宜在原稿上进行。

d. 校审人员的资格必须经过专业室和公司有关管理部门的认可。

e. 校审人员必须按各专业校审细则进行校审。

f. 对不完整的送校审文件，校审人员有权要求设计人补充完整后再进行校审。

g. 对设计文件中需进行修改、补充之处，校审人员应分别用彩色笔作出明显标记，并填写校审记录。校审记录由校核人、审核人按规定格式分别填写，内容应准确，真实，字迹清晰。

h. 文件校审后，设计人应按照校审人员在文件上所做的标记修改设计原件。已做修改之处应在校审用文件上做好明显标记（不可涂改）。

i. 经修改后，校审人员即可在校审记录和设计原件上签字并注明日期。

j. 当设计人与校核人员意见不一致时，应提请审核人员或专业组决定。

k. 设计文件校审后，校审人员应做好设计质量的评审，并认真填写设计质量评定卡。

l. 设计完成后，校审记录或校审件应与设计成品文件同时入库，由档案室暂时保存，同时送交一份给质量保证部备查。

（八）设计文件会签

设计文件的会签是保证各专业设计相互配合和正确衔接的必要手段。通过会签，可以消除专业设计人员对设计条件或相互联系中的误解、错误或遗漏，是保证设计质量的重要环节。

设计文件会签包括综合会签和专业会签两部分。综合会签主要是保证各专业在装置内及厂区内的布置合理，互不碰撞。专业会签主要是保证接受设计条件专业的设计图纸与设计条件相符，除厂区管线的综合会签外，设计文件会签以装置（工区）为单位进行。图纸未经会签不得入库。设计会签各方的职责、会签的范围和做法均按以下规定进行。

1. 设计文件会签的前提和条件

a. 在设计进行过程中，项目各级负责人应组织设计人员及时做好专业间的设计协调工作。设计人员应相互密切联系并及时解决专业间的技术配合和衔接，不能把问题留待设计会签时解决。这是顺利进行设计文件会签的前提。

b. 有关专业的设计图纸会签应在图纸的完成阶段进行。校舍签的图纸应经校核并签署。会签专业的有关图纸必须经校审人员中间审查并确认其主要技术原则合理后方可提出。

2. 综合会签

a. 装置设计负责人（或项目设计经理）对各专业在装置内的布置和走线的整体性负责。基础工程设计完工前，装置设计负责人应组织各专业对装置内厂房（或构筑物）的空间进行规划，初步确定各自的布置位置或范围。各专业在白纸图完成并已校核后，装置设计负责人要组织各专业在一起进行综合会签。如有问题应及时改正。当各方确认了布置合理并在专业间已无碰撞之处后，各有关专业应在主要操作层（或标高为±0.00）的管道平面设计图的"综合会签"栏内签署，并在随后完成的底图上签署。装置设计（或管道专业）负责人应在各有关专业的图纸（及底图）上会签并签署。

b. 厂区外管\电统、给排水等管线的布置，应在各有关专业设计草图的基础上，由项目设计经理和总图运输专业负责人组织有关专业对厂区管线的走向\位置进行合理安排，确定各专业管线的走向和位置。各专业在完成白纸图并经校核后，由项目设计经理组织会签。各专业及总图运输专业分别在管线综合图以及各专业厂区管线图上会签并签署。

c. 会签中各专业意见不能取得一致时，由装置设计负责人或项目设计经理进行协调解决。

d. 综合会签中因遗漏或差错而引起的设计成品质量问题，分别由装置设计负责人或项目设计经理负责组织修改设计。或者在现场施工过程中予以解决。

3. 专业会签

a. 提出设计条件的专业必须会签接受设计条件专业的图纸，接受设计条件的专业不必会签提出设计条件专业的图纸。

b. 会签专业发现任何衔接尺寸不符合本专业设计、安装、生产操作要求的问题时，均需逐条填写图纸会签备忘录。

属于对原设计条件修改者，需在有关栏目中注明，并与有关专业协商一致。图纸会签备忘录需由会签人签署后复印分发给有关专业，原稿交装置设计负责人或项目设计经理留存归档。

c. 被会签专业的图纸应由该专业按会签意见修改、校审后，向会签专业会签人出示经校审后的底图。

d. 会签专业会签人按图纸会签备忘录先行核对，如发现被会签专业图纸与设计条件要求不符时，会签人应在被会签专业图纸改正后再在该专业底图的会签栏内签署，不得先签后改。

e. 被会签专业应按时请有关专业会签，由厂遗漏会签而引起的质量问题，由被告签专业负责。

f. 有关专业负责人需留存本专业设计范围的全部图纸会签备忘录原稿一份。项目设计经理需留存涉及装置和全厂总体设计部分的全部图纸会签备忘录原稿一份，并在工程设计完成后作为项目档案资料一并归档。

g. 会签人一律在图纸左下侧装订边和图眶线之间的会签栏内签署。

4. 设计文件会签的主要内容

(1) 总平面布置图。

a. 建筑专业会签的主要内容。

·建筑外形、方位坐标以及层效是否与建筑图相符。

·建筑单项是否齐全。

b. 各专业会签的主要内容。

·平面布置方位（包括室外主要设备）是否与本专业图纸相符。

·防火防爆间距是否符合工艺生产要求。

·装置界区线坐标是否与本专业设计相符。

(2) 管线综合图。

a. 界外管道专业负责会签的主要内容。

·厂区供热、工艺架空外管支架型式，固定或滑动节点的做法及位置，管线是否齐全，位置及净空是否与本专业设计条件及设计图纸相符。

·有关装置界外管道设计标高及外管架设计标高是否与装置内管道设计相符，并保证装置内外管道的正确连接。

·管沟尺寸及埋地敷设管线的位置、标高是否正确，管沟内的预埋件形式和位置是否正确。

·相邻的各专业管线、电缆是否具有必要的间距，交叉点是否有相互碰撞等矛盾。

b. 给排水专业会签的主要内容。

·给排水管线是否齐全，尺寸、位置、标高是否与本专业设计相符。

·各排水点及井是否齐全，管道接点位置是否与本专业设计相符。

·与有关专业的管线、管沟、电缆的平行间距是否符合有关规定，与有关专业交叉点有无相互碰撞等矛盾。

c. 电气专业会签的主要内容。

·电缆埋没方式、电缆沟的结构形式、尺寸和走向是否齐全正确，架空线路的走向以及电杆位置是否齐全正确。

d. 仪表专业会签的主要内容。

·如在厂区有电缆敷设，参照电气专业的内容进行会签。

e. 其他专业会签的主要内容。

·如本专业在厂区有电线或管线敷设，参照上述专业的内容进行会签。

（3）建筑平、剖面图。

a. 建筑专业和各有关专业会签的主要内容。

·建筑轴线尺寸与柱、墙相关尺寸以及地面、楼层、屋面标高是否与原建筑专业设计条件相符，或者能与本专业的设计要求相符。

·门窗尺寸是否符合本专业设备安装及管路安装的要求。

·设备安装的通道，包括门、过道、安装孔、技术夹层以及电梯坑等的尺寸需满足本专业设备安装的要求。安装维修用吊钩的位置和荷重、吊车的型号和荷重、钢轨的位置及型号等是否正确。

·车间防爆泄压面积是否符合工艺设计条件的要求。

·危险品库的防火、防爆以及贮存化学药品的品种是否符合规范的规定。

·设备区域地坪围护尺寸，地坪防腐蚀区域及防腐蚀措施，建筑防腐蚀措施，地坑、地沟的位置和坡度，地坪坡度以及排水地漏位置等是否满足工艺要求。

·墙面开孔位置和尺寸是否符合要求。

b. 土建混凝土结构专业会签的主要内容。

·建筑轴线尺寸，地坪、楼面、行车梁顶及屋面的标高楼梯、电梯间、开窗、平台的位置尺寸，门窗、门洞尺寸，单轨吊的位置，抗震缝、沉降缝、电梯坑的位置，地沟、管沟的尺寸和标高以及其他与结构有关的尺寸是否与结构设计图纸相符。

（4）结构布置图（包括敞开式框架）。

土建混凝土结构专业和有关专业会签的主要内容。

·建筑柱网尺寸是否相符。

·钢结构及钢筋混凝土结构的校、梁（楼面、屋面、圈梁、过梁等）布置、尺寸、标高以及楼面和屋面开孔是否与原结构设计条件及本专业设计图纸相符。

·楼板和屋面上的设备开孔（及大管道穿孔）以及安装孔的位置、尺寸等是否满足设备和管道的安装要求。

（5）设备基础平面布置图及基础详图。

土建专业和有关专业会签的主要内容。

· 基础平面位置及方位正确。

· 基础尺寸、预埋件或预留孔正确。

· 基础地下部分与埋地敷设的管线无碰撞。

· 工艺设备和管道对基础沉降量等的要求是否满足。

（6）外管架结构图（钢结构及钢筋混凝土结构）。

a. 界外管道专业会签的主要内容。

· 外管架设计内容齐全，型式符合要求。

· 外管架尺寸宽度符合管道（及电缆槽）支承要求，支承面标高正确并附和外管敷设及界区内外连接要求。

b. 总图运输专业会签的主要内容。

· 外管架基尺寸与厂区管线位置无碰撞等矛盾。

（7）管道仪表流程图、系统图、公用物料及辅助物料管道仪表流程图。

仪表专业会签的主要内容。

· 流程图和系统图上仪表设备、仪表连接线、仪表参数、功能代号及仪表位号是否正确并与专业设计一致。

（8）非定型设备总图及有关部件图。

提出设计条件专业会签的主要内容。

· 设备结构形式，包括塔盘、分液盘、分布板、换热管布宣排列等部件因的工艺尺寸是否符合要求。

· 支承型式及支承尺寸是否符合设备安装要求。

· 防腐蚀材料选用是否合理、适用。

· 操作温度、压力、介质是否正确，技术特性及传动（转速、功率等）是否符合要求。

· 是否有必要的操作平台，保温绝热所得构件是否符合要求（标高、尺寸等）。

· 接管口是否齐全，接管用途、管径、连接方式以及标准是否符合设计条件和本专业的设计要求。

（9）管口方位图（非定型设备）。

a. 设备专业会签的主要内容。

所确定的管口方位对设备结构强度有无影响。

· 方位是否齐全，与设备内件有无矛盾，能否满足加工制造的要求。

b. 仪表专业会签的主要内容。

· 仪表接管方位是否符合要求。

（10）车间动力及照明配线图。

电气专业和有关专业会签的主要内容。

· 动力接线位置，现场操作按钮位置、动力、检修及安全插座位置是否符合设计及操作要求。

· 照明灯具、位置、高度（包括局部照明）是否适当，与本专业管道、设备有无矛盾及碰撞等情况。

（11）厂区外管、给排水管网、厂区电缆图。

a. 总图运输专业会签的主要内容。

· 各专业厂区管道和电线的走向位置、敷设及标高合理，符合总图管线综合布置要求，交叉点无碰撞等矛盾。

b. 各有关专业会签的主要内容。

· 与本专业接点是否齐全，各接点位置、标高、定向、坡度、连接尺寸（管径、材料或型号、截面等）是否与设计条件及本专业设计相符。

（12）仪表屏模拟流程图。

仪表专业会签的主要内容。

· 按时模拟流程是否与流程图原则相符，并表达简要、明确、四目、美观。

（13）管道平面布置图。

仪表专业会签的主要内容。

· 设备布置方位是否与一次元件接管位置要求相符。

· 管道上的一次元件位置、自控管件型式规格、调节阀安装位置是否符合本专业设计条件和要求。

· 取样、冷却等设施是否符合自动分挤仪器要求，本专业现场仪表箱位置是否合理、适当，有无矛盾。

（14）装置（工区）内各专业管道、电缆、电线布置图。

会签的主要内容。

· 各专业管道、电缆的走向和分区间距合理，交叉点无碰撞矛盾。

· 各专业管道接点明确合理，无遗漏，连接位置、标高及管道规格正确无误。

（九）设计输出

在设计过程中，将设计输入转变为设计输出，设计输出必须满足设计输入的要求。设计输出是指设计成品，主要由图纸、规格表、说明书、操作指导书等文件组成。

设计输出文件发放前，由专业负责人协助项目设计经理组织有关人员用汇签方式进行评审，以保证文件的完整。设计输出文件评审合格后，在"项目设计文件入库及发送通知单"上签署，才能由完成室复制，并按规定标识后发送各有关方面。

（十）设计完工报告

（1）为了总结工程设计在进度、费用、质量警方面的实施情况，并积累经验和数据，在项目详细工程设计完工后的一个月内，项目设计经理应编制完成设计完工报告，经项目经理审批后，分送设计、项目管理、技术管理和质量保证等部门，并报公司主管副经理后入库归档。

（2）设计完工报告的主要内容有：

a. 设计完成情况。包括设计起止日期及参加人数，计划人工时和实际人工时比较，进度计划执行情况，设计成品数量，复用率和出图效率，以及CAD应用情况指标等。

b. 采用先进技术或科研成果的情况。

c. 设计质量检查情况及评价。

d. 设计过程中出现的问题和处理措施。

（3）设计完工报告应附"基础工程设计情况表"及"详细工程设计情况表"。

（十一）设计更改控制

设计更改是在设计过程中或设计成品完成后，由于用户变更和项目变更而导致设计更改，这都将对设计进度、质量和费用产生直接的影响。因此工程公司应制订设计更改的控制程序，一旦发生设计更改时，应严格按规定的程序办理。

（1）用户变更是指由于用户要求（或同意）修改项目任务范围或内容而引起项目设计更改。通常由用户承担因设计更改而产生的设计进度、人工时消耗所追加的费用。

（2）项目变更是指因工程公司原因如设计不当、设计改进、设备供货改变、采用变更、设计接口条件改变等，引起设计相应的专业必须作出设计更改。此类变更一般由工程公司承担其所需费用，通常在项目实施过程中由工程公司内部调整处理。

（3）设计更改引起的专业设计修改通常由原设计人员完成。当由其他人员完成时，应办理授权手续。设计更改的成品应按规定完成校审和会签。

（4）设计更改所修改的图纸或文件应按规定发送有关部门，一般用改变版次的方式进行更换。

（5）当设计更改涉及到一个以上专业有修改时，项目设计经理应组织有关专业负责人协调各专业之间的修改进度，并进行会签，确保设计质量。

（十二）设计文件和资料的控制

设计文件和资料是设计、采购、施工和开车的依据，直接影响设计和工程项目的质量。因此，必须对设计过程中的文件和资料以及设计成品实行有效的控制，以保证设计质量。

1. 设计过程中设计文件和资料的控制

a. 设计所采用的标准、规范、手册。必须是当前的或合同规定的有效版本。设计人员及各级校审人员均应持有"现行有效标准规范控制清单"。工作场所应清除失效和（或）作废的标准、规范，以防止误用。

b. 设计输入、设计条件及工作版本必须是当前有效的版本（版次）。设计人员及各级校审人员均应持有"现行有效文件控制清单"，以防止误用已失效的版本（版次）文件。

c. 设计文件和资料的传递应使用设计文件和资料发放通知单。文件和资料发出部门或专业应保存文件和资料的发放记录。使设计文件和资料处于受控状态。

d. 文件和资料发放前应经过校审。无校审人签字的文件和资料均视为无效文件，应退回发放单位重新审批后再行发放。

2. 设计成品的控制

a. 经过设计验证和设计评审的设计成品，应由专业负责人填写入库单，将设计成品和校审记录以及质量评定卡一并送有关部门会签。

b. 经有关部门会签并确认合格的设计文件，由专业负责人送档案资料室办理入库手续，然后送设计文件复制部门复制，根据项目经理或项目设计经理的签署，加盖文件用途的标识章。

c. 由设计文件复制部门根据项目经理或项目设计经理签署的工程设计文件发送通知单发送设计文件。

d. 设计文件发放部门应对发放的设计文件建立台账，以控制设计文件的复制和发放。

3. 设计文件修改的控制

a. 设计文件的修改是指从设计成品交付用户起直至用户验收项目为止的整个期间内对设计文件的修改。

b. 设计文件的修改原则上应由原设计和校审人员完成。当由其他人员进行修改和校审时，应办理授权手续。

c. 设计文件的修改一般按发放新版的方式进行。新版发放的同时应收回或通知原版作废。

（十三）设计质量记录

（1）在设计过程的各个阶段，应按规定认真填报并保存各种质量记录，以表明设计成品达到了规定的要求，并证明质量体系是在有效地运行。

（2）设计质量记录包括下列内容：

a. 合同评审记录。

b. 设计评审记录。

c. 设计验证记录（设计文件校审记录卡、设计质量评定卡）。

d. 设计质量信息反馈。

（3）设计质量记录是设计产品满足质量要求和质量体系有效运行的客观证据，要求字迹和图样清晰，并按规定程序进行标识、收集、编目、查阅、归档、贮存、保管和处理。

（十四）设计质量信息反馈

1. 建立设计质量信息反馈系统的目的

设计质量信息反馈主要为改进设计质量、制订纠正和预防措施提供依据。工程公司应建立设计质量信息反馈的收集、分析和处置系统，并促使其有效运行。

2. 设计质量信息反馈的收集

a. 通过设备制造现场、施工现场和开车现场收集设计质量问题。

b. 用户反映的设计质量问题。

c. 装置投产后的设计回访。

3. 设计质量信息的分析

a. 设计质量信息反馈的归口管理部门是公司的质量保证部。由公司质量保证部对收集到的设计质量信息进行初步分析，然后确定主要责任部门及相关部门，并将信息传递给主要责任部门。

b. 由主要责任部门组织进行质量问题的原因分析，并提出纠正措施和预防措施的建议。

4. 设计质量反馈信息的处置

由公司质量保证部根据主要责任部门的原因分析及纠正和预防措施的建议，责成并监督纠正和预防措施的实施。

第二节　设计技术管理

设计技术管理是以提高设计技术水平和设计质量为中心，对设计工作进行组织和管理的总称。它贯穿于设计工作的全过程，是设计管理工作的重要组成部分。

一、设计技术管理的任务

（一）提高设计水平，促进技术进步

党和国家的工作中心，已经转移到经济建设上来，并逐步建立社会主义市场经济体制。基本建设工作在经济建设中占据着重要的地位，不断提高设计水平是搞好基本建设的重要条件。基本建设必须依靠技术进步，设计技术工作必须面向基本建设，这是一个根本性的原则问题。从总的来说，当前中国的设计水平，落后于世界先进水平。

设计单位在技术管理工作中，必须力求设计水平提高、设计技术进步，要努力做好以下工作。

（1）进行职工培训，重点抓好职工技术教育。为提高设计水平，搞好技术进步，首要的是提高人的素质，培养出一批政策技术水平、设计能力过得硬的设计队伍。各设计单位都曾大力抓好青壮年职工的文化技术教育和技术人员的技术更新教育。

当前世界新的技术革命还在发展，科学技术日新月异，许多领域技术知识的更新周期越来越短。我国设计人员多数知识老化现象较为严重。为搞好

技术更新教育，或继续工程教育，应做好教育计划和创造教育条件。如由本单位设校施教；通过工作实践，结合进行专业技术学习使技术知识更新提高；去科研单位结合有关项目实习；送到高等学校或国外深造等。

（2）在设计中积极采用先进工艺和先进技术。为了在一个不太长的历史时期内，把我国建设成为一个社会主义的现代化强国，赶上和超过世界先进水平，必须在设计中积极采用和发展先进技术。包括新工艺、新设备、新结构、新材料，有计划有重点地提高机械化、自动化水平等。在采用过程中，既要有敢想敢干的革命精神，又要有严肃认真的科学态度，一切要经过科学试验，要成熟可靠，要有技术经济论证评价，以利于提高劳动生产率，增加品种，提高产品质量，节约原材料和降低成本。

（3）研究制订设计技术政策。设计技术政策是指导设计技术发展方向和如何采用新技术的。我们要发展实用的技术，一定要符合我国的国情。这就需要总结我国的技术现状，了解国外的情况，指出我们的长处和短处。从而定出应该继续发展、或改进、或淘汰、或需要引进的技术，制订计划，付诸实施。

各个部门的建设项目，各有其特点和要求。要结合其特点和要求，有针对性地制订技术政策，做出计划，以利于在设计中执行，做好技术储备和技术引进工作。

（4）做好技术交流和技术引进工作。做好技术交流工作，取长补短，共同进步。技术交流可以采取多种多样的方式。如参加学术交流会议、经验总结交流会议、技术讨论和技术鉴定会议等一系列与技术有关的会议；聘请国内外有关专家学者进行学术交流；去国内外进行考察参观，购买收集技术资料、专利；引进成套技术装备，或委托国外进行设计，或与国外有关机构合作进行设计；购买国外某项设备作为样机或作为生产设备，再仿制改造，或者采用其他交流方式。在确定引进技术的同时，应认真组织好消化工作，逐步做到一学二改三创，把我们的设计技术和设计水平搞上去。

（5）做好技术情报工作。技术情报是在技术工作中所获得的新成果、新知识、新信息。设计单位的技术情报工作，是根据设计工作和技术发展的需要，尽力创造条件，通过多种渠道，对可供利用的技术情报进行收集、整理、提供利用。它对设计技术的发展起着耳目、尖兵和参谋的作用。收集的对象包括国内外的科技资料、学术论文、会议文献、参考资料、技术报告、专利、声像资料、产品样本、实物样品以及图书期刊等。收集方法有采购、交换、索取、复制、现场采访调查或委托代为收集、参加有关情报网点、情报中心等。对收集到的信息资料，应进行科学管理，便于查询利用。还要进行加工整理、归纳分析，按选定的课题撰写出文献综述或述评或专题报告。报导的方式可采取索引、文摘、快报、动态、译丛、参考资料、期刊等。如应要求还可提供咨询服务。

（6）设计装备的改进。为适应设计工作的发展，设计装备有必要及时进行更新改进。如电子计算机和微型机用于进行繁复的设计计算，电子计算机辅助设计系统的采用，既提高设计能力，又可改进设计质量，提高水平。

（7）科研工作。设计工作和科学研究的关系十分密切。在设计中积极采用和发展成熟的科研成果，提高设计水平和设计技术，从而改善了基本建设的质量。设计单位应结合设计任务，积极参加科研单位、施工单位、生产单位有关的研究试制工作，大力协同，联合攻关，有很多取得辉煌成果的实例，说明是一条成功的技术开发道路。设计单位还应配备必要的仪器设备等科研手段，做一些力所能及设计所需的试验研究工作，或某些科研成果的验证和补充试验工作。在 20 世纪 70 年代很多设计单位因之改称为设计研究单位。

（二）进行设计质量管理、保证设计质量

设计质量直接影响到基本建设的质量。设计单位一向对设计质量十分重视。在设计单位企业化管理试点以后，社会主义市场经济体制建立过程中，设计成果已作为商品进入市场。在市场商品价值规律的作用下，设计单位之间的竞争，最终是设计质量和技术水平的竞争。所以设计质量直接影响到设计单位在设计市场的竞争力度和设计单位的经济效益，以及全单位人员的生活福利待遇。

设计质量管理一向是仿效原苏联的管理方式，进行层层质量检查把关、最后完成满意的设计成果。1980 年 3 月 18 日，国家经委颁发《工业企业全面质量管理暂行办法》，引进美、日等国的全面质量管理办法，使质量管理纳入了轨道。对设计工作来说，质量管理的对象，不仅是设计成果本身，而且包括设计准备、方案酝酿比选、设计工作开展、成果的形成等全过程中各部门的工作质量。1993 年 2 月全国人大常委会第 30 次会议审议通过的"产品质量法"，于同年 9 月 1 日起施行，加强产品质量管理和明确产品质量责任等。为此国家技术监督局批准下达 GB/T19000 号质量管理和质量保证国家标准。更有效地进行设计质量管理，确保设计成果质量，为我国的设计产品打入国际市场铺好路。

（三）推进设计标准化、规范化

在设计实践中，重复设计的现象比比皆是，尤其在土建、供电、供排水、安全、卫生、环境保护等方面的设计，更是如此。因而即便设计对象千差万别，设计成果也因之而异，而设计标准化、规范化还是应该提倡的。推行标准化是中国的一项重要技术经济政策，在设计工作中也应如此。设计工作标准化、规范化的主要形式有简化、统一化、系列化、通用化、组合化等。

设计标准化、规范化的工作内容，主要是使用、编制和管理各种标准、规程、规范、规定、标准设计、通用设计等。在使用中有些是要严格遵照执行，有些则要因地因事制宜，灵活采用推广。在编制管理中，应积累资料，总结使用中遇到的问题，积极整顿或编制新增标准、规范等。所以在设计标准化、规范化工作中，要做的工作很多。

推进设计标准化、规范化是逐步渐进推广的工作过程，不可能一下子即达到某种意愿而不可及的过分要求。在这个方面过去曾经有过教训。

1. 标准等的贯彻执行

标准是衡量事物的准则。它以科学技术和实践经验的基础，经有关方面协商同意，由公认的机构批准，以特定的形式发布，其目的是为了获得最佳秩序和社会效益。标准一经批准发布，就是技术法规，必须严格贯彻执行，任何单位不得擅自更改或降低标准。标准有国际标准和国家标准。国际标准是国际上权威组织制订并得到普遍承认和通用的标准。1986 年 6 月全国采用国际标准工作会议，做出加快采用国际标准的决策。选择适合中国国情的国际标准，限期于 1990 年以前采用，并转化为中国标准颁布执行。中国标准过去分国家标准、部颁标准和企业标准三级。从 1983 年起不再制订新的部颁标准。原有的部颁标准，部分上升为国家标准。现在实行的有国家标准、行业标准、地方标准和企业标准。目前，一般企业标准严于国家标准，国家标准又严于国际标准。这是为了超赶世界先进水平而从严要求。

标准经有关部门批准发布后，起法规作用，在设计中必须严格贯彻执行。设计规程、规范、规定等，是在设计技术、运用等方面制订；经批准发布后，也起到法规制约作用，在设计中必须遵循。通用设计、标准设计等可因地因事制宜，灵活采用。至于设计手册、参考资料等，则属于设计工具性质，但也有助于起到设计统一化等作用。

2. 标准等的编制

标准、规程、规范、标准设计、通用设计等，一般是由有关部门组织、有关设计单位参加，分工进行编写。完成后经审批发布执行。

根据需要各设计单位应编制本单位的设计标准。这属于企业标准。应审慎酝酿编制对象、内容、深度等，制订编制计划，逐步完成。可由本单位独立进行，也可联合同性质的设计单位分工完成，再通过一定的审批手续发布执行。

设计单位自身所需的通用设计，重复使用图纸资料等、由本单位自行编制汇集使用。

3. 标准等的管理

标准、规程。规范、标准设计等经编制、审批、发行后，尚有大量的管理工作要做。一般应由有关主管部门管理，但也有不少是委托某部门或某设计单位代管。为做好管理工作，一定要管理组织、管理人员、管理经费落实。管理工作主要是：经常调查了解发布后的使用执行情况、遇到的问题、需要改进解决的事项以及为下次修订做必要准备；定期或不定期召集有关人员研讨所遇问题的解决方案、处理措施，必要时进行调查研究、试验验证工作；收集国内外有关的发展信息、积累有关资料，定期或不定期地进行报导，并汇集保存；根据技术发展需要，选择研究课题，组织进行科学研究，寻求答案，为下次修订做技术准备；建立档案保管材料，备查询使用。

二、技术管理工作

设计技术管理的任务如何实施？由于各部门设计单位所从事设计的对象不同，各行业有各行业的历史发展过程，导致各行业有各行业的习惯做法，很难设定出一个普遍的实施模式。参照某些历史比较长久、设计工作范围比较广、规模比较大的设计单位的情况，大致介绍设计技术管理工作的执行情况。

远在设计单位组建初期，即设置技术科，发挥职能作用，总揽全单位的设计技术管理工作。随着设计情势发展，任务的加重，或由于有关主管部门的意见，逐步将设计技术管理任务分由几个单位承担。如实行总工程师制后，成立总工程师室，制订设计技术政策工作，除主管部门组织制订技术政策的工作外，由总工程师室担任。对外开放，涉外设计、引进等工作开展，成立外办办理。职工教育、档案资料管理、技术情报、图书管理、规范管理也因需要，分设机构进行。科研任务加重则增设科研处。根据有关主管部门意见，全面质量管理办公室分立。虽然增设若干管理部门，而工作目标仍为提高设计水平，包括设计技术和质量，以求增强在设计市场上的竞争力度，取为基本建设多做贡献。

技术管理工作主要包括高阶段设计审查、施工图抽查以及技术开发、技术交流，业务建设的管理，和设计规章制度、设计标准的制订、编制拥护等方面的内容。设计质量管理部门和技术管理部门分立，而设计质量管理仍为技术管理工作中的重要内容。通过多年来的工作实践，已经建立起较为完整的技术管理体系，为完成优质、高水平、好效益的设计，起到了促进和保证作用。

（一）建立技术管理体系

设计单位现行以专业设计室为主，专业设计室和工程设计队并存的设计管理体制，在技术管理工作上建立起二条线的管理体系。一条线是通过院长—技术处—专业室—专业组，进行技术管理工作。同时，在工程项目的技术管理工作上，通过总工程师室—技术处—项目总设计师—项目专业负责人的另一条线进行。

为加强设计技术管理工作，有的设计单位在各专业设计室建立起质量主任工程师制度。由质量主任工程师协助室主任全面负责本室的技术管理和质量管理工作，即形成了完整的保证体系，保证技术管理工作能有组织，有效的正常开展工作。

（二）高阶段设计的技术管理

可行性研究和初步设计等高阶段设计，由项目总设计师和项目专业负责人组织总体设计的开展。在技术管理工作中，实行院、专业设计室、专业设计组三级管理。主管院长和副总工程师负责高阶段设计的审定，技术处起职能作用，负责组织审查和设计文件的审查工作。

在高阶段设计管理工作中，主要有开工报告、中间审查和成果检查审定三个重要环节。总体开工报告和专业开工报告分别由项目总设计师和专业负责人负责。项目设计人员依照开工报告所确定的原则和要求，并遵照颁发的高阶段设计内容和深度的原则规定开展设计工作。有的设计单位中间审查由技术处组织，主管院长、副总工程师主持召开专家会议，对设计方案的技术可靠性和经济合理性，以及新技术、新工艺、新材料和装备水平等进行全面审查。中间审查是高阶段设计技术管理工作的重点，是保证高阶段设计质量和技术水平的关键。设计文件即设计成果的检查和审定，是由技术处对设计文件内容是否符合审查会议所做的决定进行审查，并对文件的格式、文字等进行技术性审查，再报主管院长审定。这是保证出院产品的质量符合标准要求的重要一环。

（三）施工图设计的技术管理

施工图设计实行专业设计室和专业设计组二级管理。在施工图设计中，主要有开工报告、提出和返回设计条件和图纸会签等三个关键环节。为保证施工图质量，在安排施工图设计人员的同时要确定检审人员。

施工图完成后，要按图纸质量优、良、次三级进行质量评定。按规定的施工图质量标准，凡被评为次级的施工图纸不得出院。为及时掌握施工图的质量动向，加强对施工图设计的管理，有的设计单位技术处每季度组织一次施工图抽查。同时各专业设计室质量主任工程师也要每季度对本专业施工图进行一次抽查。对发现的带普遍性的问题，要拟出改正措施，及时提请有关专业设计室、组注意改正。

（四）设计信息反馈

及时收集、归纳和整理在设计、施工和生产中的有关信息，并返回到设计中来，这是技术管理工作的重要内容之一，也是保证和提高设计水平和质量的重要手段。为保证设计信息的及时反馈，院要求现场施工服务人员在返院时，将现场施工和有关部门反映的信息带回；院和专业设计室不定期召开工程设计信息研究会；技术处有计划地组织工程设计人员进行工程回访。为使信息反馈渠道畅通，有的设计单位在重点工程中建立起质量信息员制度，有针对性地在生产、施工单位中聘请一定数量的质量信息员，以从中收集大量信息，为改进工作、总结设计、提高水平提供依据。

在收集信息、对工程设计进行总结的基础上，院每年进行 1~2 次评选优秀设计和合理化建议的评选工作。通过评选优秀进一步激发设计人员的积极性和创造性，促进设计水平的不断提高。

（五）依据设计质量评定奖金的奖罚额度

随着设计工作改革的深入发展，设计单位由事业型转向自负盈亏的经营型后，改革设计人员的奖励制度则势在必行。为推行奖优罚劣的合理政策，制订出设计质量与奖金挂钩的具体措施，并逐步提高质量奖占总奖金额的比例。这一比例已达到 30%。

有的设计单位技术处每季度对各专业设计室的设计工作质量进行评定，并提出优奖劣罚的额度，奖金核算部门再据以核算各室的奖金额，再由各室按规定分配。这样做促使各室加强对设计工作的管理。

（六）业务建设管理

技术处按年、季组织酝酿、确定各专业设计室的业务建设项目，并按计划部门制定的计划表格做好计划，报计划部门平衡。计划内容包括业务建设项目名称、内容、负责单位、工作进度和工作量等。计划确定后，由各专业设计室安排力量进行工作，技术处负责检查监督计划的执行情况，协助解决工作进行中所遇到的问题。项目完成后，技术处对建设成果进行检查、审定、验收，并核定其质量等级和虚产值额。

（七）建立健全技术管理的规章制度

在总结设计工作经验的基础上，制订技术管理工作的各项规章制度，是提高设计水平、保证设计质量的重要手段。当前，设计单位已制订和修订出多项技术管理规章制度。包括"各级岗位技术经济责任制""工程设计审查工作的若干规定""设计质量考核及评定办法""图面标准和编号办法的规定"等。随着设计改革的深化，各项技术管理工作的规章制度将进一步补充、修改和完善，使技术管理工作在系统化和完整性上更趋完善。

（八）标准化管理

逐步实现设计工作的标准化和规范化，是提高设计质量、设计效率和管理水平的一项重要基础工作。1986以来，有些设计单位即开始了院设计标准的制订工作，简称为院标，并给以系列编号和代号。院标是以设计实践经验为基础，经协调一致制订的设计工作中的准则，是国家标准和行业标准的补充和具体化。已明确规定对已批准颁发的院标，在所有的工程设计中都必须严格遵照执行。

院标大体上包括两方面的内容。一是设计管理标准，如工序管理、专业分工、互提设计条件、设计文件编制等有关规定。二是技术标准，如工程标准、工艺标准、设计细则、设计指标和有关专业技术的要求和规定等。

目前，设计单位已编制完成大量的标准，并付诸使用。根据需要，应在不长的时间内，把标准工作比较完整系统地完善起来。

（九）计算机应用技术开发

对计算机应用技术的开发，在技术管理工作上，主要是制订计算机应用总的奋斗目标所需用做的工作，并监督指导付诸实施。

如有的设计单位即订出其计算机应用总的奋斗目标是：在一定期限内，实现设计计算、系统分析、方案优化、施工图绘制和设计、工程管理综合一体的计算应用系统，改变传统的手工设计为计算机辅助设计。到条件成熟时着手进行计算机联网，实现 CAD/CAM 系统，掌握世界先进技术。为达到上述总的奋斗目标，尚需制订设计计算软件的开发目标、管理工作软件开发目标、CAD 开发目标和计算机工业过程控制的目标等。

为实现上述目标。需要做好的工作包括：

（1）组织各专业设计室开发应用程序，并拟订计划施行。对通用性较强专业的程序，可以广泛吸收其他单位的成果，进行移植、改造和开发、形成与工艺专业 CAD 相配套的通用系统。

（2）在 CAD 硬件配置方面，可分期分批建成小型机、超微型机和微型机相结合的系统。

（3）搞好计算机控制系统的基础工作，对各种不同的控制对象进行数学模型的研究、开发软件。

（4）各有关设计管理部门编制管理应用软件。情报资料建成中西文检索系统。

（5）统一标准、规定。建立数据库。包括工程数据库、管理公用数据库和 CAD 绘图图形库。

（十）改进设计装备

设计改革自主经营后，使用设计收费留成中的发展基金改进设计装备，才逐步加快了改善的步伐。如设计人员应用电子计算机技术，编制程序利用计算机辅助设计，复印技术普遍采用，减免抄写描图工作。设计成果的印制采用照排、胶印。静电复印、晒图等比较先进的印制设备。印品的配负装订配备了折页、订本等设备。档案的保管利用方面。引进 35 和 16 毫米缩微机、冲洗机、拷贝机、阅读机、放大复印机等配套设备，将库存图纸缩微保管，便于利用，使档案资料的保管利用工作提高到一个新的水平。在录像工作方面，多种规格的录像机、监视器、编辑机、冲洗机和闭路电视系统装置投入使用。制作出各主要设计、施工、生产建设项目的录像资料，为技术业务交流和学习提供了便利手段。

除上面所述各项外，设计单位技术管理工作中、还进行着技术交流等的组织管理工作和其他工作。技术管理工作是比较繁复的。

第三节　建筑工程设计文件和资料的管理

一、概述

设计文件和资料系指工程项目设计过程中涉及的有关内部、外部的文件和资料。其中包括各设计阶段形成的技术文件和图纸、设计任务书、委托书、合同及其附件、选厂报告、项目基础资料、项目设计数据、设备/材料请购文件，以及设计采用的标准、规范、规定和手册等。这些文件和资料是设计工作以及采购、施工和工程竣工验收等阶段的依据，对于确保工程设计和建设质量以及控制项目费用均有直接的作用。因此，必须对设计文件和资料进行严格的管理和有效的控制。

二、设计文件和资料的管理职责

设计文件和资料是工程项目在合同环境中向顾客承诺的共同凭据，同时亦是工程公司有效地组织生产活动和信息传递的工具。因此，必须按照 GB/T19001－ISO9001 标准的要求对设计文件和资料进行有效的控制。对各类文件的管理与控制的职责规定如下。

（1）项目文件的编制、评审。传递、变更和发送由项目管理部归口管理，并由项目经理具体负责在项目建设过程中实施。

（2）标准、规范及公司内部通用性技术文件的编制、批准和实施由技术管理部负责归口管理。

（3）档案资料室在技术管理部指导下负责标准、规范的采购、发放、回收和处理。并负责项目设计成品文件的编目、标识、入库、归档、借阅和保管。

三、设计文件和资料的管理程序

1. 文件输入

由用户（业主）、上级部门、分包方（包括制造厂商）提供的与项目有关的文件。应分别按项目的设计、采购、施工、开车等阶段进行分类，经项目组内有关经理组织评审。编号、标识和登记。由行政系统转来的与项目有关的输入文件，原件存放收文部门，项目组留复印件一份，并按以上程序存档。

2. 文件传送

设计输入及技术接口文件（如各专业设计条件）的内部分发应经项目组内的有关经理批准，填写"项目文件内部传送单"。设计、采购、施工、开车等部门相互之间传送的文件需经项目经理批准。传送单复印件随传送文件一同发放（每份文件一份）。在分发更版文件时，应同时由分发人对旧版文件标识"作废"印章并回收、处理，同时记入内部传送单内。传送单由各收件人签收后交批准人存档。并记入台账。所有内部传送文件均由分发人加盖"有效工作版"字样印章标识。

3. 文件输出

项目中的文件输出，应按技术档案的有关规定编号后入库归档，并填写"项目文件发送通知单"，经项目组内有关经理批准后加以标识发送。文件发送时还应填写"项目文件及设备成品发送单（回执）"与文件一同发送给收件单位，并要求收件单位限期内签署确认后返回给项目组内有关经理。

4. 文件评审

（1）输入文件及内部传送的文件均应由发送人加盖"条件评审"印章，并由评审人签署意见及签字。

（2）所有输出的项目文件均在相应发送通知单内由评审单位签署评审意见及签字。

5. 文件修改和回收

项目文件的修改（不包括现场修改）均以更版方式进行，新版文件发表时，同时对旧文件进行标识、回收或处理。

6. 文件标识

（1）所有内部发放的项目文件在发放时加盖"有效工作版"印章，并对相应旧版文件加"作废"印章。

（2）对输出的咨询类成品文件应视其性质加盖"供审批"或"供用户审查"印章，基础工程设计成品文件加盖"初步的"印章，详细工程设计成品文件加盖"供施工用"印章。应业主（用户）要求需要在入库前提供的设计文件，经技术管理部门审查后加盖"供参考"印章。

（3）采购（包括提供业主用作采购）过程中的输出、输入文件，根据工作进展阶段以及文件性质，分别标识"询价版""订货版"或"制造版"印章。

（4）施工文件标识"供施工用"印章，竣工图加盖"竣工图"印章。

（5）标识位置：文字类文件标识章加盖于文件封内首页，表格加盖于首页，图纸加盖于图纸右下方图签附近空白处。

（6）项目所有来往函电性文件均不加标识（需要进行内部传递者除外）。

项目文件的输入、内部传送及发送均应由项目组内有关经理或有关责任部门（档案资料室、完成室）记入台账。

四、设计文件和资料的管理

1. 设计文件归档的范围

（1）各设计阶段形成的技术文件，如：设计前期阶段产生的文件、总体设计、方案设计；工艺设计、项目设计计划、设计进度计划、工程设计统一规定、项目设计数据、基础工程设计、详细工程设计、设计完工报告、竣工图、工程技术总结等成品文件（包括底图、计算书底稿、设计质量评定卡等）。

（2）设计任务书、委托书、合同及其附件、协议书、技术经济比较方案推荐书、建设项目可行性研究报告、各种设计会谈纪要（包括涉外工程技术谈判）及资料、开工报告、选厂及其有关项目基础资料、设备/材料请购文件等。

（3）设计方案比较、设计审查意见及会议纪要、领导机关对设计的审批文件。

（4）施工试车中重大的修改文件、图纸及设计变更记录、试车考核总结。

2. 设计文件归档的要求及办法

（1）设计文件的归档，由项目设计经理组织各专业负责人，按归档的要求办理设计成品入库。

（2）项目设计经理在组织制订合同项目工程设计统一规定时，应对入库图纸图标中的工程名称、设计项目、设计阶段、图号等填写内容做出明确规定。

（3）各专业归档文件必须按合同项目工程设计统一规定中的规定填写，当图纸、文件入库时发现不符合规定时，档案资料室有权拒收。

（4）设计技术文件、资料和设计基础数据，在各设计阶段结束后，由项目设计经理组织整理、鉴定、分类文卷并办理归档。

（5）施工、试车过程中发生的设计变更有关技术文件和资料，项目设计经理应指定专人负责收集和保存，待现场工作结束后即应进行整理、鉴定并办理归档。

（6）总承包的工程项目，总承包单位应归档基础工程设计以前成套完整资料（包括分包单位编制的文件），详细工程设计只归档总承包单位自己承担任务部分。

（7）对于因故暂停设计的项目，应由项目设计经理将现有设计资料收集齐全，整理立卷，并将具有保存价值的文件、资料和图纸归档。

（8）归档文件资料底稿必须做到标准化、规格化，保证入库质量。计算书应统一计算用纸，禁止用圆珠笔和铅笔书写，做到字迹清楚、图样清晰、疏密程度符合规定。

（9）案卷组成与编制排列，必须保持文件自然形成的有机联系，并且标明立卷人。逐卷按要求说明保管期限，.凡不符合归档要求和技术管理规定的一律不得归档。

（10）底图的管理办法及修改程序按照有关规定办理。

3. 设计更改通知单的管理

（1）设计更改通知单由原设计人或现场设计代表填写。

（2）各专业的设计更改通知单按子项分别编号。

（3）绘制的修改图超出"设计更改通知单"的空位时，可以用另纸绘制，并作为附件附于"通知单"之后，在"附件"栏内注明"另有附图"。附图不编图号。

（4）底图修改后需重新发图时，填写修改通知单，说明修改的原因，重新复制修改后的蓝图作为通知单的附件附在通知单之后，并在附件栏中注明"另发蓝图"字样。

（5）在工程建设期间，"更改通知单"由现场指定的专业人员负责保管，工程结束后由现场专业人员填写入库申请单，并将按规定编号的通知单送交档案室，由档案室按子项、专业分别装入该项原图的档案袋内。

4. 工程设计文件的发送

（1）工程设计技术文件图纸资料在办理归档时，设计专业负责人应按项目的有关规定同时办理设计文件的发送手续。

（2）填写"工程设计文件发送通知单"及其回执并按文件评审的要求，

送请项目负责人、专业室、质量保证部、技术管理部评审，认为合格后，再由档案室按发送通知单的要求提出底图，送完成室复制并发送。

（3）完成室在发送设计文件装箱时，应连同"工程设计文件发送通知单"及回执一并装箱寄出，发送单的回执收到后，存项目负责人处。

五、标准、规范及通用性技术文件的管理

（1）工程设计中采用现行的国家标准行业标准、地方标准和企业（公司）标准。当用户提出要求采用国际标准或项目所在国家标准时，应通过谈判确定，并在合同条款中逐项列出采用的标准清单。

（2）工程公司应加强对国内标准、规范的管理。公司应成立相应的管理机构，研究决定采用国内标准、国外标准以及编制公司技术标准、手册等重大问题。标准、规范的日常管理工作一般由技术管理部负责。

（3）技术管理部应加强对国家标准、行业标准、地方标准的收集，实行动态管理，及时向设计人员提供新标准规范的信息，及时发布对过期、失效、作废的标准、规范的通知并进行处理。标准、规范的采购和分发由技术管理部提出意见，由资料室执行。

（4）新版的标准、规范及通用技术文件在发放的同时，应对相应旧版标准等文件加盖"作废"标识印章，并限期回收。

（5）各部、室和专业组必须指定专人对标准、规范和通用性技术文件进行管理，应根据现存有效标准、规范情况填写"现行版本标准规范表"，并在新标准、规范收到后及时更新表内记录内容。

（6）项目成立后，项目设计经理应组织各专业提出本专业在设计中采用的标准目录，然后由项目设计经理汇总成"工程项目标准规范总表"，报项目经理审查批准，并需经用户认可。

（7）技术管理部要派人参加项目组共同确定项目采用的各专业标准、规范。

第九章　建筑工程进度管理

第一节　进度计划的编制

一、建筑工程项目进度管理概述

（一）进度与进度管理的概念

1. 进度

进度通常是指工程项目实施结果的进展状况。工程项目进度是一个综合的概念，除工期外，还包括工程量、资源消耗等。进度的影响因素是多方面、综合性的，因而，进度管理的手段及方法也应该是多方面的。

2. 进度指标

按照一般的理解，工程进度既然是项目实施结果的进展状况，就应该以项目任务的完成情况，如工程的数量来表达。但由于工程项目对象系统通常是复杂的，常常很难选定一个恰当的、统一的指标来全面反映工程的进度。例如，对于一个小型的房屋建筑单位工程，它包括地基与基础、主体结构、建筑装饰、建筑屋面、建筑给水、排水及采暖等多个分部工程，而不同的工程活动的工程数量单位是不同的，很难用工程完成的数量来描述单位工程、分部工程的进度。

在现代工程项目管理中，人们赋予进度以结合性的含义，将工程项目任务、工期、成本有机地结合起来，由于每种工程项目在实施过程中都要消耗时间、劳动力、材料、成本等才能完成任务，而这些消耗指标是对所有工作都适用的消耗指标，因此，有必要形成一个综合性的指标体系，从而全面反映项目的实施进展状况。综合性进度指标将使各个工程活动，分部、分项工程直至整个项目的进度描述更加准确、方便。目前，应用较多的是以下四种指标。

（1）持续时间。项目与工程活动的持续时间是进度的重要指标之一。人们常用实际工期与计划工期相比较来说明进度完成情况。例如，某工作计划工期为 30 天，该工作已进行 15 天，则工期已完成 50％。此时能说施工进度已达到 50％吗？恐怕不能。因为工期与人们通常概念上的进度是不同的。对于一般工程来说，工程量等于工期与施工效率（速度）的乘积，而工作速度在施工过程中是变化的，受很多因素的影响，如管理水平、环境变化等，又如工程受质量事故影响，时间过了一半，而工程量只完成了三分之一。开始阶段施工效率低（投入资源少、工作配合不熟练）；中期效率最高（投入资源多，工作配合协调）；后期速度慢（工作面小，资源投入少），并且工程进展过程中会有各种外界的干扰或者不可预见因素所造成的停工，施工的实际效率与计划效率常常是不相同的。此时如果用工期的消耗来表示进度，往往会产生误导。只有在施工效率与计划效率完全相同时，工期消耗才能真正代表进度。通常，使用这一指标与完成的实物量、已完工程的价值量或者资源消耗等指标结合起来对项目进展状况进行分析。

（2）完成的实物量。可用完成的实物量表示进度。例如，设计工作按完成的资料量计量；混凝土工程按完成的体积计量；设备安装工程按完成的吨位计量；管线、道路工程用长度计量等。这个指标的主要优点是直观、简单明确、容易理解，适用于描述单一任务的专项工程，如道路、土方工程等。例如，某公路工程总工程量为 5 000m，已完成 500m，则进度已达到 10％。该指标的统一性较差，不适合描述综合性、复杂工程的进度，如分部工程、分项工程的进度。

（3）已完工程的价值量。已完工程的价值量是指已完成的工作量与相应合同价格或预算价格的乘积。其将各种不同性质的工程量从价值形态上统一起来，可方便地将不同的分项工程统一起来，能够较好地反映由多种不同性质的工作所组成的复杂、综合性工程的进度状况。例如，人们经常说某工程已完成合同金额的 80％等，这就是用已完工程的价值量来描述进度状况。它是人们很喜欢用的进度指标之一。

（4）资源消耗指标。常见的资源消耗指标有工时、机械台班、成本等。其有统一性和较好的可比性。各种项目均可用它们作为衡量进度的指标，以便于统一分析尺度。在实际应用中，常常将资源消耗指标与工期（持续时间）指标结合在一起使用，以此来对工程进展状况进行全面的分析。例如，将工期与成本指标结合起来分析进度是否实质性拖延及成本超支。在实际工程中，使用资源消耗指标来表示工程进度时应注意以下问题。

①投入资源数量与进度背离时会产生错误的结论。例如，某项活动计划需要 60 工时，现已用 30 工时，则工时消耗已达到 50％，如果计划劳动效率与实际劳动效率完全相同，则进度已达到 50％，如果计划劳动效率与实际劳动效率不相同，用工时消耗来表示进度就会产生误导。

②在实际工程中，计划工程量与实际工程量常常不同，例如，某工作计划工时为 60 工时，而在实际实施过程中，由于实际施工条件变化，施工难度增加，应该需要 80 工时，现已用掉 20 工时，进度达到 30％，而实际上只完成了 25％，因此，正确结果只能在计划正确，并按预定的效率施工时才能得到。

③用成本反映进度时，以下成本不计入：返工、窝工、停工增加的成本，材料及劳动力价格变动造成的成本变动。

3．进度管理

工程项目进度管理是指根据进度目标的要求，对工程项目各阶段的工作内容、工作程序、持续时间和衔接关系编制计划，将该计划付诸实施，在实施的过程中，经常检查实际工作是否按计划要求进行，对出现的偏差分析原因，采取补救措施或调整、修改原计划直至工程竣工、交付使用。进度管理的最终目的是确保项目工期目标的实现。

工程项目进度管理是建筑工程项目管理的一项核心管理职能。由于建筑项目是在开放的环境中进行的，置身于特殊的法律环境之下，且生产过程中的人员、工具与设备的流动性，产品的单件性等都决定了进度管理的复杂性及动态性，必须加强项目实施过程中的跟踪控制。进度控制与质量控制、投资控制是工程项目建设中并列的三大目标之一。它们之间有着密切的相互依赖和制约关系。通常，进度加快，需要增加投资，但工程能提前使用就可以提高投资效益；进度加快有可能影响工程质量，而质量控制严格则有可能影响进度，但如因质量的严格控制而不致返工，又会加快进度。因此，项目管理者在实施进度管理工作中，要对三个目标全面、系统地加以考虑，正确处理好进度、质量和投资的关系，提高工程建设的综合效益。特别是对一些投资较大的工程，在采取进度控制措施时，要特别注意其对成本和质量的影响。

（二）建筑工程项目进度管理的目的和任务

进度管理的目的是通过控制实现工程的进度目标。通过进度计划控制，可以有效地保证进度计划的落实与执行，减少各单位和部门之间的相互干扰，确保建筑工程项目工期目标以及质量、成本目标的实现。同时，也为可能出现的施工索赔提供依据。

建筑工程项目进度管理是项目施工中的重点控制环节之一，它是保证建筑工程项目按期完成、合理安排资源供应和节约工程成本的重要措施。建筑工程项目不同的参与方都有各自的进度控制的任务，但都应该围绕投资者早日发挥投资效益的总目标去展开。

（三）建筑工程项目进度管理的方法和措施

建筑工程项目进度管理的方法主要有规划、控制和协调。规划是指确定建筑工程项目总进度控制目标和分进度控制目标，并编制其进度计划；控制是指在建筑工程项目实施的全过程中，比较施工实际进度与施工计划进度，出现偏差及时采取措施调整；协调是指协调与施工进度有关的单位、部门和工作队组之间的进度关系。

建筑工程项目进度管理采取的主要措施有组织措施、技术措施、合同措施和经济措施。

1. 组织措施

组织措施主要包括建立建筑工程项目进度实施和控制的组织系统，订立进度控制工作制度，检查时间、方法，召开协调会议，落实各层次进度控制人员、具体任务和工作职责；确定建筑工程项目进度目标，建立建筑工程项目进度控制目标体系。

2. 技术措施

采取技术措施时应尽可能采用先进施工技术、方法和新材料、新工艺、新技术，保证进度目标的实现。落实施工方案，在发生问题时，及时调整工作之间的逻辑关系，加快施工进度。

3. 合同措施

采取合同措施时以合同形式保证工期进度的实现，即保持总进度控制目标与合同总工期一致，分包合同的工期与总包合同的工期相一致，供货、供电、运输、构件加工等合同规定的提供服务时间与有关的进度控制目标一致。

4. 经济措施

经济措施是指落实进度目标的保证资金，签订并实施关于工期和进度的经济承包责任制，建立并实施关于工期和进度的奖惩制度。

（四）建筑工程项目进度管理的基本原理

1. 动态控制原理

工程进度控制是一个不断变化的动态过程，在项目开始阶段，实际进度按照计划进度的规划进行运动，但由于外界因素的影响，实际进度的执行往往会与计划进度出现偏差，出现超前或滞后的现象。这时应通过分析偏差产生的原因，采取相应的改进措施，调整原来的计划，使二者在新的起点上重合，并发挥组织管理作用，使实际进度继续按照计划进行。在一段时间后，实际进度和计划进度又会出现新的偏差。因此，工程进度控制出现了一个动态的调整过程。

2. 系统原理

工程项目是一个大系统，其进度控制也是一个大系统，进度控制中，计划进度的编制受到许多因素的影响，不能只考虑某一个因素或几个因素。进度控制组织和进度实施组织也具有系统性，因此，工程进度控制具有系统性，应该综合考虑各种因素的影响。

3. 信息反馈原理

信息反馈是工程进度控制的重要环节，施工的实际进度通过信息反馈给基层进度控制工作人员，在分工的职责范围内，信息经过加工逐级反馈给上级主管部门，最后到达主控制室，主控制室整理统计各方面的信息，经过比较分析作出决策，调整进度计划。进度控制不断调整的过程实际上就是信息不断反馈的过程。

4. 弹性原理

工程进度计划工期长、影响因素多，因此，进度计划的编制就会留出余地，使计划进度具有弹性。进行进度控制时应利用这些弹性，缩短有关工作的时间，或改变工作之间的搭接关系，使计划进度和实际进度吻合。

5. 封闭循环原理

项目进度控制的全过程是一个计划、实施、检查、比较分析、确定调整措施、再计划的封闭的循环过程。

6. 网络计划技术原理

网络计划技术原理是工程进度控制的计划管理和分析计算的理论基础。在进度控制中，要利用网络计划技术原理编制进度计划，根据实际进度信息，比较和分析进度计划，又要利用网络计划的工期优化、工期与成本优化和资源优化的理论调整计划。

（五）建筑工程项目进度管理的内容

1. 项目进度计划

工程项目进度计划包括项目的前期、设计、施工和使用前的准备等内容。项目进度计划的主要内容就是制订各级项目进度计划，包括进行总控制的项目总进度计划、进行中间控制的项目分阶段进度计划和进行详细控制的各子项进度计划，并对这些进度计划进行优化，以达到对这些项目进度计划的有效控制。

2. 项目进度实施

工程项目进度实施就是在资金、技术、合同、管理信息等方面进度保证措施落实的前提下，使项目进度按照计划实施。施工过程中存在各种干扰因素，其将使项目进度的实施结果偏离进度计划，项目进度实施的任务就是预测这些干扰因素，对其风险程度进行分析，并采取预控措施，以保证实际进度与计划进度吻合。

3. 项目进度检查

工程项目进度检查的目的是了解和掌握建筑工程项目进度计划在实施过程中的变化趋势和偏差程度。其主要内容有跟踪检查、数据采集和偏差分析。

4. 项目进度调整

工程项目进度调整是整个项目进度控制中最困难、最关键的内容。其包括以下几个方面的内容。

（1）偏差分析。分析影响进度的各种因素和产生偏差的前因后果。

（2）动态调整。寻求进度调整的约束条件和可行方案。

（3）优化控制。调控的目标是使进度、费用变化最小，达到或接近进度计划的优化控制目标。

（六）建筑工程项目进度管理目标的制定

进度管理目标的制定应在项目分解的基础上进行。其包括项目进度总目标和分阶段目标，也可根据需要确定年、季、月、旬（周）目标，里程碑事件目标等。里程碑事件目标是指关键工作的开始时刻或完成时刻。

在确定施工进度管理目标时，必须全面细致地分析与建设工程进度有关的各种有利因素和不利因素，只有这样才能制订出一个科学、合理的进度管理目标。确定施工进度管理目标的主要依据有：建设工程总进度目标对施工工期的要求，工期定额、类似工程项目的实际进度，工程难易程度和工程条件的现实情况等。

在确定施工进度分解目标时，还应考虑以下几个方面。

（1）对于大型建筑工程项目，应根据尽早提供可动用单元的原则，集中力量分期分批建设，以便尽早投入使用，尽快发挥投资效益。这时，为保证每一动用单元能形成完整的生产能力，就要考虑这些动用单元交付使用时所必需的全部配套项目。因此，要处理好前期动用和后期建设的关系、每期工程中主体工程与辅助及附属工程之间的关系等。

（2）结合本工程的特点，参考同类建设工程的经验来确定施工进度目标，避免只按主观愿望盲目确定进度目标，从而在实施过程中造成进度失控。

（3）合理安排土建与设备的综合施工。按照它们各自的特点，合理安排土建施工与设备基础、设备安装的先后顺序及搭接、交叉或平行作业，明确设备工程对土建工程的要求和土建工程为设备工程提供施工条件的内容及时间。

（4）做好资金供应能力、施工力量配备、物资（材料、构配件、设备）供应能力与施工进度的平衡工作，确保工程进度目标的要求，从而避免其落空。

（5）考虑外部协作条件的配合情况。其包括施工过程中及项目竣工所需的水、电、气、通信、道路及其他社会服务项目的满足程度和满足时间。它们必须与有关项目的进度目标相协调。

（6）考虑工程项目所在地区的地形、地质、水文、气象等方面的限制条件。

二、建筑工程项目进度的主要影响因素

建筑工程项目的特点决定了其在实施过程中，将受到诸多因素的影响，其中大多数都对施工进度产生影响。为了有效地控制项目进度，必须充分认识和估计这些影响因素，以便事先采取措施，消除其影响，使施工尽可能按进度计划进行。施工进度的主要影响因素有内部因素和外部因素。另外，还有一些不可预见因素的影响。

（一）内部因素

1. 技术性失误

项目施工单位采用技术措施不当，施工方法选择或施工顺序安排有误，

施工中发生技术事故，缺乏应用新技术、新工艺、新材料、新设备的经验，不能保证工程质量等，都会影响施工进度。

2. 施工组织管理不利

对工程项目的特点和实现的条件判断失误、编制的施工进度计划不科学、贯彻进度计划不得力、流水施工组织不合理、劳动力和施工机具调配不当、施工平面布置及现场管理不严密、解决问题不及时等，都将影响项目施工进度计划的执行。

由此可见，提高项目经理部的管理水平和技术水平、提高施工作业层的素质是极为重要的。

（二）外部因素

影响项目施工进度实施的单位主要是施工单位，但是建设单位（或业主）、监理单位、设计单位、总承包单位、资金贷款单位、材料设备供应单位、运输单位、供水供电部门及政府的有关主管部门等，都可能给施工的某些方面造成困难而影响项目施工进度，例如设计单位图纸供应不及时或有误，业主要求设计方案变更，材料和设备不能按期供应或质量、规格不符合要求，不能按期拨付工程款或在施工中资金短缺等。

（三）不可预见的因素

项目施工中所出现的意外事件，如战争、严重自然灾害、火灾、重大工程事故、工人罢工、企业倒闭、社会动乱等，都会影响项目施工进度。

三、建筑工程项目进度计划的编制

（一）建筑工程项目进度计划的表示方法

编制项目进度计划通常需要借助两种方式，即文字说明与各种进度计划图表。其中，前者是用文字形式说明各时间阶段内应完成的项目建设任务，以及所要达到的项目进度要求；后者是指用图表形式来表达项目建设各项工作任务的具体时间顺序安排。根据图表形式的不同，项目进度计划的表达有横道图、斜线图、线型图、网络图等形式。

1. 用横道图表示项目进度计划

横道图有水平指示图表和垂直指示图表两种。在水平指示图表中，横坐标表示流水施工的持续时间，纵坐标表示开展流水施工的施工过程、专业工作队的名称、编号和数目，呈梯形分布的水平线表示流水施工的开展情况；

在垂直指示图表中，横坐标表示流水施工的持续时间，纵坐标表示开展流水施工所划分的施工段编号，n条斜线段表示各专业工作队或施工过程开展流水施工的情况。

横道图表示法的优点是表达方式较直观，使用方便，很容易看懂，绘图简单方便，计算工作量小；其缺点是工序之间的逻辑关系不易表达清楚，适用于手工编制，不便于用计算机编制。由于不能进行严格的时间参数计算，故其不能确定计划的关键工作、关键线路与时差，计划调整只能采用手工方式，工作量较大。这种计划难以适应大进度计划系统的需要。

2. 用网络图表示项目进度计划

网络图的表达方式有单代号网络图和双代号网络图两种。单代号网络图是指组织网络图的各项工作由节点表示，以箭线表示各项工作的相互制约关系，采用这种符号从左向右绘制而成的网络图；双代号网络图是指组成网络图的各项工作由节点表示，以箭线表示工作的名称，将工作的名称写在箭线上方，将工作的持续时间（小时、天、周）写在箭线下方，箭尾表示工作的开始，箭头表示工作的结束，采用这种符号从左向右绘制而成的网络图。

与横道图相比，网络图的优点是网络计划能明确表达各项工作之间的逻辑关系；通过网络时间参数的计算，可以找出关键线路和关键工作；通过网络时间参数的计算，可以明确各项工作的机动时间；网络计划可以利用电子计算机进行计算、优化和调整。其缺点是计算劳动力、资源消耗量时，与横道图相比较困难；不像横道计划那样直观明了，但这可以通过绘制时标网络计划得到弥补。

（二）建筑工程项目流水施工

1. 流水施工的组织方式与特点

流水施工是建筑工程中最为常见的施工组织形式，能有效地控制工程进度。

（1）流水施工的组织方式。

①将拟建建筑工程项目中的施工对象分解为若干个施工过程，即划分为若干个工作性质相同的分部分项工程或工序。

②将建筑工程项目在平面上划分为若干个劳动量大致相等的施工段。

③在竖向上划分成若干个施工层，并按照施工过程成立相应的专业工作队。

④各专业队按照一定的施工顺序依次完成各个施工对象的施工过程，同

时，保证施工在时间和空间上连续、均衡和有节奏地进行，使相邻两专业队能最大限度地搭接作业。

（2）流水施工的特点。

①尽可能地利用工作面进行施工，工期比较短。

②各工作队实现了专业化施工，有利于提高技术水平和劳动生产率，也有利于提高工程质量。

③专业工作队能够连续施工，同时，相邻专业队的开工时间能够最大限度地搭接。

④单位时间内投入的劳动力、施工机具、材料等资源量较为均衡，有利于资源供应的组织。

⑤为施工现场的文明施工和科学管理创造了有利条件。2. 流水施工的基本组织形式

流水施工按照流水节拍的特征可分为有节奏流水施工和无节奏流水施工。其中，有节奏流水施工又可分为等节奏流水施工与异节奏流水施工。

（1）等节奏流水施工是指在有节奏流水施工中，各施工过程的流水节拍都相等的流水施工。在流水组织中，每一个施工过程本身在各施工段中的作业时间（流水节拍）都相等，各个施工过程之间的流水节拍也相等，故等节奏流水施工的流水节拍是一个常数。

（2）异节奏流水施工是指在有节奏流水施工中，各施工过程的流水节拍各自相等而不同施工过程之间的流水节拍不尽相等的流水施工。在流水组织中，每一个施工过程本身在各施工段上的流水节拍都相等，但是不同施工过程之间的流水节拍不完全相等。在组织异节奏流水施工时，按每个施工过程流水节拍之间是某个常数的倍数，可以组织成倍节拍流水施工。

（3）无节奏流水施工是指在组织流水施工时，全部或部分施工过程在各个施工段上的流水节拍不相等的流水施工。这种施工是流水施工中最常见的一种。其特点是：各施工过程在各施工段上的作业时间（流水节拍）不全相等，且无规律；相邻施工过程的流水步距不尽相等；专业工作队数等于施工过程数；专业工作队能够在施工段上连续作业，但有的施工段之间可能有空闲时间。

3. 流水施工的基本参数

在组织建筑工程项目流水施工时，用来表达流水施工在工艺流程、空间布置和时间安排等方面的状态参数，称为流水施工参数。其包括工艺参数、

空间参数和时间参数。

（1）工艺参数。工艺参数是指在组织建筑工程项目流水施工时，用来表达流水施工在施工工艺方面进展状态的参数。其包括施工过程和流水强度。施工过程是指在组织工程流水施工时，根据施工组织及计划安排需要，将计划任务划分成的子项。

①施工过程划分的粗细程度由实际需要而定，可以是单位工程，也可以是分部工程、分项工程或施工工序。

②根据其性质和特点不同，施工过程一般分为三类，即建造类施工过程、运输类施工过程和制备类施工过程。

③由于建造类施工过程占有施工对象的空间，直接影响工期的长短，因此，必须将其列入施工进度计划，其大多被作为主导施工过程或关键工作。

④施工过程的数目一般用 n 表示，它是流水施工的主要参数之一。

流水强度是指某施工过程（专业工作队）在单位时间内所完成的工作量，也称为流水能力或生产能力。流水强度可用下式计算：

$$V_i = \sum R_i S_i \qquad\qquad 式\ 9-1$$

式中 V_i——某施工过程（专业工作队）的流水强度；

R_i——投入该施工过程中的第 i 种资源量（施工机械台数或工人数）；

S_i——投入该施工过程中的第 i 种资源的产量定额；

Σ——投入该施工过程中各资源种类数之和。

（2）空间参数。空间参数是指在组织建筑工程项目流水施工时，用来表达流水施工在空间布置上开展状态的参数。其包括工作面和施工段。

①工作面是指某专业工种的工人或某种施工机械进行施工的活动空间。工作面的大小，表明能够安排施工人数或机械台数的多少；每个作业的工人或每台施工机械所需的工作面的大小，取决于单位时间内其完成的工作量和安全施工的要求；工作面确定的合理与否，直接影响专业工作队的生产效率。

②施工段是指将施工对象在平面或空间上划分成若干个劳动量大致相等的施工段落，或称作流水段。施工段的数目一般用 m 表示，它是流水施工的主要参数之一。

（3）时间参数。时间参数是指在组织建筑工程项目流水施工时，用来表达流水施工在时间安排上所处状态的参数。其包括流水节拍、流水步距和流水施工工期三个指标。

①流水节拍是指在组织建筑工程项目流水施工时，某个专业工作队在一个施工段上的施工时间。影响流水节拍数值大小的因素主要有建筑工程项目所采取的施工方案，各施工段投入的劳动力人数或机械台班、工作班次，各施工段工程量的多少。

②流水步距是指在组织建筑工程项目流水施工时，相邻两个施工过程（或专业工作队）相继开始施工的最小时间间隔。流水步距一般应满足各施工过程按各自的流水速度施工，始终保持工艺的先后顺序；各施工过程的专业工作队投入施工后尽可能保持连续作业；相邻两个施工过程（或专业工作队）在满足连续施工的条件下，能最大限度地实现合理搭接等要求。

③流水施工工期是指从第一个专业工作队投入流水施工开始，到最后一个专业工作队完成流水施工为止的整个持续时间。由于一项建设工程往往包含许多流水组，故流水施工工期一般均不是整个工程的总工期。

（三）建筑工程项目网络计划技术的应用

常用网络计划有双代号网络计划、单代号网络计划、双代号时标网络计划、搭接网络计划四种类型。

1．网络计划的应用程序

网络计划的应用程序一般包括四个阶段、十个步骤。

（1）计划准备阶段。

1）调查研究。调查研究的目的是掌握充分、准确的资料，从而为确定合理的进度目标、编制科学的进度计划提供可靠的依据。

调查研究的内容包括：工程任务情况、实施条件、设计资料，有关标准、定额、规程、制度，资源需求与供应情况，资金需求与供应情况，有关统计资料、经验、总结及历史资料。

调查研究的方法有实际观察、测算、询问、会议调查、资料检索、分析预测等。

2）确定网络计划目标。网络计划的目标由工程项目的总目标所决定的，一般可分为以下三类。

①时间目标。时间目标即工期目标，是指建筑工程施工合同中规定的工期或有关主管部门要求的工期。时间目标的确定应以建筑安装工程工期定额为依据，同时，应充分考虑类似工程的实际进展情况、气候条件以及工程难易程度和建设条件的落实情况等因素，建筑工程施工进度安排，必须以建筑安装工程工期定额为最高时限。

②时间—资源目标。资源是指在工程建设过程中所需投入的劳动力、原材料及施工机具等。在一般情况下，时间—资源目标分为两类，即资源有限和工期最短，即在一种或几种资源供应能力有限的情况下，寻求工期最短的计划安排；工期固定，资源均衡，即在工期固定的前提下，寻求资源需用量尽可能均衡的计划安排。

③时间—成本目标。时间—成本目标是指以限定的工期寻求最低成本的工期安排。

（2）绘制网络图阶段。

1）进行项目分解。将工程项目由粗到细进行分解，是编制网络计划的前提。如何进行工程项目的分解，工作划分得粗细程度如何，将直接影响到网络图的结构。对于控制性网络计划，其工作划分得应粗一些，而对于实施性网络计划，其工作应划分得细一些。工作划分的粗细程度，应根据实际需要来确定。

2）分析逻辑关系。分析各项工作之间的逻辑关系时，既要考虑施工程序或工艺技术过程，又要考虑组织安排或资源调配的需要。对施工进度计划而言，分析其工作之间的逻辑关系时，应考虑施工工艺的要求、施工方法和施工机械的要求、施工组织的要求、施工质量的要求、当地的气候条件、安全技术的要求等问题。分析逻辑关系的主要依据是施工方案、有关资源供应情况和施工经验等。

3）绘制网络图。根据已确定的逻辑关系，即可绘制网络图。可以绘制单代号网络图，也可以绘制双代号网络图，还可以根据需要，绘制双代号时标网络计划。

（3）计算时间参数及确定关键线路阶段。

1）计算工作持续时间。工作持续时间是指完成该工作所花费的时间。其计算方法有多种，既可以凭以往的经验进行估算，也可以通过试验推算。当有定额可用时，还可以利用时间定额或产量定额，同时，考虑工作面及合理的劳动组织进行计算。

2）计算网络计划时间参数。网络计划时间参数一般包括工作最早开始时间、工作最早完成时间、工作最迟开始时间、工作最迟完成时间、工作总时差、工作自由时差、节点最早时间、节点最迟时间、相邻两项工作之间的时间间隔、计算工期等。应根据网络计划的类型及使用要求选算上述时间参数。网络计划时间参数的计算方法有图上计算法、表上计算法、公式法等。

3）确定关键线路和关键工作。在计算网络计划时间参数的基础上，便可根据有关时间参数确定网络计划中的关键线路和关键工作。

（4）网络计划优化阶段。

1）优化网络计划。当初始网络计划的工期能满足所要求的工期，资源需求量也能得到满足时，则无须进行网络优化，此时的初始网络计划即可作为正式的网络计划，否则需要对初始网络计划进行优化。

根据工程项目所追求的目标不同，网络计划的优化包括工期优化、费用优化和资源优化三种。应根据工程的实际需要选择不同的优化方法。

2）编制优化后的网络计划。根据网络计划的优化结果，可绘制优化后的网络计划。同时编制网络计划说明书。网络计划说明书的内容包括编制原则和依据、主要计划指标一览表、执行计划的关键问题、需要解决的主要问题与主要措施以及其他需要说明的问题。

2．双代号网络计划的时间参数及关键线路

（1）时间参数的计算。

1）双代号网络计划时间参数的计算方法有公式计算法、表算法、图算法、计算机计算法。图算法简便、明确，边算边标于图上，深受欢迎，但对大型网络计划必须用计算机进行计算。

2）计算双代号网络计划时间参数的步骤为：工作持续时间—最早开始时间—最早完成时间—计划工期—最迟完成时间—最迟开始时间—总时差—自由时差。

3）工作持续时间的计算方法有以下两种。

①定额计算法。

②三时估计法。

（2）关键线路的确定。关键线路是自始至终全部由关键工作组成的线路，或线路上总的工作持续时间最长的线路。

1）确定关键线路的方法。将关键工作自左而右依次首尾连接而成的线路就是关键线路。关键工作是网络计划中总时差最小的工作。当计划工期与计算工期相等时，这个"最小值"为零；当计划工期大于计算工期时，这个"最小值"为正；当计划工期小于计算工期时，这个"最小值"为负。

2）关键线路在网络图中不止一条，可能同时存在几条。

3）关键线路并不是一成不变的，在一定条件下，关键线路和非关键线路可以相互转换。

3. 单代号网络计划的时间参数及关键线路

单代号网络计划的时间参数和双代号网络计划的时间参数基本相同。其计算顺序也基本相同，只是在计算自由时差之前要计算时间间隔 LAG_{i-j}。相邻两项工作之间的时间间隔是指其紧后工作的最早开始时间与本工作最早完成时间的差值，即

$$LAG_{i-j} = ES_{i-j} - EF_{i-j} \qquad \text{式 } 9-2$$

若某项工作有多项紧后工作，则其自由时差要取其与紧后工作时间间隔的最小值，即

$$fF_{i-j} = \min\{LAG_{i-j}\} \qquad \text{式 } 9-3$$

（1）利用关键工作确定关键线路。将所有关键工作相连，并保证相邻两项关键工作之间的时间间隔为零而构成的线路，即关键线路。

（2）利用相邻两项工作之间的时间间隔确定关键线路。从网络计划的终点节点开始逆着箭线方向依次找出相邻两项工作之间时间间隔为零的线路，即关键线路。

4. 双代号时标网络计划

（1）时标网络计划的特点。其特点为：时间参数一目了然；由于箭线的长短受时标的制约，故绘图比较麻烦，修改网络计划的工作持续时间时，必须重新绘图；绘图时可以不进行计算；只有在图上没有直接表示出来的时间参数，如总时差、最迟开始时间和最迟完成时间，才需要进行计算。所以，使用时标网络计划可以大量节省计算时间，可以直接在时标网络图上进行资源优化和调整，并可在时标网络计划图上使用"实际进度前锋线"进行网络计划管理。时标网络计划适用于作业计划或短期计划的编制。

（2）时标网络计划的绘制特点。实际工作以实箭线表示，虚工作以虚箭线表示，自由时差以波形线表示；当实箭线之后有波形线且其末端有垂直部分时，其垂直部分用实线绘制；当虚箭线有时差且其末端有垂直部分时，其垂直部分用虚箭线绘制。

（3）双代号时标网络图的绘制要求。时间长度是以所有符号在时标表上的水平位置及其水平投影长度表示的，与其所代表的时间值相对应；节点的中心必须对准时标的刻度线；虚工作必须以垂直虚线表示，有时差时加波形线表示；时标网络计划宜按最早时间编制，不宜按最迟时间编制；时标网络计划编制前，必须先绘制无时标网络计划。绘制时标网络计划图时可以在以下两种方法中任选一种：先计算无时标网络计划的时间参数，再按计划在时

标表上进行绘制；不计算时间参数，直接根据无时标网络计划在时标表上进行绘制。

（4）双代号时标网络计划关键线路的确定。自终点节点至起点节点逆箭线方向朝起点节点观察，自始至终不出现波形线的线路，即关键线路。

5. 搭接网络计划

（1）搭接网络计划的特点。搭接网络计划的计算图形与单代号网络计划的计算图形相比，搭接网络计划必须有虚拟的起点节点和虚拟的终点节点。另外，搭接网络计划的计算与单代号网络计划的计算相比，两者的差别有以下几点：搭接网络计划的计算要考虑搭接关系；处理在计算最早开始时间的过程中出现负值的情况（将该节点与虚拟起点节点相连，令 $FTS_{i,j}=0$，并将负值升值为零）；处理在计算最迟完成时间的过程中出现最迟完成时间大于计算工期的情况（将此节点与虚拟终点节点相连，令 $FTS_{i,j}=0$，将此值降值为计算工期计算间隔时间时要考虑时距并在多个结果中取小值）。

（2）关键线路的确定。单代号搭接网络计划的关键线路是：从起点节点到终点节点，将时间间隔为零的节点项相连而形成的通路。

第二节　施工进度控制

一、建筑工程项目进度监测与调整的过程

（一）建筑工程项目进度控制的实施系统

建筑工程项目进度控制的实施系统是建设单位委托监理单位进行进度控制，监理单位根据建设监理合同分别对建设单位、设计单位、施工单位的进度控制实施监督，各单位都按本单位编制的各种进度计划实施，并接受监理单位的监督。各单位的进度控制实施又相互衔接和联系，进行合理而协调的运行，从而保证进度控制总目标的实现。

（二）建筑工程项目进度监测的系统过程

为了掌握项目的进度情况，在进度计划执行一段时间后就要检查实际进度是否按照计划进度顺利进行。在进度计划执行发生偏离时，编制调整后的施工进度计划，以保证进度控制总目标的实现。

在建筑工程项目的实施过程中，为了进行施工进度控制，进度控制人员

应经常性地、定期地跟踪检查施工实际进度情况，主要是收集建筑工程项目进度材料，进行统计整理和对比分析，确定实际进度与计划进度之间的关系，其主要工作包括以下内容。

1. 进度计划执行中的跟踪检查

跟踪检查施工实际进度是分析施工进度、调整施工进度的前提。其目的是收集实际施工进度的有关数据。跟踪检查的时间、方式、内容和收集数据的质量，将直接影响控制工作的质量和效果。

应按统计周期的规定进行定期检查，并应根据需要进行不定期检查。进度计划的定期检查包括规定的年、季、月、旬、周、日检查。不定期检查是指根据需要由检查人（组织）确定的专题（项）检查。其检查内容应包括工程量的完成情况、工作时间的执行情况、资源使用和与进度的匹配情况、上次检查提出问题的整改情况以及检查者确定的其他检查内容。

跟踪检查的主要工作是定期收集反映实际项目进度的有关数据。其收集的方式：一是以报表的形式收集；二是进行现场实地检查。收集的数据质量要高，不完整或不正确的进度数据将导致不全面或不正确的决策。为了全面准确地了解进度计划的执行情况，管理人员还必须认真做好以下三个方面的工作。

（1）经常定期地收集进度报表资料。进度报表是反映实际进度的主要方式之一，执行单位要经常填写进度报表。管理人员根据进度报表数据了解工程的实际进度。

（2）现场检查进度计划的实际执行情况。加强进度检查工作，要掌握实际进度的第一手资料，使其数据更准确。

（3）定期召开现场会议。定期召开现场会议，可使管理人员与执行单位有关人员面对面了解实际进度情况，同时也可以协调有关方面的进度。

究竟多长时间进行一次进度检查，这是管理人员应当确定的问题。通常，进度控制的效果与收集信息资料的时间间隔有关，不进行定期的进度信息资料收集，就难以达到进度控制的效果。进度检查的时间间隔与工程项目的类型、规模、各相关单位有关条件等多方面因素有关，可视具体情况每月、每半月或每周进行一次，在特殊情况下，甚至可能每天进行一次。

2. 整理、统计和分析收集的数据

对收集到的建筑工程项目实际进度数据，需要进行必要的整理，形成具有可比性的数据。一般可以按实物工程量、工作量和劳动消耗量以及累计百分比整理与统计实际收集的数据，以便与相应的计划进行对比。

将收集的资料整理和统计成与计划进度具有可比性的数据后，将建筑工程项目实际进度与计划进度进行比较。通常采用的比较方法有横道图比较法、S形曲线比较法、香蕉形曲线比较法、前锋线比较法。通过比较可得出实际进度与计划进度一致、超前和拖后三种情况。

3. 将实际进度与计划进度进行对比

将实际进度与计划进度进行对比是指将实际进度的数据与计划进度的数据进行比较。通常可以利用表格和图形进行比较，从而得出实际进度比计划进度拖后、超前还是与其一致。

当实际进度与计划进度进行比较，判断出现偏差时，首先应分析该偏差对后续工作和对总工期的影响程度，然后才能决定是否调整以及调整的方法与措施。其具体步骤如下。

（1）分析出现进度偏差的工作是否为关键工作。若出现偏差的工作为关键工作，则无论偏差大小，其都将影响后续工作按计划施工并使工程总工期拖后，必须采取相应措施调整后期施工计划，以便确保计划工期；若出现偏差的工作为非关键工作，则需要进一步根据偏差值与总时差和自由时差进行比较分析，才能确定对后续工作和总工期的影响程度。

（2）分析进度偏差时间是否大于总时差。若某项工作的进度偏差时间大于该工作的总时差，则其将影响后续工作和总工期，必须采取措施进行调整；若进度偏差时间小于或等于该工作的总时差，则其不会影响工程总工期，但是否影响后续工作，需分析此偏差与自由时差的大小关系才能确定。

（3）分析进度偏差时间是否大于自由时差。若某项工作的进度偏差时间大于该工作的自由时差，说明此偏差必然对后续工作产生影响，应该如何调整，应根据后续工作的允许影响程度而定；若进度偏差时间小于或等于该工作的自由时差，则其对后续工作毫无影响，不必调整。

（三）建筑工程进度调整的系统过程

在项目进度监测过程中一旦发现实际进度与计划进度不符，即出现进度偏差时，进度控制人员必须认真分析产生偏差的原因及其对后续工作和总工期的影响，并采取合理的调整措施，确保进度总目标的实现。

1. 分析产生进度偏差的原因

经过进度监测的系统过程，了解实际进度产生的偏差。为了调整进度，管理人员应深入现场进行检查，分析产生偏差的原因。

2. 分析偏差对后续工作和总工期的影响

在查明产生偏差的原因之后，作必要的调整之前，要分析偏差对后续工作和总工期的影响，确定是否应当调整。

3. 确定影响后续工作和总工期的限制条件

在分析了偏差对后续工作和总工期的影响后，需要采取一定的调整措施时，应当首先确定进度可调整的范围。其主要指关键工作、关键线路、后续工作的限制条件以及总工期允许变化的范围。其往往与签订的合同有关，要认真分析，尽量防止后续分包单位提出索赔。

4. 采取进度调整措施

采取进度调整措施，应以后续工作的总工期的限制条件为依据，对原进度计划进行调整，以保证按要求的进度实现目标。在对实施的进度计划分析的基础上，应确定调整原计划的措施，一般主要有以下几种。

（1）改变某些工作间的逻辑关系。若检查的实际施工进度产生的偏差影响了总工期，在工作之间的逻辑关系允许改变的条件下，可以改变关键线路和超过计划工期的非关键线路上的有关工作之间的逻辑关系，达到缩短工期的目的。用这种方法调整的效果是很显著的。例如，把依次进行的有关工作改成平行的或相互搭接的，以及分成几个施工段进行流水施工等，都可以达到缩短工期的目的。

（2）缩短某些工作的持续时间。这种方法不改变工作之间的逻辑关系，而是缩短某些工作的持续时间，使施工进度加快，并保证实现计划工期的方法。被压缩持续时间的工作是位于实际施工进度的拖延而引起总工期增长的关键线路和某些非关键线路上的工作。这种方法实际上就是采用网络计划优化的方法。

（3）资源供应的调整。如果资源供应发生异常（供应满足不了需要），应采用资源优化方法对计划进行调整，或采取应急措施，使其对工期的影响最小化。

（4）增减工程量。增减工程量主要是指改变施工方案、施工方法，从而导致工程量的增加或减少。

（5）起止时间的改变。起止时间的改变应在相应工作时差范围内进行。每次调整必须重新计算时间参数，观察该项调整对整个施工计划的影响。调整时可采用的方法有：将工作在其最早开始时间和其最迟完成时间范围内移动；延长工作的持续时间；缩短工作的持续时间。

5. 实施调整后的进度计划

在项目的继续实施中，执行调整后的进度计划。此时管理人员要及时协调有关单位的关系，并采取相应的经济、组织与合同措施。

二、建筑工程项目进度计划实施的分析对比

建筑工程项目进度比较与计划调整是实施进度控制的主要环节。计划是否需要调整以及如何调整，必须以施工实际进度与计划进度进行比较分析后的结果作为依据和前提。因此，建筑工程项目进度比较分析是进行计划调整的基础。常用的比较方法有以下几种。

（一）横道图比较法

用横道图编制实施进度计划是人们常用的、很熟悉的方法。其简明、形象和直观，编制方法简单，使用方便。

横道图比较法是指将实施过程中检查实际进度收集的数据，经加工整理后直接用横道线平行绘于原计划的横道线处，进行实际进度与计划进度的比较。

工程项目中各项工作的进展不一定是匀速的。根据工程项目中各项工作的进展是否匀速，可以分别采用以下两种方法进行实际进度与计划进度的比较。

1. 匀速进展横道图比较法

匀速进展是指在工程项目中，每项工作在单位时间内完成的任务量都是相等的，即工作的进展速度是均匀的。此时每项工作累计完成的任务量与时间呈线性关系。完成的任务量可以用实物工程量、劳动消耗量或费用支出表示。为了便于比较，通常用上述物理量的百分比表示。

因此，匀速进度横道图比较法的比较步骤如下。

（1）编制横道图进度计划。

（2）在进度计划上标出检查日期。

（3）将检查收集的实际进度数据，按比例用涂黑的粗线标于计划进度线的下方。

（4）比较分析实际进度与计划进度。涂黑的粗线右端与检查日期重合，表明实际进度与计划进度一致；涂黑的粗线右端在检查日期左侧，表明实际进度拖后；涂黑的粗线右端在检查日期的右侧，表明实际进度超前。

需要注意的是，该方法仅适用于从开始到结束的整个工作过程，其进展速度均为固定不变的情况。如果工作的进展速度是变化的，则不能采用这种方法进行实际进度与计划进度的比较，否则，会得出错误的结论。

2. 非匀速进展横道图比较法

当工作在不同单位时间里的进展速度不相等时，累计完成的任务量与时间的关系就不可能是线性关系。若仍采用匀速进展横道图比较法，就不能反映实际进度与计划进度的对比情况，此时，应采用非匀速进展横道图比较法进行工作实际进度与计划进度的比较。

非匀速进展横道图比较法在用涂黑粗线表示工作实际进度的同时，还要标出其对应时刻完成任务量的累计百分比，并将该百分比与其同时刻计划完成任务量的累计百分比相比，判断工作实际进度与计划进度之间的关系。

采用非匀速进展横道图比较法时，步骤如下。

（1）绘制横道图进度计划。

（2）在横道线上方标出各主要时间工作的计划完成任务量累计百分比。

（3）在横道线下方标出相应时间工作的实际完成任务量累计百分比。

（4）用涂黑粗线标出工作的实际进度，从开始之目标起，同时，反映出该工作在实施过程中的连续与间断情况。

（5）通过比较同一时刻实际完成任务量累计百分比和计划完成任务量累计百分比，判断工作实际进度与计划进度之间的关系。如果同一时刻横道线上方累计百分比大于横道线下方累计百分比，表明实际进度拖后，拖后的任务量为两者之差；如果同一时刻横道线上方累计百分比小于横道线下方累计百分比，表明实际进度超前，超前的任务量为两者之差；如果同一时刻横道线上、下方两个累计百分比相等，表明实际进度与计划进度一致。

横道图比较法虽有记录和比较简单、现象直观、易于掌握、使用方便等优点，但由于其以横道计划为基础，因此带有不可克服的局限性。在横道计划中，各项工作之间的逻辑关系表达不明确，关键工作和关键线路无法确定。一旦某些工作实际进度出现偏差，就难以预测其对后续工作和工作总工期的影响，也就难以确定相应的进度计划调整方法。因此，横道图比较法主要用于工程项目中某些工作实际进度与计划进度的局部比较。

（二）S形曲线比较法

S形曲线比较法是以横坐标表示进度时间，以纵坐标表示累计完成任务量，绘制出一条按计划时间累计完成任务量的S形曲线，将工程项目的各检查时间实际完成的任务量绘在 S 形曲线图上，进行实际进度与计划进度的比较的一种方法。

从整个工程项目的施工全过程看，一般是开始和结束时，单位时间投入的资源量较少，中间阶段单位时间内投入的资源量较多，与其相关单位时间完成的任务量也呈同样的变化，如图 9-1（a）所示；而随时间进展累计完成的任务量，则应该呈 S 形变化，如图 9-1（b）所示。这种以 S 形曲线判断实际进度与计划进度关系的方法，称为 S 形曲线比较法。

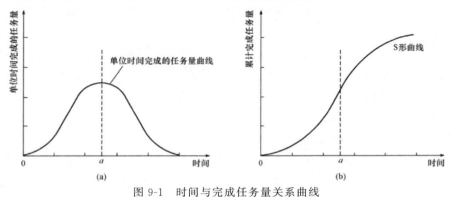

图 9-1 时间与完成任务量关系曲线

（a）单位时间完成的任务量；（b）累计完成任务量

S 形曲线比较法同横道图比较法一样，是通过图上直观对比进行施工实际进度与计划进度的比较的方法。

在工程施工中，按规定的检查时间将检查时测得的施工实际进度的数据资料，经整理统计后绘制在计划进度 S 形曲线的同一个坐标图上，如图 9-2 所示。

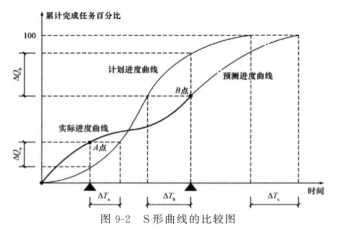

图 9-2 S 形曲线的比较图

运用图 9-2 中的两条 S 形曲线，可以进行如下比较。

（1）工作实际进度与计划进度的关系。实际进度在计划进度 S 形曲线左侧（如 A 点），则表示此时刻实际进度已比计划进度超前；反之，则表示实际进度比计划进度拖后（如 B 点）。

（2）实际进度超前或拖后的时间。从图中可以得知实际进度比计划进度超前或拖后的具体时间，用 $\triangle T_a$ 和 $\triangle T_b$ 表示。

（3）工作量完成情况。由实际完成 S 形曲线上的一点与计划 S 形曲线相对应点的纵坐标可得此时已超额或拖欠的工作量的百分比差值，用 $\triangle Q_a$ 和 $\triangle Q_b$ 表示。

（4）后期工作进度预测。在实际进度偏离计划进度的情况下，如工作不调整，仍按原计划安排的速度进行（图中点画线所示），则总工期必将超前或拖延，从图中也可得知此时工期的预测变化值，用 $\triangle T_c$ 表示。

（三）"香蕉"形曲线比较法

1."香蕉"形曲线的形成

"香蕉"形曲线是两条 S 形曲线组合成的闭合曲线。从 S 形曲线的绘制过程中可知，任一工程项目，从某一时间开始施工，根据其计划进度要求而确定的施工进展时间与相应的累计完成任务量的关系都可以绘制出一条计划进度的 S 形曲线。

因此，按任何一个工程项目的施工计划，都可以绘制出两种曲线：以最早开始时间安排进度而绘制的 S 形曲线，称为 ES 曲线；以最迟开始时间安排进度而绘制的 S 形曲线，称为 LS 曲线。

两条 S 形曲线都是从计划的开始时刻开始和完成时刻结束，因此两条曲线是闭合的，ES 曲线在 LS 曲线的左上方，两条曲线之间的距离是中间段大，向两端逐渐变小，在端点处重合，形成一个形如"香蕉"的闭合曲线，故称为"香蕉"形曲线，如图 9-3 所示。

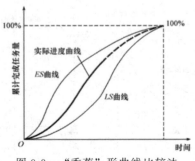

图 9-3 "香蕉"形曲线比较法

2. "香蕉"形曲线比较法的作用

（1）"香蕉"形曲线主要是起控制作用。严格控制实际进度的变动范围，使实际进度的曲线处于"香蕉"形曲线范围内，就能保证按期完工。

（2）确定是否调整后期进度计划。进行施工实际进度与计划进度的 ES 曲线和 LS 曲线的比较，以便确定是否应采取措施调整后期的施工进度计划。

（3）预测后期工程发展趋势。确定在检查时的施工进展状态下，预测后期工程施工的 ES 曲线和 LS 曲线的发展趋势。

（四）前锋线比较法

前锋线比较法是通过绘制某检查时刻工程项目实际进度前锋线，进行工程实际进度与计划进度比较的方法。其主要适用于时标网络计划。前锋线是指在原时标网络计划上，从检查时刻的时标点出发，用点画线依次将各项工作实际进展位置点连接而成的折线。前锋线比较法就是通过实际进度前锋线与原进度计划中各工作箭线交点的位置来判断工作与计划进度的偏差，进而判定该偏差对后续工作及总工期影响程度的一种方法。

前锋线比较法适用于时标网络计划，如图 9-4 所示。

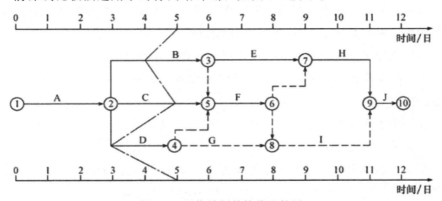

图 9-4　网络计划前锋线比较图

1. 前锋线的绘制

在时标网络计划中，从检查时刻的时标点出发，首先连接与其相邻的工作箭线的实际进度点，由此再去连接该箭线相邻工作箭线的实际进度点，依此类推，将检查时刻正在进行工作的点都依次连接起来，组成一条一般为折线的前锋线。

2. 前锋线的分析

（1）判定进度偏差。按前锋线与箭线交点的位置判定工程实际进度与计划进度的偏差。

（2）实际进度与计划进度有三种关系。前锋线明显地反映出检查日有关工作实际进度与计划进度的关系，即实际进度点与检查日时间相同，则该工作实际与计划进度一致；实际进度点位于检查日时间右侧，则该工作实际进度超前；实际进度点位于检查日时间左侧，则该工作实际进展拖后。

（五）列表比较法

当工程进度计划用非时标网络图表示时，可以采用列表比较法进行实际进度与计划进度的比较。这种方法是记录检查日期应该进行的工作名称及其已经完成作业的时间，然后列表计算有关时间参数，并根据工作总时差进行实际进度与计划进度的比较。

用列表比较法进行实际进度与计划进度的比较，其步骤如下。

（1）对于实际进度检查日期应该进行的工作，根据已经完成作业的时间，确定其尚需作业时间。

（2）根据原进度计划计算原计划时间与原计划任务实际完成最终时间的差距。

（3）计算工作尚有总时差，其值等于从工作检查日期到原计划最迟完成时间的尚余时间与该工作尚需作业时间之差。

（4）比较实际进度与计划进度，可能有以下几种情况。

①如果工作尚有总时差与原有总时差相等，说明该工作实际进度与计划进度一致。

②如果工作尚有总时差大于原有总时差，说明该工作实际进度超前，超前的时间为两者之差。

③如果工作尚有总时差小于原有总时差，且仍为非负值，说明该工作实际进度拖后，拖后的时间为两者之差，但不影响总工期。

④如果工作尚有总时差小于原有总时差，且为负值，说明该工作实际进度拖后，拖后的时间为两者之差，此时工作实际进度偏差将影响总工期。

三、建筑工程项目施工阶段的进度控制

（一）施工进度计划的动态检查

在施工进度计划的实施过程中，各种因素的影响，常常会打乱原始计划的安排而出现进度偏差。因此，进度控制人员必须对施工进度计划的执行情

况进行动态检查，并分析进度偏差产生的原因，以便为施工进度计划的调整提供必要的信息，其主要工作包括以下内容。

1. 跟踪检查施工实际进度

为了对施工进度计划的完成情况进行统计、进度分析和为调整计划提供信息，应对施工进度计划依据其实施记录进行跟踪检查。

跟踪检查施工实际进度是分析施工进度、调整进度计划的前提，其目的是收集实际施工进度的有关数据。跟踪检查的时间、方式、内容和收集数据的质量，将直接影响进度控制工作的质量和效果。

检查的时间与建筑工程项目的类型、规模，施工条件和对进度执行要求程度有关，其通常分两类：一类是日常检查，另一类是定期检查。日常检查是常驻现场的管理人员每日对施工情况进行检查，采用施工记录和施工日志的方法记载下来；定期检查一般与计划安排的周期和召开现场会议的周期一致，可视工程的情况，每月、每半月、每旬或每周检查一次。若施工中遇到天气、资源供应等不利因素的严重影响，检查的间隔时间可临时缩短。定期检查应在制度中规定。

检查和收集资料时，一般采用进度报表方式或定期召开进度工作汇报会。为了保证汇报资料的准确性，进度控制的工作人员要经常地、定期地到现场勘察，准确地掌握建筑工程项目的实际进度。

检查的内容主要包括在检查时间段内任务的开始时间、结束时间，已进行的时间，完成的实物量或工作量，劳动量消耗情况及主要存在的问题等。

2. 整理统计检查数据

对于收集到的施工实际进度数据，要进行必要的整理，并按计划控制的工作项目内容进行统计；要以相同的量和进度，形成与计划进度具有可比性的数据。其一般可以按实物工程量、工作量和劳动消耗量以及累计百分比，整理和统计实际检查的数据，以便与相应的计划完成量进行对比分析。

3. 对比分析实际进度与计划进度

将收集的资料整理和统计成与计划进度具有可比性的数据后，将实际进度与计划进度进行比较分析。通常采用的比较方法有横道图比较法、S形曲线比较法、前锋线比较法、"香蕉"形曲线比较法、列表比较法等。通过比较得出实际进度与计划进度一致、超前及拖后三种情况，从而为决策提供依据。

4. 施工进度检查结果的处理

施工进度检查要建立报告制度，即将施工进度检查比较的结果、有关施工进度现状和发展趋势，以最简练的书面报告形式提供给有关主管人员和部门。

进度报告原则上由计划负责人或进度管理人员与其他项目管理人员（业务人员）协作编写。进度报告时间一般与进度检查时间相协调，一般每月报告一次，重要的、复杂的项目每旬或每周报告一次。进度控制报告根据报告的对象不同，一般分为以下三个级别。

（1）项目概要级的进度报告。它是以整个建筑工程项目为对象描述进度计划执行情况的报告。它是报给项目经理、企业经理或业务部门以及监理单位或建设单位（业主）的。

（2）项目管理级的进度报告。它是以单位工程或项目分区为对象描述进度情况的报告，重点是报给项目经理和企业业务部门及监理单位。

（3）业务管理级的进度报告。它是以某个重点部位或某项重点问题为对象编写的报告，供项目管理者及各业务部门使用，以便采取应急措施。

进度报告的内容根据报告的级别和编制范围的不同有所差异，主要包括：项目实施情况、管理概况、进度概要，项目施工进度、形象进度及简要说明，施工图纸提供进度，材料、物资、构配件供应进度，劳务记录及预测；日历计划，建设单位（业主）、监理单位和施工主管部门对施工者的变更指令等。

（二）施工进度计划的调整

1. 分析进度偏差的影响

在工程项目实施过程中，通过实际进度与计划进度的比较，发现有进度偏差时，需要分析该偏差对后续工作及总工期的影响，从而采取相应的调整措施对原进度计划进行调整，以确保工期目标的顺利实现。进度偏差的大小及其所处的位置不同，其对后续工作和总工期的影响程度是不同的，分析时需要利用网络计划中工作总时差和自由时差的概念进行判断。

（1）分析出现进度偏差的工作是否为关键工作。如果出现进度偏差的工作位于关键线路上，即该工作为关键工作，则无论其偏差有多大，都将对后续工作和总工期产生影响，必须采取相应的调整措施；如果出现偏差的工作是非关键工作，则需要根据进度偏差值与总时差和自由时差的关系作进一步分析。

（2）分析进度偏差是否超过总时差。如果工作的进度偏差大于该工作的总时差，则此进度偏差必将影响其后续工作和总工期，必须采取相应的调整措施；如果工作的进度偏差未超过该工作的总时差，则此进度偏差不影响总工期。至于其对后续工作的影响程度，还需要根据偏差值与其自由时差的关系作进一步分析。

（3）分析进度偏差是否超过自由时差。如果工作的进度偏差大于该工作的自由时差，则此进度偏差将对其后续工作产生影响，此时应根据后续工作的限制条件确定调整方法；如果工作的进度偏差未超过该工作的自由时差，则此进度偏差不影响后续工作，因此，原进度计划可以不作调整。

2. 建筑工程项目进度计划的调整方法

通过检查分析，如果发现原有进度计划已不能适应实际情况，为了确保进度控制目标的实现或新的计划目标的确定，就必须对原有进度计划进行调整，以形成新的进度计划，作为进度控制的新依据。施工进度计划的调整方法主要有两种：一是改变某些工作间的逻辑关系，二是缩短某些工作的持续时间。在实际工作中，应根据具体情况选用上述方法进行进度计划的调整。

（1）改变某些工作间的逻辑关系。若检查的实际施工进度产生的偏差影响了总工期，在工作之间的逻辑关系允许改变的条件下，改变关键线路和超过计划工期的非关键线路上的有关工作之间的逻辑关系，达到缩短工期的目的。用这种方法调整的效果是很显著的，例如，可以把依次进行的有关工作改变为平行或互相搭接施工以及分成几个施工段进行流水施工等，都可以达到缩短工期的目的。

（2）压缩关键工作的持续时间。这种方法是不改变工作之间的先后顺序关系，通过缩短网络计划中关键线路上工作的持续时间来缩短工期。这时通常需要采取一定的措施来达到目的。具体措施包括组织措施、技术措施、经济措施和其他配套措施。

组织措施就是增加工作面，组织更多的施工队伍；增加每天的施工时间（如采用"三班制"等）；增加劳动力和施工机械的数量等。技术措施就是改进施工工艺和施工技术，缩短工艺技术间歇时间；采用更先进的施工方法，以减少施工过程的数量；采用更先进的施工机械等。经济措施包括实行包干奖励、提高奖金数额、对所采取的技术措施给予相应的经济补偿等。其他配套措施有改善外部配合条件、改善劳动条件、实施强有力的调度等。

一般来说，不管采取何种措施，都会增加费用。因此，在调整施工进度计划时，应利用费用优化的原理选择费用增加量最小的关键工作作为压缩对象。

除分别采用上述两种方法来缩短工期外，有时由于工期拖延得太多，当采用某种方法进行调整，其可调整的幅度又受到限制时，还可以同时利用这两种方法对同一施工进度计划进行调整，以满足工期目标的要求。

（三）工程延期

在建筑工程施工过程中，其工期的延长可分为工程延误和工程延期两种。如果由于承包单位自身的原因，工程进度拖延，这称为工程延误；如果由于承包单位以外的原因，工程进度拖延，这称为工程延期。虽然它们都是使工期拖后，但由于性质不同，因而责任也就不同。如果属于工程延误，则由此造成的一切损失由承包单位承担。同时，业主还有权对承包单位进行误期违约罚款。如果属于工程延期，则承包单位不仅有权要求延长工期，而且还有权向业主提出赔偿费用的要求以弥补由此造成的额外损失。因此，对承包单位来说，及时向监理工程师申报工程延期是十分重要的。

1. 申报工程延期的条件

由于以下原因造成工期拖延，承包单位有权提出延长工期的申请，监理工程师应按合同规定，批准工程延期时间。

（1）监理工程师发出工程变更指令而导致工程量增加。

（2）合同所涉及的任何可能造成工程延期的原因，如延期交图、工程暂停、对合格工程的剥离检查及不利的外界条件等。

（3）异常恶劣的气候条件。

（4）由业主造成的任何延误、干扰或障碍，如未及时提供施工场地、未及时付款等。

（5）除承包单位自身外的其他任何原因。

2. 工程延期的审批程序

当工程延期事件发生后，承包单位应在合同规定的有效期内以书面形式通知监理工程师（即工程延期意向通知），以便于监理工程师尽早了解所发生的事件，及时作出一些减少延期损失的决定。随后，承包单位应在合同规定的有效期内（或监理工程师可能同意的合理期限内）向监理工程师提交详细的申述报告（延期理由及依据）。监理工程师收到该报告后应及时进行调查核实，准确地确定工程延期的时间。

当延期事件具有持续性，承包单位在合同规定的有效期内不能提交最终详细的申述报告时，应先向监理工程师提交阶段性的详情报告。监理工程师应在调查核实阶段性报告的基础上，尽快作出延长工期的临时决定。临时决定延期的时间不宜太长，一般不超过最终批准的延期时间。

待延期事件结束后，承包单位应在合同规定的期限内向监理工程师提交最终的详情报告。监理工程师应复查详情报告的全部内容，然后确定该延期事件所需要的延期时间。

第三节　施工物资供应的进度控制

建筑工程项目物资供应是指工程项目建设中所需各种材料、构配件、制品、各类施工机具和施工生产中使用的国内制造的大型设备、金属结构，以及国外引进的成套设备或单机设备等的供给。

一、建筑工程项目物资供应进度控制的概念

物资供应进度控制是物资管理的主要内容之一。项目物资供应进度控制是在一定的资源（人力、物力、财力）条件下，在实现工程项目一次性特定目标的过程中对物资的需求进行的计划、组织、协调和控制。其中，计划是把工程建设所需的物资供给纳入计划，进行预测、预控，使供给有序地进行；组织是划清供给过程诸方的责任、权利和利益，通过一定的形式和制度，建立高效率的组织保证体系，确保物资供应计划的顺利实施；协调主要是针对供应的不同阶段、所涉及的不同单位和部门所进行的沟通和协调，使物资供应的整个过程均衡而有节奏地进行；控制是对物资供应过程的动态管理，使物资供应计划的实施始终处在动态的循环控制过程中，经常定期地将实际供应情况与计划进行对比，发现问题并及时进行调整，确保工程项目所需的物资按时供给，最终实现供应目标。

根据工程项目的特点，在物资供应进度控制中应注意以下几个问题。

（1）由于规划项目的特殊性和复杂性，使物资的供应存在一定的风险，因此要求编制周密的计划并采用科学的管理方法。

（2）由于工程项目具有局部的系统性和状态的局部性，因此要求对物资的供应建立保证体系，并处理好物资供应与投资、质量、进度之间的关系。

（3）材料的供应涉及众多不同的单位和部门，因而使材料管理工作具有一定的复杂性，这就要求与有关的供应部门认真签订合同，明确供求双方的权利与义务，并加强各单位、各部门之间的协调。

二、建筑工程项目物资供应的特点

建筑工程项目在施工期间必须按计划逐步供应所需物资。建筑工程项目的特点是物资供应的数量大、品种多，材料和设备费用占整个工程的比例大，物资消耗不均匀，受内部和外部条件影响大以及物资供应市场情况复杂多变等。

三、建筑工程项目物资供应进度的目标

项目物资供应是一个复杂的系统过程，为了确保这个系统过程的顺利实施，必须首先确定这个系统的目标（包括系统的分目标），并以此目标制定不同时期和不同阶段的物资供应计划，用以指导实施。由此可见，物资供应目标的确定，是一项非常重要的工作，没有明确的目标，计划难以制定，控制工作便失去了意义。

物资供应的总目标就是按照需求适时、适地、按质、按量以及成套齐备地将物资提供给使用部门，以保证项目投资目标、进度目标和质量目标的实现。为了总目标的实现，还应确定相应的分目标。目标一经确定，应通过一定的形式落实到各有关的物资供应部门，并以此作为对其工作进行考核和评价的依据。

（一）物资供应与施工进度的关系

1. 物资供应滞后施工进度

在工程实施过程中，常遇到的问题就是由于物资的到货日期推迟而影响工程进度。在大多数情况下，引起到货日期推迟的因素是不可避免的，也是难以控制的。但是，如果管理人员随时掌握物资供应的动态信息，并且及时地采取相应的补救措施，就可以避免到货日期推迟所造成的损失或者将损失降到最低。

2. 物资供应超前施工进度

确定物资供应进度目标时，应合理安排供应进度及到货日期。物资过早进场，将会给现场的物资管理带来不利，增加投资。

（二）物资供应目标和计划的影响因素

在确定目标和编制供应计划时，应着重考虑以下几个问题。

（1）确定能否按工程项目进度计划的需要及时供应材料，这是保证工程进度顺利实施的物质基础。

（2）资金是否能够得到保证。

（3）物资的供应是否超出了市场供应能力。

（4）物资可能的供应渠道和供应方式。

（5）物资的供应有无特殊要求。

（6）已建成的同类或相似项目的物资供应目标和实际计划。

（7）其他条件，如市场、气候、运输能力等。

四、建筑工程项目物资供应计划的编制

项目物资供应计划是对工程项目施工及安装所需物资的预测和安排，是指导和组织工程项目的物资采购、加工、储备、供货和使用的依据。其最根本的作用是保障项目的物资需要，保证按施工进度计划组织施工。

物资供应计划的一般编制程序可分为准备阶段和编制阶段。准备阶段主要是调查研究，收集有关资料，进行需求预测和采购决策；编制阶段主要是核算施工需要量、确定储备、优化平衡、审查评价和上报或交付执行。

在编制的准备阶段必须明确物资的供应方式。一般情况下，按供货渠道可分为国家计划供应和市场自行采购供应；按供应单位可分为建设单位采购供应、专门物资采购部门供应、施工单位自行采购或共同协作分别采购供应。

第十章　建筑工程施工项目管理

第一节　施工项目管理的全过程目标管理

施工项目管理的对象是施工项目寿命周期各阶段的工作。广义的施工项目是指从投标、签约开始到工程施工完成后的服务为止的整个过程。它与狭义的施工项目不同。狭义的施工项目管理是指从项目签约后开始到验收、结算、交工时为止的一段过程。这里所谈的施工项目是指广义的施工项目管理过程。施工项目寿命周期可分为 5 个阶段,构成了施工项目管理有序的全过程。

一、投标、签约阶段

业主单位对建设项目进行设计和建设准备、具备了招标条件以后,便发出广告(或邀请函),施工单位见到招标广告或邀请函后,从作出投标决策至中标签约,实质上是在准备、具备招标条件以后,发出广告(或邀请函),施工单位见到招标广告(或邀请函)后,从作出投标决策至中标签约,实质上便是在进行施工项目的工作。这是施工项目寿命周期的第一阶段,可称为立项阶段。本阶段最终管理目标是签订工程承包合同。

这一阶段主要进行以下工作:建筑施工企业从经营战略的高度作出是否投标争取承包该项目的决策。决定投标后,从多方面(企业自身、相关单位、市场、现场等)掌握大量信息。编制既能使企业盈利,又有力可望中标的投标书。如果中标,则与招标方进行谈判,依法签订工程承包合同,使合同符合国家法律、法规和国家计划,符合平等互利、等价有偿的原则。

二、施工准备阶段

施工单位与业主单位签订了工程承包合同、交易关系确立后，便应组建项目经理部，然后以项目经理为主，与企业经营层和管理层、业主单位进行配合，进行施工准备，使工程具备开工和连续施工的基本条件。

这一阶段主要进行以下工作：成立项目经理部，根据工程管理的需要建立机构，配备管理人员。编制施工组织设计，主要是施工方案、施工进度计划和施工平面图，用以指导施工准备和施工。制订施工项目管理规划，以指导施工项目管理活动。进行施工现场准备，使现场具备施工条件，利于进行文明施工。编写开工申请报告，待批开工。

三、施工阶段

这是一个自开工至竣工的实施过程。在这一过程中，项目经理部既是决策机构，又是责任机构。经营管理层、业主单位、监理单位的作用是支持、监督与协调。这一阶段的目标是完成合同规定的全部施工任务，达到验收、交工的条件。

这一阶段主要进行以下工作：按施工组织设计的安排进行施工；在施工中努力做好动态控制工作，保证质量目标、进度目标、造价目标、安全目标、节约目标的实现；管好施工现场，实行文明施工，严格履行工程承包合同，处理好内外关系，管好合同变更及索赔；作好记录、协调、检查、分析工作。

四、验收、交工与结算阶段

这一阶段可称作"结束阶段"。与建设项目的竣工验收阶段协调同步进行。其目标是对项目成果进行总评、评价，对外结清债务，结束交易关系。

本阶段主要进行以下工作：工程收尾、进行试运转。在预检的基础上接受正式验收整理、移交竣工文件，进行财务结算，总结工作，编制竣工总结报告办理工程交付手续。项目经理部解体。

五、用户服务阶段

这是施工项目管理的最后阶段。在工验收后，按合同规定的责任期进行用后服务、回访与保修，其目的保证使用单位正常使用，发挥效益。在该阶段中主要进行以下工作：为保证工程正常使用而作必要的技术咨询和服务。进行工程回访，听取使用单位意见，总结经验教训，观察使用中的问题，进行必要的维护、维修和保修。进行沉陷、抗震性能等观察，以服务于宏观事业。

第二节　施工组织设计概述

一、施工组织设计的分类和主要内容

施工组织设计分为投标前的施工组织设计（简称"标前设计"）和投标后的施工组织设计（简称"标后设计"）。前者满足编制投标书和签订施工合同的需要，后者满足施工准备和施工的需要。标后设计又可根据设计阶段和编制对象的不同，划分为施工组织总设计、单位工程施工组织设计和分部（分工种）工程施工组织设计。

（一）标前设计的内容

施工单位为了使投标书具有竞争力以实现中标，必须编制标前设计，对投标书所要求的内容进行筹划和决策，并附入投标文件之中。标前设计的水平既是能否中标的关键因素，又是总包单位进行分包招标和分包单位编制投标书的重要依据。它还是承包单位进行合同谈判、提出要约和进行承诺的根据和理由，是拟订合同文本中相关条款基础资料。它应由经营管理层进行编制，其内容应包括：

（1）施工方案。包括施工方法选择，施工机械选用。劳动力、主要材料、半成品的投入量。

（2）施工进度计划。包括工程开工日期、竣工日期、施工进度控制图及说明。

（3）主要技术组织措施。包括保证质量，保证安全，保证进度，防治环境污染等方面的技术组织措施。

（4）施工平面图。包括施工用水量和用电量的计算，临时设施用量、费用计算和现场布置等。

（5）其他有关投标和签约谈判需要的设计。

（二）施工组织总设计

施工组织总设计是以整个建设项目或群体项目为对象编制的，是整个建设项目或群体工程施工的全局性、指导性文件。

1. 施工组织总设计的主要作用

施工组织总设计的主要作用是为施工单位进行全场性施工准备工作和组织物资、技术供应提供依据；它还可用来确定设计方案施工的可能性和经济合理性，为建设单位和施工单位编制计划提供依据。

2. 施工组织总设计的内容和深度

施工组织总设计的深度应视工程的性质、规模、结构特征、施工复杂程度、工期要求、建设地区的自然和经济条件而有所不同，原则上应突出"规划性"和"控制性"的特点，其主要内容如下。

（1）施工部署和施工方案。主要有施工项目经理部的组建，施工任务的组织分工和安排，重要单位工程施工方案，主要工种工程的施工方法，"七通一平"规划。

（2）施工准备工作计划。主要有测量控制网的确定和设置，土地征用，居民迁移，障碍物拆除，掌握设计进度和设计意图，编制施工组织设计，研究采用有关新技术、新材料、新设备、技术组织措施，进行科研试验，大型临时设施规划，施工用水、电、路及场地平整工作的安排、技术培训、物资和机具的申请和准备等。

（3）各项需要量计划。包括劳动力需要量计划，主要材料与加工品需用量计划和运输计划，主要机具需用量计划，大型临时设施建设计划等。

（4）施工总进度计划。应编制施工总进度图表或网络计划，用以控制工期，控制各单位工程的搭接关系和持续时间，为编制施工准备工作计划和各项需要量计划提供依据。

（5）施工总平面图。对施工所需的各项设施、这些设施的现场位置、相互之间的关系，它们和永久性建筑物之间的关系和布置等，进行规划和部署，绘制成布局合理、使用方便、利于节约、保证安全的施工总平面布置图。

（6）技术经济指标分析。用以评价上述设计的技术经济效果，并作为今后考核的依据。

（三）单位工程施工组织设计

单位工程施工组织设计是具体指导施工的文件，是施工组织总设计的具体化，也是建筑企业编制月旬作业计划的基础。它是以单位工程或一个交工系统为对象来编制的。

1. 单位工程施工组织设计的作用

单位工程施工组织设计是以单位工程为对象编制的用以指导单位工程施工准备和现场施工的全局性技术经济文件。它的主要作用有以下几点。

（1）贯彻施工组织总设计，具体实施施工组织总设计时该单位工程的规划精神。

（2）编制该工程的施工方案，选择其施工方法、施工机械，确定施工顺序，提出实现质量、进度、成本和安全目标的具体措施，为施工项目管理提出技术和组织方面的指导性意见。

（3）编制施工进度计划，落实施工顺序、搭接关系、各分部分项工程的施工时间、实现工期目标，为施工单位编制作业计划提供依据。

（4）计算各种物资，机械、劳动力的需要量，安排供应计划，从而保证进度计划的实现。

（5）对单位工程的施工现场进行合理设计和布置，统筹地合理利用空间。

（6）具体规划作业条件方面的施工准备工作。

总之，通过单位工程施工组织设计的编制和实施，可以在施工方法、人力、材料、机械、资金、时间、空间等方面进行科学合理地规划，使施工在一定的时间、空间和资源供应条件下，有组织、有计划、有秩序地进行，实现质量好、工期短、消耗少，资金省、成本低的良好效果。

2. 单位工程施工组织设计的内容

与施工组织总设计类似，单位工程施工组织设计应包括以下主要内容：

（1）工程概况。工程概况包括工程特点、建设地点特征、施工条件 3 个方面。

（2）施工方案。施工方案的内容包括确定施工程序和施工流向、划分施工段、主要分部分项工程施工方法的选择和施工机械选择、技术组织措施。

（3）施工进度计划。包括确定施工顺序、划分施工项目、计算工程量、劳动量和机械台班量、确定各施工过程的持续时间并绘制进度计划图。

（4）施工准备工作计划。包括技术准备、现场准备、劳动力、机具、材料、构件、加工半成品的准备等。

（5）编制各项需用量计划。包括材料需用量计划、劳动力需用量计划、构件、加工半成品需用量计划、施工机具需用量计划。

（6）施工平面图。表明单位工程施工所需施工机械、加工场地、材料、构件等的放置场地及临时设施在施工现场合理布置的图形。

（7）技术经济指标。以上单位工施工组织设计内容中，以施工方案、施工进度计划和施工平面图三项最为关键，它们分别规划单位工程施工的技术、时间、空间三大要素，在设计中，应下大力量进行研究和筹划。

（四）分部（分工种）工程施工组织设计

它的编制对象是难度较大、技术复杂的分部（分工种）工程或新技术项目，用来具体指导这些工程的施工。主要内容包括施工方案、进度计划、技术组织措施等。

不论是哪一类施工组织设计，其内容都相当广泛，编制任务量很大。为了使施工组织设计编制得及时、适用，必须抓住重点，突出"组织"二字，对施工中的人力、物力和方法、时间与空间、需要与可能、局部与整体、阶段与全过程、前方和后方等给予周密的安排。

二、编制施工组织设计的基本要求

（一）严格遵守国家和合同规定的工程竣工及交付使用期限

总工期较长的大型建设项目，应根据生产的需要，安排分期分批建设，配套投产或交付使用，从实质上缩短工期，尽早地发挥国家建设投资的经济效益。

在确定分期分批施工的项目时，必须注意使每期交工的一套项目可以独立地发挥效用，使主要的项目同有关的附属辅助项目同时完工，以便完工后可以立即交付使用。

（二）合理安排施工顺序

建设施工有其本身的客观规律，按照反映这种规律的顺序组织施工，能够保证各项施工活动相互促进，紧密衔接，避免不必要的重复工作，加快施工速度，缩短工期。

建筑施工特点之一是建筑产品的固定性，因而使建筑施工活动必须在同一场地上进行，没有前一阶段的工作，后一阶段就不可能进行，即使它们之间交错搭接地进行，也必须严格遵守一定的顺序，顺序反映客观规律要求，交叉则体现争取时间的主观努力。因此在编制施工组织设计时，必须合理地安排施工顺序。

虽然建筑施工顺序会随工程性质、施工条件和使用的要求而有所不同，但还是能够找出可以遵循的共同性的规律，在安排施工顺序时，通常应当考虑以下几点。

（1）要及时完成有关的施工准备工作，为正式施工创造良好条件，包括砍伐树木、拆除已有建筑物、清理场地、设置围墙、铺设施工需要的临时性道路以及供水、供电管网、建造临时性工房、办公用房、加工企业等；准备工作视施工需要，可以一次完成或是分期完成。

（2）正式施工时应该先进行平整场地、铺设管网、修筑道路等全场性工程及可供施工使用的永久性管线、道路为施工服务，从而减少暂设工程，节约投资，并便于现场平面的管理。在安排管线道路施工施工程序时，一般宜先场外、后场内，场外由远而近，先主干、后分支，地下工程要先深后浅，排水要先下游、后上游。

（3）对于单个房屋和构筑物的施工顺序，既要考虑空间顺序，也要考虑工种之间的顺序。空间顺序是解决施工流向的问题，它必须根据生产需要、缩短工期和保证工程质量的要求来决定。工种顺序是解决时间上搭接的问题，它必须做到保证质量、工种之间互相创造条件，充分利用工作面，争取时间。

（三）用流水作业法和网络计划技术安排进度计划

采用流水方法组织施工，以保证施工连续地、均衡地、有节奏地进行，合理地使用人力、物力和财力，能够好、快、省、安全地完成施工任务，网络计划是理想的计划模型，可以为编制、优化、调整、利用电子计算机提供优越条件。

（四）恰当地安排冬雨季施工项目

对于那些必须进入冬雨季施工的工程，应落实季节施工措施，以增加全年的施工日数，提高施工的连续性和均衡性。

（五）贯彻多层次技术结构的技术政策

因时因地制宜地促进技术进步和建筑工业化的发展，要贯彻工厂预制、现场预制和现场浇筑相结合的方针，选择最恰当的预制装配方案或机械现场浇筑方案。

贯彻先进机械、简易机械和改良机具相结合的方针，恰当选择自行装备、租赁机械或机械分包施工等多方式施工。

积极采用新材料、新工艺、新设备与新技术，努力为新结构的推行创造条件。促进技术进步和发展工业化施工要结合工程特点和现场条件，使技术的先进性、适用性和经济合理性相结合。

（六）均衡施工

从实际出发，做好人力、物力的综合平衡，组织均衡施工。

（七）科学规划布置

尽量利用永久性工程、原有或就近已有设施，以减少各种暂设工程；尽量利用当地资源，合理安排运输、装卸与储存，减少物资运输量和二次搬运量；精心进行场地规划布置，节约施工用地，不占或少占农田，防止工程事故，做到文明施工。

第三节 施工项目目标控制

一、施工项目进度的控制

在项目管理工作中，必须对每个阶段都要进行进度控制。施工项目进度控制的质量如何不仅直接影响建设项目能否在合同规定的期限内按期交付使用，而且关系到建设项目投资活动的综合效益能否顺利实现，是建设项目管理的一个重要内容。因而，针对施工项目进度控制进行的课程设计是工程项目管理教学过程中的重要环节之一。

建设项目进度控制的关键是施工阶段的进度控制。施工阶段的进度控制也称为施工项目进度控制，是施工项目管理中的重点控制目标之一，是保证施工项目按期完成、合理安排资源供应、节约工程成本的重要措施。

施工项目进度控制的任务是指在既定的工期内，编制出最优的施工进度计划，在执行该计划的过程中，经常检查施工的实际情况，并将其与进度计划相比较，若出现偏差，便分析产生的原因和对工期的影响程度，制订出必要的调整措施，修改原计划，不断地如此循环，直至工程竣工。

施工项目进度控制的总目标是实现合同约定的交工日期，或者在保证施工质量和不断增加实际成本的前提下，适当缩短施工工期。总目标要根据实际情况进行分解，形成一个能够有效地实施进度控制、相互联系相互制约的目标体系。一般来讲，应分解成各单项工程的交工分目标，各施工阶段的完工分目标，以及按年、季、月施工计划制订的时间分目标等。

（一）影响施工项目进度的主要因素分析

1. 相关单位

施工单位是对施工进度起着决定性影响的单位，其他相关单位也可能会给施工的某些方面造成困难而影响进度。如图纸错、设计变更、资金到位不及时、材料和设备不能按期供应、水电供应不完善等。

2. 施工条件

工程地质条件、水文地质条件与勘查设计不符，气候的异常变化及施工条件（如"三通一平"）准备不完善等都会给施工造成困难而影响进度的顺利完成。

3. 技术失误

施工单位采用技术措施不当，施工中发生技术事故；应用新技术、新材料、新工艺、新结构缺乏经验；工程质量不能满足要求等都要影响施工进度。

4. 施工组织管理

主要是施工组织不合理、施工方案欠佳、计划不周、管理不完善、劳动力和机械设备调配不当、施工平面布置不合理、解决问题不及时等方面造成的对进度的影响。

5. 意外事件的出现

施工中如果出现意外事件，如战争、内乱、工人罢工等政治事件；地震、洪水等严重的自然灾害；重大工程事故的发生；标准变更、试验失败等技术事件；通货膨胀、款项拖延、拒付债务、合同违约等经济事件都会对施工进度造成影响。

（二）施工阶段进度控制的内容分析

1. 事前进度控制的内容

事前进度控制是指项目正式施工前进行的进度控制，其具体内容包括以下方面。

（1）编制施工阶段进度控制工作细则。

①施工阶段进度目标分解图。

②施工阶段进度控制的主要工作内容和深度。

③人员的具体分工。

④与进度控制有关的各项工作的时间安排、总的工作流程。

⑤进度控制所采取的具体措施（包括检查日期、收集数据方式、进度报表形式、统计分析方法等）。

⑥进度控制的方法。

⑦进度目标实现的风险分析。

⑧尚待解决的有关问题。

（2）编制或审核施工总进度计划。

①项目的划分是否合理，有无重项和漏项。

②进度在总的时间安排上是否符合合同中规定的工期要求或是否与项目总进度计划中施工进度分目标的要求一致。

③施工顺序的安排是否符合逻辑，是否满足分期投产的要求以及是否符合施工程序的要求。

④全工地性材料物资供应的均衡是否满足要求。

⑤劳动力、材料、机具设备供应计划是否能确保施工总进度计划的实现。

⑥施工组织总设计的合理性、全面性和可行性如何。

⑦进度安排与建设单位提供资金的能力是否一致。

（3）审核单位工程施工进度计划。

①进度安排是否满足合同规定的开竣工日期。

②施工顺序的安排是否符合逻辑，是否符合施工程序的要求。

③施工单位的劳动力、材料、机具设备供应计划能否保证进度计划的实现。

④进度安排的合理性，以防止施工单位利用进度计划的安排造成建设单位违约，并以此向建设单位提出索赔。

⑤该进度计划是否与其他施工进度计划协调。

⑥进度计划的安排是否满足连续性、均衡性的要求。

（4）进行进度计划系统的综合。

在对施工计划进行审核后，往往要把若干个相互关联的处于同一层次或不同层次的进度计划综合成一个多阶群体的施工总进度计划，以利于进行总体控制。

2．事中进度控制的内容

事中进度控制是指项目施工过程中进行的进度控制，这是施工进度计划能否付诸实施实现的关键过程，进度控制人员一旦发现实际进度与目标偏离，必须及时采取措施以纠正这种偏差。事中进度控制的具体内容如下。

①建立现场办公室，以保证施工进度的顺利实施。

②随时注意施工进度的关键控制点。

③及时检查和审核进度，进行统计分析资料和进度控制报表。

④做好工程施工进度，将计划与实际进行比较，从中发现是否出现进度偏差。

⑤分析进度偏差带来的影响并进行工程进度预测，提出可行的修改措施。

⑥重新调整进度计划并实施。

⑦组织定期和不定期的现场会议，及时分析、协调各生产单位的生产活动。

3. 事后进度控制的内容

事后进度控制是指完成整个施工任务后进行的进度控制工作，具体内容包括以下方面。

①及时组织验收准备，迎接验收。

②准备及迎接工程索赔。

③整理工程进度资料。

④根据实际施工进度，及时修改和调整验收阶段进度计划，保证下阶段工作顺利实施。

4. 施工进度控制的任务

①准确、及时、全面、系统地收集、整理、分析进度执行过程中的有关资料，明确地反映施工进度状况。

②编制施工总进度计划并控制其执行，按期完成整个项目的施工任务。

③编制单位工程施工进度计划并控制其执行，按期完成单位工程的施工任务。

④编制分部分项工程施工进度计划并控制其执行，按期完成分部分项工程的施工任务。

⑤编制年、季、月、旬等时间作业计划并控制其执行，以确保项目施工任务的完成。

（三）施工项目进度控制的程序及准则

1. 施工项目进度控制的程序

施工项目进度控制的实施者是施工单位以项目经理为首的项目进度控制体系，即项目经理部。项目经理部在实施具体的施工项目进度控制时，主要是按下述程序进行工作。

（1）根据施工合同确定的开工日期、总工期和竣工日期确定施工进度目标，明确计划开工日期、计划总工期和计划竣工日期，确定项目分期分批的开工、竣工日期。

（2）编制施工计划，具体安排实现前述目标的工艺关系、组织关系、搭接关系、起止关系、劳动力计划、材料计划、机械计划和其他保证性计划。

（3）向监理工程师提出开工申请报告，按监理工程师开工令指定的日期开工。

（4）实施施工进度计划、加强协调和检查，如出现偏差，要及时进行调整。

（5）项目竣工验收前抓紧收尾阶段进度控制。

（6）全部任务完成后进行进度控制总结，并写出进度控制报告。

2．施工项目进度控制系统

要完成施工项目的进度控制，必须认真分析主观与客观因素，加强目标管理，按照"事前计划，事中检查，事后分析"的顺序进行"三结合"的动态控制、系统控制和网络控制。

施工项目进度控制是一个不断进行的动态控制，也是一个循环进行的过程。它是从项目施工开始，实际进度就出现了运动的轨迹，也就是计划进入执行的动态。实际进度按照计划进度进行时，两者相吻合；当实际进度与计划不一致时就产生了超前或滞后的偏差。就要分析偏差产生的原因，采取相应的措施，调整原来的计划，使二者在新的起点上重合，使实际工作按计划进行。但调整后的作业计划又会在新的因素干扰下产生新的偏差，又要进行新的调整。因而施工进度计划内的控制必须在动态控制原理下采用动态控制的方法。

施工项目进度控制是一个系统工程，必须采用系统工程的原理来加以控制。一般来说，施工进度控制系统由如下三个子系统组成。

（1）施工项目计划系统。

为了对施工项目进行进度控制，道德必须编制施工项目的各种进度计划。其中最重要的是施工项目总进度计划、单位工程进度计划、分部分项工程进度计划、季月旬时间进度计划等，这些计划组成了一个项目进度计划系统。计划编制时，从上到下，从总体计划到局部计划，计划的编制对象由大到小，计划内的内容从粗到细。实施和招待计划时，从下到上，从月旬到计划、分部分项工程进度计划开始逐级按目标控制，从而达到对施工项目整体进度目标控制。

（2）施工项目进度实施组织系统。

施工项目实施的全过程，各专业队伍都是按照计划规定的目标去努力完成一个个任务。施工项目经理和有关劳动调配、材料设备、采购运输等职能部门都按照施工进度规定的要求进行严格管理、落实和完成各自的任务。施工组织各级负责人，从项目经理、施工队长、班组长及其所属全体成员组成了施工项目实施的完整的组织系统。

（3）施工项目进度控制组织系统。

为了保证施工项目进度的实施，还有一个项目进度的检查控制系统。从总公司、项目经理部一直到作业班级都设有专门职能部门或人员负责检查、统计、整理实际施工进度的资料，与计划进度比较分析，并进行必要的调节。

3. 进度控制的准则

（1）信息反馈准则。

信息反馈是施工项目进度控制的主要环节。工程的实际进度通过信息反馈给基层施工项目进度控制的工作人员，在分工的职责范围内，经过对其加工，再将信息逐级向上反馈，直到主控制室，主控制室整理统计各方面的信息，经比较分析作出决策，调整进度计划，使其符合预定工期目标。若不应用信息反馈原理，则无法进行计划控制，因而施工项目进度控制的过程就是信息反馈的过程。

（2）弹性准则。

施工项目的工期比较长，影响进度的因素也比较多。其中有些因素已被人们所掌握，有些并未被人们所全面掌握。根据对影响因素的把握、利用原有的统计资料和过去的施工经验，可以估计出各个方面对施工进度的影响程度和施工过程中可能出现的一些问题，并在确定进度目标时进行目标实现的风险分析。因而在编制施工进度计划时就必须要留有余地，即施工进度计划要具有弹性。在进行施工项目进度控制时，便可利用这些弹性，缩短有关工作的时间，或者改变它们之间的搭接关系，使前拖延的工期，通过缩短剩余计划工期的办法得以弥补，达到预期的计划目标。

（3）封闭循环准则。

项目进度计划控制的全过程是计划、实施、检查、比较分析、确定调整措施、再计划。从编制项目施工进度计划开始，经过实施过程中的跟踪检查，收集有关实际进度的信息，比较和分析实际进度与施工计划进度之间的偏差，找出产生偏差的原因和解决的办法，确定调整措施，并修改原进度计划。从整个进度计划控制的全过程来看，形成了一个封闭的动态调整的循环。

（4）网络计划原则。

在施工项目的进度控制中，要利用网络计划技术原理编制进度计划。在计划执行过程中，又要根据收集的实际进度信息，比较和分析进度计划，利用网络计划的优化技术，进行工期优化、成本优化和资源优化，从而合理地制订和调整施工项目的进度计划。

网络计划技术原理是施工项目进度控制的计划管理和分析计算的理论基础。

（四）施工项目进度控制措施与方法的选择

1. 施工项目进度控制的措施

（1）组织措施。

组织措施主要是指落实各层次进度控制人员的具体任务和工作职责。首先要建立进度控制组织体系；其次是建立健全进度计划制订、审核、执行、检查、协调过程的有关规章制度和各相关部门、相关工作人员的工作标准、工作制度和工作职责，做到有章可循、有法可依、制度明确；再次要根据施工项目的结构、进展的阶段和合同约定的条款进行项目分解，确定其进度目标，建立控制目标体系，并对影响进度的因素进行分析和预测。

（2）技术措施。

技术措施有两个方面：一是要组织有丰富施工经验的工程师编制施工进度计划，同时监理单位要编制进度控制工作细则，采用流水施工原理，网络计划技术，结合计算机对建设项目进行动态控制；二是计划中要考虑到大量采用加快施工进度的技术方法。

（3）经济措施。

经济措施主要是指实施进度计划的资金保障措施。在施工进度的实施过程中，要及时进行工程量核算，签署进度款的支付，工期提前要给予奖励，工期延误要认定原因和责任，进行必要惩罚，做到奖罚分明。同时要做好工期索赔的认定与管理工作。

（4）合同措施。

合同措施是指要严格履行项目的施工合同，并使与分包单位签订的施工合同的合同工期和进度计划与整个项目的进度计划相协调。

（5）信息管理措施。

信息管理措施是指不断地收集施工实际进度的有关资料，将收集到的资料进行统计、整理同计划进度对比分析，并定期向建设单位提供比较报告。

2. 施工项目进度控制的方法

施工项目进度控制的方法主要有三个方面：规划、控制、协调。

规划是指确定施工项目总进度控制目标和分进度控制目标，并编制进度计划。常用的技术手段和方法有横道图、网络计划图等。

控制是指在施工项目实施的全过程中，进行施工实际进度的比较，若出现偏差，要分析产生的原因，确定采取的措施并对计划进行适当的调整。常用的技术方法和手段有横道图比较法、S形曲线比较法，"香蕉"形曲线比较法、前锋线比较法、列表比较法等。

协调是指疏通、优化与施工进度有关的单位、部门和工作队组间的进度关系。

（五）施工项目进度计划的实施

施工项目进度计划的实施是落实施工项目计划、用施工项目进度计划指导施工活动并完成施工项目计划。为此，在实施前必须进行施工项目计划的审核和贯彻。

实施施工进度计划要做好三项工作，即编制月（旬）作业计划和施工任务书，作好记录掌握施工实际情况，即做好调度工作。现分述如下。

1. 编制月（旬）作业计划和施工任务书

施工组织设计中编制的施工进度计划，是按整个项目（或单位工程）编制的，也带有一定的控制性，还不能满足施工作业要求。实际作业时是按月（旬）作业计划和施工任务书执行的，故应进行认真编制。

月（旬）作业计划除依据施工进度计划编制外，还应依据现场情况及月（旬）的具体要求编制。月（旬）计划以贯执施工进度计划，明确当期任务及满足作业要求为前提。

施工任务书是一份计划文件，也是一份核算文件和原始记录，它把作业计划下达到班组进行责任承包，并将计划执行与技术管理、质量管理、成本核算、原始记录、资源管理等融合为一体，是计划与作业的联接纽带。

2. 做好记录掌握现场施工实际情况

在施工中，如实记载每项工作的开始日期、工作进程和结束日期，可为计划实施的检查、分析、调整、总结提供原始资料。要求跟踪记录、如实记录，并借助图表形成记录文件。

3．做好调度工作

调度工作主要对进度控制起到协调作用，协调配合关系，排除施工中出现的各种矛盾，克服薄弱环节，实现动态平衡。调度工作的内容包括检查作业计划执行中的问题，找出原因，并采取措施解决；督促供应单位按进度要求供应资源，控制施工现场临时设施的使用，按计划进行作业条件准备；传达决策人员的决策意图；发布调度令等。要求调度工作做到及时、灵活、准确、果断。

4．施工项目计划的审核

施工项目计划的审核由总监理工程师完成，审核的内容主要包括如下几个方面。

（1）进度安排是否与施工合同相符。

（2）进度计划的内容是否全面，分期施工是否满足分期交工要求和配套交工要求。

（3）施工顺序要求是否符合施工程序的要求。

（4）资源供应计划的内容是否全面，分期施工是否满足分期交工要求和配套交工要求。

（5）施工图设计进度是否满足施工计划的要求。

（6）总分包间的计划是否协调、统一。

（7）对实施进度计划的风险是否分析清楚并有相应的对策。

（8）各项保证进度计划实现的措施是否周到、可行、有效。

5．施工项目计划的贯彻

审核确定的施工项目进度计划要进行彻底地贯彻，以便进行有效的实施。

（1）检查各层次的计划，形成严密的计划保证系统。

（2）进行计划的交底，促进计划的全面、彻底实施。

施工项目进度计划在审核通过并认真贯彻后，就要进行彻底的实施。实施中必须做好如下几个方面的工作。

（1）认真编制好月（旬）生产作业计划。

（2）以签发任务书的形式落实施工任务和责任。

（3）做好施工进度记录，填好施工进度统计表。

（4）做好施工中的组织、管理和调度工作。

（六）施工项目进度计划的检查

在施工项目的实施过程中，进度控制人员必须对实际的工程进度进行经常性地检查，并收集施工项目进度的相关材料，进行统计整理和对比分析，确定实际进度与计划进度间的关系，以便适时调整计划，进行有效的进度控制。

1. 跟踪检查施工实际进度

跟踪检查施工实际进度一般要做日检查和定期检查，检查主要包括以下内容。

（1）检查期内实际完成的和累计完成的工作量。

（2）实际参加施工的人力、机械数量和生产效率。

（3）施工人数、施工机械台班数及其原因分析。

（4）进度偏差情况。

（5）进度管理情况。

（6）影响进度的特殊原因及其分析。

2. 整理统计检查数据

收集到施工项目实际进度数据，要进行必要的整理、按计划控制的工作项目进行统计，形成与计划进度具有可比性的数据，相同的量纲和形象进度。一般可按实物工程量、工作量和劳动消耗量以及累计百分比整理和统计实际检查数据，以便与相应的计划完成量相对比。

3. 对比实际进度与计划进度

将收集到的资料整理和统计成具有与计划进度可比性的数据后，用施工项目实际进度与计划度的比较方法进行比较，通过比较得出实际进度与计划进度相一致、拖泥带水、超前三种情况。

4. 施工项目进度结果的处理

施工项目进度检查的结果，按照检查报告制度的规定，形成进度控制报告向有关管理人员和部门汇报。

进度控制报告是把检查比较的结果，有关施工进度的现状和发展趋势，提供给项目经理及各级业务职能负责人的最简单的书面形式的报告。

进度控制报告是根据报告的对象不同，确定不同的编制范围和内容而分别编写的。一般分为项目概要级进度控制报告、项目管理级进度控制报告和业务管理级进度控制报告。

项目概要级进度控制报告是报给项目经理、企业经理或业务部门以及建设单位或业主的。它是以整个施工项目为对象说明进度执行情况的报告。

项目管理级进度报告是报给项目经理或企业业务部门的。它是以单位工程或项目分区为对象说明进度执行情况的报告。

业务管理级的进度报告是就某个重点部位或重点问题为对象编写的报告，供项目管理者及各业务部门为其采取应急措施而使用的。

进度报告由计划负责人或进度管理人员与其他项目管理人员合作编写。报告时间一般与进度检查时间相协调，也可按月、旬、周等间隔时间进行编写上报。

通过检查应向企业提供月度施工进度报告的内容主要包括：项目实施概况、管理概况、进度概况的总说明；项目施工进度、形象进度及简要说明；施工图纸提供进度；材料、物资、构配件提供进度；劳务记录及预测；日历计划；对建设单位、业主和施工者的工程变更指令、价格调整、索赔及工程款收支情况；进度偏差和导致偏差的原因分析；解决问题的措施和计划调整意见等。

二、施工项目质量的控制

根据施工进度计划和工程实际开展的状态，学会施工项目质量控制方法、依据，质量体系的建立，质量手册的编制，质量检验与试验的内容与方法，质量等级的评定，质量控制的数理统计方法；施工项目成本控制的过程和内容及手段，施工项目成本预测与计划的依据和程序及方法，能完成施工项目成本的控制任务。

施工项目质量目标控制的依据包括技术标准和管理标准。技术标准包括：《建筑安装工程施工及验收规范》（GBJ300－83，GBJ107－87），《建筑安装工程质量检验评定统一标准（GBJ300－88）》，《建筑工程质量检验评定标准（GBJ301－88）》，本地区及企业自身的技术标准和规程，施工合同中规定采用的有关技术标准。管理标准有：GB/T－19000－ISO9000 族系列标准（根据需要的模式选用），企业主管部门有关质量工作的规定，本企业的质量管理制度及有关质量工作的规定。另外，项目经理部与企业签订的质量责任状，企业与业主签订的工程承包合同，施工组织设计，施工图纸及说明书等，也是施工项目质量控制的依据。

（一）工程质量的特性与建筑工程质量分析

1．工程质量的特性

①适用性，是指建筑工程能够满足使用目的各种性能，如理化性能、结构性能、使用性能和外观性能等。

②耐久性，是指工程在规定的条件下，满足规定功能要求使用的年限，也就是合理使用的寿命。

③安全性，是指工程在使用过程中保证结构安全、人身安全和环境免受危害的能力。如一般工程的结构安全、抗震及防火能力，人防工程的抗辐射、抗核污染、抗爆炸冲动波的能力，民用工程的整体及各种组件和设备保证使用者安全的能力等。

④可靠性，是指工程在规定的时间和规定的条件下完成规定功能的能力。

⑤经济性，是指工程的设计成本、施工成本和使用成本三者之和与工程本身的使用价值之间的比例关系。

⑥与环境的协调性，是指工程与其所在位置周围的生态环境相协调，与其所在的地区的经济环境相协调以及与其周围的已建工程相协调，以适应可持续发展的要求。

2．工程质量的特点分析

建设工程质量的特点是由建设工程本身和建设生产特点决定的。建设工程及其生产有两个最为明显的特点：一是产品的固定性和生产的流动性；二是产品的多样性和生产的单件性。正是建设工程及其生产的特点决定了工程质量的特点。

〔1〕工程质量的影响因素多。

建设工程的质量受到诸多因素的影响，既有社会的、经济的，也有技术的、环境的，这些因素都直接或间接地影响着建设工程的质量。

（2）工程质量波动大。

生产的流动性和单件性决定了建设工程产品不像一般工业产品那样具有规范性的生产工艺、完善的检测技术、固定的生产流水线和稳定的生产环境，生产中偶然因素和系统因素比较多，产品具有较大质量波动性。

（3）质量隐蔽性。

建设工程施工过程中，分项工程交接多、中间产品多、隐蔽工程多，如不是在施工中及时检验，事后很难从表面上检查发现质量问题，具有产品质量的隐蔽性。在事后的检查中，有时还会发生误判（弃真）和误收（取伪）

的错误。

（4）终检的局限性。

建设工程产品不能像一般工业产品那样，依靠终检来判断产品的质量，也不能进行破坏性的抽样拆卸检验，大部分情况下只能借助一些科学的手段进行表面化的检验，因而其终检具有一定的局限性。为此，要求工程质量控制应以预防为主，重事先、事中控制，防患于未然。

（5）评价方法的特殊性。

建设工程产品质量的检查、评价方法不同于一般的工业产品，强调的是"验评分离、强化验收、完善手段、过程控制"。质量的检查、评定和验收是按检验批、分项工程、分部工程、单位工程进行的，检验批的质量是分项工程乃至整个工程质量的基础。而检验批的合格与否也只能取决于主控项目和一般项目经抽样检验的结果。

3．工程项目质量的影响因素分析

从质量管理角度和建设工程的生产实践来看，建设工程产品也同一般工业品一样，影响其质量的因素归纳起来不外乎五个方面，即人、机械、材料、方法和环境，俗称4M1E因素。在这里，人的因素主要是指人员素质和工作质量对建设工程产品质量影响。机械的因素包含两个方面，一是指施工中使用的机械设备其性能的稳定性和技术的先进性对工程产品质量的影响，二是指组成建设工程实体及配套的工艺设备和各类机具本身的质量对工程产品质量的影响。材料的因素是指工程中所使用的各类建筑材料、构配件和有关成品等的本身质量对建设工程产品质量的影响。方法因素指的是施工方案、施工组织、施工方法、施工工艺、作业方法等对建设工程质量的影响。环境的因素是指对工程质量特性起着重要作用的环境条件，如工程技术环境、工程作业环境、工程管理环境和周边环境对建设工程质量的影响。

4．工程项目质量的形成过程分析

建设工程项目的质量的形成过程就是建设项目的建设过程，建设过程中的每一个阶段都对项目的质量起着不可替代的作用，这其中最关键的是如下几个阶段。

（1）项目可行性研究阶段。

项目的可行性的研究是在项目建议书和项目策划的基础上，运用经济学的原理和技术经济分析的方法对项目技术上的可行性、经济上的合理性和建设上的可能性进行分析，对多个可能或可行的建设方案进行对比，并最终选择一个最佳的项目建设方案的过程。在此过程中，必须根据项目建设的总体方案，确定项目的质量目标和要求，因而可行性研究过程的质量将直接影响着项目的决策质量的设计质量。

（2）项目决策阶段。

项目的决策是在项目可行性研究报告和项目评估的基础上进行的，其目的在于最终确定项目建设的方案。确定的项目要符合时代和社会的需要，更要充分反映业主的意愿。要考虑投资、质量、进度三者的统一，要确定合理的质量目标和水平。

（3）项目设计阶段。

施工过程是建设工程质量实体的主要形成过程。规划得再好，决策得再好，设计得再好，如果施工不好，终不能形成高质量的工程项目。工程施工决定着决策方案和设计成果的能否实现，是工程适用性、耐久性、安全性、可行性和使用性能的保证，因而工程施工的质量决定着建设工程的实体质量，是工程质量的决定性环节。

〔4）项目竣工验收阶段。

工程的竣工验收就是对项目施工阶段的质量通过进行检查评定和试车运转，考核项目是否达到了质量目标和工程设计的要求。达不到时，要进行返工和改进，直至达到要求为止。因而竣工验收是确保工程项目最终质量的强有力的手段。

根据有关资料的统计，实际工程项目的质量问题的原因及其所占的比例如下：

设计的问题　40.1％

施工的责任　29.3％

材料的问题　14.5％

使用的责任　9.0％

其他　　　　7.1％

三、对施工项目质量因素的控制

如前所述，影响施工项目质量的因素主要有五大方面，即人、材料、机械、方法和环境，简称 4M1E 因素。事前对这五方面的因素严加控制，是保证施工质量的关键。

（一）人的控制

人是指直接参与施工的组织者、指挥者和操作者。人，作为控制的对象，是要避免产生失误；作为控制的动力，是要充分调动人的积极性，发挥人的主导作用。为此，除了加强政治思想教育、劳动纪律教育、职业道德教育、专业技术培训，健全岗位责任制，改善劳动条件，公平合理地激励劳动热情以外，还需根据工程特点，从确保质量出发，在人的技术水平、人的生理缺陷、人的心理行为、人的错误行为等方面来控制人的使用。如对技术复杂、难度大、精度高的工序或操作，应由技术熟练、经验丰富的工人来完成；反应迟钝、应变能力差的人，不能操作快速运行、动作复杂的机械设备；对某些要求万无一失的工序和操作，一定要分析人的心理行为，控制人的思想活动，稳定人的情绪；对具有危险源的现场作业，应控制人的错误行为，严禁吸烟、打赌、嬉戏、误判断、误动作等。

此外，应严格禁止无技术资质的人员上岗操作；对不懂装懂、图省事、碰运气、有意违章的行为，必须及时制止。总之，在使用人的问题上，应从政治素质、业务素质和身体素质等方面综合考虑，全面控制。

（二）材料的控制

材料控制包括分析材料、成品、半成品、构配件等的控制，主要是严格检查验收，正确合理地使用，建立管理台账，进行收、发、储、运等各环节的技术管理，避免混料和将不合格的原材料用到工程上。

（三）机械控制

机械控制包括施工机械设备、工具等控制，要根据不同工艺特点和技术要求，选用合适的机械设备；正确使用、管理和保养好机械设备。为此要健全"人机固定"制度、"操作证"制度、岗位责任制度、交接班制度、"技术保养"制度、"安全使用"制度、机械设备检查制度等，确保机械设备处于最佳使用状态。

（四）方法控制

这里所指的方法控制，包含施工方案、施工工艺、施工组织设计、施工技术措施等的控制，主要应切合工程实际、能解决施工难题、技术可行、经济合理，有利于保证质量、加快进度、降低成本。

（五）环境控制

影响施工项目质量的环境因素较多，有工程技术环境，如工程地质、水文、气象等；工程管理环境，如质量保证体系、质量管理制度等；劳动环境，如劳动组合、作业场所、工作面等。环境因素对质量的影响，具有复杂而多变的特点，如气象条件就变化万千，温度、湿度、大风、暴雨、酷暑、严寒都直接影响工程质量；又如前一工序往往就是后一工序的环境，前一分项、分部工程也就是后一分项、分部工程的环境。因此，根据工程特点和具体条件，应对影响质量的环境因素，采取有效的措施严加控制。尤其是施工现场，应建立文明施工和文明生产的环境，保持材料工件堆放有序，道路畅通，工作场所清洁整齐，施工程序井然有序，为确保质量、安全创造良好条件。

四、对施工项目质量的控制

为了加强对施工项目的质量控制，明确各施工阶段质量控制的重点，可把施工项目质量分为事前控制、事中控制和事后控制三个阶段。

（一）事前质量控制

事前质量控制指在正式施工前进行的质量控制，其控制重点是做好施工准备工作，且施工准备工作要贯穿于施工全过程中。

1. 施工准备的范围

①全场性施工准备，是以整个项目施工现场为对象而进行的各项施工准备。

②单位工程施工准备，是以一个建筑物或构筑物为对象而进行的施工准备。

③分项（部）工程施工准备，是以单位工程中的一个分项（部）工程或冬、雨期施工为对象而进行的施工准备。

④项目开工前的施工准备，是在拟建项目正式开；前所进行的一切施工准备。

⑤项目开工后的施工准备，是在拟建项目正式开工后，每个施工阶段正式开工前所进行的施工准备，如果混合结构住宅施工，通常分为基础工程，主体工程和装饰工程等施工阶段，每个阶段的施工内容不同，其所需的物质技术条件、组织要求和现场布置也不同，因此，必须做好相应的施工准备。

2. 施工准备的内容

①技术准备，包括：项目扩大初步设计方案的审查，熟悉和审查项目的施工图纸；项目建设地点的自然条件、技术经济条件调查分析；编制项目施工预算和施工预算；编制项目施工组织设计等。

②物质准备，包括建筑材料准备、构配件和制品加工准备、施工机具准备、生产工艺设备的准备等。

③组织准备，包括：建立项目组织机构；集结施工队伍；对施工队伍进行入场教育等。

④施工现场准备，包括：控制网、水准点、标桩的测量；"五通一平"；生产、生活临时设施等的准备；组织机具、材料进场；拟订有关试验、试制和技术进步项目计划；编制季节性施工准备；制订施工现场管理制度等。

（二）事中质量控制

事中质量控制指在施工过程中进行的质量控制。事中质量控制的策略是：全面控制施工过程，重点控制工序质量。其具体措施是：工序交接有检查；质量预控有对策；施工项目有方案；技术措施有交底，图纸会审有记录；配制材料有试验；隐蔽工程有验收；计量器具校正有复核；设计变更有手续；钢筋代换有制度；质量处理有复查；成品保护有措施；行使质控有否决（如发现质量异常、隐蔽未经验收、质量问题未处理、擅自变更设计图纸、擅自代换或使用不合格材料、无证上岗未经资质审查的操作人员等，均应对质量予以否决）；质量文件有档案（凡是与质量有关的技术文件，如水准、坐标位置，测量、放线记录，沉降、变形观测记录，图纸会审记录，材料合格证明、试验报告，施工记录，隐蔽工程记录，设计变更记录，调试、试压运行记录，试车动转记录，竣工图等都要编目建档）。

（三）事后质量控制

事后质量控制指在完成施工过程形成产品的质量控制，其具体工作内容有以下方面：

①组织联动试车；

②准备竣工验收资料，组织自检和初步验收；

③按规定的质量评定标准和办法，对完成的分项、分部工程，单位工程进行质量评定；

④组织竣工验收；

⑤质量文件编目建档；

⑥办理工程交接手续。

五、施工项目质量控制方法的选择

施工项目质量控制的方法，主要是审核有关技术文件、报告和直接进行现场质量检验或必要的试验等。

（一）审核有关技术文件、报告或报表

对技术文件、报告、报表的审核，是项目经理对工程质量进行全面控制的重要手段，其具体内容有：

①审核有关技术资质证明文件；

②审核开工报告，并经现场核实；

③审核施工方案、施工组织设计和技术措施；

④审核有关材料、半成品的质量检验报告；

⑤审核反映工序质量动态的统计资料或控制图表；

⑥审核设计变更、修改图纸和技术核定书；

⑦审核有关质量问题的修理报告；

⑧审核有关应用新工艺、新材料、新技术、新结构的技术鉴定书；

⑨审核有关工序交接检查，分项、分部工程质量检查报告；

⑩审核并签署现场有关技术签证、文件等。

（二）现场质量检验

1. 现场质量检验的内容

①开工前检查。目的是检查是否具备开工条件，开工后能否连续正常施工，能否保证工程质量。

②工序交接检查。对于重要的工序或对工程质量有重大影响的工序，在自检、互检的基础上，还要组织专职人员进行工序交接检查。

③隐蔽工程检查。凡是隐蔽工程均应检查认证后方能掩盖。

④停工后复工前的检查。因处理质量问题或某种原因停工后需复工时，亦应经检查认可后方能复工。

⑤分项、分部工程完工后，应经检查认可，签署验收记录后，才可进行下一工程项目施工。

⑥成品保护检查。检查成品的保护措施，或保护措施是否可靠。

此外，还应经常深入现场，对施工操作质量进行巡视检查。必要时，还应进行跟班或追踪检查。

　　质量检验就是根据一定的质量标准，借助一定的检测手段来估价工程产品、材料或设备等的性能特征或质量状况的工作。

　　2. 质量检验工作的内容。

　　①明确某种质量特性的标准；

　　②量度工程产品或材料的质量特征数值或状况；

　　③记录与整理有关的检验数据；

　　④将量度的结果与标准进行比较；

　　⑤对质量进行判断与估价；

　　⑥对符合质量要求的做出安排；

　　⑦对不符合质量要求的进行处理。

　　3. 现场质量检查的方法

　　（1）目测法。

　　目测法的手段可归纳为看、摸、敲、照四个字。

　　·看，就是根据质量标准进行外观目测。如墙纸裱糊质量应是：纸面无斑痕、空鼓、气泡、褶皱；每一墙面纸的颜色、花纹一致；斜视无胶痕，纹理无压平、起光现象；对缝无离缝、搭缝、张嘴；对缝处图案、花纹完整；裁纸的一边不能对缝，只能搭接；墙纸只能在阴角应采用包角等。又如，清水墙面是否洁净，喷涂是否密实和颜色是否均匀，内墙抹灰大面及口角是否平直，地面是否光洁平整，油漆浆活表面观感，施工顺序是否合理，工人操作是否正确等，均是通过目测检查、评价。

　　·摸，就是手感检查，主要用于装饰工程的某些检查项目，如水刷石、干粘石结牢固程度，油漆的光滑度，浆活是否掉粉，地面有无起砂等，均可通过手摸加以鉴别。

　　·敲，是运用工具进行声感检查。对地面工程、装饰工程中的水磨石、面砖、锦砖和大理石贴面等，均应进行敲击检查，通过声音的虚实确定有无空鼓，还可根据声音的清脆和沉闷，判定属于面层空鼓或底层空鼓。此外，用手敲玻璃，如发出颤动声响，一般是底灰不满或压条不实。

　　·照，对于难以看到或光线较暗的部位，则可采用镜子反射或灯光照射的方法进行检查。

　　（2）实测法。

　　实测法就是通过实测数据与施工规范及质量标准所规定的允许偏差对照，来判别质量是否合格。实测检查法的手段，也可归纳为靠、吊、量、套四个字。

· 靠，是用直尺、塞尺检查墙面、地面、屋面的平整度。

· 吊，是用托线板以线坠吊线检查垂直度。

· 量，是用测量工具和计量仪表等检查断面尺寸、轴线、标高、湿度、温度等的偏差。

· 套，是以方尺套方，辅以塞尺检查。如对阴阳角的方正、踢脚线的垂直度、预制构件的方正等项目的检查。对门窗口及构配件的对角线（窜角）检查，也是套方的特殊手段。

（3）试验检查。

指必须通过试验的手段，才能对质量进行判断的检查方法。如对桩或地基的静载试验，确定其承载力；对钢结构进行稳定性试验，确定是否产生失稳现象；对钢筋对焊接头进行拉力实验，检验焊接的质量等。

（三）质量的检验与试验

1. 材料与构件的质量试验

按照国家规定，建筑材料、设备供应单位应对供应的产品质量负责。供应的产品必须达到国家有关法规、技术标准和购销合同规定的质量要求，有产品检验合格证和说明书以及有关技术资料，实行生产许可证制度的产品，要有许可证主管部门颁发的许可证编号、批准日期和有效期限：产品包装必须符合国家有关规定和标准；使用商标和分级分等的产品，应在产品或包装上有商标和分级分等标记；建筑设备（包括相应仪表）除符合上述要求外，还应有产品的详细说明书，电气产品应附有线路图。除明确规定由产品生产厂家负责售后服务的产品之外，供应单位售出的产品发生质量问题时，由供应单位负责保修、保换、保退、并赔偿经济损失。

国家亦规定，构配件产品出厂时，必须达到国家规定的合格标准，具有产品标号等文字说明，在构件上有明显的出厂合格标志，注明厂名、产品型号、出厂日期、检查编号等。因此，原材料和成品、半成品进场后，应检查是否按国家规范和标准及有关规定进行的试（检）验记录。施工部门对进场的材料和产品，要严格按国家规范的要求进行验收，不得使用无出厂证明或质量不合格的材料、构配件和设备。许多材料只有制造单位的有关资料还不能确定是否适用，还必须进行试验。

需要按规定进行试验与检验的原材料、成品、半成品、水泥，钢筋、钢结构的钢材及产品，焊条、焊剂、焊药，砖、砂、石、外加剂、防水材料、预制混凝土构件等。

2. 施工试验

施工试验有：回填土、灰土、回填砂和砂石、砂浆试块强度、混凝土试块强度、钢筋焊接、钢结构焊接、现场预应力混凝土，防水、试水，风道、烟道、垃圾道（检查）等。

六、建筑安装工程质量的检验与评定

质量检验就是借助于某种手段和方法，测定产品的质量特性，然后把测得的结果同规定的产品质量标准进行比较，从而对产品作出合格或不合格的判断，凡是合乎标准的称为合格品，检查以后予以通过；凡是不合标准的，检查后予以返修、加固或补强，合乎优良标准的，评为优良品。检验包括以下四项具体工作：度量，即借助于计量手段进行对比与测试；比较，即把度量结果同质量标准进行对比；判断，是根据比较的结果，判断产品是否符合规定的质量标准；处理，即决定被检查的对象是否可以验收，下一步工作是否可以进行，是否要采取补救措施。

中华人民共和国国家标准《建筑安装工程质量检验评定统一标准》（GBJ300－88）、《筑工程质量检验评定标准》（GBJ301－88）、《建筑采暖卫生与煤气工程质量检验评定标准》（GBJ362－88）、《建筑电气安装工程质量检验评定标准》（GBJ303－88）、《通风与空调工程质量检验评定标准》（GBJ304－88）、《电梯安装工程质量检验评定标准》（GBJ310－88），共六项标准（以下简称标准），由国家建设部于 1988 年 11 月 5 日以 ［88］建标字第 335 号文发布。

标准的主要内容分成两部分，一部分是检验标准，一部分是评定标准；本文就《建筑工程质量检验评定标准》为典型阐述质量检验标准，以《建筑安装工程质量检验评定统一标准》为典型阐述评定标准。

（一）分项工程的检验标准

分项工程是建筑安装工程的最基本组成部分，在质量检验中，它一般是按主要工程为标志划分。如土方工程，必须按楼层（段）划分分项工程；单层房屋工程中的主体分部工程，应按变形缝划分分项工程；其他分部工程的分项工程可按楼层（段）划分。每个分项工程的检查标准一般都按三种项目作出了决定，这三种项目分别是保证项目、基本项目和容许偏差项目。现对这三种项目的意义分述如下。

1. 保证项目

保证项目是分项工程施工必须达到要求，是保证工程安全或使用功能的重要检验项目。检验标准条文中采用"必须""严禁"等词表示，以突出其重要性。这些项目是确定分工程性质的。如果提高要求，就等于提高性能等级，导致工程造价增加；如果降低要求，会严重地影响工程的安全或使用功能，所以无论是合格工程还是优良工程均应同样遵守。保证项目的内容都涉及结构工程安全或重要使用性能，因此都应满足标准规定要求。如砌砖工程，砖的品种和标号、砂浆的品种和强度、砌体砂浆的饱满密实程度、外墙转角的留槎、临时间断处的留槎做法，都涉及砌体的强度和结构使用性能，都必须满足要求。

2. 基本项目

基本项目是保证工程安全或使用性能的基本要求，标准条文小采用"应""不应"的用词表示。其指标分为"合格"及"优良"两级，并尽可能给出了量的规定。基本项目与前述的保证项目相比，虽不像保证项目那样重要，但对使用安全、使用功能及美观都有较大影响，只是基本项目的要求有一定"弹性"，即允许有"优良""合格"之分。基本项目的内容是工程质量或使用性能的基本要求，是划分分项工程合格、优良的条件之一。如砌砖工程中，砌砖体的错缝、砖砌体接槎、预埋拉结筋、留置构造柱、清水墙面，都作为基本项目做出了检验规定。

3. 容许偏差项目

容许偏差项目是分项工程检验项目中规定有容许偏差的项目，条文中也采用"应""不应"等词表示。在检验时，容许有少量检查点的测量结果略超过容许偏差值范围，并以其所占比例作为区分分项工程合格和优良等级的条件之一。对检查时所有抽查点均要满足规定要求值的项目不属此项目范围，它们已被列入了保证项目或基本项目。容许偏差项目的内容反映了工程使用功能、观感质量、是由其测点合格率划分"合格""优良"等级的。如砌砖工程中的砖砌体的尺寸，位置都按工程的部位分别作出了容许偏差的规定。

（二）分部工程的检验标准

（1）分部工程由若干个相关分项工程组成，是按建筑的主要部位划分的。

（2）建筑工程按部位分地基与基础工程、主体工程、地面与楼面工程、门窗工程、装饰工程、屋面工程。建筑设备安装工程、通风与空调工程、电梯安装工程。

（3）分部工程的检查是以其中所包含的分项工程的检查为基础的，按照规定，基础工程完成后，必须进行检查验收，方可进行主体工程施工；主体工程完成后，也必须经过检查验收，方可进行装修；一般工程在主体完成后，作一次性结构检查验收。有人防地下室的工程，可分两次进行结构检查验收（地下室一次，主体一次）。如需提前装修的工程，可分层进行检查验收。

（三）单位工程的检验标准

按"标准"规定，建筑工程和建筑设备安装工程共同组成一个单位工程；新（扩）建的居住小区和厂区室外给水、排水、采暖、通风、煤气等组成一个单位工程；室外的架空线路、电缆线路、路灯等建筑电气安装工程组成一个单位工程；道路，围墙等工程组成一个单位工程。

单位工程的各部分工程完工检查后，还要对观感质量进行检验（室外的单位工程不进行观感质量检验），对质量保证资料进行检查。

（四）质量检验方法

在"标准"的每个分项工程的检验项目之后，都作出了检验方法的具体规定。如 GB301－88 第 6.1.2 条规定对砖的品种、标号的检验方法为观察检查、检查出厂合格证或试验报第 6.1.8 条对预埋拉结筋的检验方法为观察或尺量检查，第 6.1.11 条规定轴线位置位置偏移的检验方法为用经纬仪或拉线和尺量检查等。概括起来，"标准"中的质量检验方法可以归纳为 8 个字，即看、摸、敲、照、靠、吊、量、套。

1. 看的方法

看就根据"标准"的规定，进行外观目测，如外墙转角留槎、清水墙面刮缝深度及整洁，安装工程的接缝严密程度等。观察检验方法的使用需要有丰富的经验，经过反复实践才能掌握标准，统一口径，所以这种方法虽然简单，但是难度却最大，应给予充分重视，加强训练。

2. 摸的方法

摸就是手感检查，主要适用于装饰工程的某些检验项目，如壁纸的粘结检验，刷浆的沙眼检验，干粘石的粘结牢固程度检验等。

3. 敲的方法

敲就是运用工具敲击，进行声音鉴别检验的方法，主要用于对装饰工程中的粘结状况进行检验，如干粘石、水刷石、面砖、水磨石、大理石、抹灰面层和底层、水泥楼地面面层等，均通过敲击辨音检查其是否空鼓。

4. 照的方法

照的方法也是目测的方法，只是借助"照"进行采光。如对位于人眼高度以上部位的产品上面（管道上半部等）、缝隙较小伸不进头的产品背面、下水道的底面、雨落管的后面等，均可采用镜子反射的方法检验，封闭后光线较暗的部分（如模板内清理情况），可用灯光照射检验。

5. 靠的方法

靠的方法用来量平整度，检查平整度利用靠尺和塞尺进行，如对墙面、地面等要求平整的项目，都利用这种方法检验。

6. 吊的方法

吊就是用线锤测量垂直度的方法。可在托线板上系以线锤吊线，紧贴墙面、或在托线板上下两端粘以突出小块，以触点触及受检面进行检验。板上线锤的位置可压托线板的刻度。

7. 量的方法

量即是用尺、磅、温度计、水准仪等工具进行检验的方法，这种方法用得最多，主要是检查容许偏差项目。如外墙砌砖上下窗口偏移用经纬仪或吊线检查，钢结构焊缝余高用"量规"检查，管道保温厚度用钢针刺入温层和尺量检查等。

8. 套的方法

套即是用方尺套，辅以塞尺检查，门窗口及构配件的对角线（窜角）检查，是套方检查的特殊手段。

（五）质量检验的数量

"标准"中对检验数量也进行了规定，检验工程质量时必须严格以规定的数量为检验数量的最少限量。检验数量有以下几种。

1. 全数检验

全数检验就是对一批待验产品的所有产品都要逐一进行检验。全数检验一般说来比较可靠，能提供更完整的检验数据，以便获得更充分可靠的质量信息。如果希望得到产品都是百分之百的合格产品，唯一的办法就是全检。但全检有工作量大、周期长、检验成本高等特点，更不适用于破坏性的检验项目。"标准"中规定进行全数检验的项目如室外和屋面的单位工程质量观感检查。

2. 抽样检验

抽样检验就是根据数理统计原理所预先制订的抽样方案，从交验的分项工程中，抽出部分项目样品进行检验，根据这部分样品的检验结果，照抽样方案的判断规则，判定整批产品（分项工程）的质量水平，从而得出该批产品（分项工程）是否合格或优良的结论。如"标准"中砌砖工程，容许偏差项目规定的检查数量是：外墙，按楼层（或4m高以内），每20m抽查1处，每处3m，但不少于3处；内墙，按有代表性的自然间抽查10％，但不少于3间，每间不少于2处；柱不少于5根。这个"规定"是在数理统计原理试验、分析的基础上作出的。

抽样检验的主要优点是大大节约检验工作量和检验费用，缩短时间，尤其适用于破坏性试验。但这种检验有一定风险，即有错判率，不可能100％可靠。对于建筑安装工程来说，由于其体积庞大，构成复杂，分项工程多，检验项目数量大，也只有抽样检验才使检验工作有可能进行下去，并保证它的及时性。

（六）质量等级的评定

1. 质量评定的程序

建筑安装工程的质量评定按照"标准"要求，要先评定分项工程，再评定分部工程，最后评定单位工程。

2. 质量评定的等级

建筑安装工程的分项工程、分部工程和单位工程的质量等级标准，均分为"合格"与"优良"两个等级。

3. 分项工程的等级评定标准

（1）合格。

①保证项目必须符合相应质量检验评定标准的规定。

②基本项目抽检的处（件）应符合相应质量检验评定标准的合格规定。

③容许偏差项目抽检的点数中，建筑工程有70％及其以上、建筑设备安装工程有80％及以上的实测值应在相应质量检验评定标准的容许偏差范围内。

（2）优良。

①保证项目必须符合相应质量检验评定标准的规定。

②基本项目抽检处（件）应符合相关质量检验评定标准的合格规定；其中50％及其以上的处（件）符合优良规定，该项即为优良；优良项目应占检验项数50％及其以上。

③容许偏差项目抽检的点数中，有90％及其以上的实测值应在质量检验评定标准的容许偏差范围内。

4．分部工程的等级评定标准

（1）合格。

所含分项工程的质量应全部合格。

（2）优良。

所含分项工程的质量全部合格，其中有50％及其以上为优良（建筑设备安装工程中，必须含指定的主要分项工程）。

5．单位工程的质量等级评定标准

（1）合格。

①所含分部工程的质量应全部合格。

②质量保证资料应基本齐全。

③观感质量的评定得分率应达到70％及其以上。

（2）优良。

①所含分部工程的质量应全部合格，其中50％及其以上优良，建筑工程必须含主体和装饰分部工程；以建筑设备安装工程为主的单位工程，其指定的分部工程必须优良（如锅炉房的建筑采暖卫生与煤气分部工程；变、配电室的建筑电气安装分部工程；空调机房和净化车间的通风与空调分部工程等）。

②质量保证资料基本齐全。

③观感质量的评定得分率应达到85％以上。

6．对不合格分项工程的处理标准

（1）返工重做的可重新评定质量等级。

（2）经加固补强或以法定检测单位鉴定能够达到设计要求的，其质量仅应评为合格。

（3）经法定检测单位鉴定达不到原设计要求，但经设计单位认可能够满足结构安全和使用功能要求可不加固补强的，或经加固补强改变外形尺寸或造成永久性缺陷的，其质量可定为合格。但所在分项工程不应评为优良。

第十一章 建筑工程质量管理

第一节 施工准备阶段质量控制方案的编制

一、建筑工程项目质量管理概述

（一）建筑工程项目质量的概念及特点

1. 质量的概念

质量是指反映实体满足明确或隐含需要能力的特性之总和，国际化标准组织 ISO9000 族标准中对质量的定义是：质量是一组固有特性满足要求的程度。

质量的主体是"实体"。实体可以是活动或过程，如监理单位受业主委托实施建设工程监理或承包商履行施工合同的过程；也可以是活动或过程结果的有形产品，如已建成的厂房；或者是无形产品，如监理规划等；还可以是某个组织体系以及以上各项的组合。

"需要"通常被转化为有规定准则的特性，如适用性、可靠性、经济性、美观性及与环境的协调性等方面。在许多情况下，"需要"随时间、环境的变化而变化，这就要求定期修改反映这些"需要"的各项文件。

"明确需要"是指在合同、标准、规范、图纸、技术文件中已经作出明确规定的要求。"隐含需要"则应加以识别和确定：一是指顾客或社会对实体的期望；二是指被人们所公认的、不言而喻的、不必作出规定的需要，如住宅应满足人们最起码的居住需要，此即属于"隐含需要"。

获得令人满意的质量通常要涉及全过程各阶段众多活动的影响，有时为了强调不同阶段对质量的作用，可以称某阶段对质量的作用或影响，如"设计阶段对质量的作用或影响""施工阶段对质量的作用或影响"等。

2. 建筑工程项目质量

建筑工程项目质量是现行国家的有关法律、法规、技术标准、设计文件及工程合同中对建筑工程项目的安全、使用、经济、美观等特性的综合要求。工程项目一般是按照合同条件承包建设的，因此，建筑工程项目质量是在"合同环境"下形成的。合同条件中对建筑工程项目的功能、使用价值及设计、施工质量等的明确规定都是业主的"需要"，因而它们都是质量的内容。

（1）工程质量。工程质量是指能满足国家建设和人民需要所具备的自然属性。其通常包括适用性、可靠性、经济性、美观性和环境保护性等。

（2）工序质量。工序质量是指在生产过程中，人、材料、机具、施工方法和环境对装饰产品综合起作用的过程，这个过程所体现的工程质量称为工序质量。工序质量也要符合"设计文件"、建筑施工及验收规范的规定。工序质量是形成工程质量的基础。

（3）工作质量。工作质量并不像工程质量那样直观，其主要体现在企业的一切经营活动中，通过经济效果、生产效率、工作效率和工程质量集中体现出来。

工程质量、工序质量和工作质量是三个不同的概念，但三者有密切的联系。工程质量是企业施工的最终成果，其取决于工序质量和工作质量。工作质量是工序质量和工程质量的保证和基础，必须努力提高工作质量，以工作质量来保证和提高工序质量，从而保证和提高工程质量。提高工程质量是为了提高经济效益，为社会创造更多的财富。

3. 建筑工程项目质量的特点

建筑工程项目质量的特点是由建筑工程项目的特点决定的。由于建筑工程项目具有单项性、一次性以及高投入性等特点，故建筑工程项目质量具有以下特点。

（1）影响因素多。设计、材料、机械、环境、施工工艺、施工方案、操作方法、技术措施、管理制度、施工人员素质等均直接或间接地影响建筑工程项目的质量。

（2）质量波动大。建筑工程建设因其具有复杂性、单一性，不像一般工业产品的生产那样有固定的生产流水线，有规范化的生产工艺和完善的检测技术，有成套的生产设备和稳定的生产环境，有相同系列规格和相同功能的产品，所以，其质量波动大。

（3）质量变异大。影响建筑工程质量的因素较多，任一因素出现质量问题，均会引起工程建设系统的质量变异，造成建筑工程质量问题。

（4）质量具有隐蔽性。建筑工程项目在施工过程中，由于工序交接多、中间产品多、隐蔽工程多，若不及时检查并发现其存在的质量问题，事后看表面质量可能很好，但容易产生第二判断错误，即将不合格的产品认为是合格的产品。

（5）终检局限大。建筑工程项目建成后，不可能像某些工业产品那样，可以拆卸或解体来检查内在的质量，因此，建筑工程项目终检验收时难以发现工程内在的、隐蔽的质量缺陷。

所以，对建筑工程质量更应重视事前、事中控制，防患于未然，将质量事故消灭于萌芽之中。

（二）建筑工程项目质量控制的分类

质量管理是在质量方面进行指挥、控制、组织、协调的活动。这些活动通常包括制定质量方针和质量目标以及质量策划、质量控制、质量保证与质量改进等一系列活动。质量控制是质量管理的一部分，是致力于满足质量要求的一系列活动，主要包括设定标准、测量结果、评价和纠偏。

建筑工程项目质量控制是指建筑工程项目企业为达到工程项目质量要求所采取的作业技术和活动。

建筑工程项目质量要求主要表现为工程合同、设计文件、技术规范规定的质量标准。因此，建筑工程项目质量控制就是为了保证达到工程合同规定的质量标准而采取的一系列措施、手段和方法。

建筑工程项目质量控制按其实施者的不同，可分为以下三个方面。

1. 业主方面的质量控制

业主方面的质量控制包括以下两个层面的含义。

（1）监理方的质量控制。目前，业主方面的质量控制通常通过委托工程监理合同，委托监理单位对工程项目进行质量控制。

（2）业主方的质量控制。其特点是外部的、横向的控制。工程建设监理的质量控制，是指监理单位受业主委托，为保证工程合同规定的质量标准对工程项目进行的质量控制。其目的是保证工程项目能够按照工程合同规定的质量要求达到业主的建设意图，并取得良好的投资效益。其控制依据除国家制定的法律、法规外，主要是合同、设计图纸。在设计阶段及其前期的质量控制以审核可行性研究报告和设计文件、图纸为主，审核项目设计是否符合业主的要求。在施工阶段驻现场实地监理，检查是否严格按图施工，并达到合同文件规定的质量标准。2. 政府方面的质量控制

政府方面的质量控制是指政府监督机构的质量控制，其特点是外部的、纵向的控制。政府监督机构的质量控制是按城镇或专业部门建立有权威的工程质量监督机构，根据有关法规和技术标准对本地区（本部门）的工程质量进行监督检查。其目的是维护社会公共利益，保证技术性法规和标准贯彻执行。其控制依据主要是有关的法律文件和法定技术标准。在设计阶段及其前期的质量控制以审核设计纲要、选址报告、建设用地申请与设计图纸为主。在施工阶段以不定期的检查为主，审核是否违反城市规划，是否符合有关技术法规和标准的规定，对环境影响的性质和程度大小，有无防止污染、公害的技术措施。因此，政府质量监督机构根据有关规定，有权对勘察单位、设计单位、监理单位、施工单位的行为进行监督。

3. 承建商方面的质量控制

承建商方面的质量控制是内部的、自身的控制。承建商方面的质量控制主要是施工阶段的质量控制，这是工程项目全过程质量控制的关键环节。其中心任务是通过建立健全有效的质量监督工程体系，来确保工程质量达到合同规定的标准和等级要求。

（三）建筑工程项目质量管理的原则

（1）坚持"质量第一、用户至上"的原则。

（2）坚持"以人为核心"的原则。

（3）坚持"以预防为主"的原则。

（4）坚持质量标准、严格检查和"一切用数据说话"的原则。

（5）坚持贯彻科学、公正和守法的原则。

二、建筑工程项目的全面质量管理

（一）全面质量管理的概念

全面质量管理（简称 TQM），是指为了获得使用户满意的产品，综合运用一整套质量管理体系、手段和方法所进行的系统管理活动。其特点是"三全"（全企业职工、全生产过程、全企业各个部门）、具有一整套科学方法与手段（数理统计方法及电算手段等）、属于广义的质量观念。其与传统的质量

管理相比有显著的成效，为现代企业管理方法中的一个重要分支。

全面质量管理的基本任务是建立和健全质量管理体系，通过企业经营管理的各项工作，以最低的成本、合理的工期生产出符合设计要求并使用户满意的产品。

全面质量管理的具体任务，主要有以下几个方面。

（1）进行完善质量管理的基础工作。

（2）建立和健全质量保证体系。

（3）确定企业的质量目标和质量计划。

（4）对生产过程各工序的质量进行全面控制。

（5）严格把控质量检验工作。

（6）开展群众性的质量管理活动，如质量管理小组活动等。

（7）建立质量回访制度。

（二）全面质量管理的工作方法

全面质量管理的工作方法是 PDCA 循环工作法。其是美国质量管理专家戴明博士在 20 世纪 60 年代提出来的。

PDCA 循环工作法把质量管理活动归纳为 4 个阶段，即计划阶段（Plan）、实施阶段（Do）、检查阶段（Check）和处理阶段（Action），其中共有 8 个步骤。

1. 计划阶段（P）

在计划阶段，首先要确定质量管理的方针和目标，并提出实现它们的具体措施和行动计划。计划阶段包括以下 4 个步骤。

第一步：分析现状，找出存在的质量问题，以便进行调查研究。

第二步：分析影响质量的各种因素，将其作为质量管理的重点对象。

第三步：在影响的诸多因素中找出主要因素，将其作为质量管理的重点对象。

第四步：制定改革质量的措施，提出行动计划并预计效果。

2. 实施阶段（D）

在实施阶段中，要按既定措施下达任务，并按措施去执行。这是 PDCA 循环工作法的第五个步骤。

3. 检查阶段（C）

检查阶段的工作是对执行措施的情况进行及时的检查，通过检查与原计划进行比较，找出成功的经验和失败的教训。这是 PDCA 循环工作法的第六个步骤。

4. 处理阶段（A）

处理阶段，就是对检查之后的各种问题加以处理。处理阶段可分为以下两个步骤。

第七步：总结经验，巩固措施，制定标准，形成制度，以便遵照执行。

第八步：将尚未解决的问题转入下一个循环，重新研究措施，制订计划，予以解决。

（三）质量保证体系

1. 质量保证和质量保证体系的概念

（1）质量保证的概念。质量保证是指企业向用户保证产品在规定的期限内能正常使用。按照全面质量管理的观点，质量保证还包括上道工序提供的半成品保证满足下道工序的要求，即上道工序对下道工序实行质量保证。

质量保证体现了生产者与用户之间、上道工序与下道工序之间的关系。通过质量保证，将产品的生产者和使用者密切地联系在一起，促使企业按照用户的要求组织生产，达到全面提高质量的目的。

用户对产品质量的要求是多方面的，它不仅指交货时的质量，更主要的是在使用期限内产品的稳定性以及生产者提供的维修服务质量等。因此，建筑装饰装修企业的质量保证，包括装饰装修产品交工时的质量和交工以后在产品的使用阶段所提供的维修服务质量等。

质量保证的建立，可以使企业内部各道工序之间、企业与用户之间有一条质量纽带，带动各方面的工作，为不断提高产品质量创造条件。

（2）质量保证体系的概念。质量保证不是生产的某一个环节问题，其涉及企业经营管理的各项工作，需要建立完整的系统。质量保证体系，就是企业为保证提高产品质量，运用系统的理论和方法建立的一个有机的质量工作系统。这个系统将企业各部门、生产经营各环节的质量管理职能组织起来，形成一个目标明确、责权分明、相互协调的整体，从而使企业的工作质量和产品质量紧密地联系在一起；生产过程与使用过程紧密地联系在一起；企业经营管理的各个环节紧密地联系在一起。

由于有了质量保证体系，企业便能在生产经营的各个环节及时地发现和掌握质量管理的目的。质量保证体系是全面质量管理的核心。全面质量管理实质上就是建立质量保证体系，并使其正常运转。

2. 质量保证体系的内容

建立质量保证体系，必须与质量保证的内容相结合。建筑施工企业的质量保证体系的内容包括以下三部分。

（1）施工准备过程的质量保证。其主要内容有以下几项。

①严格审查图纸。为了避免设计图纸的差错给工程质量带来影响，必须对施工图纸进行认真审查。通过审查，及时发现错误，采取相应的措施加以纠正。

②编制好施工组织设计。编制施工组织设计之前，要认真分析企业在施工中存在的主要问题和薄弱环节，分析工程的特点，有针对性地提出防范措施，编制出切实可行的施工组织设计，以便指导施工活动。

③做好技术交底工作。在下达施工任务时，必须向执行者进行全面的质量交底，使执行人员了解任务的质量特性，做到心中有数，避免盲目行动。

④严格控制材料、构配件和其他半成品的检验工作。从原材料、构配件、半成品的进场开始，就应严格把好质量关，为工程施工提供良好的条件。

⑤施工机械设备的检查维修工作。施工前，要做好施工机械设备的检修工作，使机械设备经常保持良好的工作状态，不致发生故障，影响工程质量。

（2）施工过程的质量保证。施工过程是建筑工程产品质量的形成过程，是控制建筑产品质量的重要阶段。这个阶段的质量保证工作，主要有以下几项。

①加强施工工艺管理。严格按照设计图纸、施工组织设计、施工验收规范、施工操作规程施工，坚持质量标准，保证各分项工程的施工质量。

②加强施工质量的检查和验收。按照质量标准和验收规程，对已完工的分部工程，特别是隐蔽工程，及时进行检查和验收。不合格的工程，一律不得验收，促使操作人员重视问题，严把质量关。质量检查可采取群众自检、互检和专业检查相结合的方法。

③掌握工程质量的动态。通过质量统计分析，找出影响质量的主要原因，总结产品质量的变化规律。统计分析是全面质量管理的重要方法，是掌握质量动态的重要手段。针对质量波动的规律，采取相应对策，防止质量事故发生。

（3）使用过程的质量保证。工程产品的使用过程是产品质量经受考验的阶段。施工企业必须保证用户在规定的期限内，正常地使用建筑产品。在这个阶段，主要有两项质量保证工作。

①及时回访。工程交付使用后，企业要组织对用户进行调查、回访，认真听取用户对施工质量的意见，收集有关资料，并对用户反馈的信息进行分析，从中发现施工质量问题，了解用户的要求，采取措施加以解决并为以后的工程施工积累经验。

②实行保修。对于施工原因造成的质量问题，建筑施工企业应负责无偿维修，取得用户的信任；对于设计原因或用户使用不当造成的质量问题，应当协助维修，提供必要的技术服务，保证用户正常使用。

3. 质量保证体系的运行

在实际工作中，质量保证体系是按照 PDCA 循环工作法运行的。

4. 质量保证体系的建立

建立质量保证体系，要求做好以下工作。

（1）建立质量管理机构。质量管理机构的主要任务是：统一组织、协调质量保证体系的活动；编制质量计划并组织实施；检查、督促各动态，协调各环节的关系；开展质量教育，组织群众性的管理活动。在建立综合性的质量管理机构的同时，还应设置专门的质量检查机构，负责质量检查工作。

（2）制订可行的质量计划。质量计划是实现质量目标和具体组织与协调质量管理活动的基本手段，也是企业各部门、生产经营各环节质量工作的行动纲领。企业的质量计划是一个完整的计划体系，既有长远的规划，又有近期的质量计划；既有企业总体规划，又有各环节、各部门具体的行动计划；既有计划目标，又有实施计划的具体措施。

（3）建立质量信息反馈系统。质量信息是质量管理的根本依据，它反映了产品质量形成过程的动态。质量管理就是根据信息反馈的问题，采取相应的措施，对产品质量形成过程实施控制。没有质量信息，也就谈不上质量管理。企业质量信息主要来自两部分：一是外部信息，包括用户、原材料和构配件供应单位、协作单位、上级组织的信息；二是内部信息，包括施工工艺、各分部分项工程的质量检验结果、质量控制中的问题等。企业必须建立一整套质量信息反馈系统，准确、及时地收集、整理、分析、传递质量信息，为质量管理体系的运转提供可靠的依据。

三、工程质量形成的过程与影响因素分析

（一）工程建设各阶段对质量形成的作用与影响

工程建设的不同阶段，对工程项目质量的形成有着不同的作用和影响。

1. 项目可行性研究阶段

项目可行性研究阶段是对与项目有关的技术、经济、社会、环境等各方面进行调查研究，在技术上分析论证各方案是否可行，在经济上是否合理，以供决策者选择。项目可行性研究阶段对项目质量产生直接影响。

2. 项目决策阶段

项目决策是从两个及两个以上的可行性方案中选择一个更合理的方案。比较两个方案时，主要方案比较项目投资、质量和进度三者之间的关系。因此，决策阶段是影响工程建设质量的关键阶段。

3. 工程勘察、设计阶段

设计方案技术是否可行、在经济上是否合理、设备是否完善配套、结构是否安全可靠，都将决定建成后项目的使用功能。因此，设计阶段是影响建筑工程项目质量的决定性环节。

4. 工程施工阶段

工程施工阶段是根据设计文件和图样要求，通过相应的质量控制把质量目标和质量计划付诸实施的过程。施工阶段是影响建筑工程项目质量的关键环节。

5. 工程竣工验收阶段

工程竣工验收是对工程项目质量目标的完成程度进行检验、评定和考核的过程。竣工验收不认真，就无法实现规定的质量目标。因此，工程竣工验收是影响建筑工程项目的一个重要环节。

6. 使用保修阶段

保修阶段要对使用过程中存在的施工遗留问题及发现的新质量问题予以解决，最终保证建筑工程项目的质量。

（二）影响工程质量的因素

影响工程质量的因素归纳起来主要有 5 个方面，即人（Man）、材料（Material）、机械（Machine）、方法（Method）和环境（Environment），简称为"4M1E"因素。

1. 人

人是指施工活动的组织者、领导者及直接参与施工作业活动的具体操作者。人员因素的控制就是对上述人员的各种行为进行控制。

2. 材料

材料是指在工程项目建设中使用的原材料、成品、半成品、构配件等，其是工程施工的物质保证条件。

（1）材料质量控制的规定。

1）在质量计划确定的合格材料供应商目录中，按计划招标采购原材料、成品、半成品和构配件。

2）材料的搬运和储存应按搬运储存的规定进行，并应建立台账。

3）项目经理部应对材料、半成品和构配件进行标识。

4）未经检验和已经检验为不合格的材料、半成品和构配件等，不得投入使用。

5）对发包人提供的材料、半成品、构配件等，必须按规定进行检验和验收。

6）监理工程师应对承包人自行采购的材料进行验证。

（2）材料质量控制的方法。加强材料的质量控制是保证和提高工程质量的重要保障，是控制工程质量影响因素的有效措施。

1）认真组织材料采购。材料采购应根据工程特点、施工合同、材料的适用范围、材料的性能要求和价格因素等进行综合考虑。根据施工进度计划的要求适当提前安排材料供应计划（每月），并对厂家进行实地考察。

2）严格材料质量检验。材料质量检验是通过一系列的检测手段，将所取得的材料数据与材料质量标准进行对比，以便在事先判断材料质量的可靠性，再据此决定能否将其用于工程实体。材料质量检验的内容包括以下几项。

①材料标准。

②检验项目。一般在标准中有明确规定。例如，对钢筋要进行拉伸试验、弯曲试验；对焊接件要进行力学性能试验；对混凝土要进行表观密度、坍落度、抗压强度试验。

③取样方法。材料质量检验的取样必须具有代表性，因此，材料取样应严格按规范规定的部位、数量和操作要求进行。

④检（试）验方法。材料检验的方法可分为书面检查、外观检查、理化检查、无损检查。

⑤检验程度。质量检验程度可分为免检、抽检、全检三种。

a. 免检：对有足够质量保证的一般材料，以及实践证明质量长期稳定，且质量保证资料齐全的材料，可免去质量检验过程。

b. 抽检：对性能不清楚或对质量保证资料有怀疑的材料，或对成批产品的构配件，均应按一定比例随机抽样进行检查。

c. 全检：凡进口材料、设备和重要部位的材料以及贵重的材料应进行全检。

对材料质量控制的要求：所有材料、制品和构件必须有出厂合格证和材质化验单；对钢筋水泥等重要材料要进行复试；对现场配置的材料必须进行试配试验。

3）合理安排材料的仓储保管与使用。保管不当会造成水泥受潮、钢筋锈蚀；使用不当会造成不同直径的钢筋混用。因此，应做好以下管理措施。

①合理调度，随进随用，做到现场材料不大量积压。

②搞好材料使用管理工作。

③做到不同规格品种的材料分类堆放，实行挂牌标志。

3. 机械

（1）机械设备控制规定。

1）应按设备进场计划进行施工设备的准备。

2）现场的施工机械应满足施工需要。

3）应对机械设备操作人员的资格进行确认，无证或资格不符合的严禁上岗。

（2）施工机械设备的质量控制。施工机械设备的选用必须结合施工现场条件、施工方法工艺、施工组织和管理等各种因素综合考虑。

1）机械设备选型。对施工机械设备型号的选择应本着因地制宜、因工程而异、满足需要的原则。

2）主要性能参数。选择施工机械性能参数应结合工程项目的特点、施工条件和已确定的型号具体进行。

3）使用操作要求。贯彻"三定"和"五好"原则。"三定"是指"定机、定人、定岗位责任"；"五好"是指"完成任务好、技术状况好、使用好、保养好、安全好"。

（3）生产机械设备的质量控制。

1）对生产机械设备的检查主要包括：新购机械设备运输质量及供货情况

的检查；对有包装的设备，应检查包装是否受损，对无包装的设备，应进行外观的检查及附件、备品的清点。

2）对进口设备，必须进行开箱全面检查。对解体装运的自组装设备，在对总部件及随机附件、备品进行外观检查后，应尽快进行现场组装、检测试验。

3）在工地交货的生产机械设备，一般都有设备厂家在工地进行组装、调试和生产性试验，自检合格后才能提请订货单位复检，待复检合格后，才能签署验收证明。

4）调拨旧设备应基本达到完好设备的标准，才可予以验收。

5）对于永久性和长期性的设备改造项目，应按原批准方案的性能要求，经一定的生产实践考验，并经签订合格后才可予以验收。

6）对于自制设备，在经过 6 个月的生产考验后，按试验性能指标测试验收。

4. 方法

施工方案的选择必须结合工程实际，做到能解决工程难题、技术可行、经济合理、加快进度、降低成本、提高工程质量。其具体包括：确定施工流向、确定施工程序、确定施工顺序、确定施工工艺和确定施工环境。

5. 环境

环境条件是指对工程质量特性起重要作用的环境因素。影响施工质量的环境较多，主要有以下几项。

（1）自然环境，如气温、雨、雪、雷、电、风等。

（2）工程技术环境，如工程地质、水文、地形、地下水位、地面水等。

（3）工程管理环境，如质量保证体系和质量管理工作制度。

（4）工程作业环境，如作业场所、作业面等以及前道工序为后道工序所提供的操作环境。

（5）经济环境，如地方资源条件、交通运输条件、供水供电条件等。

环境因素对施工质量的影响有复杂性、多变性的特点，必须具体问题具体分析。如气象条件变化无穷，温度、湿度、酷暑、严寒等都直接影响工程质量。在施工现场应建立文明施工和文明生产的环境，保持材料堆放整齐、道路畅通、工作环境清洁、施工顺序井井有条。

四、施工承包单位资质的分类

1. 施工总承包企业

获得施工总承包资质的企业，可以对工程实行施工总承包或者对主体工程实行施工承包，施工总承包企业可以将承包的工程全部自行施工，也可以将非主体工程或者劳务作业分包给具有相应专业承包资质或者劳务分包资质的其他建筑业企业。施工总承包企业的资质按专业类别共分为 12 个资质类别，每一个资质类别又可分为特级、一级、二级、三级。

2. 专业承包企业

获得专业承包资质的企业，可以承接施工总承包企业分包的专业工程或者建设单位按照规定发包的专业工程。专业承包企业可以对所承接的工程全部自行施工，也可以将劳务作业分包给具有相应劳务分包资质的劳务分包企业。专业承包企业资质按专业类别共分为 60 个资质类别，每一个资质类别又可分为一级、二级、三级。

3. 劳务分包企业

获得劳务分包资质的企业，可以承接施工总承包企业或者专业承包企业分包的劳务作业。劳务承包企业有 13 个资质类别。

第二节　施工过程阶段质量控制方案的编制

一、建筑工程项目施工质量控制的方法

施工阶段质量控制是建筑工程项目施工质量控制的关键环节，工程质量在很大程度上取决于施工阶段的质量控制。其控制方法有旁站监督、测量、试验数据、指令文件、规定的质量监控工作程序以及支付控制手段等。

1. 旁站监督

旁站监督是驻地监理人员经常采用的一种主要的现场检查形式，即在施工过程中，在现场观察、监督与检查其施工过程，注意并及时发现质量事故的苗头和对质量有不利影响的因素的发展变化、潜在的质量隐患以及出现的质量问题等，以便及时进行控制。特别对于隐蔽工程这一类的施工，进行旁

站监督就显得尤为重要。

2. 测量

测量是对建筑对象的几何尺寸、方位等进行控制的重要手段。施工前，监理人员应对施工放线及高程控制进行检查，严格控制，不合格者不得施工，有些在施工过程中也应随时注意控制，发现偏差，及时纠正。中间验收时，对于几何尺寸、高程、轴线等不符合要求者，应责令施工单位整改或返工处理。

3. 试验数据

试验数据是监理工程师判断和确认各种材料和工程部位内在品质的主要依据。每道工序中诸如材料性能、拌合料配合比、成品的强度等物理力学性能以及打桩的承载能力等，常需通过试验手段取得试验数据来判断质量情况。

4. 指令文件

指令文件是运用监理工程师指令控制权的具体形式。所谓指令文件，是表达监理工程师对施工承包单位提出指示和要求的书面文件，用以向施工单位指出施工中存在的问题，提请施工单位注意，以及向施工单位提出要求或指示其做什么或不做什么等。监理工程师的各项指令都应是书面的或有文件记载方为有效，并作为技术文件资料存档。如因时间紧迫，来不及作出正式的书面指令，也可以将口头指令下达给施工单位，但随即应按合同规定，及时补充书面文件对口头指令予以确认。

5. 质量监控工作程序

规定双方必须遵守的质量监控工作程序，使双方按规定的程序进行工作，这也是进行质量监控的必要手段和依据。例如，未提交开工申请单或申请单未得到监理工程师审查、批准的不得开工；未经监理工程师签署质量验收单予以质量确认的，不得进行下道工序等。

6. 支付控制手段

支付控制手段既是国际上较通用的、重要的控制手段，也是业主或承包商合同赋予监理工程师的支付控制权。从根本上讲，国际上对合同条件的管理主要是采用经济手段和法律手段。因此，质量监理是以计量支付控制权为保障手段的。所谓支付控制权就是对施工承包单位支付任何工程款项，均需由监理工程师出具支付证明书；没有监理工程师签署的支付证明书，业主不得向承包方支付工程款。工程款支付的条件之一就是工程质量要达到规定的要求和标准。如果施工单位的工程质量达不到要求和标准，监理工程师就有权采取拒绝开具支付证明书的手段，停止对施工单位支付部分或全部工程款，由此造成的损失由施工单位负责。显然，这是十分有效的控制和约束手段。

二、作业技术准备状态的质量控制方案的编制

作业技术准备状态，是指各项施工准备工作在正式开展作业技术活动前，按预先计划的安排落实到位的状况，包括配置的人员、材料、机具、场所环境、通风、照明、安全设施等。

1. 质量控制点的设置

（1）质量控制点的概念。质量控制点是指为了保证作业过程质量而确定的重点控制对象、关键部位或薄弱环节。对于质量控制点，一般要事先分析可能造成质量问题的原因，再针对原因制定对策和措施进行预控。

（2）选择质量控制点的一般原则。可作为质量控制点的对象涉及面广，它可能是技术要求高、施工难度大的结构部位，也可能是影响质量的关键工序、操作或某一环节。总之，不论是结构部位、影响质量的关键工序，还是操作、施工顺序、技术、材料、机械、自然条件、施工环境等均可作为质量控制点来控制。概括地说，应当选择保证质量难度大的、对质量影响大的或者发生质量问题时危害大的对象作为质量控制点。

（3）作为质量控制点重点控制的对象。

1）人的行为。

2）物的质量与性能。

3）关键的操作。

4）施工技术参数。

5）施工顺序。

6）技术间歇。

7）新工艺、新技术、新材料的应用。

8）易对工程质量产生重大影响的施工方法。

9）特殊地基或特种结构。

2. 质量预控对策的检查

工程质量预控，就是针对所设置的质量控制点或分部分项工程，事先分析施工中可能发生的质量问题和隐患，分析可能产生的原因并提出相应的对策，采取有效的措施进行预先控制，以防在施工中发生质量问题。质量预控

及对策的表达方式主要有以下几项。

（1）文字表达。

（2）表格形式表达。

（3）解析图形式表达。

3. 作业技术交底的控制

承包单位做好技术交底，是取得好的施工质量的条件之一。为此，每一分项工程开始施工前均要进行作业技术交底。

4. 进场材料构配件的控制

（1）凡运到施工现场的原材料、半成品或构配件，进场前应向项目监理机构提交《工程材料构配件/设备报审表》，同时，附有产品出厂合格证及技术说明书。由施工承包单位按规定进行检验或试验报告，经监理工程师审查并确认其质量合格后，方可进场。凡是没有产品出厂合格证明及检验不合格者，不得进场。

（2）进口材料的检查、验收，应会同国家商检部门进行。

（3）对材料构配件存放条件进行控制。

（4）对于某些当地材料及现场配置的制品，一般要求承包单位事先进行试验，达到要求的标准，方可施工。

5. 环境状态的控制

（1）施工作业环境的控制。

（2）施工质量管理环境的控制。

（3）现场自然环境条件的控制。

6. 进场施工机械准备性能及工作状态的控制

（1）施工机械设备的进场检查。

（2）机械设备工作状态的检查。

（3）特殊设备安全运行的审核。

（4）大型临时设备的检查。

7. 施工测量及计量器具性能、精度的控制

（1）试验室的检查。

（2）工地测量仪器的检查。

8. 施工现场劳动组织及作业人员上岗资格的控制

（1）现场劳动组织的控制。劳动组织涉及从事作业活动的操作者及管理者，以及相应的各种制度。操作人员、管理人员要到位，相关制度要健全。

（2）作业人员上岗资格。从事特殊作业的人员，必须持证上岗。

三、作业技术活动运行过程的质量控制方案的编制

1. 承包单位自检与专检工作的监控

承包单位是施工质量的直接实施者和责任者。监理工程师的质量监督与控制就是使承包单位建立起完善的质量自检体系并使之运转有效。

2. 技术复核工作的监控

凡涉及施工作业技术活动基准和依据的技术工作，都应该严格进行由专人负责的复核性检查，以避免基准失误给整个工程质量带来难以补救的或全局性的危害。

3. 见证取样送检工作的监控

见证是指由监理工程师现场监督承包单位某工序全过程完成情况的活动。见证取样则是指对工程项目所使用的材料、半成品、构配件的现场取样，对工序活动效果的检查和对实施的见证。

（1）见证取样的工作程序。首先要确认试验室，然后将选定的试验室到当地质量监督机构备案并得到认可，同时，要将项目监理机构中负责见证取样的监理工程师在该质量监督机构备案。

（2）见证取样的要求。

1）试验室要具有相应的资质并进行备案，得到认可。

2）负责见证取样的监理工程师要具有材料、试验等方面的专业知识，且要取得从事监理工作的上岗资格（一般由专业监理工程师负责从事此项工作）。

3）承包单位从事取样的人员一般应是试验室人员或专职质检人员。

4）要对送往试验室的样品填写送验单，送验单要盖有"见证取样"专用章，并有见证取样监理工程师的签字。

5）试验室出具的报告一式两份，分别由承包单位和项目监理机构保存，并作为归档材料，其是工序产品质量评定的重要依据。

6）对于见证取样的频率，国家或地方主管部门有规定的，执行相关规定；施工承包合同中有明确规定的，执行施工承包合同的规定。见证取样的频率和数量，包括在承包单位自检范围内，所占比例一般为30%。

7）见证取样的试验费用由承包单位支付。

8）见证取样绝不能代替承包单位对材料、构配件进场时必须进行的自检。自检的频率和数量要按相关规范的要求执行。

4. 工程变更的监控

（1）施工承包单位提出要求及处理。在施工过程中，承包单位提出的工程变更要求可能如下。

1）要求作某些技术修改。

2）要求作设计变更。

（2）设计单位提出对变更的处理意见。

1）设计单位首先将"设计变更通知"及有关附件报送建设单位。

2）建设单位会同监理、施工承包单位对设计单位提交的"设计变更通知"进行研究，必要时设计单位还需提供进一步的资料，以便对变更作出决定。

3）总监理工程师签发"工程变更单"，并将设计单位发出的"设计变更通知"作为该"工程变更单"的附件，施工承包单位按新的变更图实施。

5. 见证点的实施控制

见证点（Witness Point）是国际上对重要程度不同及监督控制要求不同的质量控制点的一种区分方式。实际上它是质量控制点，但其重要性或其质量后果的影响程度不同于一般质量控制点，所以，在实施监督控制时其运作程序和监督要求与一般质量控制点有区别。

（1）见证点的概念。见证点监督也称为 W 点监督。凡是被列为见证点的质量控制对象，在规定的关键工序施工前，承包单位应提前通知监理人员在约定的时间内到达现场进行见证和对其施工实施监督。如果监理人员未能在约定的时间内到达现场见证和监督，则承包单位有权进行该 W 点的相应工序操作和施工。

（2）见证点的监理实施程序。首先要确认试验室，然后将选定的试验室到当地质量监督机构备案并得到认可，同时，要将项目监理机构中负责见证取样的监理工程师在该质量监督机构备案。

6. 级配管理质量的监控

（1）拌和原材料的质量控制。使用的原材料除材料本身质量要符合规定外，材料本身的级配也必须符合相关规定，如粗集料的粒径级配、细集料的级配曲线要在规定的范围内。

（2）材料配合比的审查。

（3）现场作业的质量控制。

7．计量工作质量的监控

（1）施工过程中使用的计量仪器、检测设备、称重衡器的质量控制。

（2）从事计量作业人员技术水平资格的审核。

（3）现场计量操作的质量控制。

8．质量记录资料的监控

（1）施工现场质量管理检查记录资料。

（2）工程材料质量记录。

（3）施工过程作业活动质量记录资料。

9．工地例会的管理

工地例会是施工过程中参加建设项目各方沟通情况、解决分歧、达成共识、作出决定的主要渠道，也是监理工程师进行现场质量控制的重要场所。

四、作业技术活动结果的质量控制方案的编制

1．作业技术活动结果的控制内容

（1）基槽（基坑）的验收。

（2）隐蔽工程的验收。

（3）工序交接的验收。

（4）检验批、分项、分部工程的验收。

（5）联动试车或设备的试运转。

（6）单位工程或整个工程项目的竣工验收。

（7）不合格品的处理。

（8）成品保护。所谓成品保护一般是指在施工过程中，有些分项工程已经完成，而其他一些分项工程尚在施工，或者在其分项工程施工过程中，某些部位已完成，而其他部位正在施工，在这种情况下，承包单位必须负责对已完成部分采取妥善措施予以保护，以免因成品缺乏保护或保护不善而造成操作损坏或污染，影响工程整体质量。根据需要保护的建筑产品的特点，可以分别对产品采取"防护""覆盖""封闭"等保护措施，以及合理安排施工顺序来达到保护成品的目的。

2．作业技术活动结果检验的程序与方法

（1）检验程序。

1）实测。

2）分析。

3）判断。

4）纠正或认可。

（2）质量检验的主要方法。对于现场所用原材料、半成品、工序过程或工程产品质量进行检验的方法，一般可分为三类，即目测法、量测法以及试验法。

1）目测法：即凭借感官进行检查，也可以叫作观感检验。这类方法主要是根据质量要求，采用看、摸、敲、照等手法对检查对象进行检查。

2）量测法：就是利用量测工具或计量仪表，将实际量测结果与规定的质量标准或规范的要求相对照，从而判断质量是否符合要求。量测的手法可归纳为靠、吊、量、套。

3）试验法：指通过进行现场试验或试验室试验等理化试验手段，取得数据，分析判断质量情况。

第三节　竣工验收阶段质量控制方案的编制

一、施工质量验收的基本规定

（1）施工现场质量管理应有相应的施工技术标准、健全的质量管理体系、施工质量检验制度和综合施工质量水平评价考核制度，并做好施工现场质量管理检查记录。

（2）建筑工程施工质量应按下列要求进行验收。

1）建筑工程施工质量应符合《建筑工程施工质量验收统一标准》（GB 50300—2013），以及相关专业验收规范的规定。

2）建筑工程施工应符合工程勘察、设计文件的要求。

3）参加工程施工质量验收的各方人员应具备规定的资格。

4）工程质量的验收应在施工单位自行检查评定的基础上进行。

5）隐蔽工程在隐蔽前应由施工单位通知有关方进行验收，并应形成验收文件。

6）涉及结构安全的试块、试件以及有关材料，应按规定进行见证取样检测。

7）检验批的质量应按主控项目和一般项目验收。

8）对涉及结构安全和使用功能的分部工程应进行抽样检测。

9）承担见证取样检测及有关结构安全检测的单位应具有相应资质。

10）工程的观感质量应由验收人员通过现场检查，并应共同确认。

二、检验批的划分及质量验收

（一）检验批的划分

分项工程可由一个或若干个检验批组成，检验批可根据施工及质量控制和专业验收需要按楼层、施工段、变形缝等进行划分。

（二）检验批合格质量的质量规定

（1）主控项目和一般项目的质量抽样检验合格。

（2）具有完整的施工操作依据、质量检查记录。

从以上的规定可以看出，检验批的质量验收包括质量资料的检查和主控项目、一般项目的检验两个方面的内容。

（三）检验批按规定验收

1. 资料检查

质量控制资料反映了检验批从原材料到验收的各施工工序的施工操作依据，检查情况以及保证质量所必需的管理制度等。对其完整性的检查，实际上是对过程控制的确认，这是检验批合格的前提。所要检查的资料主要包括以下几项。

（1）图纸会审、设计变更、洽商记录。

（2）建筑材料、成品、半成品、建筑构配件、器具和设备的质量证明书及进场检（试）验报告。

（3）工程测量、放线记录。

（4）按专业质量验收规范规定的抽样检验报告。

（5）隐蔽工程检查记录。

（6）施工过程记录和施工过程检查记录。

（7）新材料、新工艺的施工记录。

（8）质量管理资料和施工单位操作依据等。

2. 主控项目和一般项目的检验

为确保工程质量、使检验批的质量符合安全和使用功能的基本要求，各专业质量验收规范对各检验批的主控项目和一般项目的子项合格质量都给予了明确规定。检验批的合格质量主要取决于对主控项目和一般项目的检验结果。主控项目是对检验批的基本质量起决定性影响的检验项目，因此，其必须全部符合有关专业工程验收规范的规定。这意味着主控项目不允许有不符合要求的检验结果，即这种项目的检查具有否决权。而其一般项目则可按专业规范的要求处理。

3. 检验批的质量验收记录

检验批的质量验收记录由建筑工程项目专业质量检查员填写，监理工程师（建设单位专业技术负责人）组织项目专业质量检查员等进行验收。

三、分项工程的划分及质量验收

（一）分项工程的划分

分项工程应按主要工种、材料、施工工艺、设备类别等进行划分。建筑工程分部（子分部）工程、分项工程的具体划分见《建筑工程施工质量验收统一标准》（GB50300—2013）。

（二）分项工程的质量验收

分项工程的质量验收在检验批的基础上进行。一般情况下，两者具有相同或相近的性质，只是批量的大小不同而已。因此，将有关的检验批汇集构成分项工程。分项工程合格质量的条件比较简单，只要构成分项工程的各检验批的验收资料文件完整，并且均已验收合格，则分项工程验收合格。

1. 分项工程质量验收合格应符合的规定

（1）分项工程所含的检验批均应符合合格质量规定。

（2）分项工程所含的检验批的质量验收记录应完整。

2. 分项工程质量验收记录

分项工程质量应由监理工程师（建设单位项目专业技术负责人）组织项目专业技术负责人等进行验收。

四、分部（子分部）工程的划分及质量验收

（一）分部（子分部）工程的划分

（1）分部（子分部）工程的划分应按专业性质、建筑部位确定。

（2）当分部（子分部）工程较大或较复杂时，可按施工程序、专业系统及类别等划分为若干子分部工程。

（二）分部（子分部）工程的质量验收

1. 分部（子分部）工程质量验收合格应符合的规定

（1）分部（子分部）工程所含各分项工程的质量均应验收合格。

（2）质量控制资料应完整。

（3）地基与基础、主体结构和设备安装等分部工程有关安全及功能的检验和抽样检测结果应符合有关规定。

（4）观感质量验收应符合要求。

分部（子分部）工程的质量验收在其所含各分项工程质量验收的基础上进行。首先，分部（子分部）工程的各分项工程必须已验收且相应的质量控制资料文件必须完整，这是验收的基本条件。另外，由于各分项工程的性质不尽相同，因此，对分部（子分部）工程不能简单地组合而加以验收，还需增加以下两类检查：对涉及安全和使用功能的地基基础、主体结构、有关安全及重要使用功能的安装分部工程，应进行有关见证取样、送样试验或抽样检测，如建筑物垂直度、标高、全高测量记录，建筑物沉降观测测量记录，给水管道通水试验记录，暖气管道、散热器压力试验记录，照明动力全负荷试验记录等；关于观感质量验收，这类检查往往难以定量，只能以观察、触摸或简单量测的方式进行，并依个人的主观印象判断，检查结果并不给出"合格"或"不合格"的结论，而是综合给出质量评价。评价的结论为"好""一般"和"差"三种。对于评价为"差"的检查点应通过返修等处理进行补救。

2. 分部（子分部）工程质量验收记录

分部（子分部）工程质量应由总监理工程师（建设单位项目专业负责人）组织建筑工程项目经理和有关勘察、设计单位项目负责人进行验收。

五、单位工程的划分及质量验收

（一）单位工程的划分

（1）具备独立施工条件并能形成独立使用功能的建筑物及构筑物为一个单位工程。

（2）规模较大的单位工程，可将其能形成独立使用功能的部分划分为一个子单位工程。

（3）室外工程可根据专业类别和工程规模划分单位（子单位）工程。

（二）单位（子单位）工程质量验收

（1）单位（子单位）工程质量验收合格应符合下列规定。

1）单位（子单位）工程所含各分部（子分部）工程的质量均应验收合格。

2）质量控制资料应完整。

3）单位（子单位）工程所含各分部（子分部）工程有关安全和功能的检验资料均应完整。

4）主要功能项目的抽查结果应符合相关专业质量验收规范的规定。

5）观感质量验收应符合要求。

单位（子单位）工程质量验收也称质量竣工验收，是建筑工程投入使用前的最后一次验收，也是最重要的一次验收。验收合格的条件有五个，除构成单位（子单位）工程的各分部（子分部）工程应该合格、有关的资料文件应完整外，还应进行以下三个方面的检查。

①复查。对涉及安全和使用功能的分部（子分部）工程应进行检验资料的复查。不仅要全面检查其完整性（不得有漏检缺项），而且对分部工程（子分部）验收时补充进行的见证抽样检验报告也要复核。这种强化验收的手段体现了对安全和主要使用功能的重视。

②抽查。另外，对主要使用功能还需进行抽查。使用功能的检查是对建筑工程和设备安装工程最终质量的综合检查，也是用户最为关心的内容。因此，在分项分部工程验收合格的基础上，竣工验收时再作全面检查。抽查项目是在检查资料文件的基础上由参加验收的各方人员商定，并用计量、计数的抽样方法确定检查部位。检查要求按有关专业工程施工质量验收标准的要求进行。

③观感质量检查。最后，还需由参加验收的各方人员共同进行观感质量检查。检查的方法、内容、结论等应在分部（子分部）工程的相应部分中阐述，最后共同确定其是否通过验收。

（2）单位（子单位）工程质量竣工验收记录。

六、工程施工质量不符合要求时的处理

一般情况下，不合格现象在检验批的验收时就应发现并及时处理，必须尽快将所有质量隐患消灭在萌芽之中，否则将影响后续检验批和相关的分项工程、分部工程的验收。在非正常情况可按下述规定进行处理。

（1）经返工重做或更换器具、设备的检验批，应重新进行验收。这种情况是指主控项目不能满足验收规范规定或一般项目超过偏差限制的子项不符合检验规定的要求时，应及时处理检验批。其中，严重的缺陷应推倒重来，一般的缺陷可通过返修或更换器具、设备予以解决，应允许施工单位在采取相应的措施后重新验收。若能够符合相应的专业工程质量验收规范，则应认为该检验批合格。

（2）经有资质的检测单位鉴定达到设计要求的检验批，应予以验收。这种情况是指个别检验批发现试块强度等级不满足要求的问题，难以确定是否验收时，应请具有资质的法定检测单位检测，当鉴定结果能够达到设计要求时，应允许该检验批通过验收。

（3）经有资质的检测单位鉴定达不到设计要求，但经原设计单位核算认可并能满足结构安全和使用功能的检验批，可予以验收。这种情况是指，一般情况下，相关规范标准给出了满足安全和功能的最低限度要求，而设计往往在此基础上留有一些余量。不满足设计要求和符合相应规范标准的要求，两者并不矛盾。

（4）经返修或加固的分部、分项工程，虽然改变外形尺寸但仍能满足安全使用的要求，可按技术处理方案和协商文件进行验收。这种情况是指更为严重的缺陷或范围超过检验批的更大范围内的缺陷，可能影响结构的安全性和使用功能，如经法定检测单位检测鉴定以后，认为达不到规范标准的相应要求，即不能满足最低限度的安全储备和使用功能，则必须按一定的技术方案进行加固处理，使之能满足安全使用的基本要求。这样会造成一些永久性的缺陷，如改变结构的外形尺寸、影响一些次要的使用功能等。为了避免社会财富更大的损失，在不影响安全和主要使用功能的条件下，可按处理技术方案和协商文件进行验收，但不能将其作为轻视质量而回避责任的一种出路，这是应该特别注意的。

（5）通过返修或加固仍不能满足安全使用要求的分部（子分部）工程、

单位（子单位）工程，严禁验收。

七、建筑工程施工质量验收的程序和组织

（一）检验批及分项工程的验收程序与组织

检验批由专业监理工程师组织项目专业质量检验员等进行验收，分项工程由专业监理工程师组织项目专业技术负责人等进行验收。

检验批和分项工程是建筑工程施工质量的基础，因此，所有检验批和分项工程均应由监理工程师或建设单位项目技术负责人组织验收。验收前，施工单位先填好"检验批和分项工程的验收记录"（有关监理记录和结论不填），并由项目专业质量检验员和项目专业技术负责人，分别在检验批和分项工程质量检验记录的相关栏目中签字，然后由监理工程师组织，严格按规定程序进行验收。

（二）分部工程的验收程序与组织

分部工程应由总监理工程师（建设单位项目负责人）组织施工单位项目负责人和项目技术、质量负责人等进行验收。由于地基基础、主体结构技术性能要求严格，技术性强，关系到整个工程的安全，因此，规定与地基基础、主体结构分部工程相关的勘察、设计单位工程项目负责人和施工单位技术、质量部门负责人也应参加相关分部工程的验收。

（三）单位（子单位）工程的验收程序与组织

1. 竣工初验收的程序

当单位（子单位）工程达到竣工验收条件后，施工单位应在自查、自评工作完成后，填写工程竣工报验单，并将全部竣工资料报送项目监理机构，申请竣工验收。总监理工程师应组织各专业监理工程师，对竣工资料及各专业工程的质量情况进行全面检查，对检查出的问题，应督促施工单位及时整改。对需要进行功能试验的项目（包括单机试车和无负荷试车），监理工程师应督促施工单位及时进行试验，并对重要项目进行监督、检查，必要时请建设单位和设计单位参加。监理工程师应认真审查试验报告单，并督促施工单位搞好成品保护和现场清理。

经项目监理机构对竣工资料及实物全面检查，验收合格后，由总监理工程师签署工程竣工报验单，并向建设单位提出质量评估报告。

2. 正式验收

建设单位收到工程验收报告后，应由建设单位（项目）负责人组织施工（含分包单位）、设计、监理等单位（项目）负责人进行单位（子单位）工程验收。单位（子单位）工程由分包单位施工时，分包单位对所承包的工程项目应按规定的程序检查评定，总包单位应派人参加。分包工程完成后，应将工程有关资料交总包单位。建设工程经验收合格，方可交付使用。

建设工程竣工验收应当具备下列条件。

（1）完成建设工程设计和合同约定的各项内容。

（2）有完整的技术档案和施工管理资料。

（3）有工程使用的主要建筑材料、建筑构配件和设备的进场试验报告。

（4）有勘察、设计、施工、工程监理等单位分别签署的质量合格文件。

（5）有施工单位签署的工程保修书。

在一个单位工程中，对满足生产要求或具备使用条件、施工单位已预验、监理工程师已初验通过的子单位工程，建设单位可组织进行验收。由几个施工单位负责施工的单位工程，当其中的施工单位所负责的子单位工程已按设计完成，并经自行检验，也可组织正式验收，办理交工手续。在整个单位工程进行全部验收时，已验收的子单位工程验收资料应作为单位工程验收的附件。

在竣工验收时，对某些剩余工程和缺陷工程，在不影响交付的前提下，经建设单位、设计单位、施工单位和监理单位协商，施工单位应在竣工验收后的限定时间内完成。

参加验收的各方对工程质量的验收意见不一致时，可请当地建设行政主管部门或工程质量监督机构协调处理。

房屋建筑工程质量保修范围及期限如下。

（1）地基基础工程和主体结构工程，其保修期限为设计文件规定的该工程的合理使用年限。

（2）屋面防水工程、有防水要求的卫生间、房间和外墙面的防渗漏，其保修期限为 5 年。

（3）供热和供冷系统，其保修期限为两个采暖期、供冷期。

（4）电气管线、给水排水管道、设备安装的保修期限为两年。

（5）装修工程的保修期限为两年。

房屋建筑工程的保修期限从工程竣工验收合格之日起计算。

（四）单位工程竣工验收备案

单位工程质量验收合格后，建设单位应在规定时间内，将工程竣工验收报告和有关文件报建设行政管理部门备案。

（1）凡在中华人民共和国境内新建、改建、扩建各类房屋的建筑工程和市政基础设施工程的竣工验收，均应按有关规定进行备案。

（2）国务院建设行政主管部门和有关专业部门负责全国工程竣工验收的监督管理工作。县级以上地方人民政府建设行政主管部门负责本行政区域内工程的竣工验收备案管理工作。

第四节　建筑工程质量管理的统计方法

一、统计调查表法

统计调查表法又称统计调查分析法，它是利用专门设计的统计表对质量数据进行收集、整理和粗略分析质量状态的一种方法。

在质量活动中，利用统计调查表收集数据，其优点为简便灵活、便于整理、实用有效。它没有固定格式，可根据需要和具体情况，设计出不同的统计调查表。常用的有以下几种。

（1）分项工程作业质量分布调查表。

（2）不合格项目调查表。

（3）不合格原因调查表。

（4）施工质量检查评定用调查表。

统计调查表同分层法结合起来应用，可以更好、更快地找出问题的原因，以便采取改进的措施。

二、分层法

分层法又称分类法，是将调查收集的原始数据，根据不同的目的和要求，按某一性质进行分组、整理的分析方法。常用的分层标志有以下几种。

（1）按操作班组或操作者分层。

（2）按使用机械设备型号分层。

（3）按操作方法分层。

（4）按原材料供应单位、供应时间或等级分层。

（5）按施工时间分层。

（6）按检查手段、工作环境分层。

分层法是质量控制统计分析方法中最基本的一种方法。其他统计方法一般都要与分层法配合使用，如排列图法、直方图法、控制图法、相关图法等。通常，首先利用分层法将原始数据分门别类，然后再进行统计分析。

三、排列图法

排列图法是利用排列图寻找影响质量主次因素的一种有效方法。排列图又称帕累托图或主次因素分析图。其是由两个纵坐标、一个横坐标、几个连起来的直方形和一条曲线所组成的。左侧的纵坐标表示产品频数，右侧的纵坐标表示累计频率，横坐标表示影响质量的各个因素或项目，按影响质量程度的大小从左到右排列，底宽相同，直方形的高度表示该因素影响的大小。

四、因果分析图法

因果分析图法是利用因果分析图来系统整理分析某个质量问题（结果）与其影响因素之间的关系，采取相应措施，解决存在的质量问题的方法。因果分析图也称为特性要因图，其又因形状被称为树枝图或鱼刺图。

（1）因果分析图的基本形式如图 11-1 所示。

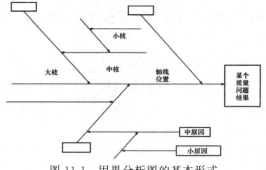

图 11-1　因果分析图的基本形式

从图 11-1 中可以看出，因果分析图由质量特性（即质量结果，指某个质量问题)、要因（产生质量问题的主要原因）、枝干（指表示不同层次的原因的一系列箭线）、主干（指较粗的直接指向质量结果的水平箭线）等组成。

（2）因果分析图的绘制。因果分析图的绘制步骤与图中箭头方向相反，是从"结果"开始将原因逐层分解的，具体步骤如下。

1）明确质量问题——结果。作图时首先由左至右画出一条水平主干线，箭头指向一个矩形框，框内注明研究的问题，即结果。

2）分析确定影响质量特性的大方面的原因。一般来说，影响质量的因素有五大方面，即人、机械、材料、方法和环境。另外，还可以按产品的生产过程进行分析。

3）将每种大原因进一步分解为中原因、小原因，直至可以对分解的原因采取具体措施加以解决为止。

4）检查图中的所列原因是否齐全，可以对初步分析结果广泛征求意见，并作必要补充及修改。

5）选出影响大的关键因素，作出标记"△"，以便重点采取措施。

五、直方图法

直方图法即频数分布直方图法，它是将收集到的质量数据进行分组整理，绘制成频数分布直方图，用以描述质量分布状态的一种分析方法，所以又称为质量分布图法。通过对直方图的观察与分析，可以了解产品质量的波动情况，掌握质量特性的分布规律，以便对质量状况进行分析判断、评价工作过程能力等。

第五节　建筑工程质量问题和事故的处理

由于影响建筑工程质量的因素众多而且复杂多变，建筑工程在施工过程中难免会出现各种各样不同程度的质量问题，甚至是质量事故。质量管理人员应当区分工程质量不合格、质量问题和质量事故，掌握处理工程质量问题的方法和程序以及质量事故的处理程序。

一、建筑工程质量问题及处理

（一）建筑工程质量问题的成因

建筑工程质量问题的成因错综复杂，而且一项质量问题往往是由多种原因所引起的，但归纳其基本的因素主要有以下几个方面。

1. 违背建设程序

建设程序是工程项目建设过程及其客观规律的反映。不按建设程序办事，如边设计边施工、不经竣工验收便交付使用等，常常是导致工程质量问题的重要原因。

2. 违反法规行为

违反法规行为，如无证设计、无证施工、越级设计、越级施工、工程招投标中的不公平竞争、超常的低价中标、非法分包、转包、挂靠，擅自修改设计等，势必会严重影响工程质量。

3. 地质勘探失真

地质勘探失真，如地质勘察不符合规定要求，地质勘察报告不详细、不准确、不能全面反映实际地基情况等，均会导致采用不恰当或错误的基础方案，造成地基不均匀沉降、失稳，使上部结构或墙体开裂、破坏，或引发建筑物倾斜、倒塌等工程质量问题。

4. 设计差错

设计差错，如盲目套用其他工程设计图纸、采用不正确的结构方案、设计计算错误等，都会引起工程质量问题。

5. 施工与管理不到位

施工与管理不到位，如不按图纸施工或未经设计单位同意擅自修改设计；图纸未经会审，仓促施工；施工组织管理紊乱，不熟悉图纸，盲目施工；施工方案考虑不周，施工顺序颠倒；技术交底不清，违章作业；疏于质量检查、验收等。这些均会导致工程质量问题。

6. 使用不合格的材料、制品及设备

使用不合格的材料，如钢筋、水泥、外加剂、砌块等原材料，预拌混凝土、预拌砂浆等半成品材料，使用不合格的预制构件、配件以及使用有质量缺陷的建筑设备等，必然会造成工程质量问题。

7. 自然环境因素

自然环境因素，是指空气温度、湿度、暴雨、大风、洪水、雷电、日晒等，均可能成为工程质量问题的诱因。

8. 使用不当

对建筑物或设施使用不当也易造成质量问题。如未经校核验算就任意对建筑物加层，任意拆除承重结构部位，任意在结构物上开槽、打洞，削弱承重结构截面等，也会引起工程质量问题。

（二）建筑工程质量问题的处理

当发生工程质量问题时，应当按以下程序进行处理。

（1）判定质量问题的严重程度。对于可以通过返修或返工弥补的，可签发"监理通知"，责成施工单位写出质量问题调查报告，提出处理方案，并填写"监理通知回复单"。监理工程师审核后，作出批复，必要时需经建设单位、设计单位认可，对处理结果应重新进行检验。

（2）对于需要加固补强的质量问题以及存在的质量问题影响下道工序、分项工程质量的情况，监理工程师应签发"工程暂停令"，责令施工单位停止存在质量问题的部位、与其有关联的部位以及下道工序的施工，必要时应要求施工单位采取防护措施。监理工程师应责成施工单位提交质量问题调查报告，由设计单位提出处理方案，并在征得建设单位同意后，批复施工单位处理。对处理的结果应当重新进行检验。

（3）施工单位接到"监理通知"后，应在监理工程师的组织参与下，尽快进行质量问题调查，并编写调查报告。调查报告应全面、详细、客观、准确。调查报告主要包括以下内容。

1）与质量问题有关的工程情况。

2）发生质量问题的时间、地点、部位、性质、现状及发展变化等情况。

3）调查中的有关数据和资料。

4）原因分析与判断。

5）是否需要采取临时防护措施。

6）质量问题处理补救的建议方案。

7）涉及的有关人员、责任，预防类似质量问题再次出现的措施等。

（4）监理工程师审核、分析质量问题调查报告，判断、确认质量问题产生的原因。

（5）在分析原因的基础上，认真审核、签认质量问题处理方案。

（6）指令施工单位按既定的处理方案实施处理并进行跟踪检查。

（7）监理工程师在质量问题处理完毕后，组织有关人员对处理结果进行严格的检查、鉴定和验收，并写出质量问题处理报告，报建设单位、监理单位存档。

质量问题处理报告的内容主要如下。

1）对处理过程的描述。

2）调查与核查的情况，包括有关数据、资料。

3）原因分析结果。

4）处理的依据。

5）审核认可的质量问题处理方案。

6）实施处理中的有关原始数据、验收记录和资料。

7）对处理结果的检查、鉴定和验收结论。

8）质量问题处理结论。

二、建筑工程质量事故的特点、分类及处理

（一）建筑工程质量事故的特点

1. 复杂性

建筑工程的特点是产品固定，生产流动；产品多样，结构类型不一；露天作业多，自然条件复杂多变；材料品种、规格多，材料性能各异；多工种、多专业交叉施工，相互干扰大；工艺要求不同，施工方法各异，技术标准多样等。因此，影响工程质量的因素繁多，造成质量事故的原因错综复杂，即使是同一类质量事故，其原因却可能多种多样或截然不同。例如，就墙体开裂质量事故而言，其产生的原因就可能是：设计计算有误，承载力不足引起开裂；结构构造不良引起开裂；地基不均匀，沉降引起开裂；冷缩及干缩应力引起开裂；冻胀力引起开裂；施工质量低劣、偷工减料或材质不良引起开裂等。所以，对质量事故的性质、原因进行分析时，必须对质量事故发生的背景进行认真调查，结合具体情况仔细判断。

2. 严重性

建筑工程项目一旦出现质量事故，其影响较大。轻者影响施工顺利进行，拖延工期，增加工程费用；严重者则会留下隐患，成为危险的建筑，影响施工功能或不能使用；更严重的还会引起建筑物的失稳、倒塌，造成人身伤亡

及财产的巨大损失。所以，对于建筑工程质量事故问题不能掉以轻心，必须高度重视，加强对工程建设的监督管理，防患于未然，力争将事故消灭于萌芽之中，以确保建筑物的安全使用。

3. 可变性

许多建筑工程的质量问题出现后，其质量状态并非稳定于发现时的初始状态，而是有可能随着时间的推移而不断地发展、变化。例如，地基基础或桥墩的超量沉降可能随上部荷载的持续作用而继续发展；混凝土结构出现的裂缝可能随环境温度的变化而变化，或随荷载的变化及荷载作用时间而变化等。因此，有些在初始阶段并不严重的质量问题，如不能及时进行处理，有可能发展成严重的质量事故。

4. 多发性

建筑工程中有些质量事故，往往在一些工程中经常发生，从而成为多发性的质量通病，例如预制构件裂缝、悬挑梁板断裂、钢屋架失稳等。因此，要及时分析原因、总结经验，采取有效的预防措施。

（二）建筑工程质量事故的分类

1. 按事故造成的后果分类

（1）未遂事故。发现质量问题后及时采取措施，未造成经济损失、延误工期或其他不良后果者，均属于未遂事故。

（2）已遂事故。凡出现不符合质量标准或设计要求，造成经济损失、工期延误或其他不良后果者，均构成已遂事故。

2. 按事故的责任分类

（1）指导责任事故。这是指工程实施指导或管理失误所造成的质量事故，例如由于追求进度赶工、放松或不按质量标准进行作业控制和检验、降低施工质量标准等。

（2）操作责任事故。这是指在施工过程中，实施操作者不按规程或标准实施操作所造成的质量事故，例如浇筑混凝土时随意加水调整混凝土坍落度、混凝土拌合物产生了离析现象仍浇筑入模、土方填压施工未按要求控制土料含水量及压实遍数等。

3. 按事故产生的原因分类

（1）技术原因引发的质量事故。这是指在工程项目实施中设计、施工在技术上失误所造成的质量事故，例如结构设计计算错误，地质情况估计错误，盲目采用技术上不成熟、实际应用中未充分验证其可靠性的新技术，采用不适宜的施工方法或工艺等。

（2）管理原因引发的质量事故。这是指管理上的不完善或失误所引发的质量事故，例如施工单位的质量管理体系不完善、质量管理措施落实不力，检测仪器设备因管理不善而失准，导致进料检验不准等原因引起的质量问题。

（3）社会、经济原因引发的质量事故。这主要是指社会上存在的不正之风、经济犯罪等干扰工程建设的错误行为所导致的质量事故，例如盲目追求利润而置工程质量于不顾；在建筑市场上压价投标，中标后则依靠违法手段或修改方案追加工程款或偷工减料；层层转包或违法分包工程等。这些都是导致工程质量事故的不可忽视的原因，应当给以充分重视。

4.按施工造成损失的程度分类

（1）一般质量事故。凡具备下列条件之一者为一般质量事故：直接经济损失在 5 000 元（含 5 000 元）以上，不满 50 000 元的；影响使用功能和工程结构安全，造成永久质量缺陷的。

（2）严重质量事故。凡具备下列条件之一者为严重质量事故：直接经济损失在 50 000 元（含 50 000 元）以上，不满 100 000 元的；影响使用功能和工程结构安全，存在重大质量隐患的；事故性质恶劣或造成两人以下重伤的。

（3）重大质量事故。凡具备下列条件之一者为重大质量事故，属于建筑工程重大事故范畴：工程倒塌或报废；由于质量事故，造成人员死亡或重伤 3 人以上；直接经济损失在 100 000 元以上。

三、建筑工程质量事故的处理

工程质量事故发生后，必须对事故进行调查与处理。

（一）暂停质量事故部位和与其有关联部位的施工

工程质量事故发生后，总监理工程师应签发"工程暂停令"，要求施工单位停止进行质量缺陷部位和与其有关联部位及下道工序的施工，并要求施工单位采取必要的措施，防止事故扩大并保护好现场。同时，要求质量事故发生单位迅速按类别和等级向相应的主管部门上报，并于 24 小时内写出书面报告。

质量事故报告的主要内容包括事故发生的单位名称、工程名称、部位、时间、地点，事故概况和初步估计的直接损失，事故发生原因的初步分析，事故发生后所采取的措施，其他相关的各种资料。

（二）监理方应配合事故调查组进行调查

监理工程师应积极协助事故调查组的工作，客观地提供相应证据。若监理方无责任，监理工程师可应邀参加调查组，参与事故调查；若监理方有责任，则应予以回避，但应配合调查组工作。

（三）在事故调查的基础上进行事故原因分析，正确判断事故原因

事故原因分析是确定事故处理措施方案的基础。正确的处理来源于对事故原因的正确判断，只有对调查中所得到的调查资料、数据进行详细、深入的分析，才能找出造成事故的真正原因。

（四）在事故原因分析的基础上，研究确定事故处理方案

监理工程师接到质量事故调查组提出的技术处理意见后，可组织相关单位研究，并责成相关单位完成技术处理方案，而后予以审核签认。质量事故技术处理方案，一般应委托原设计单位提出，由其他单位提供的技术处理方案，应经原设计单位同意签认。技术处理方案的制订，应征求建设单位的意见。技术处理方案必须依据充分，应在质量事故的部位、原因全部查清的基础上确定，必要时应委托法定工程质量检测单位进行质量鉴定或请专家论证，以确保技术处理方案的可靠和可行，保证结构的安全和使用功能。事故处理方案应经监理工程师审查同意后，报请建设单位和相关主管单位核查、批准。

（五）施工单位按批复的处理方案实施处理

技术处理方案核签后，由监理工程师指令施工单位按批复的处理方案实施处理。监理工程师应要求施工单位对此制定详细的施工方案，必要时应编制监理实施细则，对工程质量事故技术处理的施工质量进行监理，对技术处理过程中的关键部位和关键工序应进行旁站监理，并会同设计单位、建设单位及有关单位等共同检查认可。

（六）对质量事故处理完工部位重新检查、鉴定和验收

施工单位对质量事故处理完毕后应进行自检并报验结果，监理工程师应组织有关人员对处理结果进行严格的检查、鉴定和验收。事故单位编写"质量事故处理报告"交监理工程师审核签认，并提交建设单位，而后上报有关主管部门。

"质量事故处理报告"的内容主要包括工程质量事故的情况，质量事故的调查情况及事故原因分析，事故调查报告中提出的事故防范及整改措施意见，质量事故处理方案及技术措施，质量事故处理中的有关原始数据、记录、资料。事故处理后检查验收情况，给出质量事故结论意见。

案例 11—1

【背景资料】

某吊顶装修工程，使用半年后发现顶面石膏板开始出现裂缝、翘曲等现象，甚至部分石膏板开始脱落。经检查发现，该屋顶有渗漏现象，其造成吊顶龙骨变形及吊顶用材料膨胀。

【问题】

（1）造成该质量事故的原因是什么？

（2）经调查发现该屋面工程采用了刚性防水层，请简述刚性防水层的做法。

（3）为防止出现类似质量事故，施工单位在进行暗龙骨吊顶工程施工时应注意哪些质量控制要点？

【答案】

（1）造成该质量事故的主要原因是漏水，直接原因是龙骨受水后变形。

（2）用不小于 40mm 厚的 C20 细石混凝土，间隙 6m 设分格缝，并用丙烯酸等防水弹性材料嵌缝。也可在细石混凝土中掺入直径为 0.3mm、长为 30mm 的钢纤维。

（3）施工单位在进行暗龙骨吊顶工程施工时，应注意的质量控制要点有以下几项。

1）吊顶标高、尺寸、起拱和造型应符合设计要求。

2）饰面材料的材质、品种、规格、图案和颜色应符合设计要求。

3）暗龙骨书顶工程的吊杆、龙骨和饰面材料的安装必须牢固。

4）吊杆、龙骨的材质、规格、安装间距及连接方式应符合设计要求；金属吊杆、龙骨应经过表面防腐处理，木吊杆、龙骨应经过防腐防火处理。

5）对石膏板的接缝应按其施工工艺标准进行板缝防裂处理；安装双层石膏板时，面层板与基层板的接缝应该错开，且不得在同一根龙骨上接缝。

6）饰面材料表面应洁净、色泽一致，不得有翘曲、裂缝及缺损，压条应平直、宽窄一致。

7）饰面板上的灯具、烟感器、喷淋头、风口箅子等设备的位置应合理、美观，与饰面板的交接处应吻合、严密。

8）金属吊杆、龙骨的接缝应均匀一致，角缝应吻合，表面应平整，无勉曲、镇印；木质吊杆、龙骨应顺直，无劈裂、变形。

9）吊顶内填充吸声材料的品种和铺设厚度应符合设计要求，并应有防散落措施。

案例 11-2

【背景资料】

某宾馆老板要对客房进行装修施工，在门窗、吊顶、地面等分项工程施工完成后，施工单位根据设计要求对吊顶及墙面进行涂饰施工。其乳胶漆墙面做法包括基体清理，嵌、批腻子，刷底涂料，磨砂纸，涂面层涂料等。

漆墙面做法包括：

1）喷（刷）罩面涂料一道。

2）喷面漆一道。

3）喷（刷）底漆一道。

4）基体清理。

【问题】

（1）请给出乳胶漆的施工工艺流程。

（2）请按照先后顺序将漆墙面做法排序。

（3）基层处理的质量是影响涂饰工程质量的最主要因素，请针对以下不同基层，回答基层处理要求。

1）新建筑物的混凝土或抹灰基层在涂饰前应如何处理？

2）旧墙面在涂饰涂料前，基层应如何处理？

3）混凝土或抹灰基层涂刷溶剂型涂料时，含水率有什么要求？涂刷乳液型涂料时，含水率有什么要求？木材基层的含水率是如何规定的？

4）基层腻子有什么要求？

5）厨房、卫生间墙面必须使用哪种类型的腻子？

6）以石膏板面为基层时，其质量要求如何？

【答案】

（1）基层清理→嵌、批腻子→磨砂纸→刷底涂料→涂面层涂料（后三道工序要反复几次）。

（2）4）→3）→2）→1）。

（3）基层处理的要求。

1）新建筑物的混凝土或抹灰基层在涂饰前应涂刷抗碱封闭底漆。

2）旧墙面在涂饰涂料前应清理疏松的旧装修层，并涂刷界面剂。

3）混凝土或抹灰基层涂刷溶剂型涂料时，含水率不得大于 8%；涂刷乳液型涂料时，含水率不得大于 10%；木材基层的含水率不得大于 12%。

4）基层腻子应平整、坚实、牢固、无粉化、起皮和裂缝。

5）厨房卫生间墙面必须使用耐水腻子。

6）以石膏板面为基层的质量要求：应表面干净、光滑无污染，割面整齐，接缝处理严密，无挂股，应对钉帽进行防锈处理，与骨架紧贴牢固、稳定性好。面层满刮腻子并平整、坚实、牢固，无粉化、起皮、裂缝，腻子黏结强度应符合相关规定。

案例 11-3

【背景资料】

某商业大厦建筑工程项目中，建设单位通过招标选定某施工单位承担该建筑工程项目的施工任务。工程竣工时，施工单位经过初验，认为已按合同约定的等级完成施工，提请竣工验收，并已将全部的质量保证资料复印齐全以供审核。11 月 25 日，该工程通过建设单位、监理单位、设计单位和施工单位四方的验收。

【问题】

（1）请简要说明竣工验收的程序。

（2）工程竣工验收备案工作应由谁负责办理？工作的实现过程如何？备案登记机关是哪个单位？

（3）工程竣工验收备案应报送哪些资料？

【答案】

（1）工程竣工验收程序。

1）工程完工后，施工单位向建设单位提交工程竣工报告，申请工程竣工验收，实行监理的工程，工程竣工报告需经总监理工程师签署意见。

2）建设单位收到工程竣工报告后，对符合竣工验收要求的工程，组织勘察、设计、施工，监理单位和其他有关方面的专家组成验收组，制定验收方案。

3）建设单位在工程竣工验收 7 个工作日前将验收的时间、地点及验收组名单书面通知负责监督该工程的工程质量监督机构。

4）建设单位组织工程竣工验收。

建设、勘察、设计、施工、监理单位分别汇报工程合同履行情况和在工程建设各个环节执行法律、法规和工程建设强制性标准的情况；审阅建设、勘察、设计、施工、监理单位的工程档案资料；实地查验工程质量；对工程勘察、设计、施工、设备安装质量和各管理环节等方面作出全面评价，形成经验收组人员签署的工程竣工验收意见。

参与工程竣工验收的建设、勘察、设计、施工、监理等各方面不能形成一致意见时，应当协商提出解决的办法，待意见一致后，重新组织工程竣工验收。

（2）工程竣工验收备案工作应由建设单位负责。建设单位应当自工程竣工验收合格之日起 15 个工作日内，依照《房屋建筑工程和市政基础设施工程竣工验收备案管理暂行办法》的规定，向工程所在地的县级以上地方人民政府建设行政主管部门备案。

（3）应报送的资料如下。

1）"竣工验收备案表"一式两份。

2）工程开工立项文件。

3）工程质量监督注册表。

4）单位工程验收记录。

5）监理单位签署的"竣工移交证书"。

6）公安消防部门出具的认可文件和准许使用文件。

7）建筑工程室内环境竣工检测报告。

8）工程质量保修书或保修合同。

9）建设单位提出的"工程竣工验收报告"、设计单位提出的"工程质量检查意见"、施工单位提供的"工程报告"、监理单位提出的"工程质量评估报告"。

10）备案机关认为需要提供的有关资料，如房屋权属文件或租赁协议、房屋原结构状况检查意见。

11）法规、规章规定必须提供的其他文件。

案例 11—4

【背景资料】

某商业建筑工程，地上 6 层，采用砂石地基，砖混结构，建筑面积为 24 000m²，外窗采用铝合金窗，内外采用金属门。在施工过程中发生了如下事件。

事件一：砂石地基施工中，施工单位采用细砂（掺入 30％的碎石）进行铺填。

监理工程师检查发现其分层铺设厚度和分段施工的上、下层搭接长度不符合规范要求，令其整改。

事件二：二层现浇混凝土楼板出现收缩裂缝，经项目经理部分析，认为原因有：混凝土原材料质量不合格（骨料含泥量大）、水泥和掺合料用量超出规定，同时提出了相应的防治措施：选用合格的原材料、合理控制水泥和掺合料用量。

监理工程师认为项目经理部的分析不全面，要求进一步完善原因分析和防治方法。

事件三：监理工程师检查门窗工程时发现：外窗未进行"三性检查"、内门采用"先立后砌"的安装方式、外窗采用射钉固定的安装方式。

监理工程师对所存在的问题提出整改要求。

事件四：建设单位在审查施工单位提交的工程竣工资料时，发现工程资料有涂改、违规使用复印件等情况，要求施工单位进行整改。

【问题】

（1）事件一中，砂石地基所采用的原材料是否正确？砂石地基还可以采用哪些原材料？除事件一列出的项目外，在砂石地基施工过程中还应检查哪些内容？

（2）事件二中，出现裂缝的原因还可能有哪些？补充完善其他常见的防治方法。

（3）事件三中，建筑外墙铝合金窗的"三性检查"是指什么？分别写出错误安装方式的正确做法。

（4）针对事件四，分别写出工程竣工资料在修改以及使用复印件时的正确做法。

【答案】

（1）事件一

1）正确（用细砂，碎石含量为 25％～35％）。

2）还可以采用质地坚硬的中砂、粗砂、砾砂、碎（卵）石、石屑。

3）在施工过程中必须检查分层厚度、分段施工时搭接部分的压实情况、含水量、压实遍数、压实系数、平整度、标高等。

（2）原因还有：混凝土水胶比、坍落度偏大，和易性差；混凝土浇筑振捣差，养护不及时或者养护方法不当，养护龄期不足。

防治措施：根据现场情况、图纸和规范，由有资质的试验室配置合适的混凝土配合比，并确保拌制质量；确保混凝土浇筑振捣密实，并在初凝前进行二次抹压；确保混凝土及时养护，并保证养护质量满足要求。

（3）事件三

1）窗户的三性：气密性、水密性、抗风压性。

2）内门应先砌后立；窗要采用膨胀螺栓或者预埋件连接。

（4）工程资料不得随意修改，当必须修改时，应实行划改，并由划改人签字。当其为复印件时，提供单位应在复印件上加盖单位公章，并有经办人签字和日期，注明原件存放于何处，提供单位应对资料的真实性负责。

案例 11-5

【背景资料】

某建筑工程，建筑面积为 108 000m²，采用现浇剪力墙结构，地下 3 层，地上 50 层。基础埋深为 14.4m，底板厚为 1.2m，底板混凝土强度等级为 C35。

底板钢筋施工时，对于板底处的 HRB335 级直径为 16mm 的钢筋，施工单位在征得监理单位和建设单位同意后，用 HPB300 级直径为 10mm 的钢筋进行等强度代换。

施工单位选定了某商品混凝土搅拌站，由该搅拌站为其制定底板混凝土施工方案。在底板混凝土浇筑时，当地最高大气气温为 28℃时，混凝土最高入模温度为 50℃。

浇筑完成 12 小时后采用覆盖一层塑料膜一层保温岩棉的方式养护 7 天。

测温记录显示：混凝土内部最高温度为 75℃，其表面最高温度为 45℃。

监理工程师检查发现底板表面混凝土有裂缝，经钻芯取样检查，取样样品均有贯通裂缝。

【问题】

（1）该基础底板钢筋代换是否合理？说明理由。钢筋进场时应对哪些指标进行复试？

（2）商品混凝土供应站编制大体积混凝土施工方案是否合理？说明理由。

（3）本工程基础底板产生裂缝的主要原因有哪些？

（4）控制大体积混凝土裂缝的常用措施是什么？

【答案】

（1）该基础底板钢筋代换不合理。因为钢筋代换时，应征得设计单位的同意，对于底板这种重要受力构件，不宜用 HPB300 代换 HRB335。

钢筋进场时应对其屈服强度、抗拉强度、伸长率和冷弯进行复试。有抗震设防要求的框架结构的纵向受力钢筋抗拉强度实测值与屈服强度实测值之比不应小于 1.25，钢筋屈服强度实测值与强度标准值之比不应大于 1.3。

（2）由商品混凝土供应站编制大体积混凝土施工方案不合理，因为大体积混凝土施工方案应由施工单位编制，混凝土搅拌站应根据现场提出的技术要求做好混凝土试配。

（3）本工程基础底板产生裂缝的主要原因如下。

1）混凝土的入模温度过高。

2）混凝土浇筑后未在 12 小时内进行覆盖，且养护天数远远不够；大体积混凝土由于水化热高，内部与表面温差过大，会产生裂缝。

（4）大体积温凝土裂缝控制的常用措施如下。

1）优先选用低水化热的矿渣水泥拌制混凝土，并适当使用缓凝剂。

2）在保证混凝土设计强度等级的前提下，适当降低水灰比，减少水泥用量。

3）降低混凝土的入模温度，控制混凝土内外的温差。

4）及时对混凝土覆盖保温、保湿材料。

5）可预埋冷却水管，通入循环水将混凝土内部热量带出，进行人工导热。

6）对于超长大体积混凝土应选用留置变形缝、后浇带等方法控制结构，使其不出现有害裂缝。

7）结合结构配筋，配置控制温度和收缩的构造钢筋。

8）大体积混凝土浇筑宜采用二次振捣工艺，应及时对浇筑面进行二次抹压处理，减少表面收缩裂缝。

案例 11—6

【背景资料】

某建筑公司承接一项综合楼任务，建筑面积为 100 828m²，地下 3 层，地上 26 层，采用箱形基础，主体为框架—剪力墙结构。该项目地处城市主要街道交叉路口，是该地区的标志性建筑物。因此，施工单位在施工过程中，加强了对工序质量的控制。在第五层楼板、梁钢筋隐蔽工程验收时发现整个楼板、梁受力钢筋型号不对，位置放置错误。施工单位非常重视，及时进行了返工处理。在第十层混凝土部分试块检测时发现强度达不到设计要求，但经有资质的检测单位检测鉴定，实体强度达到了使用要求。由于加强了预防和检查，没有再发生类似的情况。该楼最终顺利完工，达到验收条件后，建设单位组织了竣工验收。

【问题】

（1）简述第五层楼板、梁钢筋隐蔽工程验收的要点。

（2）第十层的质量问题是否需要处理？请说明理由。

（3）如果第十层混凝土强度经检测达不到要求，施工单位应如何处理？

（4）对该综合楼工程主体工程如何组织质量验收？

（5）若该工程地下采用防水混凝土施工，出现了施工缝处局部漏水的现象，并发现有常温给水管道穿墙部位出现渗漏水，在技术处理上应采取什么措施？如地下防水设有后浇带，说明后浇带的防水施工技术要求。

【答案】

（1）第五层楼板、梁钢筋隐蔽工程验收的要点如下。

1）按施工图核查受力钢筋的位置，检查钢筋的品种、规格、数量、位置、间距、形状。

2）检查钢筋混凝土保护层厚度、构造钢筋是否符合构造要求。

3）检查钢筋锚固长度、箍筋加密区及加密间距。

4）检查钢筋接头：如绑扎搭接，要检查搭接长度、接头位置和数量（错开长度、接头百分率）；对焊接接头或机械连接，要检查外观质量，取样进行力学性能试验，检查接头位置（相互错开）和数量（接头百分率）是否达到要求。

（2）第十层的混凝土不需要处理，若混凝土试块经检测强度不足，但对工程实体混凝土进行的测试证明能够达到设计强度要求，也无须进行处理。

（3）如果第十层混凝土强度经检测达不到设计要求，应按以下程序处理。

1）施工单位应将试块检测和实体检测情况向监理单位和建设单位报告。

2）由原设计单位进行核算。如经设计单位核算，混凝土结构满足结构安全和工程使用功能，可予以验收；如经设计单位核算，混凝土强度不能满足要求，需根据混凝土实际强度情况制定拆除、重建、加固补强、结构卸荷、限制使用等相应的处理方案。

3）施工单位按批准的处理方案进行处理。

4）施工单位将处理结果报请监理单位进行检查验收。

5）施工单位剖析发生质量事故的原因，并采取预防措施予以防范。

（4）该综合楼主体工程质量验收规定：由建设单位负责组织实施建设工程主体验收工作，建设工程质量监督部门对建设工程主体验收实施监督，该工程的施工、监理、设计、勘察等单位参加。建设工程主体验收按施工企业自评、设计认可、监理核定、业主验收、政府监督的程序进行，对主体工程的实体和工程资料进行全面验收。

（5）对于施工缝处的渗漏现象可根据渗漏水压的大小情况，采用促凝胶浆或氰凝灌浆堵漏。对于不渗漏的施工缝，可沿缝剔成"八"字形凹槽，将松散石子剔除，洗刷干净，用水泥素浆打底，抹 1：2.5 水泥砂浆找平压实。对于水压较小的常温管道穿墙渗漏水采用直接堵漏法处理：沿裂缝剔成"八"字形边坡沟槽，采用水泥股浆将沟槽挤压密实，达到强度后，在表面做防水层。对于水压较大的常温管道穿墙渗漏水采用下线堵漏法处理：沿裂缝剔成"八"字形边坡沟槽，挤压水泥肢浆同时留线孔或钉孔，使漏水顺眼流出，经检查无渗漏后，沿沟槽抹素浆、砂浆各一道，待其有强度后再堵漏水孔眼，最后对整条裂缝做防水层。

后浇带的防水混凝土施工应符合下列规定：后浇带应在其两侧混凝土龄期达到 42 天后再施工；后浇带应采用补偿收缩混凝土，其强度等级不得低于两侧混凝土；后浇带混凝土的养护时间不得少于 28 天。

第十二章　建筑工程招标、投标管理

工程公司与用户签订了 EPC 承包合同之后，对拟建的工程项目施工要实行施工招标，首先要确定招标范围，据此发布资格预审通告或招标通告或邀请招标信函，以法定方式吸引建筑施工公司参加投标竞争，从中选择条件优越者来完成工程项目的建造任务。

第一节　施工招标

一、施工招标方式

招标投标方式是市场经济条件下采购的基本方式，决定着招标投标的竞争程度，也是防止不正当交易的重要手段。目前世界各国和有关国际组织的有关法律、规则都规定了公开招标、邀请招标和邀请议标等三种招标方式。我国颁发的《中华人民共和国招标投标法》只规定了公开招标和邀请招标两种招标方式，也就是说，在我国的施工项目招标中，邀请议标不是一种法定的招标方式了。但邀请议标在国际施工招标中，却是一种经常采用的招标方式，因此在介绍招标方式时，也一并介绍。

（一）公开招标

由招标单位在建设工程交易中心发布信息，同时也可通过报刊、电视、电台广播等方式，公开发布资格预审通告或招标通告，进行无限竞争性招标。

公开招标有两种方式：

（1）采用资格预审方式时，发布资格预审通告。只有通过资格预审合格的施工单位，才能参加投标。

（2）采用资格后审方式时，发布招标通告。在开标后，进行资格审查。

（二）邀请招标

由招标单位向具有投标资格的三个及三个以上施工公司发送投标邀请书，进行竞争性招标。

（三）邀请议标（谈判招标）

邀请议标是一种非竞争性招标或称为指定性招标。即工程公司对工程项目较小、工期紧、专业性强或具有一定保密性的工程实行向具有投标资格并被认为是最合适的一家施工企业（最多两家）直接进行合同谈判，合同谈判成功即签订施工分包合同的招标方式。

二、施工招标程序

施工招标是一种法律行为，因此必须遵循一定的法制程序进行。

按照《中华人民共和国招标投标法》《工程建设施工招标投标管理办法》（以下简称《管理办法》）、《建设工程施工招标文件范本》的规定，施工招标程序如下。

（一）施工招标的前提条件和发包范围

1. 前提条件

（1）招标人已经依法成立。

（2）初步设计及概算应履行审批手续的，已经批准。

（3）招标范围、招标方式和招标组织形式等应当履行核准手续，已经核准。

（4）有相应资金或资金来源已经落实。

（5）有招标所需的设计图纸及技术资料。

2. 发包范围

施工招标的工程范围，可以是全部工程施工招标、单项工程施工招标、单位工程招标、特殊专业工程招标。但按照《管理办法》不得对单位工程中的分部、分项工程进行招标。

（二）施工招标程序

建设工程施工招标，由于采用的招标方式不同，故招标程序亦有繁简程度的差别，但是都要经过招标准备阶段、招投标阶段和中标签约阶段。

三、招标准备阶段工作和报审文件准备

（一）建设工程项目报建

（1）按照《工程建设项目报建管理办法》的规定，凡具备条件的建设工程项目，必须向建设行业主管部门报建备案。

（2）报建设范围：各类房屋建筑（包括新建、改建、扩建、翻修、大修等）、土木工程、装修等建设工程。

（3）建设工程项目报建的内容：工程名称、建设地点、投资规模、资金来源、当年投资额、工程规模、结构类型、发包方式、计划开竣工日期、工程筹建情况等。

（4）办理工程报建时应交验的文件资料：

①立项批准文件或年度投资计划；

②固定资产投资许可证；

③建设工程规划许可证；

④资金证明。

（二）审查建设单位资质

建设单位办理招标时，应具备如下条件：

（1）是法人或依法成立的其他组织；

（2）有与招标工程相适应的经济、技术管理人员；

（3）有组织编制招标文件的能力；

（4）有审查投标单位资质的能力；

（5）有组织开标、评标、定标的能力。

如建设单位不具备上述能力时，可以委托具有相应资质的中介机构代理招标，双方签订委托代理招标协议后，报招标管理机构备案。

（三）招标申请

招标单位填写"建设工程施工招标申请表"，其内容包括：工程名称、建设地点、招标建设规模、结构类型、招标范围、招标方式、要求施工企业资质等级、施工前期准备情况（土地征用、拆迁情况、勘察设计情况、施工现场条件等）、招标机构组织情况等。报招标管理机构审批，待批准同意后，方可进行编制资审文件、招标文件。

（四）资格预审文件、招标文件的编制与送审

资格预审文件包括：

（1）投标单位的组织机构；

（2）近3年完成工程的情况；

（3）目前正在履行的合同情况；

（4）过去2年经审计过的财务报表；

（5）过去2年的资金平衡表和负债表；

（6）下一年度财务预测报告；

（7）施工机械设备情况；

（8）各种奖励或处罚；

（9）与本合同资格预审有关的其他资料。

招标文件包括：

（1）投标须知前附表和投标须知；

（2）合同条件；

（3）合同协议条款；

（4）合同格式；

（5）技术规范；

（6）图纸；

（7）投标文件参考格式；

投标书及投标附录；

工程量清单与报价表；

辅助资料表；

资格审查表（采用资格预审方式招标时，不用此表）。

上述文件编制完毕，须报送招标管理机构审查，经审查同意后，方可公开刊登资格预审通告或招标通告。按规定日期、时间、地点发放资格预审文件或招标文件。

四、招、投标阶段的工作

（一）资格预审

公开招标通过资格预审，确定出符合招标要求合格的投标申请单位短名单，报招标管理机构审查批准后，向所有资格预审合格的投标申请单位发送

资格预审合格通知书。当投标申请单位接到该通知书后，应以书面确认，按规定的时间、地点领取招标文件、图纸及有关文件资料，并在投标截止日之前递交投标文件。

（二）勘察现场

招标单位组织投标单位进行勘察现场的目的是使投标单位了解工程场地和周围环境情况。一般安排在投标预备会前1～2天举行。

（三）投标预备会

招标单位组织并主持召开投标预备会是在招标管理机构监督下举行的，其目的是为了澄清和解答投标单位对招标文件和勘察现场中所提出的疑问问题。此会应安排在发出招标文件7～28天内进行。会后，由招标单位整理会议记录和解答疑问内容，报招标管理机构核准同意后，以书面形式尽快发送给投标单位，以便准确地编制投标文件。

（四）工程标底价格的报审

按照《工程建设施工招标投标管理办法》和《建设工程施工招标文件范本》规定，工程施工招标必须编制标底。

1. 工程标底价格的编制依据

（1）招标文件的商务条款。

（2）工程施工图纸、工程量计算规则。

（3）施工现场地质、水文、地上情况的有关资料。

（4）施工计划或施工方案。

（5）现行工程预算定额、工期定额、工程项目计价类别及取费标准、国家与地方有关价格调整文件规定等。

（6）招标时建筑安装材料及设备的市场价格。

2. 标底价格的计价方法

根据我国现行的工程造价计算方法又考虑到与国际惯例接轨，所以在工程量表上的配价可以采用以下两种方法。

（1）工料单价：工程量表的单价，按照现行预算定额的工、料、机消耗标准及预算价格确定。其他直接费、间接费、利润、材料计划内调价、材料差价、税金等现行的计算方法计取列入其他相应标底价格计算表中。

（2）综合单价：工程量表的单价综合了直接费、间接费、工程取费、有关文件规定的调价、材料差价、利润税金、风险等一切费用。

工程量表的配价方法可以采取工料单价或综合单价，应在招标文件中明确。

3．几个有关编制标底的问题说明

（1）标底价格由成本、利润、税金组成。一般应控制在估算限额以内。

（2）标底的结构、科目、格式、内容应在招标文件中的工程量表相一致，以便在评标时，能与标底相对照，进行评审。

（3）标底应在现场考察和投标预备会后进行编制。

（4）施工分包合同标底属于工程公司机密，只分发给公司规定的有关部门人员。

（5）施工分包合同标底只能在开标时对外公开。

（6）一个施工分包合同只能编制一个标底。

（7）标底价格在开标前要报招标管理机构审定。未经审定的标底价格，一律无效。

五、中标签约阶段的工作

（一）开标

开标是在投标截止后，按照规定的时间、地点由招标单位主持，招标管理单位监督并邀请公证部门对开标全过程进行公证和投标单位法定代表人或授权代理人在场的情况下，按照法定程序举行开标会议。

（1）请各投标单位对其投标文件的密封完整性予以确认签字。

（2）宣布评标原则与方法。

（3）按照投标单位报送文件时间的先后次序，逆向进行启封开标。

当众宣读有效投函的投标单位名称、投标报价、工期、质量、主要材料用量、投标保证金、优惠条件以及招标单位认为有必要的内容，并在唱标的过程中，认真做好记录，并请投标单位代表人签字确认。

对开标前提交的合格"撤回通知书"和过期送达的投标文件，不予启封。

（二）评标

评标是确定中标单位的关键工作，是一项技术性很强的工作，是一件临时性工作，因此，要依据评标工作的这些特点来组建评标机构，以完成寻找施工伙伴的任务。

1．评标组织

（1）根据招标的工程情况、结构类型、繁简程度来确定评标机构——评标委员会。

（2）评标机构的成员组成。

由建设单位及技术、经济专家组成。其中：技术专家和经济专家的合计人数必须大于2/3。

（3）建设单位法定代表人或授权代理人担任评标负责人。

（4）评标委员会的组成人数应为5人以上的奇数。

（5）评标机构是在招标管理机构监督下设立的评标临时机构。

2. 评标的原则

（1）公正、公平、科学合理。

（2）提倡竞争优选。

（3）反对不正当竞争。

3. 评标程序

评标可按"初审"和"终审"顺序进行。初审包括符合性评审、技术性评审和商务性评审，当采用合理低标价法进行评标时才进行终审定标。其他评标方法均以初审定标。

（1）初审（即三审）。

①投标文件符合性评审。包括商务符合性鉴定和技术符合性鉴定。投标文件实质上响应招标文件的所有条款条件，无显著的差异或保留。

②技术性评审。包括方案可行性评估；劳务、材料、机械设备、质量控制措施评估，以及对施工现场周围环境，污染的保护措施的评估。

③商务性评审。包括投标报价校核；审查全部报价数据计算的正确性；分析报价构成的合理性，并与标底价格进行对比分析。

（2）终审。

终审仅适用于合理低标价的评标方法。其他方法可不进行终审，而由初审结果即可定标。

通过初审后，筛选出若干个具备授标资格的投标单位，对他们进行终审，即对筛选出具备授标资格的投标单位进行澄清或答辩，以进一步评审，择优选择中标位。

4. 评标方法

（1）百分法。

百分法是将评审各项指标分别在百分之内所占比例和评标标准在招标文件内规定。开标后按评标程序，评分标准，由评委对投标单位的标书进行评分，最后以总得分最高的投标单位为中标单位。由于工程类别不同，应用百分法时，对评审项目分类、和评分构成各有差异。现举例供参阅。

江苏省靖江市招标办规定：对一般工业与民用建筑工程的评标百分法的构成：

①造价 52 分。其中：报价 50 分；计算质量 2 分。

②三大材用量（钢材、木材、水泥）18 分。

③质量、安全 16 分。其中：质量 13 分；安全 3 分。

④施工组织设计 12 分。

⑤企业信誉 2 分。

（2）评议法。

通过对投标单位的能力、业绩、财务状况、信誉、投标价格、工期、质量、施工方案或施工组织设计等内容进行定性分析和比较，进行评议后，选择投标单位在各项指标较为优良者为中标单位。也可以用表决的方法确定中标单位。这种评标方法不能量化评审指标。

（3）合理低标价法。

按照评标程序，经初审后，以合理低标价作为中标的主要条件时，必须经过终审，进行澄清或答辩，证明是实现低标价的措施有力可行的报价。但不保证最低的投标价中标。

5.评标报告

招标单位根据评标委员会评审情况，提出中标单位推荐名单，报招标管理机构审查，待批准后，既可确定中标单位。

（三）中标

招标单位向中标单位发送"中标通知书"。中标单位按规定提交履约担保，按期参加合同谈判，签订施工承包合同。

（四）合同签订

建设单位（或工程公司）与中标投标单位在规定的期限内，签订施工合同。该合同签订之前，应到建设行政管理部门或授权单位进行合同审查。

如：中标单位拒绝提交履约担保和签订合同时，招标单位报请招标管理机构批准同意后，取消其中标资格，并按规定没收其投标保证金。

如：建设单位拒绝与中标单位签订合同时，除双倍返还投标保证金外，还需赔偿中标单位有关损失。

招标工作结束后，招标单位应将开标、评标过程有关纪要、资料、评标报告、中标单位的投标文件一份副本，报招标管理机构备案。

六、合同的分类

工程施工合同按计价方式分类，主要有三种。

（一）总价合同

总价合同是合同总价不变的施工合同。采用这类合同，对业主或工程公司来说工作比较简单，评标时易于按低价定标。按合同规定的进度方式付款。在施工管理中可以集中精力控制质量与进度。

总价合同有三种形式。

1. 固定总价合同

投标单位在取得工程详细设计资料后，报一个合同总价，在图纸及工程量、质量要求不变的情况下，其合同总价固定不变。投标报价时，要考虑承担工程的全部风险因素，因此一般报价较高。

这类合同形式一般适用于工期较短（一年以内）、技术要求不太复杂，风险不大、变更不多的工程项目。

2. 调值总价合同

这种合同除了和固定总价合同一样外，还在合同中规定了由于通货膨胀引起的工料成本增加到某一规定的限度时，合同总价可作相应调整。即通货膨胀风险由业主来承担，因此，合同中应写明调值条款。一般工期在一年以上的工程采用这种合同方式。

3. 估计工程量总价合同

根据设计资料列出工程量清单和相应费率为基础，计算出合同总价，据以签订合同。当设计修改而引起的工程量增加时，可按新增工程量与合同已确定的费率来调整合同价格。这种报价合同方式对业主很有利，他可以了解施工公司报价的计算方法和定额标准，在谈判中进行压价，同时又不承担任何风险。

（二）单价合同

1. 估计工程量单价合同

施工公司报价时，按照招标文件中所提供的工程量表，只填写相应的单价，据以计算出合同总价。业主每月按完成工程量支付工程款。

估计工程量单价合同，应在合同中规定单价调整的条款。如果一个单项工程当实际工程量比招标文件中的工程量表相差某一百分数时，应由合同双方讨论对单价的调整。

2. 纯单价合同

招标时只有工程项目一览表没有准确的工程量，施工公司在投标时只列出各工程项目的单价。业主按施工公司实际完成的工程量付款。

3. 单价与包干混合式合同

在工程施工项目中，有的工程可以计算工程量的，按单价报价计算；有的工程不容易标明工程量的，应采用包干的形式。在工程施工中，业主分别按单价合同和总价合同的形式，支付工程款。

（三）成本加酬金合同（成本补偿合同或称成本加费用合同）

这是一种在工程内容及其技术经济和设计指标尚未完全确定，而又急于开工的工程或是一种崭新工程和施工风险很大的工程中采用的施工合同方式。

在采用这种施工合同方式时，工程成本费用可以按实报销或业主与施工公司事先商定，估算出一个工程成本，在此基础上，按不同的方法，业主向施工公司支付一定的酬金（包括行政管理费、利润等）。其方式有三种。

1. 成本加固定百分比酬金合同

合同双方约定工程成本中的直接费用实报实销，然后按直接费的某一百分比提取酬金。

即
$$C = C_d (1 + P) \qquad 式 12-1$$

式中：C——工程总价；

C_d——实际发生的直接费；

P——某一固定百分数。

此法简单易行。但不利于鼓励施工公司降低成本，缩短工期的积极性。

2. 成本加固定酬金合同

根据合同双方约定的工程估算成本来确定一笔固定的酬金，其中估算成本仅作为确定酬金之用，而工程成本按实报实销的原则处理。

即
$$C = C_d + F \qquad 式 12-2$$

式中：F——固定酬金。

此法可以鼓励施工公司缩短工期，尽快拿到酬金。

3. 成本加浮动酬金合同

这种合同是双方确定一个估算直接成本和一个固定的酬金，然后，将实际发生的直接成本与估算直接成本相比较。若实际成本低于估算成本时，就奖励某一固定的或节约成本的某一百分比的酬金。若实际成本高于估算成本时，就罚某一固定的或增加成本的某一百分比的酬金。这种有奖有罚的施工合同方式又称为"成本加奖罚金合同"。

当招标时，工程设计图纸和技术规范的准备不够充分，不能准确计算工程量，而确定工程合同总价时，可以采用这种合同方式。

第二节　施工招标文件的编制

施工招标文件是指工程公司在进行施工招标前，要把拟建的工程项目的施工情况和技术经济条件形成具有法律效力的一整套书面材料，以供施工公司进行投标时阅读，以便了解拟建的工程情况，作为投标报价时的依据和将来签订施工分包合同的基础。因此，招标文件的编制质量水平高低，将成为招标工作成败的关键。

一、施工招标文件的编制原则

施工招标文件的编制必须做到系统、准确，使投标人一目了然。编制的原则如下。

1. 遵守国家法律、法规的原则

招标文件是招标与投标双方签订施工分包合同的基础，按合同法的规定，凡违反法律、法规和国家有关规定的合同均属无效合同。因此招标文件必须符合国家的经济法、合同法、招标投标法的规定。

2. 维护招标者与投标者双方利益的原则

招标文件的编制应公正、合理地处理工程公司与施工公司双方的利益关系。如果在招标文件中，过多地将施工风险推向施工公司，势必造成报价费用的提高，最终还是用户增加工程费用的支出。

3. 真实地反映工程项目施工情况的原则

客观、真实地反映工程项目施工情况的目的是使施工公司在投标时，能建立在可靠的基础上，减少签订合同和履行合同时的争议。

4. 招标文件各部分内容统一的原则

如投标人须知、合同条件、工程量表以及名词术语等内容，力求统一，避免矛盾。使招标工作能顺利进行。

二、施工招标文件及其内容

施工招标文件的编制内容，由于招标方式不同，其内容是有差别。编制时应按建设部《建设工程施工招标文件范本》（1997 年第一版）的规定执行。现以邀请招标方式为例，进行说明。

（一）邀请招标文件

1. 投标邀请书

2. 投标须知前附表和投标须知

3. 合同条件

4. 合同协议条款

5. 合同格式

6. 技术规范

7. 图纸

8. 投标文件参考格式

（1）投标书及投标书附录。

（2）工程量清单与报价表。

（3）辅助资料表。

（二）招标文件部分内容编制说明

在邀请招标程序文件中这部分内容共 14 项具体编写规定，现择几项示范性的内容加以说明。

1. 投标价格计算依据

在招标文件中应明确投标价格计算依据，主要有以下几项：

（1）工程计价类别；

（2）执行的定额标准及取费标准；

（3）执行的人工、材料、机械设备政策性调整文件等；

（4）材料、设备计价方法及采购、运输、保管的责任；

（5）工程量清单。

2. 投标保证金

招标文件中应明确投标保证金数额，一般投标保证金数额不超过投标总价的 2%。最高为八十万元人民币。投标保证金的有效期应超过投标有效期的 30 天。

3. 履约担保与工程款支付担保

中标人应按规定向招标人提交履约担保，招标人应同时向中标人提交工程款支付担保。履约担保可采用银行保函或履约担保书。

（1）银行出具的保函为合同价格的 5％。

（2）具有独立法人资格的经济实体出具的履约担保书为合同价格的 10％。

（3）招标人应向中标人提供工程款支付担保。

4. 投标有效期

投标有效期是指从投标截止日起到公布中标之日为止的期间。

投标有效期的确定应视工程情况而定，结构不太复杂的中小型工程的投标有效期可定为 28 天以内；结构复杂的大型工程投标有效期可定为 56 天以内。

5. 工程量清单

招标单位按国家颁布的统一工程项目划分，统一计量单位和统一的工程量计算规则，根据施工图纸计算工程量，提供给投标单位作为投标报价的基础。结算拨付工程款时以实际工程量为依据。

（三）合同条件

工程公司在招标文件中提出的施工合同条件，作为将来签订施工分包合同的基础条件。

（1）综合说明书：包括工程内容、发包范围、计划竣工日期、技术要求，验收标准、可供使用的现场水、电、道路等条件。

（2）工程特殊要求以及对投标者的相应要求。包括计划安排、施工组织措施、人力机具安排等。

（3）必要的设计图纸、资料和设计说明书。

（4）分包合同的主要条款：包括工程范围、双方的责任、权利和义务、工程价款、支付条件、结算方法、设备、材料供应方法、进度要求、质量控制、检查与验收、索赔及罚款、设计变更、不可抗力因素等。

（5）工程量表：工程量应以设计文件为依据提出。并且按项目工作分解结构（WBS）进行分类统计，以便使投标标价与标底能一一对应，有利于评标时进行对比。

（6）必要的参考资料：如工程水文地质勘察报告、工程所在地的气象资料、地方有关费用规定的标准等。

第三节 施工投标

施工投标是经过招标单位对投标单位资格审查，认定具备投标资格的施工公司，按照招标文件的规定内容，在规定的时间内，向招标单位报送投标文件，并争取中标的法律行为。

一、施工公司的投标决策

施工公司按照招标文件规定，对招标项目内容和具体要求进行认真地研究和分析，确定是否进行投标，作出决策。

二、施工招标、投标程序

1. 报名参加投标

根据《工程建设施工招标投标管理办法》的规定，向招标单位报名参加投标时应提交下列文件。

（1）施工公司的营业执照和资质证书。

（2）企业简历。

（3）自有资金情况。

（4）全员职工人数：包括技术人员、经济管理人员、技术工人数量与平均技术等级和自有施工机械设备一览表。

（5）近三年承建的主要工程业绩。

（6）现有主要施工任务，包括在建和尚未开工工程一览表。

（7）经营管理情况及承包同类工程经历等。

2. 编制资格预审书

资格预审书是招标单位在施工公司投标之前，对其技术能力、管理水平、财务状况等方面进行全面审查，是施工企业能否进行投标报价和争取中标拿到施工任务的第一步。因此应按照招标单位发售的资格预审要求的内容，逐项认真准确地填写，并且每项都应具有证明文件。按招标单位要求的时间、地点准时报送。

资格预审文件内容如下。

（1）投标单位组织与机构。

（2）近 3 年完成工程的情况。

（3）目前正在履行的合同情况。

（4）过去 2 年经审计过的财务报表。

（5）过去 2 年的资金平衡表和负债表。

（6）下一年度财务预测报告。

（7）施工机械设备情况。

（8）各种奖励或处罚。

（9）与本合同资格预审有关的其他资料。

3. 领取或购买招标文件

经招标单位对报名参加投标的施工公司的资格预审合格者，可以领取或购买招标文件。一般情况下，领取招标文件时须交纳投标保证金。如投标单位领到招标文件后放弃投标时，此保证金被没收。当投标单位中标或落标时，此投标保证金将被发还。

4. 调查投标项目的工程施工环境

工程施工环境包括自然环境、经济与社会环境。在投标报价前要尽量调查清楚。

对招标文件中不够清晰的条款和概念模糊的词语，要在招标单位举行的投标预备会上搞清楚，以免投标报价失误。

5. 确定投标策略

确定投标策略的目的，在于依靠施工公司自身的实力，探索达到中标的最大可能性，并用最小的代价获得最大的经济效益。

投标中常见的投标策略如下。

（1）靠经营与技术管理水平高中标。

（2）靠缩短工期保证工程质量中标。

（3）靠低"利"中标。

（4）靠低报价；着眼于索赔中标。

6. 编制施工计划，制定施工方案

编制投标文件的核心工作是计算标价，而标价计算又与施工计划（施工组织设计）密切相关，所以在编制标价前，首先应确定计划工期，编好施工计划。

一般情况下，计划工期要小于合同工期。主要编制工作如下。

（1）核实工程量

核实招标文件中已给定的工程量。如发现有漏项或数量有重大出入时，应找招标单位确认。特别是固定价承包时，更为重要。

（2）制定施工方案

施工方案是投标报价中，技术标书的重要组成部分，是评标考虑的主要因素之一，所以编制施工方案要由主要技术负责人主持，尽力采用成熟的施工技术"工法"。制定施工方案应考虑的主要方面：

①施工方法；

②施工进度；

③施工机械；

④施工工人数目；

⑤施工质量与安全措施。

7．编制投标文件

施工公司在深入细致地熟悉招标文件，进行工程现场和社会环境考察的基础上，组织人员根据招标文件的要求和具体规定，编制投标文件。

（1）投标文件的内容

根据《工程建设施工招标投标管理办法》规定，投标文件应包括下列内容：

①投标文件的综合说明；

②按照工程量清单计算标价和建筑材料需用量；

③施工方案和选用的主要施工机械；

④保证质量、进度、施工安全的主要技术组织措施；

⑤计划开工，竣工日期，工程总进度；

⑥对招标文件中，合同主要条款的确认。

（2）报价

投标文件中，报价是决定施工公司投标成功的关键之一。国内工程标价计算有三种方法，即按概算编制、按预算编制和按工程投标造价费用编制。现按预算编制方法计算标价为例，进行说明如下：

按照《化工建设建筑安装工程费用定额》（化建发［1994］711号）的规定：

建筑安装工程费由直接工程费、间接费、计划利润和税金构成。

①直接工程费由直接费、其他直接费和现场经费三项费用构成。

②间接费由企业管理费、财务费用和其他费用三项费用构成。

③计划利润：系指按规定应计入建筑安装工程造价的利润，依据不同投资来源或工程类别实施差别利率。

④税金：系指国家税法规定应计入建筑安装工程造价内的营业税、城市维护建设税及教育费附加。

⑤建筑安装工程费的计算基数。

a. 其他直接费、现场经费、间接费

土建工程：其他直接费、现场经费以直接费为基数计算；间接费以直接工程费为基数计算。

安装工程：均以人工费为基数计算。

b. 计划利润

按照建设部、国家体改委、国务院经贸办颁布的《关于发布全民所有制建筑安装企业转换经营机制实施办法的通知》中，有关"对工程项目的不同投资来源或工程类别，实行在计划利润基础上的差别利润率"的规定，建筑安装工程的计划利润率，可按不同的投资来源或工程类别，分别制定差别利润率。

土建工程：以直接工程费与间接费之和为基数计算。

安装工程：以人工费为基数计算。

c. 税金

按直接工程费、间接费、计划利润三项费用之和为基数计算。

施工报价单位应将以上各项费用汇总得出报价。

但在实际投标报价时，要根据企业发展战略和投标环境，审时度势来确定投标报价值。

8. 报送投标文件

施工公司将投标文件备齐并由负责人签名盖章后，装订成册，装入密封袋中，在规定的期限内报送到招标单位指定的地点。

9. 参加开标会、中标签约

施工公司投标后，按规定的日期参加开标会。《建设工程招标投标暂行规定》中明确规定："投标单位不参加开标会的，其标书为废标"。

《建设工程招标投标管理办法》规定：确定中标单位后，招标单位应于 7 日内发出中标通知书。中标的施工公司应在招标单位规定的时间内与之谈判，若谈判成功即签订施工合同。

第四节 施工分包合同管理

工程公司与施工公司签订的施工分包合同是进行施工分包合同管理的依据。工程公司负责此项工作的机构是项目施工工程管理组。

一、文件资料管理

（1）施工分包合同签订之前，接收保管与分发投标文件，评标资料及签订的施工分包合同资料。

（2）施工分包合同签订之后，接收、分发、处理、保管与施工公司、相关单位来往的有关施工分包合同事宜的文件、信函、资料等。

二、合同执行中的监督管理

（1）根据合同规定，通知并催促施工公司进入现场，落实施工开工各项条件。

（2）协调解决与施工公司、用户之间的有关施工问题。

（3）监督保证工程质量与施工进度措施的落实。

（4）组织各施工公司之间的施工工序交接。

三、合同变更管理

核实与处理有关合同变更问题。包括项目变更、用户变更或施工公司引起的变更。核实和处理对施工进度和工程价款的影响。

四、合同执行中的综合管理

（1）审查施工公司对工程进度付款的申请，负责进度付款管理。

（2）组织工程交工验收。

（3）工程验收后，检查合同双方均已完成合同责任和义务，提出支付施工公司保留金的文件及附件，编制保留金付款报告。

（4）按规定积累竣工验收需要的资料，并协助有关方面做好施工分包合同实施的总结报告。

第十三章　建筑工程施工现场管理

第一节　施工现场技术管理

一、施工现场技术管理

1. 定义

施工现场技术管理就是对现场各项技术活动、技术工作以及与技术相关的各种生产要素进行计划、实施、总结和评价的系统管理活动。搞好技术管理工作，有利于提高企业技术水平，充分发挥现有设备能力，提高劳动生产率，降低生产成本，提高企业管理效益，增强施工企业的竞争力。

2. 施工技术管理组织机构

施工活动必须充分发挥施工企业技术和管理的整体优势，因此，施工企业应建立以总工程师为首的技术管理组织机构。

二、施工现场技术管理制度

1. 技术标准及技术规范

项目施工过程中，应严格遵守、贯彻国家和地方颁发的技术标准和技术规范以及各种原材料、半成品、成品的技术标准和相应的检验标准。认真执行公司有关技术管理规定，认真按设计图纸进行施工，严禁违规违章。

2. 施工图认读及会审

项目部接到图纸后，应组织技术人员、现场施工人员等认读图纸，明确各专业的相互关系和对设计单位的要求，做好自审记录，并按会审图纸管理规定，办妥会审登记手续。

3. 组织设计或方案

施工项目开工前必须编制施工组织设计，并按有关规定分级编审施工组织设计文件，并应在施工过程中认真组织贯彻执行。

4. 施工技术交底

施工前，必须认真做好技术交底工作，使项目部施工人员熟悉和了解设计及技术要求、施工工艺和应注意的事项以及管理人员的职责要求；交底以书面及口头同时进行，并做好记录及交底人、被交底人签字。

5. 施工中的测量、检验和质量管理

（1）施工中组织专人负责放线、标高控制，并有专人负责复核记录归档。

（2）测量仪器应有专人使用和管理，并定期检验，严禁使用失准仪器。

（3）原材料、半成品、成品进场要提供供应厂家生产及销售资质文件、出厂合格证、化验单及检验报告等，并由主管技术人员及质安员验收核实后方能使用。

（4）严格按照国家规定、技术规范、技术要求，对需复检、复验项目予以复检、复验，并如实填写结果。

（5）正确执行计量法令、标准和规范，如施工组织设计、计划、技术资料、公文、标准及各种施工设计文件等。

6. 设计变更及材料代用

施工图纸的修改、设计变更或建设单位的修改通知需经各方签证后，方可作为施工及结算的依据。

7. 施工日志

施工现场应指定专人填写当日有关施工活动的综合记录，主要内容包括当日气候、气温、水电供应；施工情况、治安情况；材料供应及机具情况；施工、技术、项目变更内容。

8. 技术资料档案管理

（1）施工现场技术资料应由专人负责收集整理，并应与施工进度同步收集整理，其记载内容应与实际相符，做到准确、齐全、整洁。

（2）有关人员必须在资料指定位置上签名、盖章，并注明日期，手续齐全的资料方可作为有效资料收集整理。

（3）应严格执行有关城市建设档案管理条例和相关保密规定，及时进行工程施工档案的收集和管理。

三、施工技术管理的基础工作

1. 建立技术责任制

技术责任制是指将施工单位的全部技术管理工作分别落实到具体岗位（或个人）和具体的职能部门，使其职责明确，并制度化。

建立各级技术负责制，必须正确划分各级技术管理权限，明确各级技术领导的职责。施工单位内部的技术管理实行公司和工程项目部两级管理。公司工程管理部设技术管理室、科研室、试验室、计量室，在总工程师领导下进行技术、科研、试验、计量和测量管理工作。工程项目部设工程技术股，在项目经理和主任工程师领导下进行施工技术工作。总工程师、主任工程师是技术行政职务，是同级行政领导成员，分别在总经理、项目部经理的领导下全面负责技术工作，对本单位的技术问题，如施工方案、各项技术措施、质量事故处理、科技开发和改造等重大问题有决定权。

2. 贯彻技术标准和技术规程

（1）技术标准：

①建筑安装工程施工及验收规范；

②建筑安装工程质量检验及评定标准；

③建筑安装材料、半成品的技术标准及相应的检验标准。

（2）技术规程：

①施工工艺规程；

②施工操作规程；

③设备维护和检修规程；

④安全操作规程。

技术标准和技术规程一经颁发，就必须严格执行。但是技术标准和技术规程不是一成不变的，随着技术和经济发展，要适时地对它们进行修订。

3. 施工技术管理制度

施工技术管理制度包括如下几项：

①图纸学习和会审制度；

②施工项目管理规划制度；

③技术交底制度；

④施工项目材料、设备检验制度；

⑤工程质量检查验收制度；

⑥技术组织措施计划制度；

⑦工程施工技术资料管理制度；

⑧其他技术管理制度。

4. 建立健全技术原始记录

技术原始记录包括材料、构配件、建筑安装工程质量检验记录、质量、安全事故分析和处理记录、设计变更记录和施工日志等。技术原始记录是评定产品质量、技术活动质量及产品交付使用后制定维修、加固或改建方案的重要技术依据。

5. 建立工程技术档案

工程技术档案是记录和反映本单位施工、技术、科研等活动，具有保存价值，并且按一定的归档制度，作为真实的历史记录集中保管起来的技术文件材料。建筑企业的技术档案是指有计划地、系统地积累具有一定价值的建筑技术经济资料，它来源于企业的生产和科研活动，反过来又为生产和科研服务。

建筑企业技术档案的内容可分两大类：一类是为工程交工验收而准备的技术资料，作为评定工程质量和使用、维护、改造、扩建的技术依据之一；另一类是企业自身要求保留的技术资料，如施工组织设计、施工经验总结、科学研究资料、重大质量安全事故的分析与处理措施、有关技术管理工作经验总结等，作为继续进行生产、科研以及对外进行技术交流的重要依据。

四、施工技术管理的业务工作

1. 技术交底与图纸会审

技术交底是施工单位技术管理的一项重要制度，它是指开工前，由上级技术负责人就施工中有关技术问题向执行者进行交代的工作。其目的是使施工的人员对工程及其技术要求做到心中有数，以便科学地组织施工和按合理的工序、工艺进行作业。要做好技术交底工作，必须明确技术交底的内容，并搞好技术交底的分工。

技术交底的内容如下。

（1）图纸交底，目的是使施工人员了解施工工程的设计特点、做法要求、抗震处理、使用功能等，以便掌握设计关键，认真按图施工。

（2）施工组织设计交底，要将施工组织设计的全部内容向施工人员交代，以便掌握工程的特点、施工部署、任务划分、施工方法、施工进度、各项管理措施、平面布置等，用先进的技术手段和科学的组织手段完成施工任务。

（3）设计变更和洽商交底，将设计变更的结果向施工人员和管理人员做统一的说明，便于统一口径，避免差错。

（4）分项工程技术交底主要包括施工工艺，技术安全措施，规范要求，质量标准，新结构、新工艺、新材料工程的特殊要求等。

图纸会审是指开工前由设计部门、监理单位和施工企业三方面对全套施工图纸共同进行的检查与核对。图纸会审的目的是领会设计意图，明确技术要求，熟悉图纸内容，并及早消除图纸中的技术错误，提高工程质量。图纸会审的主要内容有：①建筑结构与各专业图纸是否有矛盾，结构图与建筑图尺寸是否一致，是否符合制图标准；主要尺寸、标高、轴线、孔洞、预埋件等是否有错误。②设计地震烈度是否符合当地要求，防火、消防是否满足要求。③设计假定与施工现场实际情况是否相符。④材料来源有无保证，能否替换；施工图中所要求的新技术、新结构、新材料、新工艺应用有无问题。⑤施工安全、环境卫生有无保证。⑥某些结构的强度和稳定性对安全施工有无影响。

2. 编制施工组织设计

在施工前，对拟建工程对象从人力、资金、施工方法、材料、机械五方面在时间、空间上做科学合理的安排，使施工能安全生产、文明施工，从而达到优质、低耗地完成建筑产品，这种用来指导施工的技术经济文件称为施工组织设计。

施工技术组织措施的内容包括：加快施工进度的措施；保证提高工程质量的措施；节约原材料、动力、燃料的措施；充分利用地方材料，综合利用废渣、废料的措施；推广新技术、新结构、新工艺、新材料、新设备的措施；改进施工机械的组织管理，提高机械的完好率和利用率的措施；改进施工工艺和操作技术，提高劳动生产率的措施；合理改善劳动组织，节约劳动力的措施；保证安全施工的措施；发动群众提合理化建议的措施；各项技术、经济指标的控制数字。

3. 材料检验

材料检验是指对进场的原材料用必要的检测仪器设备进行检验。因为建筑材料质量的好坏直接影响建筑产品的优劣，所以企业建立健全材料试验及检验材料，严把质量关，才能确保工程质量。

凡施工用的原材料，如水泥、钢材、砖、焊条等，都应有出厂合格证明或检验单；对混凝土、砂浆、防水胶结材料及耐酸、耐腐、绝缘、保温等配合的材料或半成品，均要有配合比设计及按规定制定试块检验；对预制构件，预制厂要有出厂合格证明，工地可作抽样检查；对新材料、新的结构构件、代用材料等，要有技术鉴定合格证明，才能使用。

施工企业要加强对材料及构配件试验检验工作的领导，建立试验、检验机构，配备试验人员，充实试验、检验仪器设备，提高试验与检验的质量。钢筋、水泥、砖、焊条等结构用材料，除应有出厂证明外，还必须根据规范和设计要求进行检验。

4. 施工过程的质量检查和工程质量验收

为了保证工程质量，在施工过程中，除根据国家规定的《建筑安装工程质量检验评定标准》逐项检查操作质量外，还必须根据建筑安装工程的特点，对以下几方面进行检查和验收。

（1）施工操作质量检查：有些质量问题是由于操作不当导致，因此必须实施施工操作过程中的质量检查，发现质量问题及时纠正。

（2）工序质量交接检查：工序质量交接检查是指前一道工序质量经检查签证后方能移交给下一道工序。

（3）隐蔽工程检查验收：隐蔽工程检查与验收是指对本道工序操作完成后将被下道工序所掩埋、包裹而无法再检查的工程项目，在隐蔽前所进行的检查与验收，如钢筋混凝土中的钢筋，基础工程中的地基土质和基础尺寸、标高等。

（4）分项工程预先检查验收：一般是在某一分项工程完工后，由施工队自己检查验收。但对主体结构、重点、特殊项目及推行新结构、新技术、新材料的分项工程，在完工后应由监理、建设、设计和施工共同检查验收，并签证验收记录，纳入工程技术档案。

（5）工程交工验收：在所有建设项目和单位工程规定内容全部竣工后，进行一次综合性检查验收，评定质量等级。交工验收工作由建设单位组织，监理单位、设计单位和施工单位参加。

（6）产品保护质量检查：产品保护质量检查即对产品采取"护、包、盖、封"。护，是指提前保护；包，是指进行包裹，以防损伤或污染；盖，是指表面覆盖，防止堵塞、损伤；封，是指局部封闭，如楼梯口等。

5. 技术复核与技术核定

技术复核是指在施工过程中对重要部位的施工，依据有关标准和设计的要求进行复查、核对工作。技术复核的目的是避免在施工中发生重大差错，保证工程质量。技术复核一般在分项工程正式施工前进行。复核的内容视工程情况而定，一般包括：建筑物坐标，标高和轴线，基础和设备基础，模板，钢筋混凝土和砖砌体，大样图、主要管道和电气等。

技术核定是指在施工前和施工过程中，必须修改原设计文件时应遵循的权限和程序。当施工过程中发现图纸仍有差错，或因施工条件变化需进行材料代换、构件代换以及因采用新技术、新材料、新工艺及合理化建议等原因需变更设计时，应由施工单位提出设计修改文件。

五、任务实施

（一）明确施工现场技术管理的任务和原则

1. 施工技术管理的任务

建筑企业技术管理的基本任务是：正确贯彻执行国家的各项技术政策、标准和规定，科学地组织各项技术工作，建立正常的生产技术秩序，充分发挥技术人员和技术装备的作用，不断改进原有技术和采用先进技术，保证工程质量，降低工程成本，推动企业技术进步，提高经济效益。

2. 技术管理工作应遵循的原则

（1）按科学技术的规律办事，尊重科学技术原理，尊重科学技术本身的发展规律，用科学的态度和方法进行技术管理。

（2）讲究技术工作的经济效益。技术和经济是辩证统一的，先进的技术应带来良好的经济效益，良好的经济效益又依靠先进技术。因此，在技术管理中应该把技术工作与经济效益联系起来，全面地分析、核算，比较各种技术方案的经济效果。有时，新技术、新工艺和新设备在研制和推广初期，可能经济效果欠佳，但是，从长远来看，可能具有较大的经济效益，应该通过技术经济分析，择优决策。

（3）认真贯彻国家的技术政策和建筑技术政策纲要，执行各项技术标准、规范和规程，并在实际工作中，从实际出发，不断完善和修订各种标准、规范和规程，改进技术管理工作。

（二）编写施工现场技术管理的内容

工程施工是一项复杂的分工种操作的综合过程，技术管理所包括的内容比较多，其主要内容有以下两个方面。

1. 经常性的技术管理工作

（1）施工图的审查与会审。

（2）编制施工组织设计。

（3）组织技术交底。

（4）工程变更和洽商。

（5）制定技术措施和技术标准。

（6）建立技术岗位责任制。

（7）进行技术、材料和半成品的试验与检测。

（8）贯彻技术规范和规程。

（9）进行技术情报、技术交流和技术档案收集整理工作。

（10）监督与执行施工技术措施，处理技术问题等。

2. 开发性的技术管理工作

（1）根据施工的需要，制定新的技术措施。

（2）进行技术革新。

（3）开展新技术、新结构、新材料、新工艺和新设备的试验研究及开发。

（4）制定科学研究和挖潜、改造规划。

（5）组织技术培训等。

第二节 施工现场机械设备、料具管理

一、施工现场机械设备管理

1. 定义

施工机械设备管理是按照机械设备的特点，在项目施工生产活动中，为了解决好人、机械设备和施工生产对象的关系，使之充分发挥机械设备的优势，获得最佳的经济效益，而进行的组织、计划、指挥、监督和调节等工作。

2. 施工现场机械设备管理制度

（1）机械设备的使用应贯彻"管理结合、人机固定"的原则。按设备性能合理安排、正确使用，充分发挥设备效能，保证安全生产。

（2）各级机械设备管理人员、操作人员应严格执行上级部门、本单位制定的各项机械设备管理规定，遵守安全操作规程，经常检查安全设施、安全规程的执行情况以及劳动保护用品的使用情况，发现问题及时指出，并加以解决。

（3）坚持持证上岗，严禁无操作证者上机作业，持实习证者不准单独顶班作业。

（4）不是本人负责的设备，未经领导同意，不得随意上机操作。

（5）现场设备（含临时停放设备）均应有防雨、防晒、防水、防盗、防破坏措施，并实行专人负责管理。

（6）机械设备的安装应严格遵守安装要求，遵守操作规程。安装场地应坚实平整。起重类机械严禁超载使用，确保设备及人身安全。

（7）设备安装完毕后，应进行运行安全检查及性能试验，经试运转合格、专业职能人员检验签认后方可投入使用。

3. 机械设备安全措施

（1）各种施工机械应制定使用过程中的定期检测方案，并如实填写施工机械安装、使用、检测、自检记录。

（2）在机械设备进场前，应结合现场情况，做好安装、调试等部署规划，并绘制出现场机械设备平面布置图。

（3）机械设备安装前要进行一次全面的维修、保养、检修，达到安全要求后再进行安装，并按计划实施日常保养、维修。

（4）机械设备操作人员的配备应保持相对稳定，严格执行定人、定机、定岗位，不得随意调动、顶班。

（5）操作人员严格执行例保制度，凡不按规定执行者均按违章处理。

（6）大型设备应由建设局及相关劳动部门检验认可，才能租赁、安装、使用。

（7）各种机械设备在移动、清理、保养、维修时，必须切断电源，并设专人监护，在设备使用间隙或停电后，必须及时切断电源，挂停用标志牌。

（8）凡因违章、违纪而发生机械人身伤亡事故者，都要查明事故原因及责任，按照"三不放过"的原则，严肃处理。

4. 安全教育制度

（1）机械设备安全操作使用知识，必须纳入"三级教育"内容。

（2）机械设备操作人员必须经过专门的安全技术教育、培训，并经考试合格后，方能持证上岗，上岗人员必须定期接受再教育。

（3）安全教育要分工种、分岗位进行。教育内容包括：安全法规、本岗位职责、现场其他标准、安全技术、安全知识、安全制度、操作规程、事故案例、注意事项等，并有教育记录，归档备查。

（4）执行班级每日班前讲话制度，并结合施工季节、施工环境、施工进度、施工部位及易发生事故的地点等，做好有针对性的分部分项案例技术交底工作。

（5）各项培训记录、考核试卷、标准答案、考核人员成绩汇总表，均应归档备查。

5. 施工现场机械设备使用管理

（1）为了合理使用机械设备，重复发挥机械效率，安全完成施工生产任务，提高经济效益，机械设备使用要求做到管用结合，合理使用，施工部门与设备部门应密切配合。

（2）制定施工组织设计方案，合理选用机械，从施工进度、施工工艺、工程量等方面做到合理装备，不要大机小用。结合施工进度，利用施工间隙，安排好机械的维护保养，避免失修失保和不修不保，应使机械保持良好状况，以便能随时投入使用。

（3）严格按机械设备说明书的要求和安全操作规程使用机械。操作人员做到"四懂三会"，即懂结构、懂原理、懂性能、懂用途和会操作、会维护保养、会处理一般故障。

（4）正确选用机械设备润滑油，必须严格按照说明书规定的品种、数量、润滑点、周期加注或更换，做到"五定"，即定人、定时、定点、定量、定质。

（5）协调配合，为机械施工作业创造条件，提高机械使用效果，必须做到按规定间隔期对机械进行保养，使之始终处于良好状况。合理组织施工，增加作业时间，提高时间利用率。提高技术水平和熟练程度，配备适当的维修人员排除故障。

6. 机械设备维修保养

（1）机械维修保养的指导思想是以预防为主，根据各种机械的规律、结构以及各种条件和磨损规律制定强制性的制度。机械的技术维修保养，按作业时间的不同，可分为定期保养和特殊保养两类，定期保养有日常保养和分级保养；特殊保养有跑合保养、换季保养、停用保养和封存保养等。

（2）分级保养一般按机械的运行时数来划分熬夜级别内容，而特殊保养一般是根据需要临时安排或列入短期计划进行的，也可结合定期保养进行，如停用保养、换季保养等。

（3）日常保养是操作人员在上下班和交接班时间进行保养作业，其内容为清洁、润滑、调整、紧固、防腐。重点是润滑系统、冷却系统、过滤系统、转向及行走系统、制动及安全装置等部位的检查调整。日常保养项目和部位较少，且大多数在机器外部，但都是易损及要害部位。日常保养是确保机械正常运行的基本条件和基础工作。

（4）一级保养除进行日常保养的各作业项目外，还包括：

①清洗各种滤清器；

②查看各处油面、水面和注油点，若有不足时，应及时添加；

③清除油箱、火花塞等污垢；

④清除漏水、漏油、漏电现象；

⑤调整皮带传动和链传动的松紧度；

⑥检查和调整各种离合器、制动器、安全保护装置和操纵机构等，保持其灵敏有效；

⑦检查钢丝绳有无断丝，其连接及固定是否安全可靠；

⑧检查各系统的传动装置是否出现松动、变形、裂纹、发热、异响、运转异常等，发现后及时修复、排除。

（5）在一般情况下，日常保养和一级保养由机械操纵人员负责进行，而维修人员负责二级以上的保养工作。

二、建筑现场料具管理

1. 施工现场料具管理制度

（1）材料验收登记制度。工地材料员对进场、进库的各种材料、工具、构件等办理验收手续，检验其出厂合格证（或检验报告），并填写规格、数量。施工现场应建立材料进场登记记录，包含日期、材料名称、规格型号、单位、数量、供货单位、检验状态、收料人等。对不符合质量、数量或规格要求的料具，材料员除拒绝验收外，还应建立相应记录。

（2）限额领料和退料制度。施工现场应明确限额领料的材料范围，规定剩余材料限时退回。领、退料均必须办理相关手续，注明用料单位工程和班组、材料名称、规格、数量及时间、批准人等。材料领发后，材料员应按保管和使用要求对班组进行跟踪检查和监督。现场限额领料登记应包含日期、材料名称、规格数量、单位、定额（领用）数量、节超记录、使用班组、领料人等。

2. 施工现场材料管理规定

（1）施工现场外临时存放材料，需经有关部门批准，并应按规定办理临时占地手续。材料要码放整齐，符合要求，不得妨碍交通和影响市容，堆放散料时应进行围挡，围挡高度不得低于 0.5m。

（2）贵重物品，易燃、易爆和有毒物品，应及时入库，专库专管，增加明显标志，并建立严格的管理规定和领、退料手续。

（3）材料场应有良好的排水措施，做到雨后无积水，防止雨水浸泡和雨后地基沉降，造成材料的损失。

（4）材料现场应划分责任区，分工负责以保持材料场的整齐洁净。

（5）材料进、出施工现场，要遵守门卫的查验制度。进场要登记，出场有手续。

（6）材料出场必须由材料员出具材料调拨单，门卫核实后方准出场。调拨单交门卫一联保存备查。

三、任务实施

（一）分析施工现场机械设备、料具管理的内容

（二）编制施工现场机械设备、料具管理任务

为规范项目机械设备及料具运用和管理，建立健全机械设备及料具管理机构和管理制度，以经济效益为中心，提高机械设备管理水平，特制定本管理实施计划。

1. 施工机械设备管理的任务

（1）根据"技术上先进，经济上合理，施工上适用、安全可靠"的原则选购机械设备，为项目提供优良的技术设备。

（2）推广先进的管理方法和制度，加强保养维修工作，减轻机械设备磨损，保证机械设备始终处于良好的技术状态。

（3）根据项目施工需要，做好机械设备的供应、平衡、调剂、调度等工

作，同时教育机务职工正确使用，确保安全，主动服务，方便施工。

（4）做好日常管理工作，包括机械设备验收、登记、保管工作，运转记录，统计报表，技术档案工作；备品配件和节能工作；技术安全工作等。

（5）做好机械设备的改造和更新工作，提高机械设备的现代化水平。

（6）做好机械设备的经济核算工作。

（7）做好机务职工的技术培训工作。

2．施工现场料具管理任务

（1）做好施工现场物资管理规划，设计好总平面图，做好预算，提出现场料具管理目标。

（2）按施工进度计划组织料具分批进场，既要保证需要，又要防止过多占用储存场地，更不能形成大批工程剩余。

（3）按照各种料具的品种、规格、质量、数量要求，对进场料具进行严格检查、验收，并按规定办理验收手续。

（4）按施工总平面图要求存放料具，既要方便施工，又要保证道路畅通，在安全可靠的前提下，尽量减少二次搬运。

（5）按照各种物资的自然属性进行合理码放和储存，采取有效的措施进行保护，数量上不减少，质量上不降低使用价值；要明确保管责任。

（6）按操作者所承担的任务对领料数量进行严格控制。

（7）按规范要求和施工使用要求，对操作者手中料具进行检查，监督班组合理使用，厉行节约。

（8）用实物量指标对消耗料具进行记录、计算、分析和考核，以反映实际消耗水平，改进料具管理。

第三节　施工现场安全生产管理

一、安全生产的概念

安全生产，是指在生产经营活动中，为避免造成人员伤害和财产损失的事故而采取相应的事故预防和控制措施，以保证从业人员的人身安全，保证生产经营活动得以顺利进行的相关活动。

二、安全控制的方针与目标

1. 安全控制的方针

安全控制的目的是为了安全生产，因此安全控制的方针也应符合安全生产的方针，即"安全第一，预防为主"。

"安全第一"是把人身的安全放在首位，生产必须保证人身安全，充分体现了"以人为本"的理念。

"预防为主"是实现"安全第一"的最重要手段，采取正确的措施和方法进行安全控制，从而减少甚至消除事故隐患，尽量把事故消灭在萌芽状态，这是安全控制最重要的思想。

2. 安全控制的目标

安全控制的目标是减少和消除生产过程中的事故，保证人员健康安全和财产免受损失，具体包括：

（1）减少或消除人的不安全行为的目标；

（2）减少或消除设备、材料的不安全状态的目标；

（3）改善生产环境和保护自然环境的目标；

（4）安全管理的目标。

三、施工现场安全管理制度

为了进一步提高施工现场安全生产工作的管理水平，保障职工的生命安全和施工作业的顺利进行，特制定以下制度。

（1）贯彻执行"安全第一，预防为主"的方针，坚持管生产必须管安全的原则。

（2）开工前，在施工组织设计（或施工方案）中，必须有详细的施工平面布置图，运输道路、临时用电线路布置等工作的安排，均要符合安全要求。

（3）现场四周应有与外界隔离的围护设置，入口处应设置施工现场平面布置图，安全生产记录牌、工程概况牌等有关安全的设备。

（4）现场排水要有全面规划，排水沟应经常清理疏通，保持流畅。

（5）道路运输平坦，并保持畅通。

（6）现场材料必须按现场布图规定的地点分类堆放整齐、稳固。作业中留置的木材、钢管等剩余材料应及时清理。

（7）施工现场的安全施工，如安全网、护杆及各种限制保险装置等，必须齐全有效，不得擅自拆除或移动。

（8）施工现场的配电、保护装置以及避雷保护、用电安全措施等，要严格按照规定进行。

（9）用火用电和易爆物品的安全管理、现场消防设施和消防责任制度等应按消防要求周密考虑和落实。

（10）现场临时搭设的仓库、宿舍、食堂、工棚等都要符合安全、防火的要求。

四、施工项目安全管理措施

1. 施工项目安全管理组织措施

（1）建立施工项目安全组织系统——项目安全管理委员会。

（2）建立与施工项目安全组织系统相配套的各专业、部门、生产岗位的安全责任系统。

（3）建立安全生产责任制。安全生产责任制是指企业对项目经理部各级领导、各个部门和各类人员所规定的在他们各自职责范围内对安全生产应负责任的制度。安全生产责任制应根据"管生产必须管安全""安全生产人人有责"的原则，明确各级领导、各职能部门和各类人员在施工生产活动中应负的安全责任，其内容应充分体现责、权、利相统一的原则。

2. 施工安全技术工作措施

施工安全技术工作措施是指为防止工伤事故和职业病的危害，从技术上采取的措施。

施工阶段安全控制要点如下。

（1）基础施工阶段：挖土机械作业安全，边坡防护安全，降水设备与临时用电安全，防水施工时的防火、防毒，人工挖扩孔桩安全。

（2）结构施工阶段：临时用电安全，内外架及洞口防护，作业面交叉施工，大模板和现场堆料防倒塌，机械设备的使用安全。

（3）装修阶段：室内多工种、多工序的立体交叉施工安全防护，外墙面装饰防坠落，做防水油漆的防火、防毒，临电、照明及电动工具的使用安全。

（4）季节性施工：雨季防触电、防雷击、防沉陷坍塌、防台风，高温季节防中暑、防中毒、防疲劳作业，冬季施工防冻、防滑、防火、防煤气中毒、防大风雪和防大雾。

3. 安全教育

安全教育主要包括安全生产思想、安全知识、安全技能和法制教育四个方面的内容。

（1）安全生产思想教育：主要包括思想认识的教育和劳动纪律的教育。

（2）安全知识教育：企业所有员工都应具备的安全基本知识。

（3）安全技能教育：结合本工种专业特点，实现安全操作、安全防护所必须具备的基本技能知识要求。

（4）法制教育：采取各种有效形式，对员工进行安全生产法律法规、行政法规和规章制度方面的教育，从而提高全体员工学法、知法、懂法、守法的自觉性，以达到安全生产的目的。

4. 安全检查与验收

（1）安全检查的约容：主要是查思想、查制度、查机械设备、查安全设施、查安全教育培训、查操作行为、查劳保用品使用、查伤亡事故的处理等。

（2）安全检查的方法。

①看：主要查看管理记录、持证上岗、现场标识、交接验收资料，"三宝"使用情况，"洞口""临边"防护情况以及设备防护装置等。

②量：主要是用尺进行实测实量。例如，测量脚手架各种杆件间距、塔吊轨道距离、电气开关箱安装高度、在建工程邻近高压线距离等。

③测：用仪器、仪表实地进行测量，例如，用水平仪测量轨道纵、横向倾斜度，用地阻仪遥测地阻等。

④现场操作：由司机对各种限位装置，如塔吊的力矩限制器、行走限位、龙门架的超高限位装置、翻斗车制动装置等进行实际动作，检验其灵敏程度。

（3）施工安全验收：验收程序如下。

①脚手架杆件、扣件、安全网、安全帽、安全带以及其他个人防护用品，应有出厂证明或验收合格的凭据，由项目经理、技术负责人和施工队长共同审验。

②各类脚手架、堆料架、井字架、龙门架和支搭的安全网、立网由项目经理或技术负责人申报支搭方案并牵头，会同工程和安全主管部门进行检查验收。

③临时电气工程设施由安全主管部门牵头，会同电气工程师、项目经理、

方案制定人和安全员进行检查验收。

④起重机械、施工用电梯由安装单位和使用工地的负责人牵头，会同有关部门检查验收。

⑤工地使用的中小型机械设备由工地技术负责人和工长牵头，进行检查验收。

⑥所有验收必须办理书面确认手续，否则无效。

五、任务实施

（一）明确现场安全生产管理的重要性

通过对作业现场进行有效的监控管理，可及时发现、纠正和消除人的不安全行为、物的不安全状态和环境的不安全条件，减少或防止各类生产安全事故的发生；可促进全员参与改善作业环境，提高员工安全生产素质；可直观地展示企业管理水平和良好形象。其重要性主要体现在以下几方面。

（1）各种生产要素都要通过生产现场转化为生产力，所有这些都要通过对生产现场的有效管理才能实现。

（2）企业安全生产管理的主战场在生产作业现场。大约有90%的事故发生在生产现场。

（3）安全生产不只是安全部门和安全管理人员的责任，必须依靠现场所有的人来共同完成。

（4）提高企业安全绩效必须通过生产作业过程的优化和有效控制才能实现。

（二）编制施工现场安全生产管理内容

1. 人员现场管理

美国安全工程专家海因里希提出了1：29：300的伤亡事故发生的规律，即每300起生产安全事件中，会发生1起重伤或死亡事故，29起轻伤事故，300起无伤害事故，其中，80%甚至更高比率的事故是由于人员违章导致的。因此，人员现场安全生产管理的重点是作业人员合理组织和人机优化配置、作业时间合理安排及作业人员安全行为的约束和管理。

（1）根据作业性质要求，合理安排适宜的作业班组或人员去实施。

（2）根据劳动强度和人的生理等特点，合理安排工作时间，防止疲劳作业。

（3）现场管理人员严格执章，大胆管理，及时发现、制止、纠正和处理作业人员的违章违纪等一切不安全行为。

（4）改变作业人员被动管理的模式，引导和鼓励开展 SC 小组活动或其他形式的团队安全活动。

2. 设施设备现场管理

加强管、用、养、修，保持设施设备完好状态，这是现场安全生产管理的重要内容。企业应建立完善设备安全管理制度。员工应按规程正确使用设备设施，做好日常运行和故障记录，做到管理有序，操作规范，会使用、会维护、会检查、会排除故障。按规定做好设备的维护保养和检查、检测工作，特别是要加强安全装置的检查管理，确保设备处于完好状态。

3. 作业方法现场管理

（1）要选择、确定正确合理的工艺、方法，包括对工艺流程的安排，对作业环境条件、装备和工艺参数的选择。

（2）要在实际作业中分析、发现作业方法存在的不足或问题，尽量简化作业方法和动作，使作业方法更安全有效。

（3）要确保作业人员理解和掌握工艺方法、安全操作规程并严格落实。

4. 作业环境现场管理

作业环境现场管理就是要通过日常的整理、整顿、清扫、清洁、自律（5S 活动），保持作业现场整洁有序与无毒无害，建立环境清洁安全、作业场地布局合理、设施设备保养完好、人机物流畅通、工艺纪律、操作习惯良好的文明工作环境，确保现场人员的安全和健康。

（三）编制施工现场安全技术措施计划

施工现场安全技术措施计划包括以下内容。

（1）工程概况。

（2）工程项目职业健康安全控制目标。

（3）控制程序。

（4）项目经理部职业健康安全管理组织机构及职责权限的分配。

（5）应遵循的规章制度。

（6）需配置的资源，如脚手架等安全设施。

（7）安全技术措施。应根据工程的特点、施工方法、施工程序、职业健康安全的法规和标准的要求，采取可靠的安全技术措施，消除安全隐患，保证施工的安全。以下情况应制定安全技术措施。

　　①对结构复杂、施工难度大、专业性强的项目，必须制定项目总体及单位工程或分部、分项工程的安全技术措施。

　　②对高空作业、井下作业、水上作业、水下作业、爆破作业、脚手架上空作业、有害有毒作业、特种机构作业等专业性强的施工作业，以及从事电气、压力容器、起重机、金属焊接、井下瓦斯检验等特殊工种的作业，应制定单项安全技术措施，并应对管理人员和操作人员的安全作业资格和身体状况进行合格审查。

　　③对于防火、防毒、防爆、防洪、防高空坠落、防交通事故、防环境污染等，均应编制安全技术措施。

　　（8）检查评价。应确定安全技术措施执行情况及施工现场安全情况检查评定的要求和方法。

　　（9）制定奖惩制度。

第四节　现场文明施工与环境管理

一、施工现场文明施工的组织与管理

　　1. 文明施工的组织和制度管理

　　（1）施工现场应成立以项目经理为第一责任人的文明施工管理组织。分包单位应服从总包单位的文明施工管理组织的统一管理，并接受监督检查。

　　（2）各项施工现场管理制度应有文明施工的规定，包括个人岗位责任制、经济责任制、安全检查制度、持证上岗制度、奖惩制度、竞赛制度和各项专业管理制度等。

　　（3）加强和落实现场文明检查、考核及奖惩管理，以促进施工文明管理工作提高。检查范围和内容应该全面周到，包括生产区、生活区、场容场貌、环境文明及制度落实等内容。对检查发现的内容应该采取整改措施。

　　2. 建立收集文明施工的资料及其保存的措施

　　（1）上级关于文明施工的标准、规定、法律法规等资料。

　　（2）施工组织设计中对文明施工的管理规定，各阶段施工现场文明施工的措施。

　　（3）文明施工自检资料。

（4）文明施工教育、培训、考核计划资料。

（5）文明施工活动各项记录资料。

3. 加强文明施工的宣传和教育

（1）在坚持岗位练兵基础上，要采取派出去、请进来、短期培训、上技术课、登黑板报、广播、看录像、看电视等方法狠抓教育工作。

（2）要特别注意对临时工的岗前教育。

（3）专业管理人员应熟悉掌握文明施工的规定。

二、现场文明施工的基本要求

（1）施工现场必须设置明显的标牌，标明工程项目名称、建设单位、设计单位、施工单位、项目经理和施工现场总代表人的姓名，开、竣工日期，施工许可证批准文号等。施工单位负责施工现场标牌的保护工作。

（2）施工现场的管理人员在施工现场应当佩戴证明其身份的证卡。

（3）应当按照施工总平面布置图设置各项临时设施。现场堆放的大宗材料、成品、半成品和机具设备不得侵占场内道路及安全防护等设施。

（4）施工现场的用电线路、用电设施的安装和使用必须符合安装规范和安全操作规程，并按照施工组织设计进行架设，严禁任意拉线接电。

（5）施工机械应当按照施工总平面布置图规定的位置和线路设置，不得任意侵占场内道路。

（6）应保证施工现场道路通畅、排水系统处于良好的使用状态；保持场容场貌的整洁，随时清理建筑垃圾。

（7）施工现场的各种安全设施和劳动保护器具必须定期进行检查和维护，及时消除隐患，保证其安全有效。

（8）施工现场应当设置各类必要的职工生活设施，并符合卫生、通风、照明等要求。职工的膳食、饮水供应等应当符合卫生要求。

（9）应当做好施工现场安全保卫工作，采取必要的防盗措施，在现场周边设立围护设施。

（10）应当严格依照《中华人民共和国消防条例》的规定，在施工现场建立和执行防火管理制度。

（11）施工现场发生工程建设重大事故的处理，应依照《工程建设重大事故报告和调查程序规定》执行。

三、现场环境管理

（1）现场环境管理的目的是依据国家、地方和企业制定的一系列环境管理及相关法律、法规、政策、文件和标准，通过控制作业现场对环境的污染和危害，保护施工现场周边的自然生态环境，创造一个有利于施工人员身心健康，最大限度地减少对施工人员造成职业损害的作业环境，同时考虑能源节约和避免资源的浪费。

（2）现场环境管理的任务包括：项目经理部通过一系列指挥、控制、组织与协调活动，评价施工活动可能会带来的环境影响，制定环境管理的程序，规划并实施环境管理方案，检验环境管理成效，保持环境管理成果，持续改进环境管理工作，以现场环境管理目标的实现保证整个建设项目环境管理目标的实现。

四、施工现场环境保护与卫生管理

施工现场的环境保护工作是整个城市环境保护工作的一部分，施工现场必须满足城市环境保护工作的要求。

1. 防止大气污染

（1）施工现场垃圾要及时清运，适量洒水，减少扬尘。对高层或多层施工垃圾，必须搭设封闭临时专用垃圾道或采用容器吊运，严禁随意凌空抛撒造成扬尘。

（2）对水泥等粉细散装材料，应尽量采取库内存放，如露天存放，则应采用严密遮盖，卸运时要采取有效措施，减少扬尘。

（3）施工现场应结合设计中的永久道路布置施工道路，道路基层做法应按设计要求执行，面层可采用礁渣、细石沥青或混凝土，以减少道路扬尘，同时要随时修复因施工而损坏的路面，防止浮土产生。

（4）运输车辆不得超量运载，运输工程土方、建筑渣土或其他散装材料不得超过槽帮上沿；运输车辆出现场前，应将车辆槽帮和车轮冲洗干净，防止带泥土的运输车辆驶出现场和遗撒渣土在路途中。

（5）对施工现场的搅拌设备，必须搭设封闭式围挡及安装喷雾除尘装置。

（6）施工现场要制定洒水降尘制度，配备洒水设备，设专人负责现场洒水降尘和及时清理浮土。

（7）拆除旧建筑物时，应配合洒水，减少扬尘污染。

2. 防止水污染

（1）凡需进行混凝土、砂浆等搅拌作业的现场，必须设置沉淀池。排放的废水要排入沉淀池内，经两次沉淀后，方可排入市政污水管线或回收用于洒水降尘，未经处理的泥浆水严禁直接排入城市排水设施和河流。

（2）凡进行现制水磨石作业产生的污水，必须控制污水流向，防止蔓延，并在合理的位置设置沉淀池，经沉淀后，方可排入污水管线。施工污水严禁流出工地，污染环境。

（3）施工现场临时食堂的污水排放控制，要设置简易有效的隔油池，产生的污水经下水管道排放要经过隔油池，平时加强管理，定期掏油，防止污染。

（4）施工现场要设置专用的油漆和油料库，油库地面和墙面要做防渗漏的特殊处理，使用和保管要专人负责，防止油料的跑、冒、滴、漏，防止污染水体。

（5）禁止将有毒有害废弃物用做土方回填，以防污染地下水和环境。

3. 防止噪音污染

（1）施工现场应遵照《建筑施工场界噪声限值》（GB12523－90）制定降噪的相应制度和措施。

（2）凡在居民稠密区进行噪声作业，必须严格控制作业时间，若遇到特殊情况需连续作业，应按规定办理夜间施工证。

（3）产生强噪声的成品、半成品加工和制作作业应放在工厂、车间完成，减少因施工现场加工制作而产生的噪声。

（4）对施工现场强噪声机械，如搅拌机、电锯、电刨、砂轮机等，要设置封闭的机械棚，以减少强噪声的扩散。

（5）加强施工现场的管理，特别要杜绝人为敲打、尖叫、野蛮装卸噪声等，最大限度地减少噪声扰民。

4. 现场住宿及生活设施的环境卫生管理

（1）施工现场应设置符合卫生要求的厕所，有条件的应设水冲式厕所，厕所应有专人负责管理。

（2）食堂建筑、食堂卫生必须符合有关卫生要求，如炊事员必须有卫生防疫部门颁发的体检合格证，生熟食应分别存放，食堂炊事人员穿白色工作服，食堂卫生定期检查等。

（3）施工现场应按作业人员的数量设置足够使用的淋浴设施，淋浴室在寒冷季节应有暖气、热水，淋浴室应有管理制度和专人管理。

（4）生活垃圾应及时清理，集中运送装入容器，不能与施工垃圾混放，并设专人管理。

五、任务实施

（一）明确现场文明施工与环境管理的意义

标准化文明施工，就是施工项目在施工过程中科学地组织安全生产，规范化、标准化管理现场，使施工现场按现代化施工的要求保持良好的施工环境和施工秩序，这是施工企业的一项基础性的管理工作。标准化文明施工实际上是建筑安全生产工作的发展、飞跃和升华，是树立"以人为本"的指导思想。在安全达标的基础上开展的创建文明工地活动、标准化文明施工，是现代化施工的一个重要标志，作为企业文化的一部分，具有重要意义。它是企业文化的有形载体，是企业视觉识别系统的补充和活化，有利于增强施工项目班子的凝聚力和集体使命感，是体现项目管理水平的依据之一，也是企业争取客户认同的重要手段。

建筑业在推动经济发展、改善人民生活的同时，其在生产活动中产生的大量污染物也严重影响了广大群众的生活质量。在环境总体污染中，与建筑业有关的环境污染所占比例相当大，包括噪声污染、水污染、空气污染、固体垃圾污染、光污染以及化学污染等。因此，加强对建筑施工现场进行科学管理、尽量减少各类污染的研究具有十分重要的现实意义。绿色建筑的理念是：节约能源、节约资源、保护环境、以人为本。在以人为本，坚持全面、协调、可持续的科学发展观，努力构建社会主义和谐社会的新形势下，倡导绿色施工，加强环境保护，实现人与环境的和谐相处，进一步提高施工现场的环境管理水平，是建筑施工企业光荣而神圣的历史使命。

（二）编制施工现场文明施工与环境管理的方法

1. 施工现场文明施工管理要点

（1）主管挂帅。建筑单位成立由主要领导挂帅、各部门主要负责人参加的施工现场管理领导小组，在现场建立以项目管理班子为核心的现场管理组织体系。

（2）系统把关。各管理业务系统对现场的管理进行分口负责，每月组织检查，发现问题及时整改。

（3）普遍检查。对现场管理的检查内容，按达标要求逐项检查，填写检查报告，评定现场管理先进单位。

（4）建章建制。建立施工现场管理规章制度和实施办法，按章办事，不得违背。

（5）责任到人。管理责任不但明确到部门，而且各部门要明确到人，以便落实管理工作。

（6）落实整改。对出现的问题，一旦发现，必须采取措施纠正，避免再度发生。无论涉及哪一级、哪一部门、哪一个人，绝不能姑息迁就，必须整改落实。

（7）严明奖惩。成绩突出，应按奖惩办法予以奖励；出现问题，要按规定给予必要的惩罚措施。

2. 施工现场环境管理要点

（1）施工中需要停水、停电、封路而影响环境时，必须经有关部门批准、事先告示。

（2）施工单位应该保证施工现场道路畅通，排水系统处于良好的使用状态；保持场容地貌的整洁，随时清理建筑垃圾。在车辆、行人通行的地方施工时，应当设置沟井坎穴覆盖物和施工标志。

（3）妥善处理泥浆水。泥浆水未经处理不得直接排入城市排水设施和河流、湖泊、池塘。

（4）除设有符合规定的装置外，不得在施工现场熔融沥青或者焚烧油毡、油漆以及其他会产生有毒有害烟尘和恶臭其他的物质。

（5）使用密封式的圈筒或者采取其他措施处理高空废弃物。建筑垃圾、渣土应在指定地点堆放，每日进行清理。

（6）采取有效措施控制施工过程中的扬尘。

（7）禁止将有毒有害废弃物用做土方回填。

（8）对产生噪声、振动的施工机械，应采取有效控制措施，减轻噪声扰民。

第十四章　建筑工程成本控制

第一节　工程项目成本控制概述

一、工程项目成本控制的含义和目的

建筑施工企业是通过招投标竞争获得施工项目承包权，经过谈判最终与项目发包人签订施工合同。合同一旦签订就确定了施工项目的合同价款。承包人的经济利益只能在项目完成过程中通过成本控制来实现。另外，施工项目是一次性的活动，在施工期间项目成本能否降低，经济效益目标能否实现都取决于承包者对项目的管理。因此，确保项目一次成功，获取相应的经济利益，就必须加强项目实施阶段的成本控制。

1. 工程项目成本控制的含义

工程项目成本控制是指在成本形成过程中，按照合同规定的条件和事先制订的成本计划，对所发生的各项费用和支出，按照一定的原则进行指导、监督、调节和限制，对即将发生和已经发生的偏差进行分析研究，并及时采取有效措施控制纠正，以保证实现或超出规定的成本目标。

2. 工程项目成本控制的目的

工程项目成本控制的目的是实现"项目管理目标责任书"中的责任目标。项目经理部通过优化施工方案和管理措施，确保在计划成本范围内完成质量符合规定标准的施工任务，以保证预期利润目标的实现。简而言之，工程项目成本控制就是降低项目成本、提高经济效益。

二、建筑工程项目成本控制的原则

1. 政策性原则

政策性原则是指成本控制必须严格遵守国家的方针、政策、法律、法规。维护财经纪律。要正确处理好国家、集体和个人三者之间关系；当前利益和长远利益之间关系；成本和质量之间关系。因此，在进行成本控制时应遵守着眼长远利益，服从国家集体利益，质量第一的原则。政策性原则是成本控制的重要原则，施工单位负责人和成本管理员必须严格把守，绝不能用降低工程质量的方法来降低成本，更不能偷工减料，《建设工程质量管理条例》中对违反质量的行为做出了相应处罚规定。

2. 效益性原则

效益是指经济效益和社会效益两个方面。成本控制的目的是为了降低成本、提高企业的经济效益和社会效益。质量提高，保修费用随之降低，工期提前，可提高社会效益，因此，每个企业在成本控制中，必须科学地处理进度、成本和质量三者关系。

3. 全面性原则

全面性原则是指在成本控制中要对成本进行全面控制，全面性原则有两个含义：一是指全员参与成本控制，成本是一个综合性指标，涉及工程项目建设的各个部门、施工队组以及全体职工，因此，要求所有人都要关心成本，按计划进行成本管理；二是全过程的成本控制，施工项目是指自工程施工投标开始到保修期满为止的全过程中完成的项目。其中，要经过施工准备、施工过程、竣工验收、交付使用等各阶段，每一个阶段都会发生成本，因此，要在全过程各阶段制订成本计划并按计划严格控制。

4. 责、权、利相结合

在确定项目经理和制订岗位责任制时，就决定了从项目经理到每一个管理者和操作者，都有自己所承担的责任，而且被授予了相应的权利、给予了一定的利益，这就体现了责、权、利相结合的原则。"责"是指完成成本控制指标的责任广权"是指责任承担者为了完成成本控制目标所必须具备的权限；"利"是指根据成本控制目标完成的情况，给予责任承担者相应的奖惩。在成本控制中，有"责"就必须有"权"否则就完不成分担的责任，起不到控制的作用；有"责"还必须有"利"，否则就缺乏推动履行责任的动力。总之，在项目的成本控制过程中，必须观测"责、权、利"相结合的原则。调动管理者的积极性和主动性，使成本控制工作做得更好。

5. 目标分解控制原则

建筑施工企业的项目经理对成本管理负完全责任，在经理领导下，将成本计划目标加以分解，逐一落实到各部门和各施工队及个人，进行层层控制，分级负责，形成一个成本控制网，在施工中不断检查执行结果，发现偏差，分析原因，并及时采取纠正措施。

6. 例外管理的原则

例外管理是指企业管理人员对于成本控制标准以内问题，不必逐项过问，而应集中力量注意脱离标准差异较大的"例外"事项。这种例外管理原则是管理中较常用的一种方法，具有一定的科学性。建筑施工项目管理工作十分复杂，管理人员如果一一过问，必将分散精力，事倍功半，效果不佳。因此，在成本控制中应注意集中力量抓住"例外"事项，解决主要矛盾。

在项目施工过程中，例外事项一般有以下四种情况。

（1）成本差异金额较大的事项。如工资、奖金往往超支甚多。

（2）某些项目经常在成本控制线上下波动的事项。间接费中的办公费、差旅费等往往超支较多，难以控制，但是如果加大力度控制，又可不超支或超支较少。

（3）影响企业决策的事项。本地区工程不多，各施工企业竞争激烈，为了得到工程施工承包权，各施工企业都尽量压低标价，大大地影响企业的收入。

（4）性质严重的事项。如严重质量事故，是指施工企业发生大量经济损失。

三、工程项目成本控制的对象和内容

（一）工程项目成本控制对象

1. 以工程项目成本形成过程作为控制对象

施工项目形成的过程就是成本形成的过程，一个施工项目周期包括投标阶段，施工准备阶段，施工阶段，竣工、交工和保修阶段。项目经理部应对各个全过程进行全面的控制。各阶段的控制内容如下。

（1）施工投标阶段。应根据建设项目概况和招标文件，对项目成本进行预测控制，提出投标决策的意见。

（2）施工准备阶段。应结合设计图样的自审，会审和其他资料，编制合理的施工组织设计方案。根据施工组织设计方案编制一个经济上合理、技术上先进的施工管理大纲，依据大纲编制成本计划，并且对目标成本进行风险分析，对成本进行事前控制。

（3）施工阶段。应根据施工预算、施工定额和费用开支标准等对实际发生的费用进行控制；还要依据企业制定的《劳务工作管理规定》《机械设备租赁管理办法》《工程项目成本核算管理标准》等制度进行制度控制；由于业主或设计的变更，对变更后的成本调整进行控制。

（4）竣工、交工和保修阶段。对竣工验收过程中所发生的费用和保修期内的保修费和维修费进行控制。

2. 以施工项目的职能部门、施工队组作为成本控制对象

项目成本由直接费和间接费组成。直接费是指过程项目实体的费用；间接费是指企业为组织和管理施工项目而分摊到该项目上的经营管理费。这些费用每天都会发生，而且都发生在项目经理部各部门、各施工队和各班组。项目成本控制的具体内容是控制每天所发生的各种费用或损失。因此，项目经理部应把各部门，各施工队、组作为成本控制的对象，对他们进行指导、监督、检查和考核。

3. 以分部分项工程作为成本的控制对象

根据项目目标分解，一个单位工程划分为若干分部工程，每个分部工程又包含许多分项工程。因此，施工项目还必须把分项工程和分部工程作为成本控制的对象。编制分项分部工程施工预算，作为成本控制的依据。

（二）工程项目成本控制的内容

工程项目成本控制的内容一般包括成本预测、成本决策、成本计划，成本控制、成本核算、成本分析、成本考核七个环节。

（1）成本预测。成本预测是成本管理中实现成本管理的重要手段。项目经理必须认真做好成本预测工作，一般与在日后的施工活动中对成本指标加以有效地控制，努力实现制订的成本目标。

（2）成本决策。项目经理部根据成本预测情况，经过科学的分析、认真的研究，决策出建筑施工项目的最终成本。

（3）成本计划。成本计划以货币化的形式编制项目施工在计划工期内的费用、成本水平、降低成本的措施与方案。成本计划的编制要符合实际并留

有一定的余地。成本计划一经批准，其各项指标就可以作为成本控制、成本分析和成本考核的依据。

（4）成本控制。成本控制是加强成本管理和实现成本计划的重要手段。科学的成本计划，如果不加强控制力度，那么难以实现，难以保证成本目标的实现。施工项目的成本控制应贯穿于整个过程。

（5）成本核算。成本核算是对施工项目所发生的费用支出和工程成本形成的核算。项目经理部应认真组织成本核算工作。成本核算提供的费用资料是成本分析、成本考核和成本评价以及成本预测和决策的重要依据。

（6）成本分析。成本分析是对施工项目实际成本进行分析、评价，为以后的成本预测和降低成本指明努力方向。成本分析要贯穿于项目施工的全过程。

（7）成本考核。成本考核是对成本计划执行情况的总结和评价。建筑施工项目经理部根据现代化管理的要求，建立健全成本考核制度，定期对各部门完成的成本计划指标进行考核、评比，并把成本管理经济责任制和经济利益结合起来。通过成本考核有效地低调动职工的积极性，为降低施工项目成本，提高经济效益，做出自己的贡献。

四、工程项目成本控制的程序

《建设工程项目管理规范》（GB/T 50326—2017）规定了成本控制的基本程序。

（1）企业进行项目成本预测。

（2）项目经理部编制成本计划。

（3）项目经理部实施成本计划。

（4）项目经理部进行成本核算。

（5）项目经理部进行成本分析并编制月度及项目的成本报告。

（6）编制成本资料并规定存档。

第二节　工程项目成本计划

一、工程项目成本计划的作用

工程项目成本计划是项目成本管理的重要环节，正确编制项目成本计划对项目成功具有重要的作用。

（1）工程项目成本计划是对项目实际成本进行控制、分析和考核的重要依据。成本控制的最终目的是降低成本，要降低成本就必须通过成本计划工作确定施工项目的成本控制的目标，成本计划的最终成果可作为对工程实际成本进行事前预计、事中检查和事后考核评价的重要依据。建筑施工项目成本计划一经确定，就应层层落实到各部门和各施工班组，并应定期对已完工程实际成本与计划成本进行分析比较，找出存在的偏差，并分析产生偏差的原因，及时采取措施适时调整成本计划，以保证施工项目成本控制的各项目标得以实现。

（2）工程项目成本计划是施工单位编制核算其他有关经营计划的基础。项目具有整体性，每个项目都是一个完整的体系，有自己一整套的计划。例如资源计划、进度计划、成本计划、资金流动计划和质量计划等。在整个计划体系中，成本计划与其他各计划密切相连。它们既有独立性又相互依存、相互制约。例如，编制企业流动资金计划必须有成本计划作为依据，成本计划的编制又必须以施工方案、物价和价格计划等为基础，同时还必须结合进度计划和质量计划。因此，正确编制建筑施工项目成本计划是综合平衡企业经营计划的重要保障。

（3）工程项目成本计划的编制可以动员全体职工深入开展增产节约、降低成本的活动。成本计划是全体职工共同奋斗的目标。为了保障成本目标的实现，必须依靠全体人员，尤其是广大施工人员，他们身处施工第一线，最了解施工成本的运营情况。因此，要把成本计划层层落实到部门、到人，达到人人都了解成本计划，把成本计划作为施工目标，利用评比和奖惩制度调动广大职工的积极性，开展增产节约、降低成本活动，努力完成项目成本控制目标。

二、工程项目成本计划编制的要求

（1）根据国家的方针、政策、公司的要求，从实际出发，使计划编制既积极先进，又留有余地。

（2）要贯彻勤俭办企业的方针、厉行节约、反对铺张浪费。

（3）编制施工项目成本计划必须以先进的技术经济措施为依据。

三、工程项目成本计划的编制方法

（一）中标价调整法

中标价调整法是施工项目成本计划编制常用的一种方法，具体如下。

（1）根据已有的投标、中标和概预算资料，确定中标合同价与施工图概预算价款的总价差额。

（2）根据技术组织措施计划确定技术组织措施带来的项目节约数。

（3）对实际成本可能明显超出或低于定额的主要分部、分项工程，按实际状况估算出实际成本与定额水平之间的差。

（4）充分考虑项目实施中各种风险发生的可能性及造成的影响程度，综合考虑各种因素对成本加以调整，得出一个综合影响系数。

（5）最终计算建筑工程施工项目的目标成本降低额和降低率。

目标成本降低额与总价差额①、项目节约数②、实际成本与定额水平之差③、中标价④、综合影响系数有关⑤。具体计算方法如下：

$$目标成本降低额＝［①＋②±③］×［④＋⑤］ \qquad 式14-1$$

$$目标成本降低率＝（目标成本降低额/项目预算成本）×100\% \qquad 式14-2$$

（二）概预算法

施工图预算是指根据施工图样中的工程实物量，进行工料分析，并套以施工工料耗费定额，计算工料耗费量，进行工料汇总，然后统一以货币形式反映其施工生产耗费水平。各职能部门以工程施工图预算的工料分析作为成本计划的依据，根据实际水平和要求，由各职能部门分别计算各项成本，最终做出整个项目的成本计划。

1. 项目成本目标分解

建筑工程项目目标分解的方法主要有按成本组成分解、按子项目分解、按时间分解三种。

（1）按成本组成分解的成本计划，如图 14-1 所示。

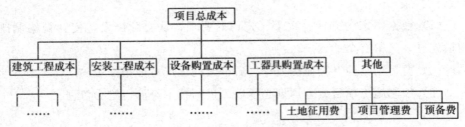

图 14-1　按成本组成分解成本目标

（2）按子项目分解的成本目标，如图 14-2 所示。

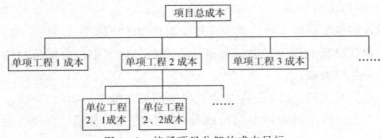

图 14-2　按子项目分解的成本目标

（3）按时间进度分解的成本计划。建筑工程具有周期长的特点，施工又是分阶段进行的，资金的使用与时间有密切联系。为了合理使用项目资金，尽量减少资金占用和利息支出，就必须把项目成本计划与进度计划联系在一起。一般可以在进度计划的基础上利用时标网络图编制成本计划。

在成本计划的编制中，三种方法不是完全独立的，往往是把几种方法结合起来编制成本计划才更具有可行性，例如把按成本组成分解和按子项目分解结合起来，可以扬长避短，有助于检查各单项工程和各单位工程的成本组成是否完整，有无重复计算或漏项等，并可以检查各项支出是否明确。

2. 实际计算

（1）人工费的计划成本。人工费的计划成本计算式为

$$人工费的计划成本 = 计划用工量 \times 实际水平的工资率 \qquad 式 14-3$$

其中　　　　　$$计划用工量 = \sum (某项工程量 \times 工日定额) \qquad 式 14-4$$

工日定额可根据实际水平，考虑先进性，适当提高定额。

（2）材料费的计划成本。材料费的计划成本计算式为

材料费的计划成本 $= \sum$（主要材料的计划用量×实际价格）$+ \sum$（装饰材料的计划用量×实际价格）$+ \sum$（周转材料的使用量×日期×租赁单价）$+ \sum$（构件的计划用量×实际价格）＋其他材料成本　　式14—5

（3）机械使用费的计划成本。机械使用费的计划成本计算式为

机械使用费计划成本 $= \sum$（施工机械的计划台班数×规定的台班单价）

$$式14—6$$

或　　机械使用费计划成本 $= \sum$（施工机械计划使用台班数×机械租赁数）＋机械施工用电的电费　　　　　　　　　　　　式14—7

（4）其他直接费的计划成本。由施工生产部门和材料部门共同编制。计算时，应注意既不要与工料基本费重复，也不要漏项。

（5）间接费的计划成本。由财务成本核算人员计算。一般根据计划职工平均人数和已有的成本资料及降低成本措施，按人均支出数进行预测。

四、成本计划的编制成果

1. 成本计划的编制成果

成本计划的编制成果主要有：

（1）成本计划表。

（2）成本模型。成本——时间表和曲线，即成本的强度计划曲线。它表示各时间段上工程成本的计划完成情况。累计成本——时间表和曲线，即 S 曲线或香蕉线，它又被称为项目的成本模型。

（3）相关的其他计划。例如，资金的支付计划、工程款收入计划、现金流量计划和融资计划等。

2. 成本计划表

成本计划可以通过各种成本计划表的形式，将成本降低任务落实到整个项目的施工过程，并借以在项目实施过程中实现对建筑施工项目成本的控制。常用的成本计划表有建筑施工项目成本计划总表、降低成本技术组织措施计划表、降低项目成本计划表。

（1）建筑施工项目成本计划总表。建筑施工项目成本计划总表全面反映项目在计划工期内工程施工的预算成本、计划成本、计划成本降低额和计划

成本降低率。如果施工项目经理在同一地区同时具有两个及两个以上的施工项目，则应先分别编制个项目的成本计划表，然后加以汇总成为项目计划总表。成本降低能否实现，主要取决于施工过程所采取的技术措施。因此，计划成本降低额要根据降低成本技术组织措施计划表、降低项目成本计划表和间接费用计划表来填写。

（2）降低成本技术组织措施计划表。降低成本技术组织措施计划是降低成本的依据，它反映各项节约措施及经济效益的文件。降低成本技术组织计划，一般由项目经理部有关人员参照计划年度前预计的施工任务和降低成本任务，结合本单位技术组织措施，预测经济效益来编制的。编制降低成本技术组织措施计划的目的，是为了不断采用新工艺、新技术的基础上，提高施工技术水平和管理水平，保证施工项目降低成本任务的完成。技术组织措施计划表主要包括三个内容。

①计划其采取的技术组织措施的项目和内容。

②该项措施涉的对象。

③经济效益的计算及对各项费用的成本降低额。

（3）降低项目成本计划表。降低项目成本计划是根据企业下达的该项目降低成本任务和该项目经理部自己确定的降低成本指标而编制的。此计划一般由项目经理部有关人员编制，编制的依据是项目总包和分包的分工，项目中的各有关部门提供的降低成本资料及技术组织措施计划。编制时，要注意参照企业内、外以往有关同类计划的实际执行情况。

3. 成本模型

通过在网络进度计划分析的基础上，将计划成本分解落实到网络上的各项工程活动，并将计划成本在相应的工程活动的持续时间上平均分配，就可以获得"成本—时间"计划成本，把这种成本计划称为项目成本模型，一般有"成本—时间曲线"，即成本的强度计划曲线和"累计成本—时间曲线"，即 S 曲线或香蕉线。

（1）成本—时间曲线。表示各时间段上工程成本的计划完成情况。

其作图方法：

①首先，做出分部工程的横道图。

②确定各工作的计划成本。

③做成本—工期直方图。

④计算各期期末的计划成本累计值，并绘制曲线。

（2）累计成本—时间表和曲线，即 S 曲线或香蕉线。通过对建筑工程项目成本目标按时间进行分析，在网络计划的基础上可编制成本计划。把时间和成本的关系用 S 曲线表示出来。项目实施过程中，可根据该曲线图形进行资金筹措和利用。

（3）相关的其他计划。如资金的支付计划、工程款收入计划、现金流量计划和融资计划等。

①资金的支付计划。建筑施工项目成本计划是按照进度计划确定的成本消耗情况。但是，建筑承包商对工程资金的支取并不与工程进度完全同步。承包商可能超前支出，如购买建筑材料时，先付一笔定金，到货后付清余款；也可能滞后，如在材料供应一段时间后付清材料款等。因此，工程资金的支付计划要按照施工生产活动过程中实际可能发生的支出时间及数额编制。资金支付计划包括：人工费支付计划；材料费支付计划；设备费支付计划；分包工程款支付计划；现场管理费支付计划；其他费用支付计划，如保险费、利息等。

②工程款收入计划。承包商的工程款收入计划即为业主的工程款支付计划。它与两个因素有关，一是工程进度，即按照成本计划确定的工程完成的状况；二是合同确定的付款方式。付款方式通常有：工程预付款方式、按工程进度付款、按形象进度分阶段付款和其他方式（承包商垫资，工程结束后支付或由工程本身的收益支付等）。在工程中，常采用的是按形象进度付款方式，按形象进度分阶段支付的工程收入款和资金支付情况。

第三节　工程项目成本控制方法及偏差分析

一、工程项目成本控制的方法

成本控制的方法有很多种，每一阶段所采用的方法不同，先简单介绍几种常用的成本控制的方法。

（一）曲线法

曲线法又称赢值法，是一种测量费用实际情况的方法。它通过进度计划比较实际完成工程与原计划应完成的工程，从而确定确定实际费用与计划费用是否存在偏差。用曲线法进行成本分析具有形象、直观的优点，用它作定性分析可得到令人满意的结果。

　　某工程的三种成本参数曲线，如图 14-3 所示。图中，曲线 a 表示已完工程实际成本。已完工程实际成本是指在某一给定时间内完成的工程内容所实际发生的成本。曲线 b 表示已完工程计划成本。已完工程计划成本是指在某一给定时间内实际完成的工程内容的计划成本。曲线 p 表示拟完工程计划成本。拟完工程计划成本是指根据进度计划在某一给定时间内所应完成的工程内容的计划成本。

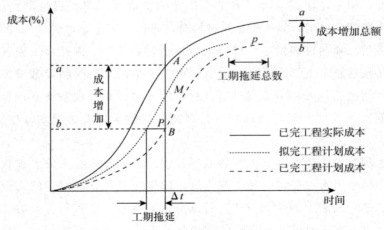

图 14-3　三种成本参数曲线

　　从图中可见，在某一时间进行检查，已完工程计划成本为 b，但已完工程实际成本为 a，成本增加了。工程完成日期为 t_b，计划工期为 t_p，工期拖延了 $\triangle t$。经过偏差分析，找出影响费用偏差的原因，并对后续工作进行合理的成本预测，估计出总的成本增量和工期拖延总数。

　　（二）成本分析法

　　成本分析的指标很多，要根据具体对象综合地分析进度、工期、成本、质量、效率等参数，得出所必需的进度偏差、成本偏差。常用的偏差表示有：

　　（1）成本偏差。成本偏差的计算公式为

　　　　成本偏差 1＝已完工程实际成本－拟完工程计划成本　　　式 14－8

　　　　成本偏差 2＝已完工程实际成本－已完工程计划成本　　　式 14－9

　　由于在实际工程施工过程中，有许多影响因素发生，造成实际进度与计划进度不能同步，所以成本偏差 1 没有实际意义，只用成本偏差 2 表示成本偏差。由于进度与成本之间有密不可分的关系，所以还要引入进度偏差的概念。

（2）进度偏差。进度偏差的计算公式为

$$进度偏差＝拟完工程计划成本－已完工程计划成本 \qquad 式14－10$$

进度偏差为正值表示工期拖延，进度偏差为负值表示工期提前。

（3）局部偏差和累计偏差。局部偏差有两个含义，一个含义是指对于整个项目而言，各单项工程、单位工程以及分部分项工程的成本偏差；另一个含义是指对于项目实施的时间而言，某一控制周期内所发生的成本偏差。

累计偏差是指各局部偏差综合分析累计所得的偏差。其结果能显示出整个工程成本偏差的规律性，对成本控制具有一定的指导意义。

（4）绝对偏差和相对偏差。绝对偏差是指成本计划值与实际值比较所得到的差额。绝对偏差的结果很直观，有助于成本管理人员了解成本偏差的绝对数额，并以此为依据，制订成本支出计划和资金筹措计划。但绝对偏差具有一定的局限性，因此引入相对偏差的概念。

$$相对偏差＝\frac{绝对偏差}{费用计划值}＝费用实际值－\frac{费用实际值}{费用计划值} \qquad 式14－11$$

（5）偏差程度。成本偏差程度计算公式为

$$成本偏差程度＝成本实际值/成本计划值 \qquad 式14－12$$

$$进度偏差程度＝拟完工程计划成本/已完工程计划成本 \qquad 式14－13$$

（三）横道图法

横道图法是用不同的横道标识已完工程计划成本、拟完工程计划成本和已完工程实际成本，横道的长度与其金额成正比关系。这种表示方法具有形象、直观、一目了然的优点，它能够准确表达出成本的绝对偏差，而且能直接表达出成本偏差的严重性。但是它反映出的信息量较少。

（四）表格法

表格法是将项目编号、名称、各项成本参数、成本偏差参数综合绘入一张表格中，直接在表格中进行比较，让管理者综合地了解并处理这些数据。

表格法的优点：

（1）灵活，适应性强。可根据实际需要自己设计表格、适当增减项目。

（2）信息量大。可反映偏差分析所需资料、有利于成本管理人员及时正确地控制成本。

（3）表格处理可借助于计算机，便于微机化管理，节省人力，提高工作效率。

二、偏差原因分析

偏差分析的目的是要找出引起偏差的原因，从而有针对性地采取措施，减少或避免相同原因的再次发生。在偏差分析时，常采用的有因果分析法（树枝图法）和因素替换法。

1. 因果分析法

用因果分析法对建筑施工项目成本偏差进行分析时，首先要明确项目成本偏差的结果，再找出主要的影响因素也就是大原因，从而找出大原因背后的中原因，中原因后的小原因及更小原因。把原因进行归档、总结，最后找出主要原因并做显著记号，作为制订降低成本措施的依据。成本偏差的大原因主要有物价变动、设计原因、业主原因、施工原因和某些客观原因五大方面，每一方面又有具体的原因。

2. 因素替换法

因素替换法可以用来测算和检验有关影响因素对项目成本作用力的大小，从而找出产生实际成本偏离计划成本根源。其具体做法是：当项目成本受几项因素影响时，先假定一个因素变动，其他因素不变，计算出该因素的影响效应；然后，依次再替换第二个、第三个、……因素，从而确定每一个因素的影响额。

三、降低成本的措施

通过成本分析确定了项目成本偏差的原因，就必须采取有针对性的纠偏措施。常用的措施有组织措施，即从成本控制的管理方法上采取措施；经济措施，即加强成本计划的编制与实施；技术措施，即从施工方案角度应多做几个施工方案并进行技术经济比较；合同措施，加强索赔管理，加强日常合同管理。

工程施工中，主要从项目生产要素的各个方面考虑降低成本的措施。

（1）加强施工管理，提高施工组织水平。正确选择施工方案，合理布置施工现场；采用先进的施工方法和施工工艺，不断提高工业化、现代化水平，组织均衡生产，搞好现场调度和协作配合；认真、细致地做好竣工收尾工作，加快工程进度，缩短工期。

（2）加强技术管理，提高工程质量。研究推广新产品、新技术、新工艺、新结构类型、新材料及新的施工机械设备，制订并认真贯彻降低项目成本技术组织措施，提高经济效益；加强施工过程的技术质量检验制度，提高工程质量，避免因质量问题需返工、加固、修缮所带来的成本损失。

（3）加强劳动工资管理，提高劳动生产率。改善劳动组织，根据进度及工程量合理使用劳动力，减少窝工浪费；执行劳动定额，实行合理的工资和奖励制度；加强操作工人的技术教育和业务培训工作，提高工人的文化素质和操作熟练程度；加强劳动纪律，提高工作效率，压缩非生产用工和辅助用工，严格控制非生产人员比例。

（4）加强机械设备管理，提高机械使用率。根据工程特点和机械性能，合理选用机械设备，搞好机械设备的保养和维修，提高机械的完好率、利用率和使用效率，从而加快施工进度、增加产量、降低机械使用率。

（5）加强材料管理，节约材料费用。认真做好材料的采购、运输、储存和使用工作，减少各环节的损耗；合理堆置现场材料，组织分批进场，避免和减少二次搬运；严格材料进场验收和限额领料制度；制订并贯彻节约材料的技术措施，合理使用材料，搞好节约代用、修旧利废和废料回收，综合利用一切资源。

（6）加强成本管理，节约管理成本。建立精干的管理组织机构，减少管理层次，压缩非生产人员，实现定额管理，制定分项分部门的定额指标，有计划地控制各项成本开支。

（7）积极采用降低成本的新管理技术。利用系统工程、工业工程、全面质量管理、价值工程等。其中，价值工程是寻找降低成本的有效途径。

四、未完工程成本的预测

项目施工过程中定期进行成本检测，将实际成本与计划成本进行比较，若发现偏差，通过以上方法对成本偏差原因进行分析，找出主要影响因素。因此，人们要考虑到各项影响因素对后续工程有无影响，影响程度如何，后续工作成本会发生哪些变化，未完工程成本模型有何变化，必须做成本预测，以便与提前做好资金准备，相应调整资金计划，避免由于资金缺乏，造成工期拖延或停工。

1. 预测未完成本注意的事项

（1）各成本参数、偏差参数及其他有关数据，是成本预测的基础。

（2）各种偏差发生的频率及其影响程度。在预测时必须将有关条件分清主次加以简化。

（3）各种客观原因的变化趋势。

（4）进度偏差的影响。成本偏差一般都伴有一定程度的进度偏差，应将两者有机结合。

2. 预测未完成本的方法

（1）时间序列分析预测方法。

（2）线性回归预测法。

（3）期望偏差预测法。

（4）偏差因素分析预测法。

五、工程项目质量成本的控制

1. 工程项目质量成本的概念

《质量管理体系基础和术语》（GB/T 19000—2016）把质量成本定义为："为了确保和保证满意的质量而发生的费用及没有达到满意的质量所造成的损失。"也可以理解为：在项目质量控制中，为了保证和提高施工项目质量所支付的一切成本，以及未达到项目质量标准而产生的一切损失成本之和。施工质量成本占产品总成本的比例因项目不同而不尽相同，最少的仅占 1%～2%，最高的可达 10%左右。由于质量成本占的比利有限，要想通过降低质量成本影响总成本而取得更大的利润，作用是有限的。但是，通过开展质量成本控制工作，可以看到施工项目质量与管理问题的薄弱环节，提醒管理者采取措施，提高经济效益。

2. 工程项目成本质量的构成

工程项目质量成本包括内部故障质量成本、外部故障质量成本、工程鉴别成本和工程预防成本四项。

（1）内部故障质量成本。内部故障质量成本是指在建筑施工项目竣工前，由于项目自身缺陷而造成的损失，以及处理缺陷所发生的成本之和。如废品损失费、返工损失费、停工损失费和事故分析处理费等。

（2）外部故障质量成本。外部故障质量成本是指工程交工后，因项目质量缺陷而发生的一切费用。如申诉受理费、回访保修费和施工索赔费等。

（3）工程鉴别成本。工程鉴别成本是指为了确保施工项目质量达到项目质量标准要求，对工程项目自身及材料、构件和设备进行质量鉴定所需要的一切费用。如材料检测费、工序检验费、竣工检查费、机械设备试验和维修费等。

（4）工程预防成本。工程预防成本是指为了确保施工项目质量而采取预防措施所发生的费用，即为使故障质量成本和鉴别成本减到最低限度所需要的一切成本。如项目质量规划费、新材料或新工艺评审费和工序能力控制费，以及研究费、质量情报费和质量教育培训费等。

3. 建筑施工项目质量成本分析

一般情况下，如果增加预防成本，就可以提高项目质量和降低不合格品率，并减少内部故障损失和外部故障损失；反之，若减少预防成本，将使项目质量下降和不合格品率上升；这样势必增加鉴别成本、内部故障质量成本和外部故障质量成本，并使项目质量总成本急剧增加。但是，预防成本并不是越高越好，当项目质量已达到一定标准量，若再进一步提高其质量，承建单位将会付出高昂代价。也就是，项目质量提高引起的内部和外部故障质量成本的减少弥补不了所增加的预防成本，项目质量总成本反而增加，这时增加的预防成本已属得不偿失。

由此可知，项目施工质量成本分析，就是对其组成项目在质量成本中应占比例进行分析，并寻求一最佳比例构成；即当内部故障质量成本、外部故障质量成本、工程鉴别成本和预防成本之和最低时所构成的施工质量成本。通过施工质量成本分析，也可以找出影响项目成本的关键因素，从而提出改进项目质量和降低项目成本的途径。

4. 工程项目质量成本计划

工程项目质量成本计划是指为了达到合同规定的质量标准，而对适宜的质量成本的策划与安排。它是质量成本控制的标准质量成本计划编制的依据，质量成本理论上应是故障成本和预防成本之和最低时的值，即成本最佳值。

编制质量成本计划时，还应考虑本企业或本项目的实际管理能力、生产能力和管理水平，参考本企业质量管理和质量成本管理的历史资料综合编制。质量成本计划编制程序如下。

（1）收集资料进行预测预控，确定目标成本。

（2）确定质量成本控制总额。

（3）将质量成本率按目标成本分解到具体目标上。

（4）编制质量成本计划。

（5）把目标成本和改进措施落实分解到各部门、各单位、各班组。

第十五章　建筑工程项目组织管理

第一节　工程项目管理主体间相互关系

一、传统计划经济体制下工程项目管理组织模式

从中华人民共和国成立至 20 世纪 80 年代，我国固定资产投资基本上是由国家统一安排计划、统一财政拨款。在当时我国经济基础薄弱、建设资金和物资短缺的条件下，这种方式对国家集中有限的人力、财力、物力进行经济建设起到了积极作用。当时的工程项目建设管理组织模式主要采用工程建设指挥部制和建设单位自营自管制两种形式。

（一）工程建设指挥部制

工程建设指挥部一般是在前期工作阶段先成立项目筹建处，在工程开工前正式组建。指挥部由项目主管部门从本行业、本地区所管辖单位中抽调专门人员组成。对一些投资规模大、协作关系复杂的大型项目，在指挥部之上还要成立由中央部门和地方主要领导参加的项目建设领导小组。

工程建设指挥部全面负责从项目建设前期直至投产验收的组织管理工作。其主要职责是：认真贯彻执行国家有关投资与建设的方针、政策、法规、规范和标准，按照国家计划和批准的设计文件组织工程建设，统一领导、指挥参加工程建设的各有关单位，确保建设项目在国家核定的投资范围内，保质、保量、按期建成投产，发挥效益。

由于工程建设指挥部是政府主管部门的派出机构，又有各方面主要领导组成的领导小组的指导与支持，因而，在行使建设单位的职能时有较大的权

威性。实践证明，工程建设指挥部在我国工程建设史上发挥了巨大的作用。但同时应看到，这种管理模式存在着以下弊端。

（1）工程建设指挥部不是一个独立的经济实体，缺乏明确的经济责任制约。指挥部拥有投资建设管理权，却对投资的使用和回收不承担任何责任。也就是说，作为管理决策者，却不承担决策风险。

（2）工程建设指挥部是一个临时组建的机构，并非是一个专业化、社会化的管理机构，人员的专业素质难以保证，导致工程建设的管理总在低水平线上徘徊。

（3）工程建设指挥部管理模式基本上采用行政管理的手段，过于强调管理的指挥职能，忽视了客观经济规律的作用和合同手段。

由于这种传统工程项目管理模式的不足，使得我国工程项目管理水平和投资效益长期得不到提高，建设投资、质量目标失控现象时有发生。

2. 建设单位自营自管制

在建设单位内部设立固定或临时基本建设管理机构，是建设单位进行工程建设活动普遍采用的一种组织管理模式。采用这一形式多是一些规模较大、建设任务多的大中型企业。

有的企业不仅拥有较强的项目管理班子，而且还有自己的设计、施工队伍；有的企业只拥有较完整的项目管理机构，设计、施工队伍则需要通过招标形式进行选择。

与指挥部不同的是，企业的基建管理机构一般不独立对外，有关建设方面的问题都以其企业的名义进行联系。但从企业基建管理机构的工作内容上看，它实际上行使着建设单位的职能，因而其职责和任务与指挥部大体相同。

建设单位自营自管制的主要优点是：建设与生产紧密结合，可减少建设与生产部门之间的矛盾，可以充分利用现有企业的资源和有利条件，加快建设速度。对自属设计队伍、施工队伍的调动也比较灵活。不足之处是：企业集生产单位、建设单位两种职能于一身，往往无法正确核算生产与建设的效益；基建管理人员专业化程度低，不利于积累建设经验。此外，自己拥有设计、施工队伍的企业，易吃企业内部的"大锅饭"，在建设任务不足时，这些队伍的存在可能成为企业的包袱。

二、现阶段工程项目体制的改革与完善

（一）工程项目管理相关方组织关系的基本形式

工程建设相关法律法规和管理制度的实施，形成了一种以项目法人为主体的工程招标体系，以设计、施工承包商为主体的工程投标体系，以建设监理单位为主体的咨询、管理体系构成的三元主体结构，且三者之间以工程项目为中心，以经济为纽带，以合同为依据，相互协作、相互制约，构成了现阶段我国工程项目管理的新模式。

（二）不同发承包方式引起相关方组织关系的变化

由于工程发承包方式不同以及承包商从业资质的差别，项目相关方组织关系形式会发生相应的变化。主要有工程项目总承包、设计施工分别总承包、设计施工分别平行分包等方式。

1. 工程项目总承包模式

工程项目总承包也称设计—建造模式，是指业主将工程设计、施工、材料和设备采购等一系列工作全部发包给一家公司，由其进行设计、施工和采购工作，最后向业主交出一个已达到使用条件的工程项目。在工程项目总承包模式下，业主与总承包单位只签订一份合同，一般宜委托一家监理企业进行监理。

2. 设计施工分别总承包

设计施工分别总承包也称设计、施工总分包，是指业主将工程设计、施工等工作分别发包给设计单位和施工单位。业主分别只与一个设计总包单位和一个施工总包单位签订合同。

对设计施工总分包的发承包模式，业主可以委托一家监理企业进行全过程监理，也可以按设计阶段和施工阶段分别委托监理企业。

3. 设计施工分别平行分包

设计施工分别平行分包，是指业主将项目设计和施工直接平行分包给若干设计、施工单位和材料设备供应厂家，业主分别与这些设计、施工单位和材料设备供应厂家签订合同，承包合同数量比其他发承包模式要多，协调工作量大。对设计、施工分别平行分包模式，业主可以委托一家监理企业，也可以按阶段和专业分别委托多家监理企业进行监理。

三、国内外工程项目管理的其他模式

随着社会经济水平的发展和项目管理技术的进步，工程项目组织管理模式也在不断发展，国际上出现了许多新型项目管理模式，有些模式在我国已被广泛采用。

1. 设计－招标－建造模式

设计－招标－建造（Design Bid Build，DBB）模式是一种传统的项目管理模式，在国际上比较通用，世界银行、亚洲开发银行贷款项目均采用这种模式。在这种模式下，由业主委托咨询单位进行可行性研究等前期工作，待项目评估立项后与设计机构签订设计合同，由设计机构负责提供项目的设计和施工文件，在设计阶段进行施工招标文件准备，随后通过招标选定承包商。业主和承包商订立工程施工合同，承包商与分包商和供应商可单独订立合同并组织实施。业主一般指派业主代表与监理单位和承包商联系，负责有关的项目管理工作。

2. 咨询监理模式

咨询监理模式，即 CM（Construction Management）模式，20 世纪 60 年代发源于美国，20 世纪 80 年代，在国外广泛流行。CM 模式就是在采用快速路径法进行施工时，从开始阶段就雇用具有施工经验的咨询监理单位（CM 单位）参与到建设工程实施过程中来，以便为设计人员提供施工方面的建议，随后负责管理施工过程。这种模式改变了过去那种设计完成后才进行招标的传统模式，采取分阶段发包，由业主、CM 单位和设计单位组成一个联合小组，共同负责组织和管理工程的规划、设计和施工，CM 单位负责工程的监督、协调和管理工作，在施工阶段定期与承包商会晤，对成本、质量和进度进行监督，并预测和监控成本和进度的变化。其最大优点就是可以缩短工程从规划、设计到竣工的周期，节约建设投资，减少投资风险，可以比较早地取得收益。CM 模式有代理型 CM/Agency 和非代理型 CM/Non Agency 两种形式。

代理型 CM 又称纯粹型 CM 模式，采用代理型 CM 时，业主分别与设计、施工单位签订承包合同，与 CM 单位签订咨询服务合同，我国建设监理制就源于这种模式。

非代理型 CM 又称风险型 CM 模式，采用非代理型 CM 模式时，业主一

般不与施工单位签订合同，而由 CM 单位与施工单位、材料设备供应单位签订合同，业主与 CM 单位签订的合同既包括咨询服务内容，也包括施工承包内容。

不论哪一种形式，应用 CM 模式都需要具备丰富施工经验和较高管理水平，这是应用 CM 模式的关键和前提条件。

3. 设计－管理模式

设计－管理（Design Manage）模式类似 CM 模式，但更为复杂，是由同一实体向业主提供设计和施工管理服务的工程管理方式。在通常的 CM 模式中，业主分别就设计和施工管理服务签订合同，而采用设计－管理模式时，业主只签订一份既包括设计也包括类似 CM 服务在内的合同。在这种情况下，设计机构和管理机构是同一实体。这一实体常常是设计机构和施工管理企业的联合体。

4. 建造－运营－移交模式

建造－运营－移交（Build Operate Transfer，BOT）模式是指政府部门就某个基础设施项目与项目公司（由私人资本组成）签订特许权协议，授权项目公司负责承担该基础设施项目的投资、融资、建设、经营和维护。在协议规定的特许期限内，项目公司可在该基础设施建成后，通过经营收取一定的费用以抵偿该项目投资、融资、建设、经营和维护的成本，并获取合理的利润。政府部门则拥有该基础设施的规划权、监督权和调控权。特许期满后，项目公司再无偿将该设施转让给政府部门。

5. 设计－采购－建造模式

设采购－建造（Engineering Procurement Construction，EPC）模式包括具体的设计工作、总体策划、实施组织管理策划和具体工作。在 EPC 模式下，业主只要大致说明一下投资意图和要求，其余工作均由 EPC 承包单位来完成。业主不聘请监理工程师来管理工程，而是委派业主代表来管理工程。承包商承担设计风险、自然力风险、不可预见风险等大部分风险，一般采用总价合同。EPC 模式适用于规模较大、工期较长，且技术复杂的工程，如发电厂、石油开发等基础设施项目。

6. PPP 融资模式

PPP（Public Private Partnership），即公共部门与私人企业合作模式，是指政府与民间投资人合作投资基础设施。从更广泛的意义上讲，只要是旨在促进私人企业与政府合作进行基础设施发展的模式都可以归为这一类别。

PPP 模式主要是围绕基础设施特许经营权，本质上是政府部门和社会投资者之间一系列复杂的合约安排，要平衡公共部门和私人企业不同利益方的利益和要求，以及合理分配各方的责任和应承担的风险。通过协商，明确基础设施项目的建设方案和运营方案，围绕项目的融资活动进行相应的规划，提供各自的支持及配合，并根据这种参与协调的结果，形成特许经营的协议框架，合作各方再根据特许经营协议来实施该项目。

7. 伙伴合作模式

伙伴（Partnering）模式是在充分考虑建设各方利益的基础上确定建设工程共同目标的一种管理模式，于 20 世纪 80 年代中期首先出现在美国。它一般要求业主与参建各方在相互信任、资源共享的基础上达成一种短期或长期的协议，通过建立工作小组相互合作、及时沟通，以避免争议和诉讼的产生，共同解决建设工程实施过程中出现的问题，共同分担工程风险和有关费用，以保证参与各方目标和利益的实现。Partnering 协议不是严格法律意义上的合同，它总是与其他管理模式结合使用。Partnering 模式具有：双方的自愿性、高层管理的参与、信息的开放性等特征。该模式的特点决定了它特别适用于：业主长期有投资活动的建设工程；不宜采用公开招标或邀请招标的建设工程；不确定因素较多的建设工程；国际金融组织贷款的建设工程。

8. 项目总控模式

项目总控（Project Controlling，PC）模式是 20 世纪 90 年代中期在德国首次出现并形成相应的理论。Peter Greiner 博士首次提出了 PC 模式，并将其成功应用于德国统一后的铁路改造和慕尼黑新国际机场等大型建设工程。PC 模式是为适应大型和特大型建设工程高层管理人员决策需要而产生的，是工程咨询和信息技术相结合的产物。其核心就是以工程信息流处理的结果指导和控制工程的物质流。PC 方实质上是工程项目业主的决策支持机构。PC 模式不能作为一种独立的模式，往往与其他管理模式同时并存。

9. 项目管理模式

项目管理公司受项目发包人委托，根据合同约定，代表发包人对工程项目的组织实施全过程或若干阶段的管理和服务，项目管理公司作为发包人的代表，帮助发包人作项目前期的策划、可行性研究、项目定义、项目计划以及工程实施的设计、采购、施工等工作。

根据项目管理公司的服务内容、合同中规定的权限和承担的责任不同，项目管理模式一般分为两种类型。

（1）项目管理承包型（PMC）。在该类型中，项目管理公司与发包人签订项目管理承包合同，代表发包人管理项目，而将项目所有的设计、施工任务发包出去，承包商与项目管理公司签订合同。但在一些项目上，项目管理公司也可能承担一些外界及公用设施的设计、采购、施工工作。这种管理模式中，项目管理公司要承担费用超支的风险，若管理得好，利润回报较高。

（2）项目管理服务型（PM）。在该类型中，项目管理公司按照合同约定，在工程项目决策阶段，为发包人编制可行性研究报告，进行可行性分析和项目决策；在工程项目实施阶段，为发包人提供招标代理、设计管理、采购管理、施工管理和试运行（竣工验收）等服务，代表发包人对工程项目进行质量、安全、进度、费用、合同、信息等管理。这种项目管理模式风险较低，项目管理公司根据合同承担相应的管理责任，并得到相对固定的服务费。

10. 代建制

2004 年 7 月国务院颁布的《国务院关于投资体制改革的决定》（国发〔2004〕20 号）明确指出："对非经营性政府投资项目加快推行代建制。"即政府通过招标的方式，选择专业化的项目管理单位负责建设实施，严格控制项目投资、质量和工期，竣工验收后移交给使用单位。在我国固定资产投资的实践中，产生了积极的作用。"代建制"作为一项制度，其重要意义是依靠专业化组织和人员实行社会化管理，降低管理成本，提高建设工程投资效益，增加投资实施情况的透明度，方便监督管理，解决业主外行、管理分散、机构设置重复等问题，体现了现代化生产发展规律的要求，有利于推进政府部门的职能转变。实行代建制以后，政府主管部门的职责是投资决策、市场选择和监管评估。代建单位是中介组织，是法人单位，其收益办法是收取代理费或咨询费，从节约的投资中提成，其工作性质是工程管理和咨询，只承担管理和咨询风险，而不承担工程风险。

四、不同工程管理模式的社会化程度和特点

工程管理的社会化具有以下优点。

（1）社会化的工程管理者与工程没有直接利益关系和利益冲突，具有独立性、公平性、专业化、知识密集型的特点，可以独立公平地做出管理决策，保证工程管理的科学性和高效性。

（2）对业主来说，方便、简单、省事。业主只需和项目管理公司（咨询公司或代建单位）签订管理合同，支付管理费用，在工程中按合同检查、监督工程管理公司的工作。对承包商的工程只需作整体把握，答复批示，作决策，而具体事务性管理工作都由工程管理公司承担。

（3）促进工程管理的专业化，工程管理经验容易积累，管理水平易于提高。项目经理熟悉工程的实施过程，熟悉工程技术，精通工程管理，有丰富的工程管理经验和经历，能将工程的设计、计划做的周密，能够对工程的实施进行最有力的控制，更能够保证工程的成功。

（4）社会化的工程管理者在工程中起协调、平衡作用。他能站在公正的立场上，公正、公平、合理地处理和解决问题，调解争执，协调各方的关系，平衡各方利益，保证工程有一个良好的合作氛围。

（5）工程管理的社会化也存在一定的问题，主要是工程管理者在建设工程中责权利不平衡。例如，工程管理者的工作很难用数量来定义，他的工作质量很难评价和衡量；工程的成功依赖他的努力，但他的收益和工程的最终效益无关；在工程中他有很大的权力，但却不承担或承担很少的工程经济责任等。

社会化的工程管理需要业主的充分授权，需要业主对工程管理者完全信任，更需要工程管理者有很高的管理水平和职业道德。

第二节　工程项目管理主体内相互关系

工程项目管理组织机构形式应根据工程项目规模及特点、工程项目组织模式和项目管理单位自身情况等确定，常见的工程项目组织形式有职能式、项目式和矩阵式等。

一、职能式项目组织形式

1. 职能式项目组织的含义和结构图

层次化的职能式管理组织形式是当今世界上最普遍的组织形式，是指企业按职能划分部门，如一般企业设有计划、采购、生产、营销、财务、人事等职能部门。采用职能式项目组织形式的企业在进行项目工作时，各职能部门根据项目的需要承担本职能范围内的工作，项目的全部工作可分解为各职能部门的工作进行。这样的项目组织没有明确的项目主管经理，项目中各种业务的协调只能由职能部门的主管来进行。项目组织的界限不十分明确，小组成员没有脱离原来的职能部门，项目工作多属于兼职工作性质。

2. 职能式项目组织的优点

（1）资源利用上具有较大的灵活性。各职能部门主管可以根据项目需要灵活调配人力、财力等资源，待所分配的工作完成后，可做其他日常工作，降低了资源闲置成本，提高了资源利用率。

（2）有利于提高企业技术水平。职能式项目组织形式是以职能的相似性划分部门的，同一部门人员可交流经验，共同研究，提高业务水平。

（3）有利于协调企业整体活动。由于职能部门主管只向企业领导负责，企业领导可以从全局出发协调各部门的工作。

3. 职能式项目组织的缺点

（1）责任不明，协调困难。由于各职能部门只负责项目的一部分，没有一个人承担项目的全部责任，各职能部门内部人员责任也比较淡化。

（2）不能以项目和客户为中心。职能部门的工作方式常常是面向本部门的，不是以项目为关注焦点，项目和客户的利益往往得不到优先考虑。

（3）技术复杂的项目，跨部门之间的沟通比较困难。

4. 职能式项目组织的应用

职能式项目组织主要适合于生产、销售标准产品的企业，工程承包企业和监理企业较少采用这一组织形式，项目经理部或项目监理部可采用这种形式。

二、项目式组织形式

1. 项目式组织形式的含义和结构图

项目式组织形式是根据企业承担的项目情况从企业组织中分离出若干个独立的项目组织，项目组织有其自己的营销、生产、计划、财务、管理人员。每个项目组织有明确的项目经理，对上接受企业主管或大项目经理的领导，对下负责项目的运作，每个项目组之间相对独立。如某企业有甲、乙、丙三个项目，企业主管则按项目甲、乙、丙的需要分配人员和资源，形成甲、乙、丙三个独立的项目组，项目结束以后项目组织随之解散。

2. 项目式组织结构的优点

（1）以项目为中心，目标明确。项目式组织是基于项目而组建的，项目组成员的中心任务是按合同完成工程项目，目标明确、单一，团队精神得以充分发挥。所需资源也是依据项目划分的，便于协调。

（2）权力集中，命令一致，决策迅速。项目经理对项目全权负责，项目组成员对项目经理负责，项目经理在项目范围内具有绝对控制权，避免了多重领导、无所适从的局面。权力的集中使项目组织能够对业主的需求和高层管理的意图作出更快的响应。

（3）项目组织从职能部门分离出来，使得沟通变得更为简洁。从结构上来说，项目式组织简单灵活，易于操作。

（4）有利于全面型管理人才的成长。项目组织涉及多种管理职能，为全面型管理人才提供了成长之路。

3．项目式组织结构的缺点

（1）机构重复，资源闲置。项目式组织按项目设置机构、分配资源，每个项目都有自己的一套机构，这会造成人力、技术、设备等的重复配置。

（2）项目式组织较难给成员提供项目组之间相互交流、相互学习的机会，不利于企业技术水平的提高。

（3）不利于企业领导整体协调，项目经理容易各自为政，项目成员无视企业领导，造成只重视项目利益，忽视企业整体利益。

（4）项目成员与项目有着很强的依赖关系，但项目成员与其他部门之间有着清晰的界限，不利于项目与外界的沟通。

（5）项目式组织形式不允许同一资源同时分属不同的项目，对项目成员来说，缺乏工作的连续性和保障性，进一步加剧了企业的不稳定。

4．项目式组织结构的适用范围

项目式组织结构既广泛应用于建筑领域、航空航天领域等周期性长的大型项目，也能应用到非盈利机构，如募捐活动的组织、相关庆祝活动、大型聚会等。

三、矩阵式项目组织形式

1．矩阵式组织结构形式的含义和基本形式

职能式组织结构和项目式组织结构各有其优点和不足，为了最大限度地发挥项目式和职能式组织的优势，尽量避免其缺点，产生了矩阵式组织结构。事实上，职能式组织和项目式组织是两种极端的情况，矩阵式组织将按职能划分的纵向部门与按项目划分的横向部门结合起来，在职能式组织的垂直层次结构上，叠加了项目式组织的水平结构，构成类似于数学矩阵的管理组织系统。

作为职能式组织和项目式组织的结合，矩阵式组织可采取多种形式，这取决于它偏向于哪个极端，即取决于项目经理被授予的权力。一般有强矩阵组织形式、弱矩阵组织形式、平衡矩阵组织形式三种。

（1）强矩阵形式。强矩阵组织类似于项目式组织，因此也称项目矩阵，但项目并不从公司组织中分离出来作为独立的单元。项目成员来自不同的职能部门，根据项目的需要，全职或兼职地为项目工作。在强矩阵组织中，项目经理直接向企业最高管理层或大项目经理负责，并由最高管理层授权，在项目活动的内容和时间方面对职能部门行使权力。而职能部门对各种资源作出合理地分配和有效地调度。

（2）弱矩阵形式。矩阵式组织的另一极端是与职能式组织类似的弱矩阵形式，也称职能矩阵。与职能组织形式不同的是除项目经理被授权负责项目的协调外，职能经理负责项目大部分工作，项目成员不是项目全职人员，而是在职能部门为项目提供服务。项目所需要的技术、资源和其他的服务，都由相应职能部门提供。

（3）平衡矩阵形式。在强矩阵和弱矩阵两个极端形式之间是平衡矩阵形式，这是一种经典的矩阵形式，项目经理负责设定需要完成的工作，负责制定项目计划，分配任务，监督工作进程。职能经理负责人事安排和项目完成的方式，并执行所属项目部分的任务。

2. 矩阵式组织结构的优点

（1）矩阵式组织有专门项目经理负责管理整个项目，可以克服职能式组织责任不明，无人承担项目责任和协调困难的被动局面。

（2）矩阵式组织是将项目组织叠加在职能部门上的，可以共享各个部门的技术储备，摆脱项目式组织形式资源闲置的困境，尤其是当有多个项目时，这些资源对所有项目都是可用的，从而可以大大减少项目式组织中出现的资源冗余。

（3）当指定的项目结束时，项目人员有其职能归宿，大都返回原来的职能部门。

（4）对环境的变化以及项目的需要能迅速作出反应，而且对公司组织内部的要求也能作出较快的响应。

（5）矩阵式组织平衡了职能经理和项目经理的权力，企业领导可从总体上对资源进行统筹安排，以保证系统总目标的实现。

3. 矩阵式组织结构的缺点

尽管矩阵式组织形式结合了职能式组织形式和项目式组织形式的优点，但其缺点也是较明显的。

（1）在矩阵式组织中，权力是均衡的，经验证明这容易加剧项目经理和职能经理之间的紧张局面，甚至在管理人员之间造成对立。

（2）多个项目在资源方面能够取得平衡，这既是矩阵式组织的优点，也是它的缺点，任何情况下的跨项目分享资源都会导致冲突和对稀缺资源的竞争。

（3）在矩阵式组织的项目中，项目经理主管项目的行政事务，职能经理主管项目的技术问题。但要分清两者的责任和权力，却不是件容易的事。由于责任不明、权力不清，项目的成功将受到影响。

（4）矩阵式组织与命令统一的管理原则相违背，项目成员至少有两个上级领导，即项目经理和部门经理，当他们的命令有分歧时，会令人感到左右为难，无所适从。

（5）项目经理需要花费相当多的时间与各职能部门之间协调，会影响决策的速度和效率，在平衡矩阵中尤其突出。

4. 矩阵式组织结构的应用

矩阵式组织结构适合于大型企业或高科技企业，也适合于工程总承包企业，以及从事大型建设项目的公司。大型建设监理项目也可采用矩阵式组织形式。在实践中，较难有完全规则的矩阵式组织结构。

四、项目组织结构形式的选择

职能式、项目式和矩阵式这三种项目组织形式有着内在的联系，可以表示为一个变化的系列，职能式结构在一端，项目式在另一端，而矩阵结构是介于职能式和项目式之间的一种结构。

在具体的项目实践中，究竟选择何种项目的组织形式没有一个可循的公式，一般在充分考虑各种组织结构特点、企业特点和项目所处环境等因素的条件下，才能做出较为适当的选择。

一般来说，职能式组织结构比较适用于规模较小、偏重于技术的项目，而不适用于环境变化较大的项目。当一个公司中包括许多项目或项目的规模较大、技术复杂时，则应选择项目式组织结构。同前两种组织结构相比，矩阵式组织形式融合了前两种结构的优点，充分利用企业资源，适用于技术复杂、规模偏大的项目组织使用。

五、工程项目组织的变化

不同的组织结构可用于工程项目生命周期的不同阶段，即项目组织结构在项目期间不断改变。

项目经理是指企业法定代表人在建设工程项目上授权的委托代理人。项目经理应由法定代表人任命，并根据法定代表人授权的范围、期限和内容，履行管理职责，并对项目实施全过程、全面的管理，是建设工程项目管理的责任主体。项目经理通过实行项目经理责任制履行岗位职责，在授权范围内行使权限，并接受组织的监督考核。项目经理的聘用决定，是一种行业规范化管理的组织行为。

第三节 项目经理

一、项目经理的类型

项目经理制自 1941 年于美国产生以来，在世界范围内得到普遍推广。我国于 1984 年在建筑企业试行项目经理负责制，至今已推广到建设领域的各个方面以及其他领域。项目经理是其上级任命的一个项目管理班子的负责人，项目经理是一个管理岗位，不是技术岗位，他的任务仅限于从事项目管理工作，项目经理的管理权限由其上级决定。项目经理包括业主的项目经理、施工单位的项目经理、设计单位的项目经理、咨询单位的项目经理、其他部门的项目经理。

（1）业主的项目经理。业主的项目经理是受项目法人的委托和授权，领导和组织一个完整工程项目建设的总负责人。对于一些规模大、工期长且技术复杂的工程项目，是由工程总负责人、工程投资控制者、进度控制者和合同管理者等人组成项目经理部，对项目建设进行全过程的管理。对于一些规模小、技术简单的小型项目，项目经理可由一个人承担，负责全过程的项目管理。

（2）施工单位的项目经理。施工单位的项目经理是受施工企业法定代表人委托和授权，在建设工程项目施工中担任项目经理岗位职务，直接负责工程项目施工的组织实施者，对建设工程项目施工全过程、全面负责的项目管理者。

2002 年 12 月 5 日，原人事部、原建设部联合印发了《建造师执业资格制度暂行规定》（人发〔2002〕111 号）。这标志着我国建造师执业资格制度工作的正式建立。我国的建造师是指从事建设工程项目总承包和施工管理关键岗位的专业技术人员。在全面实行建造师执业资格制度后仍要落实项目经理岗位责任制，2004 年度组织进行了第一次一级建造师考试。建造师是一种专业执业资格名称，项目经理是一个工作岗位名称，二者不能混淆。项目经理在承担项目施工管理过程中，应根据建筑企业与建设单位签订的工程承包合同，与建筑企业法人代表签订项目管理承包合同，在企业法人代表授权范围内行使诸如组建项目管理班子、受委托签署有关合同、指挥生产经营活动、选择施工队伍、进行合理的经济分配等权限，并对施工项目负有全面管理的职责。

（3）设计单位的项目经理。设计单位的项目经理是受设计单位法定代表人委托和授权，领导和组织一个完整工程项目设计的总负责人。设计单位的项目经理对业主的项目经理负责，从设计角度控制工程项目的总目标。

（4）咨询单位的项目经理。咨询单位的项目经理是受咨询单位法定代表人委托和授权，根据业主需要进行全过程或某一阶段的咨询管理服务的总负责人。这种情况一般发生在项目比较复杂，而业主又没有足够的能胜任的人员，因此委托咨询机构来进行项目管理，向业主提供咨询服务。

（5）其他部门的项目经理。其他部门的项目经理是受企业委托和授权，对项目实行指导、监督等职能的总负责人。如政府派出的项目经理、银行派出的项目经理等。

二、项目经理的业务素质

无论是建设单位的项目经理，还是监理单位或施工单位的项目经理，虽然他们的权限、职责、业务内容、项目管理范围等不同，但从管理学角度看，对项目经理业务素质的要求基本是一样的。项目经理业务素质是各种能力的综合体现，包括核心能力、必要能力和增效能力三个层次。其中，核心能力是创新能力，必要能力包括决策能力、组织能力和指挥能力，增效能力包括控制能力和协调能力。这些能力是项目经理有效地行使职责，充分发挥领导作用所应具备的主观条件。

（1）创新能力。由于一次性是项目最显著的特点，项目的开展不可能有完全一样的资料、经验可以照搬，项目经理必须根据本项目的特点运用创新的思维。创新是项目经理在项目管理活动中善于敏锐地发现问题，提出大胆而新颖的推测和设想，继而拿出可行的解决方案的能力。项目经理的创新能力关系到项目的成败和投资效益的好坏。

（2）决策能力。决策能力是指项目经理根据外部经营条件和内部经营实力，构建多种建设管理方案并选择合理方案、确定建设方向的能力。项目经理的决策能力是项目组织生命机制旺盛的重要因素，也是检验其领导水平的一个重要标志。

（3）组织能力。组织能力是指项目经理为了实现项目目标，运用组织理论指导项目建设活动，有效地、合理地组织各个要素的能力。如果项目经理具有高度的组织能力，并能充分发挥，就能使项目建设活动形成一个有机的整体，保证其高效率地运转。组织能力主要包括组织分析能力、组织设计能力和组织变革能力。

（4）指挥能力。项目经理是工程项目建设活动的最高指挥者，担负着有效地指挥项目建设经营活动的职责。因此，项目经理必须具有高度的指挥能力，表现在正确下达命令的能力和正确指导下级的能力。

（5）控制能力。项目经理的控制能力，体现在自我控制能力、差异发现能力和目标设定能力等方面。自我控制能力，是指项目经理通过检查自己的工作，进行自我调整的能力；差异发现能力，是对执行结果与预期目标之间产生的差异能及时测定和评议的能力；目标设定能力，是指项目经理应善于制定量化的工作目标，并与实际结果进行比较的能力。

（6）协调能力。协调能力是指项目经理解决各方面的矛盾，使各部门以及全体职工为实现项目目标密切配合、统一行动的能力。协调能力具体表现在：解决矛盾的能力，沟通能力；鼓动和说服能力。

当然，项目经理业务能力的高低，不仅取决于其广博的理论知识，还取决于丰富的实践经验。

三、项目经理的职责与权限

1. 项目经理的职责

项目经理的任务就是要对项目实行全面的管理，项目经理的职责可分为对企业应负的职责和对项目及项目成员应负的职责。

（1）项目经理对企业应承担的职责。

1）保证项目的目标与企业的经营目标相一致，项目的实施以实现企业经营战略目标为前提；

2）保证企业分配给项目的资源能够被充分有效地利用；

3）与企业高层领导进行及时有效地沟通，及时汇报项目的进展状况、成本、时间消耗以及可能发生的问题。

（2）项目经理对项目及项目成员应承担的职责。

1）对项目的成功负有管理职责，保证项目按时、在预算内达到预期结果；

2）保证项目的完整性；

3）项目经理有责任创建良好的工作氛围与环境，有责任对项目小组成员进行绩效考评，激励项目成员为项目工作。

2. 项目经理的权限

不同管理主体单位项目经理的权限不同，但对项目经理的授权遵循一些共同规律。

（1）授权的原则。

1）根据项目目标的要求授权。一般来说，工程项目质量要求越高，工期要求越紧，则授予项目经理的权限也应越大。

2）根据项目风险程度授权。项目风险越大，项目经理承担的职责越大，对项目经理赋予的权限也应越大。

3）按合同的性质授权。根据项目合同性质，授予项目经理较为灵活的权限，以便使其能有充分的自主权，作出正确的决策。

4）按项目的性质授权。大型复杂的工程项目，应授予项目经理较大的权限。

5）根据项目经理个人情况授权。对于组织管理能力较强、经验丰富的项目经理，应授予其足够的权限，以便其能充分发挥自己的创造性。

6）根据项目班子和项目团队授权。如果项目经理班子成员较多、配备精良，则应授予项目经理较大的权限。

总之，对项目经理的授权有较高的艺术性。授权过多，会导致项目经理自主权过大，增加项目的风险；授权过少，又会限制项目经理行动和决策的自由度。

（2）授权的范围。

1）项目团队的组建权，包括项目经理班子的组建权和项目成员的选拔权。

2）项目实施过程中的决策权，项目经理独立的决策权对项目目标的实现至关重要。

3）项目的财务权，项目经理必须拥有与职责相符合的财务决策权。

4）项目实施控制权，项目经理需要根据项目总目标，将项目的进度和阶段性目标与资源和外部环境平衡起来，做出相应的决策，以便对整个项目进行有效的控制。

四、项目经理的发展过程和特点

1. 国际上工程承发包和项目管理者的演变

古代的工程建设主要是业主自营，由业主直接雇用工匠进行工程建设。

14—15 世纪，建造师出现，作为业主的代理人管理工匠，并负责设计。

15—17 世纪，建筑师出现，承担设计任务，而建造师专门管理工匠，负责施工。

17—18 世纪，工程承包企业出现，业主发包，签订工程承包合同，建筑师负责规划、设计、施工监督，并负责业主和承包商之间的纠纷调解，实质上就是为业主进行项目管理。

19—20 世纪，总承包企业出现，形成一套比较完整的总承包—分包体系。

20 世纪，工程的承包方式出现多元化发展，建筑领域的高度社会分工导致设计和施工的专业化。同时，在设计和施工中分离出专业化的项目管理（咨询）。

2. 建筑师作为工程项目经理的利弊分析

20 世纪 80 年代，在德国的工程项目组织中，建筑师仍处于中心地位。许多工程的计划、工程估价、控制，甚至索赔报告的处理都由建筑师承担。

（1）建筑师担任工程项目经理的原因。在工程中建筑学是主导专业，建筑方案是其他专业方案的基础，与其他专业的联系最广泛；建筑方案体现美学、艺术、哲学，体现传统文化风格；建筑师注重工程的运营与环境的协调，注重工程的历史价值和可持续发展。这些正是工程和业主最需要的。

（2）建筑师承担项目管理者角色的问题。建筑师常常缺少经济思想；作为艺术家，具有创新思维，但往往不够严谨；建筑师常常有非程序化和非规范化的思维和行为。这些会影响项目总目标的实现，不利于项目的成功。

3. 我国工程项目经理的状况

长期以来，我国没有专门的项目经理教育和培训，项目经理均来自其他不同的工作岗位，有不同的知识背景、经历，具有不同的特点。

（1）军队指挥员。在中华人民共和国成立后相当长时间内，大型建设工程项目的项目经理由军队指挥员担任，如二十世纪五六十年代建设的一些重点项目和"两弹一星"工程等。

他们的特点是：忠诚，原则性强，有坚定地完成目标的信念，办事干练，果断，采用军队式的管理方式管理项目，靠军事命令指挥工程施工，但经济观念比较薄弱，制定的目标和计划的弹性较小，工作作风比较强硬，比较适合计划经济体制下的工程项目管理。

（2）政府行政领导。在二十世纪八九十年代，我国大量的建设工程项目都由政府行政领导（如副省长、副部长、副市长）担任负责人（总指挥）。他们能进行多方面的协调，全局把握较好，工作中鼓动性强，对政绩要求高，追求工程的形象，项目目标（特别是工期目标）刚性大；但他们不太重视技术问题，经济观念淡薄，常有为建设而建设的观念，喜欢搞大会战，以行政命令的方式指挥工程实施。

（3）企业经营管理者。现在大量的企业投资项目由企业的经营管理者负责管理。他们有经济思想，市场观念根深蒂固，对市场敏感，能够面向用户，有使用户满意的理念，思维灵活，常常按照市场要求制定项目目标。但是，较少考虑工程技术特殊性和项目自身的规律性，目标容易多变。

（4）工程技术人员，如总工程师。他们有成熟的技术经验，熟悉工程建设过程，作为工程专家，在工程实施中有发言权和权威。但是，常常过于严谨，注重数据，对项目中的软信息不敏感，市场观念淡薄，注重技术细节，项目战略上的把握性较差。由于他不是管理者，可能不会委托任务、协调工作和控制项目。

第四节 项目经理部

项目经理部是项目管理组织必备的项目管理层，由项目经理领导，接受组织职能部门的指导、监督、检查、服务和考核，并加强对现场资源的合理使用和动态管理。

一、项目经理部的概念及性质

1. 概念

项目经理部居于整个项目组织的中心位置，以项目经理为核心，在项目实施过程中起决定作用。建设工程项目能否顺利进行，取决于项目经理部及项目经理的管理水平。项目经理部应按项目管理职能设置部门，按项目管理流程进行工作，一般由项目经理、项目副经理以及其他技术和管理人员组成。项目经理部各类人员的选聘，先由项目经理或组织人事部门推荐，或由本人自荐，经项目经理与组织法定代表人或组织协商同意后按程序聘任。中型以上项目应配备专职技术、财务、合同、预算、材料等业务人员。

2. 性质

项目经理部是由项目经理在组织职能部门的支持下组建的，直属于项目经理领导，在项目实施过程中其管理行为应接受组织职能部门的管理，要承担现场项目管理的日常工作。

（1）项目经理部的相对独立性。项目经理部的相对独立性是指项目经理部与企业有着双层关系。一方面，项目经理部要接受组织职能部门的领导、监督和检查，要服从组织管理层对项目进行的宏观管理和综合管理；另一方面，它又是一个建设工程项目机构独立利益的代表，同企业形成一种经济责任关系。

（2）项目经理部的综合性。项目经理部是一个经济组织，主要职责是管理项目实施过程中的各种经济活动，其综合性主要表现在：其管理业务是综合性的，从纵向看包括项目实施全过程的管理；其管理职能是综合的，包括计划、组织、控制、协调、指挥等多方面。

（3）项目经理部的临时性。项目经理部是一次性组织机构，在项目启动前组建，在项目竣工验收、审计完成后解体。

二、项目经理部的地位和作用

1. 地位

项目经理部是项目管理的中枢,是项目责权利的落脚点。确立项目经理部的地位,关键在于正确处理项目经理和项目经理部之间的关系。项目经理是项目经理部的一个成员,更是项目经理部的核心。项目经理与项目经理部的关系是:项目经理部是在项目经理领导下的机构,要服从项目经理的统一指挥;项目经理是项目利益的代表和全权负责人,其行为必须符合项目经理部的整体利益。

2. 作用

为了充分发挥项目经理部在项目管理中的主体作用,必须特别重视对项目经理部的机构设置,设计好、组建好、运转好,从而发挥好其应有的作用。

(1) 负责自项目形成到竣工的全过程项目管理。

(2) 为项目经理决策提供信息依据,当好参谋,同时,又要执行项目经理的决策意图,向项目经理全面负责。

(3) 完成组织管理层赋予的基本任务。项目经理部作为项目组织的必备部分,应完成组织赋予的项目管理任务。项目经理部作为一个项目团队,要凝聚管理人员的力量,调动其积极性,促进管理人员的合作,协调部门之间、管理人之间的关系,发挥每个人的岗位作用,为共同目标进行工作。

三、项目经理部的建立

1. 建立的原则

(1) 要根据项目组织设置项目经理部。常见的项目组织形式有职能式、项目式、矩阵式,不同的组织形式对项目经理部的设置要求不同。同时,项目经理部的设立还受到建设工程项目管理模式的影响。

(2) 要根据建设工程项目的规模、复杂程度和专业特点设置项目经理部。例如,大型建设工程项目经理部可设置技术部、计划部、财务部、供应部、合同部、办公室等部门。

(3) 项目经理的组织结构可繁可简,规模可大可小,其复杂程度和职能范围取决于企业管理体制、项目本身和人员素质。

2. 建立的步骤

（1）根据项目管理规划大纲确定项目经理部的管理任务和组织结构。

（2）细化项目过程识别，根据项目管理目标责任书进行目标分解和责任划分。

（3）确定项目经理的组织设置。

（4）确定人员的职责、分工和权限（特别是针对分包的管理职责）。

（5）制定工作制度、考核制度与奖励措施。

人员职责分工可采用责任分配矩阵表示。责任分配矩阵在项目组织中有广泛的作用，可以划分责任和工作，用于整个项目组织或工程小组的项目管理工作。

3. 项目经理部的结构

对于小型项目来说，项目经理部一般要设置项目经理、专业工程师（土建、安装、各专业技术人员）、合同管理人员、成本管理人员、信息管理人员、库存管理人员、计划人员等。

对于大型的或特大型的项目，通常在项目经理下设置计划部、技术部、合同部、财务部、供应部、办公室等。

四、项目经理部的运行

1. 运行机制

项目经理部的工作应按制度运行，项目经理应加强与下属的沟通。项目经理部的运行应实行岗位责任制，明确各成员的责、权和利，设立岗位考核指标。项目经理应根据项目管理人员岗位责任制度对管理人员的责任目标进行检查、考核和奖惩。项目经理部应对作业队伍和分包人实行合同管理，并应加强目标控制与工作协调。项目经理是管理机制有效运行的核心，应做好协调工作，并能够严格检查和考核责任目标的实施状况，有效调动全员积极性。

项目经理应组织项目经理部成员认真学习项目的规章制度，及时检查执行情况和执行效果，同时应根据各方面的信息反馈对规章制度、管理方式等及时地进行改进和提高。

2. 工作内容

（1）项目经理部在项目经理领导下制订"项目管理实施规划"及项目管理的各项规章制度。

（2）项目经理部对进入项目的资源和生产要素进行优化配置和动态管理。

（3）项目经理部有效控制项目工期、质量、成本和安全等目标。

（4）项目经理部协调企业内部、项目内部以及项目与外部各系统之间的关系，增进项目有关各部门之间的沟通，提高工作效率。

（5）项目经理部对项目目标和管理行为进行分析、考核和评价，并对各类责任制度执行结果实施奖罚。

3. 动态管理

项目经理部的组织和人员构成不应一成不变，而应随项目的进展、变化以及管理需求的改变及时进行优化调整，从而使其适应项目管理新的需求，使得部门的设置始终与目标的实现相统一，这就是所谓的动态管理。项目经理部动态管理的决策者是项目经理，项目经理可根据项目的实施情况及时调整经理部的构成，更换或任免项目经理部成员，甚至改变其工作职能，总的原则应确保项目经理部运行的高效化。如在项目施工初期可加大项目经理部职能配置，而在后期应逐渐减少人员，合并职能，同时，在实施过程中也可及时更换不称职的管理人员或根据需要及时补充人员。

参考文献

[1] 杨丽主编. 建筑经济 [M]. 西安：西安交通大学出版社. 2009.

[2] 魏大平主编. 建筑经济 [M]. 北京：中国建筑工业出版社. 2010.

[3] 翟纯红主编. 建筑经济 [M]. 北京：化学工业出版社. 2010.

[4] 杨付莹主编；牛志强副主编. 建筑经济 [M]. 北京：中国轻工业出版社. 2015.

[5] 刘云月，马纯杰主编；天津大学，浙江大学编. 建筑经济 [M]. 北京：中国建筑工业出版社. 2004.

[6] 续晓春，陈新华编著. 建筑经济管理与工业化施工 [M]. 北京：中国计划出版社. 2001.

[7] 卢有杰编著. 新建筑经济学 [M]. 北京：中国水利水电出版社. 2002.

[8] 胡鹏，郭庆军主编. 工程项目管理 [M]. 北京：北京理工大学出版社. 2017.

[9] 于茜薇等主编. 工程项目管理 [M]. 成都：四川大学出版社. 2010.

[10] 吴贤国主编. 工程项目管理 [M]. 武汉：武汉大学出版社. 2009.

[11] 季福长主编；冯亚丽副主编. 工程项目管理 [M]. 重庆：重庆大学出版社. 2004.

[12] 陆惠民等编. 工程项目管理 [M]. 南京：东南大学出版社. 2002.

[13] 陆惠民，苏振民，王延树编著. 工程项目管理 [M]. 南京：东南大学出版社. 2010.

[14] 许程洁，张淑华主编；高苛，雷洋，许璐，赵凤杰，占征杰参编. 工程项目管理 [M]. 武汉：武汉理工大学出版社. 2012.

[15] 赵庆华主编. 工程项目管理 [M]. 南京：东南大学出版社. 2011.

[16] 刘炳南编著. 工程项目管理 [M]. 西安：西安交通大学出版社. 2010.

[17] 李先君，罗远洲，汪辉编著. 工程项目管理 [M]. 武汉：武汉理工大学出版社. 2009.

[18] 何俊德编著. 工程项目管理 [M]. 武汉：华中科技大学出版社. 2008.

[19] 简德三主编. 工程项目管理 [M]. 上海：上海财经大学出版社. 2007.

[20] 韩英爱，刘茉主编. 工程项目管理 [M]. 北京：机械工业出版社. 2014.

[21] 赖一飞，夏滨，张清编著. 工程项目管理 [M]. 武汉：武汉大学出版社. 2006.

[22] 危道军，刘志强主编. 工程项目管理 [M]. 武汉：武汉理工大学出版社. 2004.

[23] 卞建设，周晓冬主编. 工程项目管理 [M]. 哈尔滨：东北林业大学出版社. 2004.